고구려 생활문화사 연구

고구려 생활문화사 연구

초판 1쇄 발행 2016년 11월 30일
초판 2쇄 발행 2017년 10월 10일

지은이 전호태
펴낸이 성낙인
펴낸곳 서울대학교출판문화원

출판등록 제15-3호

주소 08826 서울 관악구 관악로 1
대표전화 02-880-5252 | 팩스 02-888-4148
전략기획팀(출판상담 및 홍보) 02-880-5217
출판관리팀(주문상담) 02-889-4424, 02-880-7995
이메일 snubook@snu.ac.kr
홈페이지 www.snupress.com

ISBN 978-89-521-1842-4 93910

2010년 5월부터 5년 동안 한국연구재단 우수학자 지원사업(인문사회, 342-2010-A00001) 연구비 지원을 받음.

고구려

생활문화사 연구

전호태 지음

서울대학교출판문화원

A Study of Life & Culture History of Koguryo

Ho-Tae Jeon

Seoul National University Press

들어가는 글

2010년 봄부터 5년 예정으로 '고구려 생활문화사 연구'를 시작하였다. 1988년 국립중앙박물관 학예연구사 시절 언젠가 써 보리라 마음먹었던 연구 주제에 22년 만에 손을 댄 것이다. 첫 두 해는 연구방법론에 대한 고민, 관련 자료의 수집과 정리를 위한 기간으로 삼았다. 국내에서 생활문화사가 의미 있는 연구 주제로 받아들여지는 초기 단계였던 까닭에 참고할 만한 논고는 손에 꼽을 정도였다. 2000년대까지 관련 연구자료 수집도 몇 차례 있었지만 전면적으로 이루어진 것은 아니었다. 문헌기록과 금석문은 역사학 분야에서, 유물 및 유적은 고고학 및 미술사학 분야에서 부분적으로 시도되고 정리되는 수준에서 크게 나아가지 못한 상태였다. 고구려 관련 정리와 연구는 별도로 추진되어야 했다.

고구려인의 의, 식, 주, 놀이, 풍습 등이 시대별, 지역별로 정리되고 국제교류로 말미암은 변화까지 함께 심도 있게 검토되는 것이 좋으나 자료 분류 차원의 기초 연구에도 많은 시간이 소요되었다. 결국 심화연구를 위한 기초자료를 제공하는 차원의 연구를 최종 목표로 삼게 되었다. 분야별 연구를 위한 기본적 분류만 체계적으로 이루어져도 출발선에서 크게 벗어나지 못한 생활문화사 연구에는 연구사적 의미를 담은 성과가 되리라고 판단한 것이다.

본 연구를 진행하면서 한국연구재단 인문학단의 지속적인 관심과 격려를 받았다. 한국연구재단 본부 특강까지 주선하며 이 분야 연구의 의미를 확인시켜 준 인문학단 관계자들께 감사드린다. 자료 수집, 정리를 위한 잦은 연구 출장에도 지원업무에 적극적이었던 울산대학교 산학협력단 관계자들은 이 연구의 주요한 파트너였다고 해도 과언이 아니다. 좋은 연구 성과를 위해 기도와 인내로 뒷받침해 준 아내 장연희와 딸 혜전, 아들 혜준에게 감사한다. 얇지 않은 연구서 출간을 기꺼이 허락한 서울대학교출판문화원 관계자들, 많은 도판과 표로 번잡할 수밖에 없던 본문 편집에 노고를 아끼지 않은 편집팀 직원들께도 고마운 마음을 전한다.

2016년 가을
문수산 아래 가을별 가득한 연구실에서
전호태

차례

서장

생활문화사, 어떻게 연구할 것인가

한국고대사 연구가 정치사, 혹은 사회·경제사 중심으로 진행된 것은 잘 알려진 사실이다. 문화사가 연구자들의 새로운 관심의 대상으로 떠오른 지도 그리 오래되지 않았다. 생활사를 연구 분야의 하나로 진지하게 인식하기 시작한 것도 극히 최근의 일이다(하일식 2007; 전호태 2008b). 이 때문인지 문화사 및 생활사를 중심 연구 분야로 삼는 한국고대사 연구자는 그 수가 매우 적다. 최근 축적되기 시작한 문화사 및 생활사 연구 성과 중 일부가 정치사, 사회·경제사 연구에 몰두하던 연구자들에 의해 이루어지는 점이 이를 잘 드러낸다.

사실 생활·문화사 연구 성과가 더해지지 않은 상태로 한 시대의 역사상(像)을 그려 내기는 어렵다. 역사를 하나의 인체로 상정할 경우, 정치·사상사나 사회·경제사 연구가 골격과 장기를 읽어 내는 일이라면 생활·문화사 연구는 근육과 관절, 혈관과 피부의 땀구멍까지 보고 그려 내는 작업에 해당한다고 할 수 있다. 역사 연구에서 이런 여러 분야의 연구가 균형 있게 발달하며 성과가 축적되어야 비로소 역사의 전체상을 상정하여 재구성하는 단계에 이를 수 있을 것이다. 역사상에 숨결을 불어넣고 기운이 동하게 하는 일은 그 다음 단계의 작업 목표가 되며 이전과는 다른 차원에서 진행될 수밖에 없을 것이다.

최근 20년 동안 고고학적 발굴성과가 그 양과 질에서 현장 고고학자들조차 정리와 분석에 부담을 느낄 정도로 빠른 속도로 축적되고 있다.[1] 가능성만 언급되던 고대사회의 물질자료들이 속속 발굴, 보고되는 사례도 적지 않다. 발굴이 진행되면서 예상되었던 것과는 다른 형태의 유적들이 모습을 드러내는 경우도 빈번하다. 해석의 실마리조차 찾기 어려운 유적, 유물이 지속적으로 출현하고 있는 상태에서 가장 필요한 것이 생활·문화사 연구 성과다. 생활·문화사 연구가 활성화되고 성과가 지속적으로 축적되어야 하는 것도 이 때문이다.

고구려 생활·문화사 연구는 주로 고분벽화에 의존하여 이루어졌다(전호태 2004a: 314~317). 지금까지 발견된 121기의 벽화고분은 고구려 역사·문화 연구의 가장 주요한 기본 자료로 취급되었다. 그러나 실제 고구려 고분벽화를 자료로 삼은 생활·문화사 연구가 지속적으로 진행되어 다른 분야에 도움이 될 정도로 성과가 쌓인 것은 아니다. 고구려사 연구가 그리 활성화되지 않은 상태에서 고구려 생활·문화사가 중심 연구 분야로 떠오르거나 주된 관심의 대상으로 여겨지기는 어려웠던 까닭이다. 더욱이 분과학문 중심의 학문 활동이 일반화된 국내학계 풍토에서 고분벽화는 다양한 학문분야의 연구 성과 및 연구방법론에 대한 지식이 전제되어야 접근과 이해가 가능한 분야다. 분과학문이라는 틀 안에서 훈련 받은 연구자들로서는 이런 성격의 유적을 생활·문화사 연구 기본 자료로 활용하기도 쉽지 않았을 듯하다. 그럼에도 불구하고 앞으로도 고구려 생활·문화사 연구는 고분벽화를 주된 자료로 삼아 이루어질 수밖에 없다. 고분벽화에 담긴 역사·문화적 정보는 다른 어떤 문헌자료나 고고학적 발굴 자료보다 풍부하다고 할 수 있기 때문이다.

---

1 2009년 진행된 발굴조사 1,091건은 1945년 이후 1990년대 초까지 이루어진 총 조사 건수보다 많다. 2009년 한 해에만 청동기시대 주거와 매장시설이 함께 발견된 나주 운곡동 유적을 비롯하여 고려시대 도로와 생산시설, 주거시설이 모두 확인된 대전 상대동유적에 이르기까지 새로운 사실을 밝혀 주는 유적들이 다수 발견, 조사되었다(박순발 2010).

광범위할 수밖에 없는 생활·문화사 연구의 제 분야에 대한 접근이 어떤 방향에서 이루어지고, 어떤 방식으로 해석과 정리가 시도되는 것이 적절한지에 대한 논의는 매우 중요하다. 전제되어야 할 몇 가지 학문적 질의와 답변이 이루어지지 않은 상태에서 생활·문화사 연구가 이루어진다면 그 성과는 의도한 만큼의 평가를 받기도 어려울뿐더러 한계도 뚜렷할 가능성이 높은 까닭이다. 생활·문화사 연구도 현재적 과제와 미래적 전망에 대한 평가 못지않게 접근 시각과 연구방법론에 대한 사전 검토가 필수적이라고 하겠다.

1. 연구대상과 분야

생활·문화사 연구에서 우선적으로 다루어야 할 것은 개별적인 움직임, 세세한 항목을 얽고 아우르는 틀, 곧 생활·문화의 제 분야가 있게 한 바탕이다. 전통과 관습, 관념과 의례는 생활·문화를 한 덩어리로 묶는 씨줄, 날줄이자 생활·문화라는 건축물이 세워진 기초라고 할 수 있다. 전통과 관습은 사회질서나 규례가 존재하게 하는 관념에서 비롯된다. 또한 그런 관념에 생명력을 부여하는 관성적 힘이기도 하다. 보통 한 사회의 인간관, 종교관, 우주관, 자연관, 세계관은 종교의례를 통해 그 실체를 드러내고 사회적 구속력을 확인하거나 유지한다(최광식 1994; 김두진 1999; 나희라 2008). 관혼상제도 제반 관념에 기초한 관습이나 전통을 압축적으로 드러내면서 사회구성원으로 하여금 이를 반복·지속시키도록 권유하고 강제하는 매우 중요한 사회적 장치다.

고구려인의 전통과 관습, 관념과 의례를 잘 알게 하는 것은 관혼상제와 종교의례다. 고구려인의 종교의례를 대표하는 것으로 동맹제의를 들 수 있다. '동맹(東盟)'은 고구려 전통신앙의 최고신인 수신(隧神)을 모셔와 제사를 지내며 제가회의를 열어 형옥의 평결을 내리는 국가적 차원의 행사다. 그런 점에서 고구려인의 정체성을 재확인시키고 국가적 구심력을 확보하고 강화시키는 국중대회(國中大會)임이 확실하다(서영대 2003; 이정빈 2006).

동맹이 어떻게 인식되고 어떻게 치러지는가, 동맹에 무엇이 포함되고 무엇이 배제되는가를 알게 되면 고구려 사회의 성격이 어떠했으며 어떻게 달라지는지를 짐작할 수 있다. 물론 문헌사료로 확인되는 동맹의 내용이나 성격은 여전히 제한적이다. 때문에 동맹에 대한 이해를 심화시키는 방안을 찾아야 한다. 문헌사료를 보완하거나 문헌사료에 버금가는 연구 자료를 찾아내는 작업이 필요하다. 동시에 사료 안에서 읽어 내지 못한 부분을 찾을 필요가 있다.

서옥제, 혼례와 수의(壽衣) 준비, 형사취수제(兄死取嫂制), 순사(殉死)와 순장(殉葬), 계세적 내세관 등이 확인된다는 점에서 관혼상제 또한 고구려인의 관습과 관념을 이해하는 주요한 매개고리다. 산상왕(山上王)과 고국원왕(故國原王)의 혼령이 왕비 우씨로 말미암아 서로 다투었다는 기사는 형사취수제라는 관습이 기로에 서 있던 정황을 구체적으로 전한다(노태돈 1983).[2] 동천왕(東川王) 장례식 때의 순사를 알리는 기사는 고구려에 순장에서 순사로 이어지는 관습의 흐름이 있었음을 짐작하게 한다(주용립 1988: 67~86; 권오영 1992: 16~18).[3] 고분벽화는 고구려의 관혼상제와 관련하여 문헌자료로 전하는 사실을 구체적으로 보완하기도 하고, 새로운 사실을 알려 주기도 한다. 초기 고분벽화는 고구려인의 전통적 내세관이 계세관(繼世觀)임을 알게 하는 매우 중요한 내용들을 제재로 담아내고 있다(전호태 2000a: 124~126; 나희라 2008: 147~152). 중기 고분벽화는 문헌자료에서 구체적으로 언급하지 않은 불교적 내세관이 고구려사회에 정착하고 확산되는 과정을 잘 보여 준

2 『三國史記』 卷17, 「高句麗本紀」 5, 東川王 8年 9月條.

3 『三國史記』 卷17, 「高句麗本紀」 5, 東川王 22年 9月條.

다. 이러한 사실은 고구려 관혼상제에 대한 구체적 이해가 고분벽화를 보다 엄밀히 분석함으로써 가능해질 수 있음을 시사한다.

전통과 관습, 관념과 의례라는 기초 위에 세워진 생활·문화의 기본 골격에 해당하는 것이 의식주(衣食住), 풍속과 놀이, 예술일 것이다. 먼저 옷과 장식에 대해 살펴보자. 고구려인의 복식문화는 저고리와 바지, 치마라는 기본 의복 외에 모자와 신발, 허리띠와 장식물로 구성된다. 이와 같은 복식구성 요소들은 문헌사료뿐 아니라 고분벽화 및 유적 출토 유물을 통해서도 구체적 내용을 확인할 수 있다. 고구려인이 즐겨 입었던 옷과 애용한 장식물이 외관상 어떤 특징을 지니고 있는지는 고분벽화 자료를 분석한 연구 성과들을 통해 이미 어느 정도 파악되었다(董書業 1948; 최원희 1962; 朴京子 1968; 천석근 1981b; 杉本正年 1985; 유송옥 1993; 徐曄 1997; 金美子 1997; 梁慶愛 1997; 박선희 2004). 모자의 형태와 재질, 색깔, 장식 방법 등이 사용자의 신분이나 지위와 관련 있으며 옷의 장식무늬 및 옷깃 여밈 방향이 지역문화의 흐름과 밀접한 관련이 있다는 사실도 지적되었다.

그러나 고구려인의 복식이 지역문화의 시기별 흐름과 어느 정도 함수관계를 맺고 있으며 기존의 문화권을 보다 세분화한 소문화권이나 그 하부 단위에서도 복식의 지역별 특색을 읽어 낼 수 있는지 여부는 여전히 규명되지 못하고 있다. 또한 특수한 복식의 사용층, 사용법, 제작법 등도 제대로 알려지지 않고 있다(그림 1~5). 일반 복식 역시 옷감에 장식무늬 넣기와 염색, 재단과 재봉, 완성된 옷의 관리 등은 시론적인 검토에서 더 나아가지 못한 상태다(정완진 2004; 전호태 2008b). 복식문화의 한 부분인 장신구는 금은제 및 금동제 공예품 일부는 유형 분류를 포함하여 제작기술까지 거론되었다(趙珍琡 2004; 리광희 2005: 197~267; 李漢祥 2011: 65~84). 하지만 머리꽂이를 포함한 다른 장신구에 대한 세부적인 검토는 이루어지지 못한 상태다.

남녀 머리모양의 특징, 이른바 남자의 상투와 여자의 내린 머리,

- 그림 1. 무용수(무용총 벽화 모사도, 중국 집안)
- 그림 2. 승려(쌍영총 벽화 모사도, 북한 남포)
- 그림 3. 악사(안악3호분, 북한 안악)
- 그림 4. 재주꾼(수산리벽화분, 북한 남포)
- 그림 5. 갑주무사(삼실총, 중국 집안)

올린 머리의 다양한 유형에 대한 기본 분류는 이루어졌다(력사과학연구소 1975: 291~293; 전호태 1999: 170~173). 그러나 각각의 형태를 만들어 내는 방식, 머리형의 문화계통이 지닌 사회적 의미, 인식까지 검토된 것은 아니다. 고분벽화를 통해 부분적으로 확인되는 여성 및 특수직업 종사자의 화장법도 기초적인 연구단계에서 더 나아가지 못하고 있다(金容文 2004: 96~99; 전호태 2008b: 144).

고구려의 음식문화는 문헌사료의 단편적인 내용, 고분벽화 속의 몇 장면 외에는 그 실체를 파악할 수 있는 자료가 거의 남아 있지 않다. 때문에 음식문화에 대한 연구도 제한적으로 이루어졌다(李盛雨 1978; 李殿福 1997; 周永河 2004; 강현숙 2006). 다행히 최근 급속도로 활발해진 고고학적 발굴을 통해 삼국시대의 농경유적이나 농업 관련 유물들이 여럿 확인되거나 수습되고 있다. 주거유적 중의 곡물저장고나 화장실 유적 등을 통해 음식구성이나 식생활 방식에 대한 정보들도 수집·정리되어 식생활 연구에 도움을 준다(김기섭 2003; 곽종철 2003; 이재운·이상균, 2005; 김상보 2007). 따라서 이런 자료들에 대한 분석과 연구 성과를 고구려 음식문화에 대한 간접적인 학술 정보로 활용하는 것도 가능하게 되었다. 고구려 음식문화 이해와 관련하여 살펴볼 내용은 식사 관습, 음식구성과 상차림, 그릇의 형태와 종류, 조리법, 조리도구와 시설, 일상식과 특별식, 식품의 종류와 만드는 법, 보관용 식품의 개발 및 저장법, 저장도구, 음식문화의 지역성과 계절성, 계급성과 민족성 등등이다(崔鐘澤, 1999a; 전호태 2008b: 139~140)(그림 6~9).

고구려인이 맥적(貊炙)으로 불린 고기구이 음식을 개발했으며 콩과 채소를 이용한 음식을 여러 종류 만들어 일상식과 저장식으로 사용했음은 잘 알려진 사실이나(윤서석 1997; 이명희 2005). 그러나 위에서 언급한 대부분의 항목들은 여전히 연구 과제로 남아 있다. 이는 고구려 음식문화에 대한 접근을 가능하게 하는 직접적인 참고 자료가 매우 영세하게 남아 있기 때문일 것이다. 직접 연결되지 않는 것처럼 보

❁ 그림 6. 부엌(안악3호분, 북한 안악)
❁ 그림 7. 고기창고(안악3호분, 북한 안악)
❁ 그림 8. 방앗간(안악3호분, 북한 안악)
❁ 그림 9. 우물(안악3호분, 북한 안악)

이는 서로 다른 유적 출토 자료일지라도 개별 과제의 해결에 도움이 될 수 있도록 유기적으로 연결시켜 보려는 노력이 더해지고 시야도 더 열릴 필요가 있다.

고구려인의 주거문화는 다수의 대소규모 건축유적, 고고학적 발굴 조사와 고분벽화를 통해 그 외형적인 특징이 비교적 잘 알려졌다. 그러나 세부적인 내용은 이제 막 구체적인 검토의 단계로 들어섰다고 할 수 있다(金正基 1969; 杉山信三 1992; 한인호 1997; 方起東 2003; 徐廷昊 2004). 현재까지 다수 남아 있는 고구려의 성곽과 무덤은 고구려인이 돌을 재료로 한 건축에 매우 능했으며 지형적 특징을 잘 파악하고 활용하면서 건축 활동을 했음을 알게 한다. 특히 궁성 및 사원, 관청, 일반 주거, 소규모 요새건물 등에 대한 고고학적 조사 결과는 고구려 건축에 대해 문헌에 전하지 않던 많은 내용을 알려 준다(그림 10, 11). 고려척(高麗尺)과 같은 자체 도량형에 기초한 건축 설계, 온돌로 이어진 부뚜막 조리열이 활용, 쪽구들 온돌을 이용한 바닥 난방법의 개발과 활용, 기와와 전돌 제작 등은 문헌사료에서는 제대로 언급되지 않던 부분들이다(궁성희 1990; 朴贊興 1995; 尹國有 · 耿鐵華, 2001; 유태용 2001; 尹善泰 2002; 송기호 2005; 김성구 2005; 최맹식 2005; 백종오 2006).

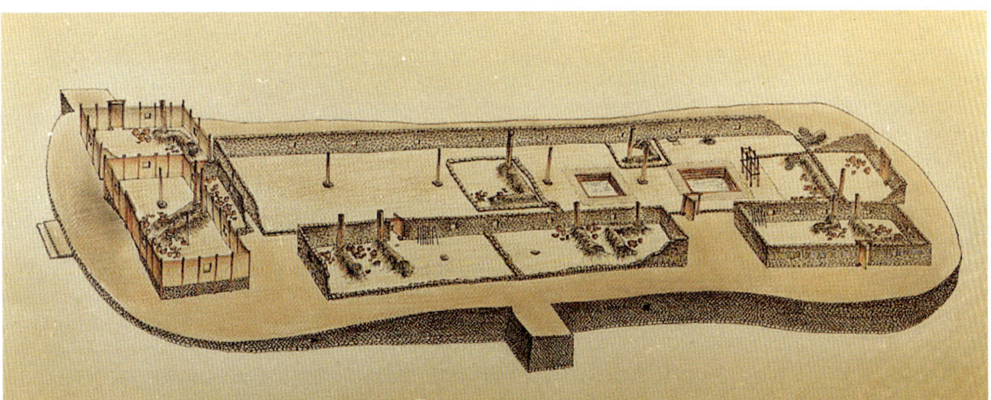

그림 10. 아차산4 보루 내부(구리, 복원도)

❁ 그림 11. 구의동보루(서울, 복원도)
❁ 그림 12. 와당(서울, 서울대학교박물관)
❁ 그림 13. 평양성 명문성돌(북한 평양, 조선중앙력사박물관)
❁ 그림 14. 돌무지무덤 정상부(산성하고분군, 중국 집안)

비록 주거문화의 주요 부분은 알려졌으나 주거와 사회·경제, 주거와 생활·문화가 어떻게 관련되었는지를 비롯하여 주거와 관련된 다양한 부분이 연구 과제로 남아 있다. 주거문화와 계층, 지역, 종족 문제, 도시구조와 주거 유형과 같이 거시적 접근을 요구하는 주제부터 불교사원과 같은 특정한 용도의 건축과 관련한 제반 문제, 주택의 내부 시설, 벽화를 비롯한 주거 내부의 장식, 주요 건축도구, 건축 부재, 대소규모 건축 설계와 작업 진행과정에 참여한 석공조직, 목공조직, 화공조직 등 노동조직의 구성방식과 규모, 건축문화의 지역별·

종족별 차이와 특징 같은 세부적인 검토를 필요로 하는 항목까지 여러 종류의 연구 과제가 연구자들의 관심을 기다리고 있다(그림 12, 13).

또한 주거문화의 주요한 분야로 설정할 수 있는 성곽과 무덤에 대한 연구도 기초자료의 정리는 어느 정도 이루어졌으나 세부적인 접근은 여전히 과제로 남아 있다(李殿福 1980; 方起東 1985; 東潮 1997a; 임기환, 1998; 崔鐘澤 1999a; 余昊奎 1999a, 1999b; 徐吉洙 1999, 2004; 姜賢淑 2000; 손수호 2001; 王綿厚 2002; 정호섭 2011). 고구려 묘제의 대표적 양식으로 일컫는 돌무지무덤에 대한 연구는 외형상의 규모 및 축조방식에 대한 개략적인 이해에 기초한 유형 분류에 머무르고 있다. 돌무지무덤 매장주체부의 구조에 대한 이해도 여전히 미흡한 상태다. 상당수 돌무지무덤의 정상부에서 확인되는 화재의 흔적도 원인과 의도에 대한 해석이 시도되지 못하고 있다. 중대형 돌무지무덤 정상부와 그 주변에서 확인되는 상당량의 와편들이 제대로 된 묘상건축물의 흔적인지, 기와지붕 정도의 간략한 건축기법 적용의 결과인지 여부도 구체적 검토가 이루어지지 못한 상태다(그림 14).

때문에 고구려 무덤의 배치 방식이나 원칙, 무덤 배치 방식과 종족집단의 관계, 중대형 무덤의 묘역 설치, 무덤에 부속된 시설과 건물의 배치 여부, 종교제의 등과 관련한 무덤 부속시설의 기능과 역할, 무덤군 사이의 관계가 반영하는 사회질서, 무덤의 양식별, 유형별 축조방식의 차이, 무덤 양식과 유형에 반영된 지역성 및 계층성, 시대성도 주요한 연구 과제로 남아 있다. 흙무지로 덮인 고구려 돌방무덤의 유형 분류나 구조 및 축조방식, 내부시설에 대한 구체적 이해도 앞으로의 연구 과제라고 할 수 있다.

사실 고구려 유적의 경우, 많은 학술정보를 담고 있는 다수의 벽화고분들도 돌방무덤 내외부의 세부적인 실측치나 벽화 제작과 관련된 제 분야의 세부 정보가 상세히 정리되어 공개된 적은 거의 없다. 현재로서는 유적에 대한 고고학적 조사과정에 학술적 의미를 가질 정도로 해당 정보들이 엄밀하게 측정되고 수집되었는지도 확신하기 어렵다. 이로 볼 때 고구려 주거문화 이해를 위한 연구도 기초 학술 정보 수집과 정리라는 바닥 작업과 동시에 진행해야 소기의 성과를 거둘 수 있다고 하겠다.

고구려의 풍속과 놀이, 예술 역시 문헌자료, 고분벽화, 고고학적 발굴 결과를 적절히 조합시킴으로써 실상에 대한 접근이 어느 정도 가능할 듯하다(宋錫夏 1941; 전주농 1957; 李惠求 1962; 方起東 1980; 주재걸 1982, 1983; 宋芳松 1984; 李愛珠 1997; 李晋源 2004; 전덕재 2006a; 김성혜 2009). 위에서 언급한 전통과 관습은 각종 관념과 의례와 상승 작용을 일으키며 유지되며 재생된다. 여러 풍속과 놀이, 예술 활동을 통해 일상에서 실현될 때에 사회 전반에 대한 구속력이 보다 증대된다. 문헌자료에는 고구려인이 술과 노래, 춤을 즐기며, 행동이 빠르고 성질이 급하며 사냥에 능하다는 정도로 소개되었다.[4] 하지만 고분벽화 속의 고구려인은 놀이와 운동도 즐기되 예술적 감각도 뛰어난 것으로 그려진다. 씨름과 수박희, 마사희, 사냥 등은 고구려인에게 체력단련과 군사훈련을 겸한 놀이였다(그림 15~17). 각종 재주[곡예]와 춤, 노래, 연주는 일상의 한 시점에 휴식과 여유를 가져다주는 삶의 활력소 삼아 즐겼던 예술 활동이었다(그림 18~20). 그런 점에서 고분벽화는 고구려인의 일상이 어떻게 구성되는지를 이해하는 데에 좋은 안내자다(전호태 2008a).

씨름과 수박희, 마사희와 사냥의 구체적인 방식이나 사회적인 역할에 대한 세부적인 접근은 고구려 생활·문화의 이해와 복원이라는 연구 주제와 관련하여 여전히 남아 있는 과제라고 할 수 있다. 재주와 가무, 음악과 미술 활동에 대한 상세한 검토 역시 연구자들에게는 진

4 『三國志』 卷30, 「魏書」 30, 烏桓·鮮卑·東夷傳 30, 高句麗.

15

16

- 그림 15. 씨름(각저총 벽화 모사도, 중국 집안)
- 그림 16. 수박희(무용총, 중국 집안)
- 그림 17. 마사희(덕흥리벽화분, 북한 남포)

17

18

19

20

❁ 그림 18. 무용(무용총 벽화 모사도, 중국 집안)
❁ 그림 19. 거문고 연주(무용총, 중국 집안)
❁ 그림 20. 멜북 연주(덕흥리벽화분, 북한 남포)

행형 과제일 수밖에 없다. 실제 벽화예술로 대표되는 고구려 미술의 발전을 주도한 사람들에 대해서는 지금까지 알려진 것이 전혀 없다. 앞으로도 그 가능성은 높지 않다.

그러나 고구려 멸망 이후 일본으로 건너가 활약한 고구려계 화사(畵師)들의 존재나 유파에 대한 이해를 통해 역(逆)으로 고구려 화파(畫派)에 대한 최소한의 접근은 시도할 수 있을 것이다(전호태 2011c: 19~23).[5] 나아가 고분벽화 기법의 세세한 분석을 통해서도 알아낼 수 있는 문화사적 정보가 전혀 없으리라고 예단해서는 안 될 것이다. 불교미술의 여러 측면에 대해서도 마찬가지 논의가 가능하다. 또한 벽화에서 알 수 있는 악기와 악대의 구성방식을 정밀하게 분석한다면 고구려의 동서교류 및 고구려 생활·문화 전개와 관련된 역사적 사실에 대한 규명도 불가능한 것만은 아니다(李惠求 1955).

위에서 제기된 고구려 생활·문화 연구의 다양한 과제들은 기초자료를 더 찾아내어 정리하는 작업을 통해서뿐 아니라 이전과는 다른 시각에서 접근하고, 보다 입체적인 방식으로 자료 분석을 시도함으로써 해결의 실마리를 찾아낼 수도 있다. 그런 점에서 이미 알려진 자료에서 무엇을 추가로 읽어 낼 수 있는지를 검토하는 것도 중요하다. 지금까지 관련이 없는 것으로 여겨졌던 다른 분야의 자료가 생활·문화 연구 과제를 풀어 나가는 열쇠(key) 역할을 할 수도 있음을 전제하고 이를 새로운 각도에서 살펴보는 것도 의미가 있다. 자료를 보는 시야를 넓히고 자료 해석에 적용하는 방법론에 변화를 줌으로써 실질적으로 연구 자료를 크게 더할 수도 있는 것이다. 이제 아래에서 이와 관련한 논의를 구체적으로 펼쳐 보기로 하자.

---

5 고구려계 畵師의 등장 과정은 李弘稙(1971), 百橋明穗(2010) 참조.

2. 연구시각과 방법론

고구려 생활·문화 연구 자료를 더하는 방안의 하나로 우선 거론할 수 있는 것은 공간적인 측면이다. 같은 시기에 고구려와 이웃해 있으면서 생활·문화의 많은 분야에서 영향을 주고받았을 수도 있는 신라, 백제, 가야, 부여 등의 나라에 대한 역사·문화 자료를 고구려 생활·문화 연구에 활용하는 방식이다. 물론 이 경우, 지역적·문화적 편차는 반드시 짚고 넘어가야 할 것이다. 기후·환경적 요인부터 역사·문화적 배경까지 비교·대입을 어렵게 하는 다양한 요소가 개입될 수 있기 때문이다. 더욱이 새로운 사회, 달라진 풍토에서 작용하는 원형을 바꾸어 나가는 힘까지 고려한다면 자료의 공간적 확장은 대단히 어려운 작업을 거쳐 이루어질 수밖에 없다. 그러나 이런 변수들을 충분히 고려하면서 비교·대입을 한다면 고구려 생활·문화의 특정 분야는 지금까지보다 훨씬 많은 자료를 바탕으로 재구성이나 복원이 가능할 수도 있다.

예를 들면 고고학적 발굴 결과 수습된 다양한 종류의 고구려 토기 및 고분벽화에 묘사된 도구와 시설, 고구려 유적지에서 단편적으로 수집된 탄화곡물들을 한 묶음으로 인식하고, 이를 고고학적 발굴을 통해 확인된 백제시대의 화장실 퇴적물 분석 결과와 『삼국사기(三國史記)』에 묘사된 신라의 음식문화를 하나로 엮어 살펴본다고 하자. 이런 과정을 거쳐 고구려 사회에서의 음식조리법이나 조리도구 사용법, 상차림 방식과 식생활 습관 등을 재구성해 낼 수도 있다. 물론 화장실 퇴적물 분석 결과가 고구려인의 식생활 습관을 그대로 반영하는 것은 아니다. 신라의 음식문화와 고구려의 음식문화 사이에 상당한 차이가 있을 개연성도 고려해야 한다. 그렇다 하더라도 서로 얽을 수 있는 역사정보를 조합하면서 세 나라 음식문화가 공유할 수 있는 최소치를 찾아내거나 같고 다른 점과 그 원인에 대한 이해를 시도하는 것은 그 자체로 학술적인 의미를 지닌다고 하겠다.

생활·문화 연구에 활용할 수 있는 자료를 확대하는 다른 방안의 하나로 시간적인 측면도 참고할 필요가 있다. 고구려인의 생활·문화가 옛 고구려 땅에 살게 된 다른 계통의 주민들이나 고구려 땅을 떠나 새 터전에서 삶의 뿌리를 내린 고구려인의 후손에 의해 전승되고 유지되는 경우가 이에 해당한다. 물론 이런 경우에도 생활·문화 원형에 가해지는 다양한 힘에 대해서는 진지하게 고려할 필요가 있다. 새롭게 이주해 들어온 주민들이 지니고 있던 사회문화적 전통이나 관습, 관념과 의례 등이 원형의 변화를 가져올 수도 있고, 원형의 외관은 그대로 두되 내용을 송두리째 바꿀 수도 있기 때문이다. 고구려를 떠난 고구려인도 새로운 삶의 터전에서 지역사회의 관습과 문화, 질서와 의례에 접하면서 자신들이 지니고 있던 생활·문화의 외형이나 내용을 스스로 바꾸어 나갈 수도 있는 것이다. 때로는 시간의 흐름이 이를 강제하거나 가속화시킬 수도 있다. 정치·사회적 압력으로 말미암아 불가피하게 변화를 겪을 수밖에 없는 상황과 맞닥뜨릴 수도 있다. 때문에 시간의 흐름 속에서 생활·문화 연구 자료를 추가하고자 할 경우, 시간과 공간, 역사와 관습의 힘이 상호 작용하는 방식과 과정, 결과에 대한 세심한 검토가 선행되어야 한다.

예를 들면 중국 동북지역의 압록강과 혼강 유역 만주족 지역에 분포하는 고상창고 형태의 '옥미창(玉米倉, 옥수수창고)'은 외형상 문헌사료와 고분벽화로 확인되는 고구려의 부경(桴京)이 확실하다(그림 21, 22). 고구려의 부경은 곡식종자와 곡물을 함께 보관하는 고상식 창고로 집마다 한 동씩 세워 두었다고 한다(신영훈 1992; 朱南哲 1994; 신형식 2003: 250~260).[6] 현재의 옥미창도 대개 집마다 한 동씩 세워졌

6 『三國志』 卷30, 「魏書」 30, 烏桓·鮮卑·東夷傳 30, 高句麗.

그림 21. 옥미창(중국 집안)
그림 22. 부경(팔청리벽화분, 북한 남포)

다. 고구려가 멸망한 뒤 고구려 옛 땅에 남아 살던 고구려인의 습속이 고구려를 구성하는 민족의 한 갈래였던 말갈족을 통해 후대로 이어진 결과 가운데 하나가 현재의 옥미창일 것이다. 기장과 수수 위주의 농경이 계속되다가 새로운 곡물로 옥수수가 추가되고 이 지역 특유의 주거 양식도 장기간 그대로 유지된 까닭에 부경 역시 지금까지 형태와 용도가 그대로 전승되었다고 해야 할 것이다. 그러나 이 지역이 근래 주거와 생활양식 전반의 변화를 겪고 있음을 감안하면 고구려의 부경도 더 이상 그 모습이 후대에까지 남겨지기는 어려울 듯하다.

일본 사이타마현 히타카시 고마진자(高麗神祠)를 중심으로 한 역사는 옥미창의 경우와 다른 흐름과 결과를 보여 주어 연구자의 눈길을 끄는 경우다. 고려신사를 중심으로 성립했던 옛 고려군 일대에는 현재 '고마(고려)'라는 성씨를 유지하는 50여 명의 고구려인 후손이 고려왕 약광(高麗王若光)의 후예라는 사실에 자부심을 지니고 산다. 그러나 고마씨들은 고구려 생활·문화의 흔적을 전혀 유지하고 있지 않다.

왕족 약광(若光)은 666년 고구려 사절단의 일원으로 일본에 왔다가 나라가 망한 뒤 망명처로 일본을 택한다. 그의 후예와 고구려 유민들은 무사시노 일대를 중심으로 세워진 고려군에 터를 잡았다.[7] 그런데 무사시노 일대를 관동 제일의 곡창지대로 개발한 고구려 유민들의 후예는 이후 일본사회에 서서히 동화되면서 조상들이 일본 땅에 가져온 고구려의 제반 생활양식과 관념체계를 잃어버렸다.

고구려 유민의 정신적 지주였던 고려왕 약광을 고려명신(高麗明神)이라는 이름의 주신으로 모신 고려신사는 한때 분사(分社)만 55개에 이르는 큰 신사였다. 하지만 명치(明治)정부의 신사(神祠) 통폐합 정책이 시행된 이후에는 지역사회의 일반 신사 가운데 한 곳이 되었다(金正柱 1962).[8] 흥미로운 것은 최근 이 고려신사가 한류(韓流)의 바람을 타고 고구려 문화의 이미지를 되살리는 장소로 부각되고 있다는 사실이다. 고구려 유민들이 가져왔던 생활·문화의 흔적은 더 이상 남아 있지 않으나 고분벽화로 남아 전하는 고구려인의 생활양식과 관념체계가 고려신사를 통해 재확인된다는 사실은 생활·문화 연구와 관련하여서도 주목할 만한 현상임에 틀림없다.

고구려 생활·문화 연구 자료를 늘리는 또 다른 방안이 있다면 자료를 보는 시각 자체를 아예 새롭게 하는 일일 것이다. 지금까지는 이미 알려진 자료를 평면적으로 대비시키거나 재조합한 결과를 바탕으로 분석이나 종합이 시도되었다. 앞으로는 자료가 만들어지는 과정이나 환경, 자료 자체의 성격을 전혀 다른 각도에서 살펴보거나 새

---

7 『日本書紀』「天智紀」5年 冬10月 26日條; 고구려 멸망을 전후하여 일본에 온 고구려인의 흔적은 근내 이선까지 긴키, 이즈모, 간토 등 일본의 주요 지역에 광범위하게 남아 있었다. 그러나 명치유신 이후 한반도 관련 지명 변경작업이 시행되면서 향촌 단위 이하에만 '고마'라는 지명이 남을 정도로 고구려 문화의 자취는 거의 사라졌다(李炳魯 2002).

8 高麗王 若光을 기리기 위해 세워진 高麗山聖天院勝樂寺(聖天院)도 54개의 말사를 거느릴 정도로 번성하다가 명치시대 神佛分離令으로 말미암아 쇠퇴했다. 1887년 이후 부흥이 시도되어 옛 모습을 일부 되찾은 상태다(李炳魯 2002).

로운 기준을 설정하여 재분류해 볼 필요가 있다. 이런 방식의 접근을 통해 자료의 형성과정에 개입된 역사적, 문화적인 힘이 어디에서 비롯되었는지, 힘의 구성요소들이 어떤 것인지 등을 추적하거나 읽어냄으로써 '자료의 성격'에 대한 재해석의 실마리를 찾아낼 수도 있다. 기존의 정치·사회적 흐름이나 새로운 정치제도 및 경제체제, 사회이념, 종교와 신앙이 개별적으로, 혹은 복합적으로 생활·문화 자료의 생산과 전승에 어떻게 작용하는지, 그 영향력의 정도가 어떠한지를 시·공간적으로 짚어 냄으로써 이미 잘 알려진 자료가 미처 알려지지 못한 많은 학술정보를 담은 새로운 자료로 재인식, 재평가될 수도 있는 것이다.

어떤 자료가 오늘의 눈으로, 혹은 기록자나 제작자의 시각에서 읽혀지고 정리되었다면 여기에서 반대되는 자리, 곧 자료의 생산자, 사용자의 눈과 마음으로 이해되고 제시될 수도 있다. 상대적으로 큰 규모의 사회와 문화를 진단하는 데에 사용된 자료가 실제는 보다 작은 규모의 집단을 이해하는 데에 적합한 자료일 수 있다. 상층사회를 위해 생산되고 사용된 생활·문화의 흔적이지만 계층성을 벗어난 보편적인 쓰임새와 관련된 자취로 해석될 여지가 있는 자료도 존재한다. 바깥에서 들여다보는가, 안에서 내다보는가, 이 세상의 입장에서인가, 저 세계의 입장에서인가에 따라 자료 해석의 여지는 좁아질 수도 있고 넓어질 수도 있다. 이해와 접근 방식이 단편적일 수도 있고 입체적일 수도 있는 것이다.

예를 들면, 고분벽화의 놀이와 가무 장면은 산 자의 세상에서 벌어진 일이 벽화로 남은 것이다. 하지만 주문자와 제작자는 죽은 사람의 세상에서 펼쳐지는 장면으로 묘사했을 가능성이 높다(전호태 2007a: 495~496). 때문에 현실의 모습을 모델로 삼았다고 하더라도 구성과 표현에서는 가공과 상상력이 더해졌을 수도 있는 것이다. 따라서 고분벽화의 특정 장면은 현실의 재현, 내세에서의 실현, 주문자의 소망, 제작자의 가공 등의 요소가 잇달아 개입되면서 구상되고 완성된다고 볼 수 있다. 이런 까닭에 고분벽화는 여러 방향에서의 접근과 해석이 가능하다. 뿐만 아니라 그 어느 하나만으로 특정 장면이 담고 있는 역사문화 정보를 제대로 읽어 냈다고 평가하기도 어렵다. 오히려 고분벽화와 같은 자료는 다양한 해석의 조합을 통해서만 진실에 가까이 다가갈 수 있을지 모른다.

중국 정사의 「고구려전」 역시 자료를 보는 시각에 대한 깊은 고려를 요구하는 경우에 해당한다(朴性鳳 1981). 이미 많은 연구자들이 이런 자료들은 바깥에서의 관찰자 입장에서 만들어졌으므로 사실에 대한 왜곡된 이해와 평가라는 꺼풀을 벗기고 그 안을 들여다보아야 함을 지적하였다(高柄翊 1988: 4~5; 노중국 2006: 407). 그러나 그동안 무엇이 왜곡되었을까에 대해 문명의 세계에서 바라본 야만의 세계, 혹은 중화의 시각으로 바라본 이적(夷狄) 정도로 대비시키는 데에 그치는 경우가 일반적이었다. 판단 기준이 문명적 중화로 자처한 중국사회의 문화적 통념과 관습이었다는 것이다. 큰 틀에서는 이것이 정확한 지적이지만 이런 대비가 문화적 우월심의 근거가 되었던 중국적 관습과 관념의 실체를 조목조목 드러내면서 대상과 대응된 것은 아니다. 더욱이 중국사회의 관습과 전통도 시대와 지역에 따라서 달랐음을 감안하면 조목별 비교는 별도로 이루어져야 마땅하다. 「고구려전」을 쓴 필자와 그가 살던 시대가 구체적으로 고려될 필요가 있는 것이다.

중국에서는 처음부터 신부 값을 치르고 배우자를 처가에서 데리고 나오는 것이 일반적이다. 이와 달리 고구려에서는 노동력을 제공하는 것을 전제로 배우자의 집에 들어가 살다가 두 집안이 인정할 만큼의 내가를 치렀다고 판단될 때에 아내와 함께 잘 키운 아이를 데리고 처가에서 나와 독립한다. 이런 고구려의 서옥제(壻屋制)가 중국인 관찰자 및 기록자의 입장에서는 낯선 제도일 수밖에 없다. 마치 중국에는 없던 지게를 사용하는 삼한(三韓) 사람들에 대한 견문록을 재정리하면서 등짐도구를 등가죽을 꿰뚫어 맨다는 내용의 기사를 남기는 식이다(李丙燾 1976: 291~292).[9]

서로 다른 사회질서와 관습, 관념을 객관적으로 대비시키는 것은 예나 이제나 어려운 일이다. 누구든 익숙지 않은 모습과 태도에 접하면 낯선 정도를 넘어 비상식적이고 괴이하다는 시각으로 해석하고 정리하기 쉽다. 중세 무슬림의 세계가 확장되면서 무슬림 지식인들에 의해 저술된 여행기나 지리상의 발견 이래 서구인들이 남긴 동방세계의 견문록이 아니더라도 낯선 세계에 대한 왜곡된 기록의 사례는 무수히 많다. 중국 정사의 「고구려전」도 스스로 중심을 자처하면서 주변을 기이한 타자로 규정하려 애썼던 상주(商周)시대부터의 왜곡된 전통을 잇고 있다고 해야 할 것이다(정재서 2011). 한국 고중세사 연구의 가장 귀중한 기초자료인 『삼국사기』나 『삼국유사』 역시 주변을 설정하고 타자를 만들어 내려는 역사적 시도, 혹은 그 결과물이라는 혐의에서 자유롭기 어렵다. 어쩌면 필연적일 수도 있는 역사·문화적 왜곡의 굴레를 벗겨 내는 작업이야말로 이런 자료를 대하는 역사연구자의 의무일 수도 있다.

생활·문화사가 한국 고대사 연구의 의미 있는 주제로 이제 막 떠오르기 시작했음을 감안하면 고구려 생활·문화 연구가 기초자료 정리 수준에서 크게 벗어나지 못한 것도 이상한 일은 아니다. 그런 면에서 고구려 생활·문화 연구 역시 기초자료의 발굴과 정리를 우선적인 과제로 삼아야 할지도 모른다. 주의할 것은 기초자료의 발굴과 정리라는 기본 작업도 자료를 보는 일정한 시각과 방법론을 전제로 한다는 사실이다. 이는 어떤 자료를 연구 기초자료로 보는가 라는 질문과 답변에 대한 논의의 문제이기도 하다.

9 『三國志』 卷30, 「魏書」 30, 烏桓·鮮卑·東夷傳 30, 韓.

고구려 생활·문화 연구에 도움이 될 수 있는 문헌자료, 고분벽화로 대표되는 고고학 및 미술사학 자료, 최근의 고고학적 발굴 조사를 통해 획득되는 자료의 양은 그리 많지 않다. 기존의 문헌자료나 유적 외에도 근래의 고고학적 발굴 조사를 통해 수집되는 연구 자료의 대부분이 신라, 백제, 가야의 역사·문화와 관련된 것임을 감안할 때 더욱 그렇다. 때문에 고구려 생활·문화 연구 자료는 현재 제기되는 다양한 과제를 해결하는 실마리를 찾기 위해서라도 이전과는 다른 방식으로 수집, 정리, 분석될 필요가 있다. 이런 시도는 그 자체만으로 한국 고대 생활·문화 연구를 활성화시키고 외연을 넓히는 데에도 도움이 될 것이다.

생활·문화 연구 자료를 더하는 방법의 하나는 공간적 확대다. 이는 고구려와 밀접한 교류를 통해서, 혹은 오랜 기간의 사회·문화적 접촉 속에 공유한 것이 많은 이웃의 생활·문화 자료를 고구려 연구에 적용하는 것을 뜻한다. 세심하게 다양한 변수를 고려하면서 자료 연결을 시도한다면 고구려 생활·문화의 여러 측면을 보다 구체적으로 그려 내는 것도 가능할 것이다.

시간적 확장도 자료 증대를 위한 유용한 방안이다. 고구려의 옛 땅에 남은 풍속이나 관념, 생활양식에 대한 세심한 검토를 통해 고구려 멸망 뒤 이 땅에 살게 된 다른 계통의 주민들에 의해 생활·문화의 여러 측면이 계승되었는지 여부를 확인할 수 있다. 고구려인이 이주했거나 고구려 유민이 정착한 지역의 전통이나 습속, 설화나 전설 등을 통해 근래까지의 일부 흔적을 찾을 수도 있다. 생생히 살아남은 부분을 만나는 것도 전혀 불가능하지는 않을 것이다.

자료를 보는 새로운 시각을 통해 숨겨지거나 읽히지 못했던 생활·문화 정보를 더 찾아내는 것도 자료 추가의 한 방법일 수 있다. 자료의 생산과 전파, 전승 과정을 철저히 되짚어 갈 수 있다. 성격이 다른 두 자료, 곧 고구려 생활·문화를 직접 전하는 자료와 다른 지역이나 사회의 생활·문화를 전하는 유사한 자료를 입체적으로 대비시키는 것도 고려할 수 있다.

고구려 생활·문화 연구는 기초자료 수집과 정리, 분석과 종합이 동시에 이루어져야 하는 분야다. 연구시각과 방법론에 대한 논의도 지속적으로 이루어져야 한다. 축적되는 크고 작은 연구 성과에 대한 비판적 검토와 수정 제안도 계속되어야 한다.

1부

웃과 문화

옷

한국 고대 생활문화사의 제 분야 가운데 고구려의 복식문화를 전하는 자료는 비교적 많이 남아 전한다. 특히 고분벽화에 등장하는 다수의 인물상은 고구려인이 즐겨 입던 옷의 형태, 종류, 조합방식 등을 읽어내는 데에 큰 도움을 준다. 때문에 고구려 복식문화 연구는 주로 고분벽화 자료에 바탕을 두고 진행되었으며 이로 말미암은 성과도 상당히 축적되었다(최원희 1962; 천석근 1981b; 유송옥 1993; 梁慶愛 1997; 전호태 1999; 박선희 2003). 고구려 지역문화 전통과 옷의 장식무늬, 옷깃의 여밈 방향이 밀접한 관련을 지닌다는 사실이 밝혀졌고 고구려인이 신분과 지위, 혹은 직업, 직능에 따라 서로 다른 형태와 재질의 모자를 사용했다는 문헌기록이 고분벽화로 확인되었다(천석근 1981b; 金貞鎬 1989; 정완진 · 이순원 1994; 전호태 2000c; 정완진 2003; 이경희 2012; 郑春颖 2015).

그러나 고구려 복식 자료가 충분히 정리되지 못한 채 연구에 활용됨으로 말미암은 문제는 여전히 미해결 상태로 남아 있다. 고구려의 복식문화가 지역문화의 시대별 동향과 어느 정도 관련이 있는지, 지역별 생활양식과 어떤 함수관계를 맺고 있는지에 대한 연구가 현재진행형인 것도 이런 까닭일 수 있다(전호태 2008b; 2012a). 이 분야 연구의 기초 자료로 활용되는 고분벽화 인물도가 사회적 계층이나 신분, 지위별 특징을 잘 드러내는지, 지역문화나 계층별 특징을 충분히 읽어낼 수 있을 정도로 당대의 현실을 잘 반영하는지 등을 검토하기 위해서도 복식 자료의 추가 정리는 불가피한 과제다. 옷감의 재료, 옷감에 장식무늬 넣는 방법, 염색 기법, 재단 및 재봉 방식, 옷감 및 옷의 관리 방식 등 기술사적 측면의 연구도 기초 자료의 정리 정도에 따라 성과의 수준이 결정될 수 있다(사회과학원 력사연구소·김일성종합대학 력사학부 1996; 정완진 2004). 복식문화를 구성하는 다른 요소들, 곧 허리띠, 신발, 각종 장신구, 남성의 머리 모양, 여성의 머리 장식 및 모양 등과 관련된 자료의 수집과 분류, 정리 역시 현재적 과제다. 이외 직업이나 종교, 신앙과 관련된 특수한 복식에 대한 정리와 분석은 별도로 진행되어야 할 것이다.

이 장에서는 고구려 복식문화 자료를 정리하면서 복식문화가 정치사회적 변동을 포함한 인문역사 환경적 요인에 의해 어떤 변화를 겪게 되며 그 의미가 무엇인지를 짚어 내고자 한다. 이 작업은 또한 보수적 성향을 강하게 드러내면서도 인문적, 역사적 환경 변화의 영향을 반영할 수밖에 없는 복식문화의 특성이 고구려라는 역사적 실체 속에서 어떻게 펼쳐지는지에 대한 보다 세밀한 연구의 기초공사로서 성격도 지닌다.

1. 연구 자료

고구려 복식문화 연구의 기본 자료로 사용되는 것은 한국 및 중국 문헌의 고구려 복식 관계 기사, 고구려 고분벽화와 중국 석굴사원, 고분벽화, 일반회화, 중앙아시아 궁전벽화의 고구려 인물도, 유물의 선각화(線刻畵), 고구려 유적 출토 직물 잔편 및 방직 관련 유물 등이다. 중국 정사 및 기타 문헌에 실린 고구려 복식 관련 기사는 편찬 시기에 따라 내용이 일부 바뀌어 고구려에서 시기별로 복식의 변화가 진행되었음을 알게 한다(전호태 2000c).

국내의 역사문헌인 『삼국사기(三國史記)』의 고구려 복식 기사는 대부분 중국 정사를 비롯한 여러 역사서에서 소개된 내용이 재편집된 것이다. 그러나 『통전(通典)』을 인용한 고구려 악공인(樂工人) 복식 기사는 특정 직업과 관련된 복식의 사례를 구체적으로 전해 준다는 점에서 중요한 의미를 지닌다.[1]

3세기 중엽까지 고구려 사회상을 전하는 『삼국지(三國志)』는 고구려의 지배계층이던 '가(加)' 안에 보다 상위의 대가(大加), 그 아래 소가(小加)가 있어 각각 머리에 책(幘)을 쓰거나 절풍(折風)을 써 서로를 알아보게 했음을 전한다.[2] 중국의 책과 달리 '수(收)'라 불리는 뒤통수 쪽의 늘어뜨리는 천이 없던 고구려 대가의 책, 고깔 모양인 소가의 절풍이 고구려에 왔던 중국 왕조의 사신이나 외국인, 혹은 중국의 왕조를 방문한 고구려 사절을 본 중국의 관인(官人)에게는 매우 인상적이었음이 확실하다. 『남제서(南齊書)』에 실린 이와 관련된 일화는 고구려 사절이 머리에 쓴 관모가 남제의 관인 사회에서 낯설고 이상스런 형태의 모자였음을 알게 한다.[3]

---

1 高句麗樂 通典云 樂工人紫羅帽 飾以鳥羽 黃大袖 紫羅帶 大口袴 赤皮鞾 五色緇繩 舞者四人 椎髻於後 以絳抹額 飾以金瑺 二人黃裙襦 赤黃袴 二人赤黃裙襦袴 極長其袖烏皮鞾 雙雙併立而舞. 『三國史記』 卷32, 「雜志」 第一, 樂.

2 其公會衣服 皆錦繡金銀以自飾 大加主簿頭(皆)着幘 如(冠)幘而無餘 其小加着折風 形如弁. 『三國志』 卷30, 「魏書」 30, 烏桓 · 鮮卑 · 東夷傳 30, 高句麗(『後漢書』 卷85, 「列傳」 75, 高句麗; 『梁書』 卷54, 「列傳」 48, 東夷 高句麗; 『南史』 卷79, 「列傳」 69, 高句麗; 『通典』 卷185, 第二, 「東夷」下, 高句麗의 복식기사는 『三國志』의 해당 기사를 거의 그대로 전재하였다).

3 高麗俗服窮袴, 冠折風一梁. 謂之幘. 知讀五經. 使人在京師, 中書郎王融戲之曰, 服之不衷, 身之災也. 頭上定是何物. 答曰, 此卽古弁之遺像也. 『南齊書』 卷58, 「列傳」 39, 東南夷 高麗國.

『삼국지』 이후 『후한서(後漢書)』, 『양서(梁書)』, 『남사(南史)』, 『위략(魏略)』, 『통전』 등에 같은 내용으로 반복되는 고구려 복식 기사가 『한원(翰苑)』에 인용된 『양원제직공도(梁元帝職貢圖)』 고구려 사절 옆의 고구려 소개 기사에서는 내용이 달라진다.[4] 우선 눈에 띄는 것은 '귀인(貴人)은 책의 뒤에 금은으로 사슴 귀를 만들어 더하며 천인(賤人)은 절풍을 쓴다. 귀를 뚫어 금고리를 단다.'라는 구절이다. 이와 관련된 더 이상의 세부적 설명은 없다. 그러나 6세기 중엽 이전 남조 양(梁)의 사절이 고구려에 왔을 때 보았거나, 고구려에 대한 정보를 접했을 때 인상적이었던 것으로 고구려의 귀인 가운데 금은 장식을 더한 책을 쓴 사람들이 있었음을 들 수 있다는 사실이다.

결국 이 기사는 고구려인이 쓰는 책에도 여러 종류가 있어 책에 더해진 각종 장식에 의해 관위나 신분의 높고 낮음을 알 수 있었음을 암시한다. 남자들 가운데 옷에 금은으로 만든 방울을 달기도 하고 허리에 은띠를 두르기도 했다는 기사가 앞뒤에 더해진다. 이로 볼 때 6세기 전반의 고구려는 금은 장식이 더해진 의복을 포함하여 복식 전반에서 신분, 지위의 구별이 가능한 사회였음을 미루어 짐작할 수 있다.

6세기 전반까지 고구려 사회의 모습을 전하는 또 다른 복식 기사가 『위서(魏書)』에 실려 있다.[5] 눈길을 끄는 것은 새 깃 장식 여부로 귀하고 천한 정도를 알 수 있는 절풍이 알사, 태사, 대형, 소형 등의 등급을 지닌 벼슬아치들 사이에 널리 쓰였다는 구절이다. 금은으로 만든 사슴 귀 장식 책과 절풍이 있었음을 전하는 『양원제직공도』의 기

---

4 高麗婦人衣白 而男子衣結錦 鈴[飾]以金銀 貴者冠情[幘] 而後以金銀爲鹿耳 加之幘上 賤者冠折風 穿耳以金鐶 上衣白衫 下日長袴 要[腰]有銀帶 左佩礪 而右佩五子刀 足履豆禮踏. 『翰苑』 所引 『梁元帝職貢圖』; 張庚模本 『職貢圖』 및 北宋模本 『職貢圖』의 고구려 복식기사도 위의 내용과 크게 다르지 않다.

5 衣布帛及皮[中略] 其官名有謁奢太奢大兄小兄之號 頭着折風 其形如弁 旁揷鳥羽 貴賤有差 [中略] 其公會衣服 皆錦繡金銀以自飾. 『魏書』 卷100, 「列傳」 88, 高句麗.

사, 새 깃 장식 절풍인지 아닌지로 벼슬의 높고 낮음을 안다는 『위서』의 기록은 각각 고구려 사회의 서로 다른 부분을 나누어 전하는 것으로 이해될 수 있다. 여러 등급의 벼슬아치들이 금과 은으로 장식한 수놓은 옷을 입고 공식 모임에 나온다는 『위서』 복식기사 후반부 내용은 장식에 사용된 금속의 재질, 장식의 내용에 의해 서로의 지위를 알아볼 수 있었다는 뜻으로 이해되어야 할 것이다.

6세기 중엽까지의 고구려사회의 모습을 그리는 『주서(周書)』의 복식 기사는 『양원제직공도』 및 『위서』의 내용을 보완해 준다는 점에서 함께 검토될 필요가 있다.[6] 자주색 비단으로 만들고 금은으로 얼기설기 장식한 골소(骨蘇)는 위에 새 깃 2개를 꽂아 벼슬 있는 사람인지 아닌지를 나타낸다고 한다. 이것으로 보아 골소는 절풍과 기본 형태가 같거나 절풍에 대한 별칭일 수 있다. 기사 내용처럼 소매 좁은 저고리에 통 넓은 바지, 무늬 없는 흰 가죽 허리띠, 누런 가죽신이 고구려 남자의 기본적인 복장이었는지 여부는 불확실하다.

『수서(隋書)』에는 고구려 사람들이 하나같이 머리에 피관(皮冠)을 쓰는데, 높지 않은 등급의 사람들은 그 위에 새 깃을 장식하지만 귀인은 금은으로 장식한 자주색 비단 관, 곧 자라관(紫羅冠)을 머리에 쓴다는 사실이 특기되었다.[7] 또한 고구려 사람들이 입던 옷을 소개하면서 소매가 큰 저고리를 언급하여 『위서』, 『주서』의 기사와 차이를 보인다. 6세기 중엽 이후 고구려 사회에 저고리 소매의 형태, 너비 등에 변화가 있어 외래의 관찰자, 혹은 방문자의 눈길을 끌었는지, 아니면 일반적으로 쓰이던 소매 좁은 저고리 외에 소매가 큰 저고리도 추가로

6 丈夫衣同袖衫 大口袴白韋帶黃革履 其冠曰骨蘇 多以紫羅爲之 雜以金銀爲飾 其有官品者 又揷二鳥羽於其上 以顯異之 婦人服裙襦 裾袖皆爲襈.『周書』卷49,「列傳」41,「異域」上, 高麗.

7 人皆皮冠 使人加揷鳥羽 貴者冠用紫羅 飾以金銀 服大袖衫大口袴素皮帶黃革履 婦人裙襦加襈.『隋書』卷81,「列傳」46,「東夷」高麗.

언급된 것인지 확실치 않다.

수(隋) 이전의 역사를 다루지만 『수서』보다 편찬 시기가 늦은 『북사(北史)』의 고구려 복식 기사에는 위에서 살펴본 『위서』, 『주서』, 『수서』의 내용이 종합, 정리되어 있다.[8] 머리에 절풍을 쓰는 사람들 가운데 보통의 벼슬아치들은 2개의 새 깃을 꽂아 지위를 나타내고 귀인으로 불리는 높은 관등의 사람들은 자라(紫羅)로 만들고 금은으로 장식한 소골(蘇骨)이라는 관을 머리에 쓴다는 것이다. 이 『북사』 기사의 소골은 『주서』의 골소와 같은 종류의 관이 확실하다. 『주서』 기사에서도 언급되었듯이 소골과 절풍이 어떻게 같고 다른지는 별도의 검토가 뒤따라야 할 것이다.

『한원』에 인용된 『고려기(高麗記)』에는 관복, 관모에 대한 소개 대신 고구려에서 생산되던 각종 옷감에 대한 기사가 실려 있어 눈길을 끈다.[9] 자지힐문, 오색금, 운포금 등의 비단, 백첩포, 청포 등의 포, 말갈저발과 같은 모직물이 소개되었다.

『구당서(舊唐書)』에는 이전의 사서들과 달리 고구려왕의 복식이 언급되어 주목된다.[10] 오채(五綵)로 된 옷을 입고 백라관(白羅冠)을 머리에 쓰는 왕은 관과 띠를 금으로 장식한다. 머리에 쓴 청라관(青羅冠), 비라관(緋羅冠)으로 벼슬의 높고 낮음을 알게 한다는 기사도 눈길을 끈다. 고구려 후기에는 관등이 보다 세분되었고 그에 맞추어 관모가 만들어져 사용되었음을 뜻하는 까닭이다. 국인(國人)은 갈옷을 입

8 衣布帛及皮. 土田薄瘠, 蠶農不足以自供, 故其人節飲食 [中略] 人皆頭着折風 形如弁 士人加插二鳥羽 貴者 其冠曰蘇骨 多用紫羅爲之 飾以金銀 服大袖衫大口袴素皮帶黃革履 婦人服裙襦加襈 [中略] 其公會衣服 皆錦繡金銀以自飾. 『北史』 卷94, 「列傳」 82, 高麗.

9 其人亦造錦 紫地纈文者爲上 次有五色錦 次有雲布錦 又造白氎布青布而尤佳 又造障曰華言接籬 其毛卽靺鞨猪髮也 『翰苑』 所引, 陳大德 『高麗記』.

10 衣裳服飾 唯王五綵 以白羅爲冠 白皮素帶 其冠及帶 咸以金飾 官之貴者 則青羅爲冠 次以緋羅 插二鳥羽 及金銀爲飾 衫筒袖袴大口白韋帶黃革履 國人衣褐戴弁 婦人首加巾幗. 『舊唐書』 卷199上, 「列傳」 149上, 「東夷」 高麗.

고 머리에 변(弁)을 쓰며 부인은 건괵(巾幗)을 머리에 올린다는 기사도 주목된다. 이전의 소가에 해당하는 국인이 썼다는 변은 절풍을 가리키는 것으로 보인다.

『신당서(新唐書)』에는 『구당서』의 기사가 거의 그대로 전재되었다.[11] 청라관 다음 등급의 관인들이 비라관이 아닌 항라관(絳羅冠)을 썼다는 부분, 국인을 서인(庶人)으로 표기한 것에서 차이를 보인다. 국인과 서인은 개념상 뚜렷한 차이가 있지만 『신당서』의 찬자는 이러 부분에 별다른 주의를 기울이지 않은 듯하다.

문헌의 고구려 복식기사가 관모 등 눈에 띄는 부분에 설명이 집중된 것과 달리 고분벽화의 인물도는 생활상과 관념세계를 그려 내는 와중에 등장하는 까닭에 고구려 복식의 보다 다양한 면모를 드러낸다. 고구려 벽화고분 가운데 인물도를 확인할 수 있는 고분벽화는 46기 정도다.[12] 이들 벽화고분은 상당수가 4~5세기로 편년되는 것들이어서 자료가 특정 시기에 편중된 감이 있다. 그럼에도 불구하고 일정한 시간이 흐른 뒤 견문을 채록하는 방식으로 정리된 문헌기사와 달리 고분벽화 인물도는 바로 그 시대의 생활상이 거의 그대로 묘사되었다는 점에서 자료적 가치가 대단히 높다.

집안지역 벽화고분 가운데 인물도가 확인된 유적은 우산하고분군의 각저총, 무용총, 통구12호분, 삼실총, 우산하1041호분, 통구사신총, 오회분4호묘, 오회분5호묘 등 8기, 산성하고분군의 산성하332호분, 미인총 등 2기, 마선구고분군의 마선구1호분 1기, 장천고분군의

11 王服五綵 以白羅製冠 革帶皆金釦 大臣青羅冠 次絳羅 珥兩鳥羽 金銀雜釦 衫筒袖袴大口白韋帶黃革履 庶人衣褐戴弁 女子首巾幗 『新唐書』 卷220, 「列傳」 145, 「東夷」 高麗.

12 일부 벽화고분은 조사과정에 인물도가 확인되었음을 보고서에서 언급하나 도면상으로 확인되지 않는다. 이외에도 연구자에 따라 인물도 벽화고분으로 포함시키거나 제외시키는 유적들이 있다. 이런 점을 감안할 때 이 글에서 제시하는 인물도 벽화고분 통계치 역시 잠정적인 것임을 알려둔다.

장천1호분, 장천2호분, 장천4호분 등 3기를 합하여 모두 14기다(전호태 2000c; 2009a).[13] 이 가운데 미인총은 사진이나 도면으로 인물 복식이 확인되지 않으며 유적도 남아 있지 않다.[14] 미인총을 제외하고 발굴조사 당시 인물도가 확인된 무순 시가1호분을 통계에 포함시키면 모두 14기다.[15] 집안지역 고분벽화에 표현된 인물의 수, 인물 복식의 기본 특징을 알기 쉽게 정리하면 표 1과 같다.[16] 표 1에서 알 수 있듯이 집안지역 고분벽화에서 확인되는 인물상은 411인에 이른다.

표 1. 집안지역 고분벽화 인물의 수와 복식

연번	지역	고분군	고분명	편년	벽화주제	인물 수	인물배치	인물복식 특징
1	집안	우산하 고분군	각저총	5세기 초	생활풍속	15	널방 남벽 우교차도 3인, 북벽 씨름도 4인, 동벽 장방생활도 8인	巾幗, 左衽直領, 圓點文, 加襈, 襦袍, 袴, 裩, 褶裙, 黑履, 白靴
2			무용총	5세기 전반	생활풍속	58	앞방 동벽 4인, 널방 남벽 가무배송도 19인, 북벽 6인, 동벽 묘주접객도 14인, 천장고임 역사와 선인 10인	方形冠, 鳥羽折風, 折風, 黑巾, 巾幗, 左衽直領, 圓點文, 加襈, 黃黑白襦袍, 袴, 褶裙, 白靴, 仙人天衣
3			우산하 1041호분	5세기 중엽	생활풍속	4	널방 남벽 1인, 북벽 사냥도 2인, 동벽 1인	方形冠, 折風, 左衽直領, 黃襦, 袴, 袍, 靴

13 이 책에서는 고구려 복식에 대한 기본 정보를 담고 있다는 점을 고려하여 선인과 신들이 그려진 통구사신총, 오회분4호묘, 오회분5호묘도 검토 대상 유적에 포함시킨다.

14 GPS 좌표로는 N41°8.47, E126°9.43이다. 중국의 공식적 편호명으로는 집안 통구고분군 산성하묘구 제1296호묘(JSM1296)이다. 吉林省文物考古研究所·集安市博物館 2002에 해당 유적은 점선으로 표기되었다. 필자도 현지조사 당시 해당 위치에서 돌무더기를 발견하였을 뿐이다. 돌무더기 속에 안료가 일부 남은 석회조각이 다수 섞여 있었다.

15 발굴조사 후, 벽화의 보존조치가 이루어지지 않은 까닭에 시가1호분 벽화 인물도는 현장에서 육안으로 확인이 어려운 상태다.

16 표 1에는 신과 선인 등 종교적 신앙대상을 다수 추가하였다. 이들을 제외한 인물 복식의 세부 내용은 전호태(2000a) 참조. 고분별 참고문헌은 별표 1로 정리하였다.

❁ 표 1. 계속

<table>
<tr><th>연번</th><th>지역</th><th>고분군</th><th>고분명</th><th>편년</th><th>벽화주제</th><th>인물수</th><th>인물배치</th><th>인물복식 특징</th></tr>
<tr><td rowspan="2">4</td><td rowspan="11">집안</td><td rowspan="5">우산하
고분군</td><td>통구
12호분</td><td>5세기
중엽</td><td>생활풍속</td><td>52</td><td>남분 34인: 널길 벽 사냥도 3인, 널길 감 3인, 널방 서벽 3인, 남벽 6인, 북벽 10인, 동벽 묘주생활도 8인; 북분 18인: 널방 남벽 4인, 북벽 6인, 동벽 묘주생활도 6인</td><td>方形冠, 折風, 黑巾, 巾幗, 左衽直領, 圓點文, 加襈, 黃黑白襦袍, 袴, 褶裙, 白靴, 札甲冑, 鐵釘履</td></tr>
<tr><td>삼실총</td><td>5세기
중엽</td><td>생활풍속</td><td>43</td><td>제1실 서벽 문지기 2인, 남벽 상부 출행도 11인, 남벽 하부 사냥도 2인, 북벽 攻城圖 6인, 동벽 묘주생활도 7인; 이음길 역사 2인, 2실 무사 및 역사 4인, 천장고임 3인; 이음길 역사 2인; 3실 역사 4인</td><td>方形冠, 鳥羽折風, 折風, 黑巾, 巾幗, 左衽直領, 圓點文, 加襈, 黃白襦袍, 袴, 裩, 褶裙, 白靴, 札甲冑</td></tr>
<tr><td>4</td><td>통구
사신총</td><td>6세기
전반</td><td>사신</td><td>17</td><td>널길 벽 문지기 2인, 널방 천장고임 신과 선인 15인</td><td>仙人天衣</td></tr>
<tr><td>5</td><td>오회분
4호묘</td><td>6세기
전반</td><td>사신</td><td>29</td><td>널길 벽 문지기 2인, 널방 벽 선인 10인, 널방 천장고임 신과 선인 17인</td><td>仙人天衣</td></tr>
<tr><td>6
7
8</td><td>오회분
5호묘</td><td>6세기
후반</td><td>사신</td><td>18</td><td>널길 벽 문지기 2인, 널방 천장고임 신과 선인 16인</td><td>仙人天衣</td></tr>
<tr><td>9</td><td>산성하
고분군</td><td>산성하
332호분</td><td>5세기
중엽</td><td>장식무늬</td><td>3</td><td>널길 벽 사냥도 3인</td><td>左衽直領襦, 裙</td></tr>
<tr><td>10</td><td>마선구
고분군</td><td>마선구
1호분</td><td>5세기
중엽</td><td>생활풍속,
장식무늬</td><td>13</td><td>앞방 북쪽 곁방 사냥도 3인, 널방 남벽 무용도 2인, 북벽 전투도 1인, 동벽 묘주생활도 7인</td><td>方形冠, 折風, 左衽直領,圓點文, 襦袍, 袴, 靴, 札甲冑</td></tr>
<tr><td>11</td><td rowspan="3">장천
고분군</td><td>장천
1호분</td><td>5세기
중엽</td><td>생활풍속,
장식무늬</td><td>143</td><td>앞방 남벽 연회공찬도 35인, 북벽 상부 백희기악도 32인, 하부 사냥도 14인, 동벽 문지기 2인, 천장고임 동면 예불도 8인, 서면 기마갑주무사 1인, 천장고임 종교화 37인(여래상 1인, 보살상 8인, 천인상 28인), 천장고임 모서리 역사 12인, 이음길 시녀 2인</td><td>方形冠, 鳥羽折風, 折風, 黑巾, 巾幗, 左衽直領, 圓點文, 加襈, 黃襦袍, 袴, 裩, 褶裙, 白靴, 寶冠, 仙人天衣</td></tr>
<tr><td>12</td><td>장천
2호분</td><td>5세기
중엽</td><td>장식무늬</td><td>2</td><td>널방 문 문지기 1인, 시녀 1인</td><td>方形冠, 左右衽直領, 圓點文, 加襈, 襦袍, 袴, 褶裙, 靴</td></tr>
<tr><td>13</td><td>장천
4호분</td><td>5세기
중엽</td><td>생활풍속,
장식무늬</td><td>1</td><td>북분 널방 남벽 1인</td><td>襦袴</td></tr>
<tr><td>14</td><td>무순</td><td>시가
고분군</td><td>시가
1호분</td><td></td><td>생활풍속</td><td>13</td><td>널방 동벽 2인, 북벽 11인</td><td>袍, 褶裙</td></tr>
<tr><td>총계</td><td colspan="5"></td><td>411</td><td colspan="2"></td></tr>
</table>

평양지역 벽화고분 가운데 인물도가 남아 있는 유적은 순천의 동암리벽화분, 천왕지신총 등 2기, 대동의 덕화리1호분, 덕화리2호분, 팔청리벽화분 등 3기, 평양의 고산동7호분, 고산동10호분, 금옥리1호분, 개마총, 동산동벽화분, 장산동1호분, 진파리1호분, 진파리4호분, 평양역전벽화분 등 9기, 남포의 감신총, 강서대묘, 덕흥리벽화분, 대안리1호분, 보산리벽화분, 수렵총, 수산리벽화분, 쌍영총, 약수리벽화분, 연화총, 옥도리벽화분, 태성리1호분, 태성리2호분 등 13기, 안악의 복사리벽화분, 안악1호분, 안악2호분, 안악3호분 등 4기, 연탄의 송죽리벽화분 1기 등 모두 32기다(전호태 2011d; 이경희 2012). 평양지역 고분벽화에 표현된 인물의 수, 인물 복식의 기본 특징을 평양권과 안악권으로 나누어 알기 쉽게 정리하면 표 2, 표 3과 같다.[17] 표 2 및 표 3에서 알 수 있듯이 평양지역 고분벽화에서 확인되는 인물상은 모두 1014인에 이른다. 위의 집안지역 고분벽화 인물상 411인에 평양지역 고분벽화 인물상 1,014인을 더하면 고구려 복식사 이해에 참고할 수 있는 고분벽화 인물상은 1,425인에 달한다. 고분벽화로 확인된 인물 가운데 관과 책을 쓴 남자, 절풍 및 건, 이형모자, 투구를 쓴 남자, 맨머리의 남자, 다양한 형식의 머리를 다듬은 여자 순으로 모아 정리하면 그림 1~6과 같다.

17 표 2와 표 3에는 신과 선인 등 종교적 신앙대상과 초기 모사도로 남은 인물들을 다수 더하였다. 강서대묘, 진파리1호분, 진파리4호분, 연화총은 추가 파악된 인물도 벽화고분이다. 이를 제외한 유적 및 인물 복식의 세부적 내용은 이경희 2012에 잘 정리되었다. 고분별 참고문헌은 별표 2, 별표 3으로 정리하였다.

✿ 표 2. 평양권 고분벽화 인물의 수와 복식

연번	지역	고분명	편년	벽화주제	인물 수	인물배치	인물복식 특징
1	순천	동암리 벽화분	5세기 초	생활풍속	47	벽화편 47인	方形冠, 鳥羽折風, 折風, 巾幗, 左衽直領, 圓點文, 加襈, 紅黃襦袍, 紅黃白袴, 褶裙, 白靴
2		천왕지신총	5세기 중엽	생활풍속	8	널방 북벽 묘주생활도 6인, 천장고임 선인 2인	加襈, 襦袍, 袴, 裙, 黑靴, 仙人天衣
3	대동	덕화리 1호분	5세기 말	생활풍속, 사신	8	널방 북벽 상부 행렬도 8인	武冠, 幘, 巾幗, 左右衽直領, 圓點文, 加襈, 紅襦黑袍, 袴, 褶裙, 黑靴
4		덕화리 2호분	5세기 말	생활풍속, 사신	3	널방 북벽 상부 행렬도 3인	紅袍
5		팔청리 벽화분	5세기 전반	생활풍속	39	앞방 남벽 우교차도 1인, 동벽 행렬도 13인, 서벽 행렬도 9인, 이음길 고기창고 1인, 널방 동벽 4인, 서벽 5인, 북벽 6인	武冠, 平上幘, 幘, 黑巾, 左右衽直領, 加襈, 黃黑白襦袍, 紅黑白袴, 褶裙, 黑白靴, 甲冑
6	평양	고산동 7호분	5세기 전반	생활풍속	5	앞방 동벽 3인, 서벽 2인	左衽直領, 圓點文, 加襈, 黃襦袍, 袴, 褶裙, 白靴
7		고산동 10호분	5세기 전반	생활풍속	3	벽화편 무용도 3인	圓點文, 加襈, 黃黑襦袍, 黃袴, 褶裙, 白靴
8		금옥리 1호분	3세기 중엽	생활풍속	1	남자 1인	鳥羽折風
9		개마총	6세기 초	사신	22	널길 동벽 2인, 널방 천장고임 행렬도 20인(천의 차림 연화화생 8인 제외)	金裝飾冠, 鳥羽折風, 折風, 左衽直領, 圓點文, 加襈, 黃赤襦袍, 紅黃黑袴, 褶裙, 白靴
10		동산동 벽화분	4세기 말	생활풍속	7	널길 동벽 행렬도 7인, 서벽 행렬도 1인, 이음길 동벽 문지기 1인	介幘, 黑巾, 加襈, 黃袍, 袴, 甲衣
11		장산동 1호분	5세기 초	생활풍속, 사신	2	널방 북벽 1인, 위치 불명 여인 1인	加襈, 袍
12		진파리 1호분	6세기 전반	사신	2	널길 벽 천왕형 문지기 2인	仙人天衣
13		진파리 4호분	6세기 전반	사신	1	널방 서벽 천인 1인	仙人天衣
14		평양역 전벽화분	4세기 말	생활풍속	13	앞방 남벽 행렬도 5인, 동벽 방앗간 1인, 서벽 부월수 6인, 서쪽 곁방 1인	武冠, 平上幘, 右衽直領, 加襈, 襦袍, 袴, 履
15	남포	감신총	5세기 전반	생활풍속	51	널길 서벽 행렬도 9인, 앞방 남벽 행렬도 6인, 동벽 2인, 동벽 감 6인, 서벽 4인, 서벽 감 7인, 북벽 배례도 6인, 천장고임 서왕모 등 5인, 널방 서벽 사냥도 3인, 북벽 묘주생활도 3인	山形冠, 平上幘, 介幘, 左右衽, 加襈, 紅黃黑襦袍, 黃黑白袴, 褶裙, 黑履靴, 甲冑

❁ 표 2. 계속

연번	지역	고분명	편년	벽화주제	인물수	인물배치	인물복식 특징
16	남포	강서대묘	6세기 말	사신	11	널방 천장고임 비천, 선인 11인	仙人天衣
17		덕흥리 벽화분	408	생활풍속	197	널길 동벽 2인, 서벽 1인, 앞방 남벽 서쪽 업무도 21인, 남벽 동쪽 행렬도 후미 13인, 동벽 행렬도 중렬 40인, 북벽 동쪽 행렬도 선두 13인, 서벽 13군 태수배례도 15인, 북벽 서쪽 유주자사도 10인, 천장고임 사냥도, 천상도 14인, 이음길 동벽 행렬도 9인, 서벽 행렬도 12인, 널방 남벽 외양간, 마구간 3인, 동벽 칠보공양도, 업무도 12인, 서벽 마사희도 9인, 북벽 묘주생활도 23인	武冠, 平上幘, 介幘, 黑巾, 左右衽, 加襈, 紅黃黑白襦袍, 紅黃白袴, 褶裙, 紅黑白靴, 甲冑
18		대안리 1호분	5세기 중엽	생활풍속, 사신	43	앞방 남벽 행렬도, 사냥도 5인, 동벽 행렬도 5인, 서벽 행렬도 4인, 북벽 행렬도 12인, 널방 남벽 직녀 1인, 동벽 건물도 3인, 서벽 행렬도 7인, 북벽 묘주생활도 2인, 널방 모서리 역사 4인	平上幘, 折風, 黑巾, 左右衽直領, 加襈, 黃黑白襦袍, 赤黃黑袴, 裩, 黑白靴, 甲冑
19		보산리 벽화분	5세기 후반	생활풍속, 사신	6	널방 북벽 묘주생활도 6인	平上幘, 介幘, 右衽, 襦袍, 袴, 靴
20		수렵총	5세기 후반	생활풍속, 사신	8	널방 동벽 기마무사 1인, 서벽 사냥도 1인, 북벽 묘주생활도 6인	折風, 右衽直領, 圓點文, 加襈, 黃襦袍, 黃袴, 黑靴
21		수산리 벽화분	5세기 후반	생활풍속	53	널길 벽 문지기 2인, 널방 남벽 3인, 널방 동벽 6인, 서벽 상부 출행도 13인, 하부 행렬도 11인, 북벽 묘주생활도 14인, 벽 상단 소슬 밑 역사 4인	武冠, 平上幘, 黑巾, 左右衽,圓點文, 加襈, 紅黃黑白襦袍, 紅黃黑白袴, 褶裙, 黃黑白靴, 履
22		쌍영총	5세기 후반	생활풍속, 사신	28	널길 벽 문지기 역사 2인 포함 11인, 앞방 남벽 문지기 2인, 널방 동벽 공양행렬도 9인, 북벽 묘주생활도 6인	武冠, 鳥羽折風, 巾幗, 左右衽直領, 圓點文, 加襈, 紅黃青黑襦袍, 紅黃青袴, 褶裙, 甲冑
23		약수리 벽화분	5세기 초	생활풍속, 사신	126	앞방 남벽 상단 사냥도 28인, 하단 서쪽 문지기 1인, 하단 동쪽 행렬도 후미 15인, 동벽 행렬도 선두 및 중렬 56인, 서벽 남쪽 생활도 9인, 서벽 북쪽 업무도 5인, 북벽 묘주생활도 7인, 널방 북벽 묘주생활도 6인	平上幘, 幘, 黑巾, 左右衽, 加襈, 紅黃白襦袍, 黃黑白袴, 褶裙, 黑白靴, 履, 甲冑
24		연화총	5세기 중엽	생활풍속	1	앞방 북벽 서측 감실 동벽 여인 1인	襦袍

표 2. 계속

연번	지역	고분명	편년	벽화주제	인물수	인물배치	인물복식 특징
25	남포	옥도리 벽화분	5세기 전반	생활풍속	41	널방 동벽 가무도 25인, 서벽 사냥도 7인, 북벽 묘주생활도 9인	平上幘, 幘, 鳥羽折風, 黑巾, 左衽直領, 加襈, 紅黃白襦袍, 灰白黃袴, 褶裙, 黑白紅靴, 履
26		태성리 1호분	4세기 말	생활풍속	2	위치 불명 2인	袴, 履
27		태성리 2호분	4세기 후반	생활풍속	19	널길 벽 행렬도 11인, 널길 동쪽 곁방 2인 서쪽 곁방 3인, 널방 동벽 1인, 북벽 4인	武冠, 平上幘, 幘, 右衽, 加襈, 襦袍, 袴, 裙, 靴, 履
총계					747		

표 3. 안악권 고분벽화 인물의 수와 복식

연번	지역	고분명	편년	벽화주제	인물수	인물배치	인물복식 특징
1	안악	복사리 벽화분	5세기 초	생활풍속	12	널방 동벽 6인, 서벽 3인, 북벽 3인	右衽直領, 襦袴
2		안악1호분	4세기 말	생활풍속	29	널방 남벽 행렬도 7인, 동벽 행렬도 6인, 서벽 사냥도 9인, 북벽 전각생활도 7인	折風, 黑巾, 左衽直領, 黃襦袍, 袴, 黑靴
3		안악2호분	5세기 후반	생활풍속	32	널길 벽 문지기 2인, 널방 남벽 갑주무사 2인, 동벽 공양인과 비천 5인, 서벽 행렬도 14인, 북벽 묘주생활도 10인	武冠, 平上幘, 左衽直領, 圓點文, 加襈, 黃白襦袍, 袴, 褶裙, 甲冑
4		안악3호분	357	생활풍속	165	앞방 남벽 동쪽 부월수와 의장기수 13인, 남벽 서쪽 악대 5인, 앞방 동벽 장하독 및 수박희, 부월수도 8인, 앞방 동쪽 곁방 부속시설도 9인, 앞방 서벽 장하독 2인, 앞방 서쪽 곁방 묘주생활도 9인, 널방 서벽 무용도 4인, 회랑 대행렬도 116인	武冠, 平上幘, 介幘, 幘, 黑巾, 右衽, 加襈, 紅黑白襦, 紅黃黑白袍, 黃黑白袴, 黃文圓點文裙, 白裙, 銙帶, 布白帶, 黑白履靴, 甲冑
5	연탄	송죽리 벽화분	5세기 전반	생활풍속	29	널길 벽 행렬도 10인, 앞방 동벽 출행도 9인, 서벽 사냥도 3인, 이음길 벽 문지기 2인, 널방 동벽 2인, 북벽 1인	幘, 鳥羽折風, 折風, 圓點文, 紅黃青黑襦袍, 行纏, 紅黃白袴, 靴, 甲冑
총계					267		

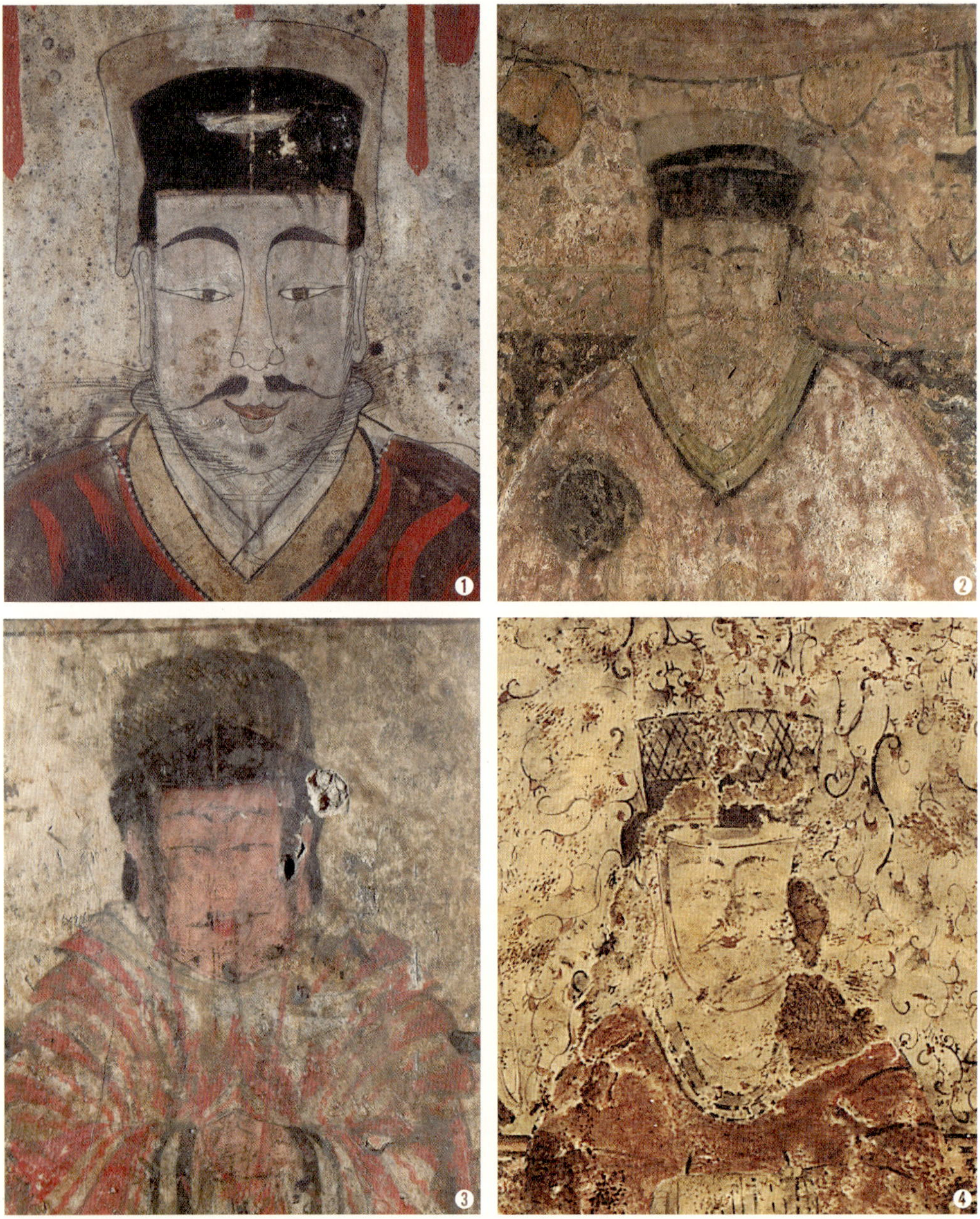

❁ 그림 1. 고분벽화에 보이는 관과 책을 쓴 남자
1. 무덤주인(안악3호분, 북한 안악), 2. 무덤주인(덕흥리벽화분, 북한 남포),
3. 무덤주인(쌍영총, 북한 남포), 4. 무덤주인(감신총 벽화 모사도, 북한 남포)

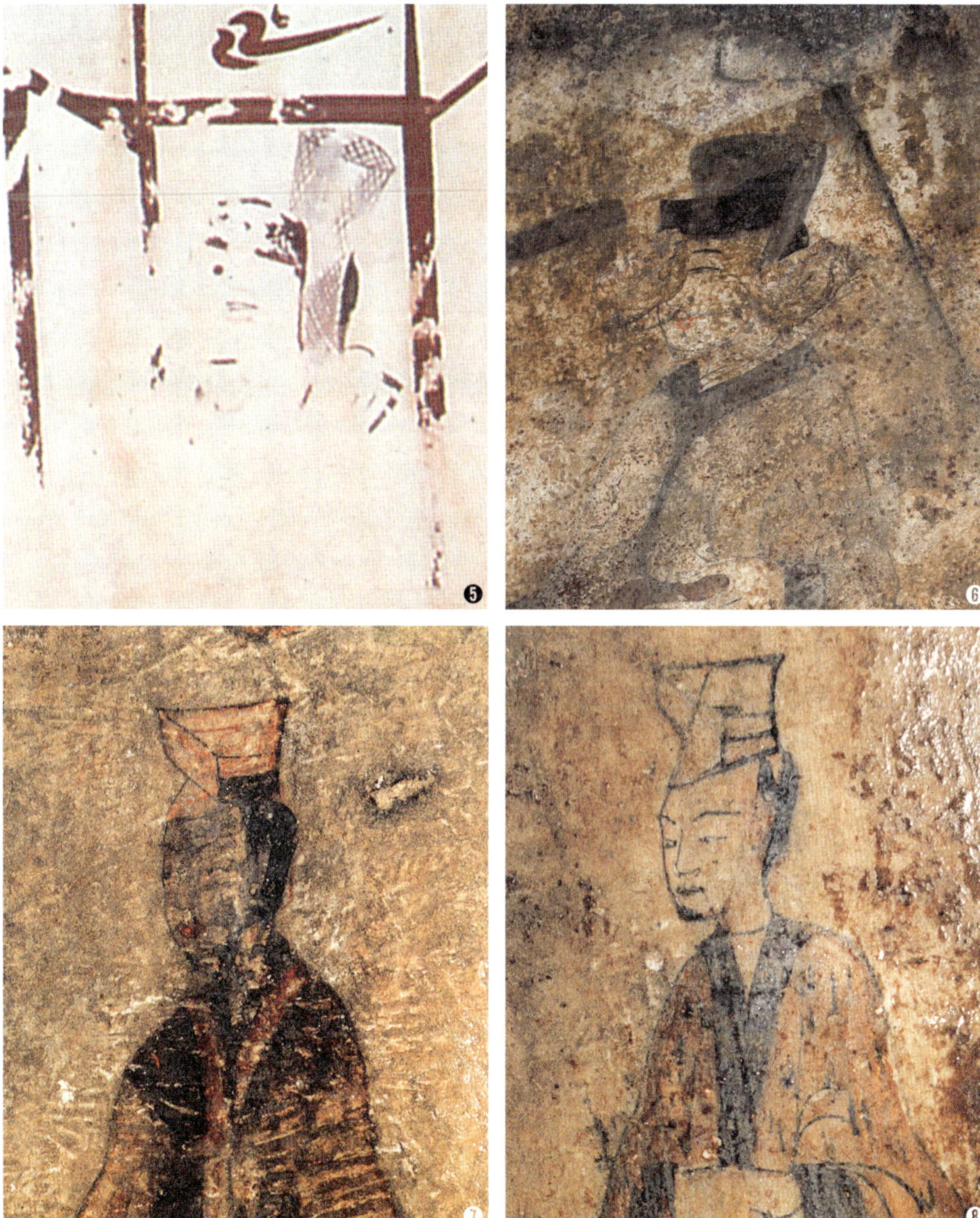

❁ 그림 1. 계속

5. 무덤주인(팔청리벽화분 벽화 모사선화, 북한 대동), 6. 무덤주인(수산리벽화분, 북한 남포), 7~8. 귀족남자(삼실총, 중국 집안)

❁ 그림 1. 계속

9. 귀족남자(동암리벽화분, 북한 순천), 10~11. 행렬 인물(안악3호분, 북한 안악),
12. 의장기수(안악3호분, 북한 안악)

❁ 그림 1. 계속

13. 관리(덕흥리벽화분, 북한 남포), 14. 장하독(안악3호분, 북한 안악),
15. 시종(수산리벽화분, 북한 남포), 16. 부월수(안악3호분, 북한 안악)

❁ 그림 1. 계속

17. 부월수(안악3호분, 북한 안악), 18. 행렬 기수(덕흥리벽화분, 북한 남포),
19. 궁수(안악3호분, 북한 안악), 20. 악사(안악3호분, 북한 안악)

그림 2. 고분벽화에 보이는 절풍과 흑건을 쓴 남자
1. 귀족남자(개마총 벽화 모사도, 북한 평양), 2. 사냥꾼(무용총, 중국 집안),
3. 행렬 인물(개마총 벽화 모사도, 북한 평양), 4. 기마인물(쌍영총 벽화 모사도, 북한 남포)

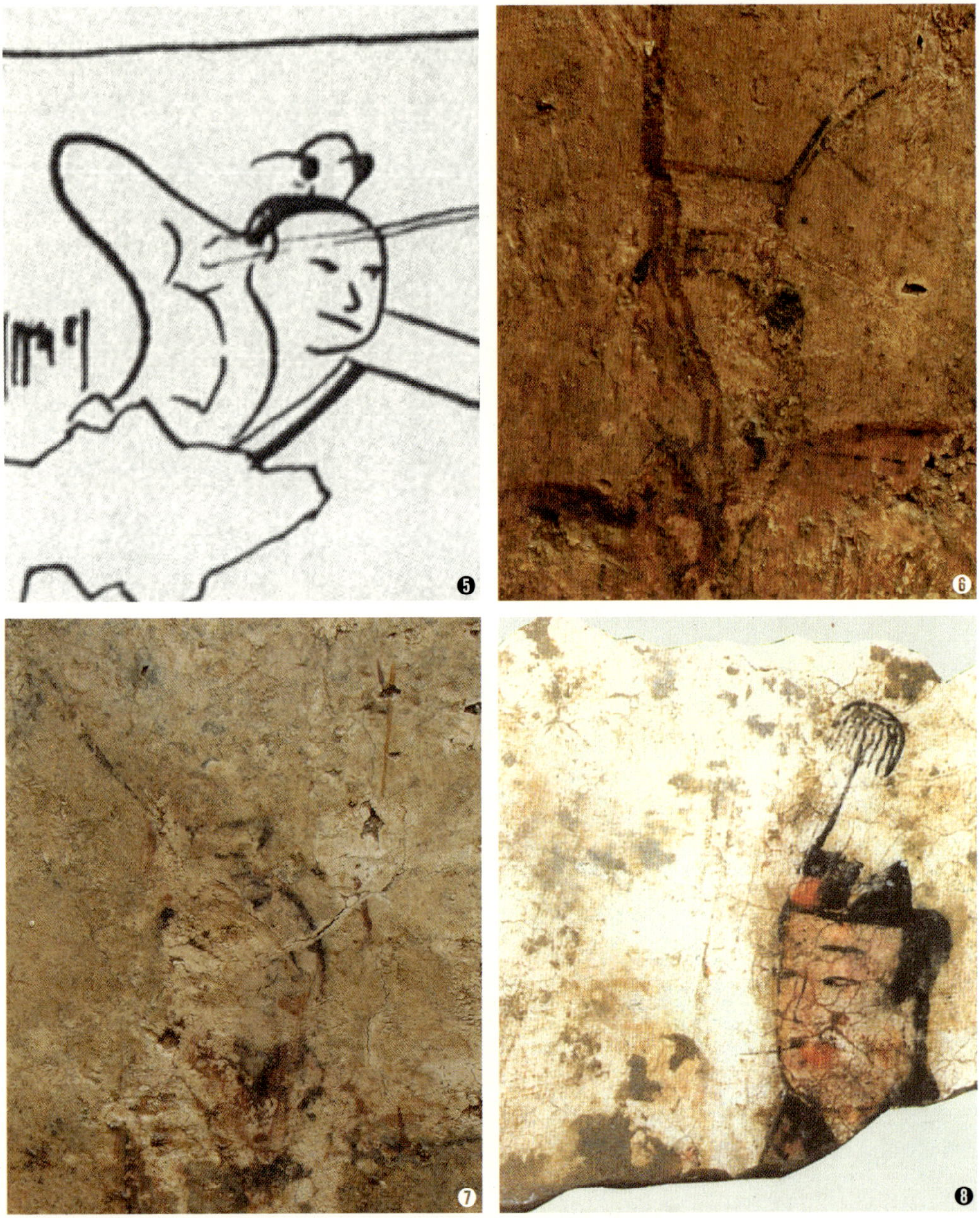

그림 2. 계속

5. 사냥꾼(마선구1호분 벽화 모사선화, 중국 집안), 6~7. 무용수(옥도리벽화분, 북한 남포),
8. 귀족남자(동암리벽화분, 북한 순천)

그림 2. 계속

9. 귀족남자(동암리벽화분, 북한 순천), 10. 행렬 기수(개마총 벽화 모사도, 북한 평양), 11. 마부(개마총 벽화 모사도, 북한 평양), 12. 행렬 인물(삼실총, 중국 집안)

❁ 그림 2. 계속
13. 시종(무용총 벽화 모사도, 중국 집안), 14. 악사(안악3호분, 북한 안악), 15. 시종(덕흥리벽화분, 북한 남포), 16. 사냥꾼(무용총 벽화 모사도, 중국 집안)

❁ 그림 3. 고분벽화에 보이는 각종 모자 쓴 남자
1. 견우(덕흥리벽화분, 북한 남포), 2. 악사(평양역전벽화분 벽화 모사선화, 북한 평양),
3. 남자(동암리벽화분, 북한 순천), 4. 사냥꾼(감신총 벽화 모사도, 북한 남포)

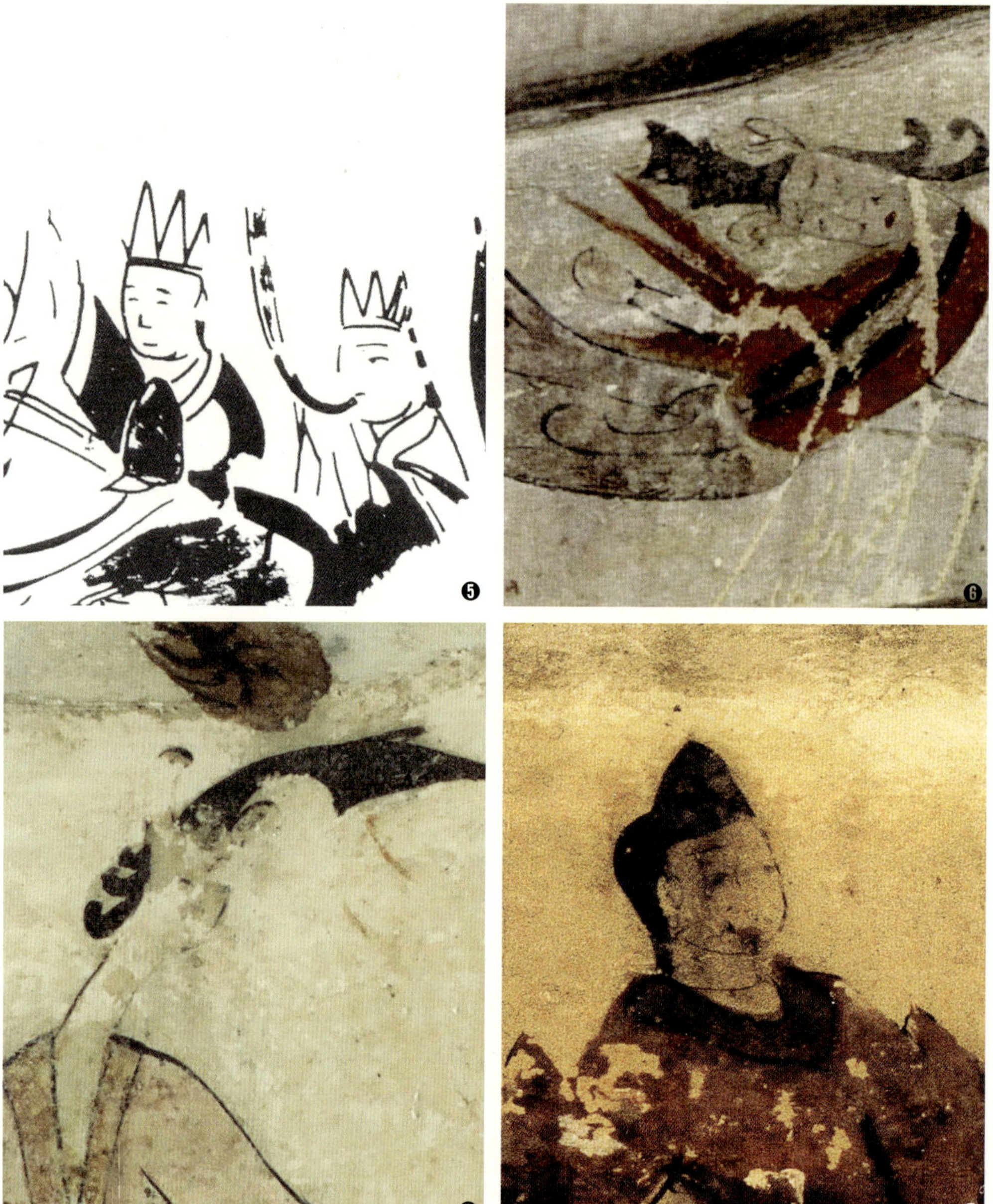

그림 3. 계속

5. 악사(감신총 벽화 모사도, 북한 남포), 6~8. 선인(무용총 벽화 모사도, 중국 집안)

❁ 그림 3. 계속

9~11. 문지기 신장(삼실총, 중국 집안), 12. 천왕(천왕지신총 벽화 모사도, 북한 순천)

❁ 그림 3. 계속

13. 행렬 인물(쌍영총 벽화 모사도, 북한 남포), 14~15. 선인(오회분4호묘, 중국 집안),
16. 선인(통구사신총 벽화 모사도, 중국 집안)

❁ 그림 4. 고분벽화에 보이는 투구 쓴 인물과 유적 출토 유물
1. 갑주기사(안악3호분, 북한 안악), 2. 병사(안악3호분, 북한 안악),
3. 갑주기사(덕흥리벽화분, 북한 남포), 4. 병사(감신총 벽화 모사도, 북한 남포)

그림 4. 계속

5. 문지기 장수(삼실총, 중국 집안), 6~7. 갑주기사(삼실총, 중국 집안), 8. 갑주기사(통구12호분, 중국 집안)

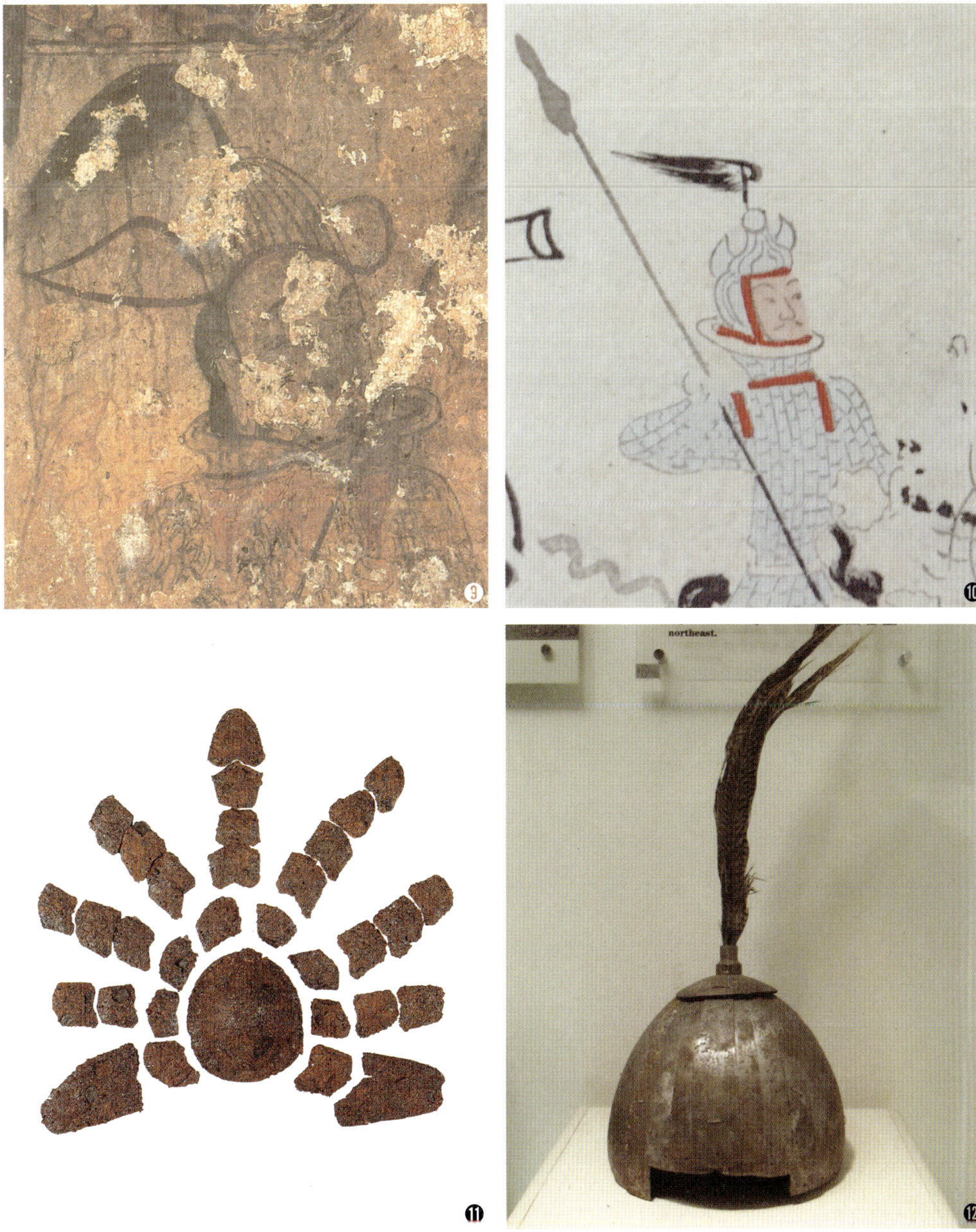

그림 4. 계속

9. 문지기 장수(안악2호분, 북한 안악), 10. 갑주기사(쌍영총 벽화 모사도, 북한 남포),
11. 철제 투구(구리 아차산4보루, 서울대학교박물관), 12. 철제 투구 복제품(무순 고이산성, 중국 요녕성박물관)

❁ 그림 5. 고분벽화에 보이는 맨 머리의 남자
1. 승려(무용총 벽화 모사도, 중국 집안), 2. 씨름꾼(각저총 벽화 모사도, 중국 집안),
3~4. 수박희꾼(무용총, 중국 집안)

그림 5. 계속
5, 7. 역사(삼실총, 중국 집안), 6. 선인(삼실총, 중국 집안), 8. 역사(장천1호분, 중국 집안)

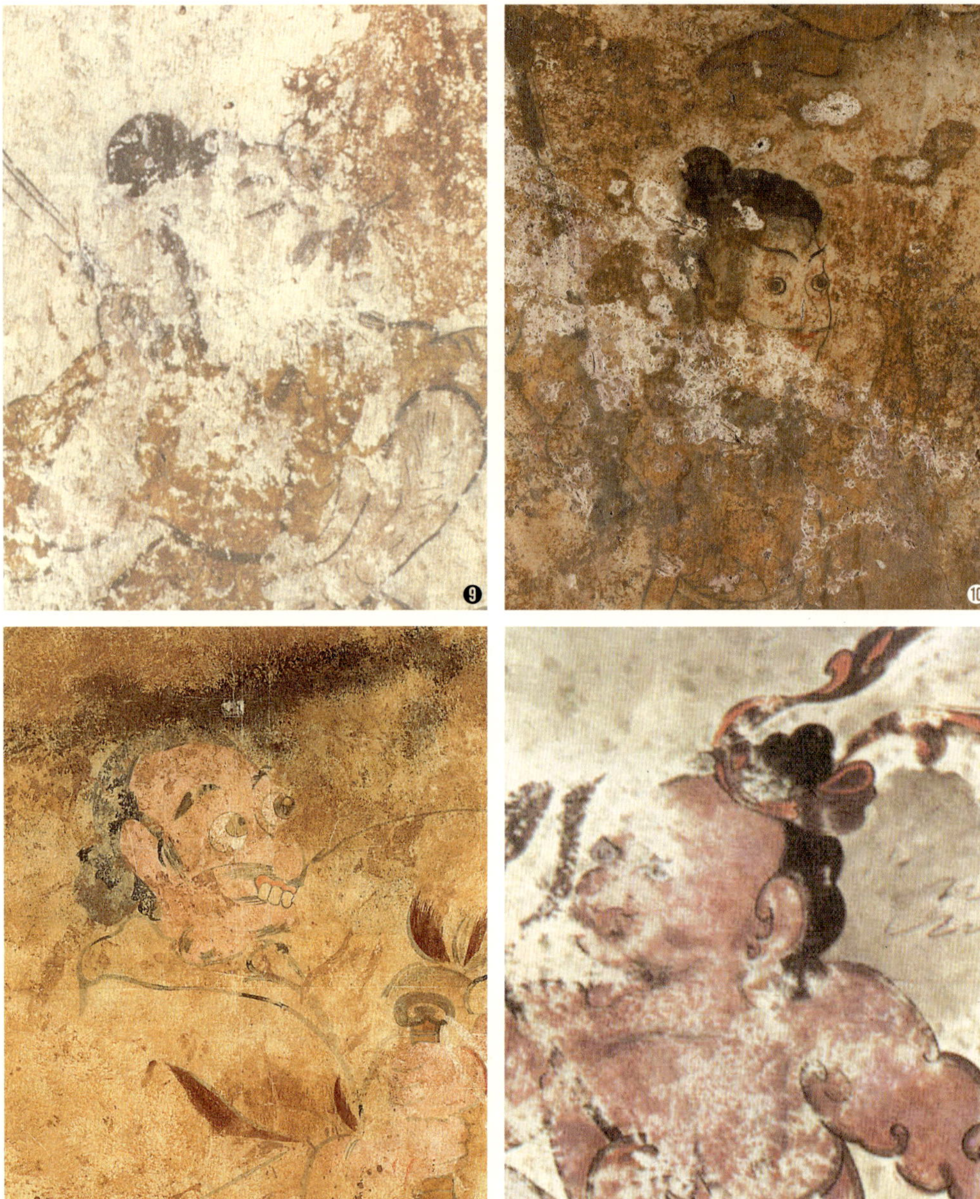

❁ 그림 5. 계속

9. 문지기 역사(약수리벽화분, 북한 남포), 10. 문지기 역사(수산리벽화분, 북한 남포),
11. 문지기 역사(쌍영총 벽화 모사도, 북한 남포), 12. 문지기 신장(통구사신총 벽화 모사도, 중국 집안)

❁ 그림 5. 계속

13. 선인(오회분4호묘, 중국 집안), 14. 매사냥꾼(삼실총, 중국 집안),
15. 말 다루는 남자(장천1호분, 중국 집안), 16. 선인(오회분4호묘, 중국 집안)

❁ 그림 6. 고분벽화에 보이는 각양 머리의 여자
1. 귀족부인(천왕지신총 벽화 모사도, 북한 순천), 2. 귀족부인(각저총, 중국 집안),
3. 귀족부인(삼실총, 중국 집안), 4. 귀족부인(안악3호분, 북한 안악)

그림 6. 계속
5~8. 시녀(안악3호분, 북한 안악)

❁ 그림 6. 계속

9. 시녀(옥도리벽화분, 북한 남포), 10. 옥녀(덕흥리벽화분, 북한 남포), 11~12. 시녀(안악3호분, 북한 안악)

그림 6. 계속
13~14. 시녀(감신총 벽화 모사도, 북한 남포), 15~16. 귀족부인(수산리벽화분, 북한 남포)

그림 6. 계속

17. 귀족부인(쌍영총, 북한 남포), 18. 귀족부인(삼실총, 중국 집안),
19. 시녀(수산리벽화분, 북한 남포), 20. 시녀(무용총 벽화 모사도, 중국 집안)

❁ 그림 6. 계속

21. 연주자(장천1호분, 중국 집안), 22. 시녀(삼실총, 중국 집안),
23. 시녀(각저총, 중국 집안), 24. 시녀(수산리벽화분, 북한 남포)

중국의 석굴사원이나 고분벽화, 직공도(職貢圖), 중앙아시아 궁전 벽화 사절도 등에 묘사된 고구려인도 고구려인의 복식을 이해하는 데에 주요한 참고자료가 된다. 중국 국가역사박물관 소장 『양원제직공도』의 고구려 사절은 526~539년 사이에 그려진 것이 1077년에 모사된 것이며 627~649년 사이에 제작된 당(唐) 염입본(閻立本)의 『왕회도(王會圖)』 역시 『양원제직공도』를 모본으로 삼은 작품이다(李成市 1986; 深津行德 1999)(그림 7).

당 장회태자 이현묘 벽화에 등장하는 조우관(鳥羽冠)을 쓴 인물은 당대까지의 중국인의 눈에 비친 고구려인 이미지를 고려할 때 고구려 사절로 보는 것이 타당할 듯하다(노태돈 2003)(그림 8). 642년 제작된 돈황 막고굴220호 석굴과 686년 제작 막고굴335호 석굴의 유마힐경변상도(維摩詰經變相圖)의 조우관을 쓴 인물도 고구려인으로 보아야 할 것이다(燉煌文物研究所 1999: 31, 61)(그림 9, 10).[18] 우즈베키스탄 사마르칸드 아프라시압의 소그드왕국 궁전벽화에 등장하는 2인의 조우관을 쓴 인물은 7세기 중반 전후 이곳을 방문한 고구려 사절로 볼 수 있다(박진욱 1988; 노태돈 1999: 541; 전호태 2012b: 170)(그림 11).

중국 서안 교통대학 출토 도관칠개국육판은합(都管七個國六瓣銀盒)의 고려(高麗) 명(銘) 화판(花瓣)에 부조된 5인은 조우관을 머리에 쓴 고구려인이다(張達宏 · 王長啓 1984; 韋川 2003). 중국 섬서 남전(藍田) 법지사지 출토 옥제사리함(玉製舍利函)에 부조된 사리 나누는 장면 중의 조우관 쓴 인물 2인은 고구려인을 묘사한 것으로 해석될 수 있다(李成市 1994; 서길수 2015: 174~175). 중국 산서 임당(臨潼) 경산사지 사리탑 장식화 중에도 고구려인을 나타낸 것으로 보이는 조우관 쓴 인물이 등장한다(臨潼縣博物館 1985). 일본 천옥박고관(泉屋博古館) 소장 석제사

---

18 중국학자 이신은 조우관을 머리에 쓴 인물이 40개 석굴에서 발견된다고 한다. 서길수는 이를 보정하여 39개 석굴로 발표하였다(李新 2013; 서길수 2015).

❁ 그림 7. 고구려 사신(왕회도, 중국 서안 섬서성역사박물관)
❁ 그림 8. 고구려 사신(장회태자이현묘 벽화 모사도, 중국 서안 섬서성역사박물관)
❁ 그림 9. 고구려인(막고굴220굴, 중국 돈황)
❁ 그림 10. 고구려인(막고굴335굴, 중국 돈황)

❁ 그림 11. 고구려 사신(아프라시압 궁전지 벽화 모사도, 우즈베키스탄 사마르칸드)

❁ 그림 12. 고상창고와 직기(마선구1호분 벽화 모사선화, 중국 집안)

❁ 그림 13. 직녀(대안리1호분 벽화 모사도, 북한 남포)

리함 뚜껑의 선각화 팔분사리도(八分舍利圖)에 표현된 조우관을 쓴 세 사람도 고구려인으로 이해되어야 할 것이다(劉永增 1990).

고구려 고분벽화에서 확인되는 직기(織機) 그림과 유적에서 출토되는 직물 잔편 및 방직 관련 유물 등은 고구려 방직업의 수준과 내용을 이해하는 열쇠라고 해도 과언이 아니다. 집안 마선구1호분에는 고상창고 아래 직기가 그려졌다(그림 12). 남포 대안리1호분에는 직기 앞에 앉아 옷감을 짜는 여인의 모습이 묘사되었다(전호태 2000b: 128)(그림 13). 평양 대성구역 출토 얇은 천 조각들과 삼을 원료로 한 종잇조각들은 고구려 방직업의 정보를 담은 거의 유일한 직물 관련 유물들이다(조선유적유물도감편찬위원회 1990a: 도판428, 429). 방추차는 집안 수집 석제품 정도가 남아 전한다(吉林省文物志編委會 1984: 182).

2. 복식문화의 전개 양상

고구려 복식은 의류학, 민속학 분야에서 많은 연구가 이루어지고 성과도 다수 축적되었다. 역사학 분야에서는 주로 사회사적 접근 방식으로 연구가 진행되었다. 이 과정에서 비교적 풍부하게 남아 있는 고분벽화의 인물도는 고구려 복식 연구의 기초 자료로 적극 활용되었다(전호태 2004a: 328).

그러나 여러 학문분야에서 지속적 관심을 보이고 연구 성과를 축적했음에도 고구려 복식문화에 대한 이해가 어떤 수준에 이르렀는지를 답하기는 쉽지 않다. 고구려 지역문화의 성격과 복식은 어떤 관계를 맺으며 이에 대한 연구가 시대별, 지역별, 계층 및 신분별 변화과정을 아우르며 설명할 수 있는 정도에 이르렀는지를 판단하기도 어렵다. 고구려 복식의 지역적 특징 가운데 한시적인 것과 통시대적인 것을 나눌 수 있는지 여부, 그 문화사적, 사회사적 근거를 들어 설명

❁ 그림 14. 절풍 쓴 남자(삼실총, 중국 집안)
❁ 그림 15. 음식상 나르는 시녀(무용총 벽화 모사도, 중국 집안)

할 수 있는지에 대한 답도 간단하지 않다. 그렇다면 앞으로의 고구려 복식 연구는 이전과는 다른 방식, 다른 차원에서 시도되어야 할 수도 있다.

고구려 복식에 대한 근래의 연구는 고분벽화 자료의 종합 정리를 통해 저고리와 포(袍)의 왼쪽 여밈, 상하의 모두에 적용된 점무늬 장식이 집안의 국내성을 중심으로 한 원고구려 지역 고유문화적 요소였음을 통계적으로 실증하였다(이경희 2012: 60~62)(그림 14, 15). 남녀복식의 고유형, 외래형, 절충형을 설정한 다음 계보적 변화과정에 대해 추적함으로써 고구려 남북 문화권의 중심인 집안지역과 평양지역의 정치문화 지형이 바뀌는 과정 및 상호 영향관계를 읽어 낼 수 있음을 실증한 논고도 근래 이루어진 고구려 복식 연구의 주요한 성과 가운데 하나다(정완진 2003).

이제는 기존의 통설적 이해를 실증적으로 뒷받침하는 이와 같은 연구 성과에서 한 걸음 더 나아가는 접근 방식과 연구가 검토되거나 준비될 필요가 있다. 앞에서 정리된 고구려 복식 자료 중 고분벽화 인물도에는 기존의 자료 정리과정에서 빠뜨렸던 초기 모사도 자료가 대거 추가되었다.[19] 또한 제한적으로 포함되었던 종교 신앙 관련 인물도도 전면 정리되어 더해졌다.[20] 이는 기존 복식사 연구의 시각을 넓히고 대상을 확대하기 위해서이다.

복식문화 연구과정에 늘 의식되면서도 쉽게 잊히는 것 가운데 하나는 복식에 담긴 다양한 환경 요소들이다. 보수적으로 유지되는 부분이 있는가 하면 지속적으로 바뀌는 것이 있다. 일시적인 변화만 보이는 것도 있다. 제도에 의해 강제되는 것과 법제로도 바뀌기 어려운 부분이 한 복식문화 안에 공존하기도 한다. 지역적 차이를 보이는 부분이 있는가 하면 지역과 시대를 넘이시 변하지 않고 그대로인 것도 있다. 주민 구성이 바뀌면서 달라지는 것이 있는가 하면 종교 신앙으로 인해 눈에 띄는 변화가 나타나는 부분도 있다. 결국 복식도 역사와 환경의 산물인 것이다.

이런 점을 염두에 두며 고구려 복식 관련 문헌기록과 고분벽화 등의 유적, 유물 자료를 재검토하면 상호 연계한 이해가 가능한 부분을 찾을 수도 있다. 5세기 중반까지 집안지역 고분벽화 인물들의 복식, 곧 좌임직령 저고리와 포, 옷의 점무늬 장식 등의 특징을 지닌 '고유형 복식', 혹은 '집안식 복식'이 3세기 중엽까지 고구려 사회 모습을

19 국립중앙박물관 및 일본 도쿄대학, 도쿄예술대학 소장 고구려 고분벽화 모사도에 현재 해당 벽화고분에 흔적조차 남아 있지 않은 인물상이 다수 포함되어 있다(共同通信社 2005; 국립중앙박물관 2006).

20 특정한 종교 및 신앙과 관련된 인물들의 복식은 별도의 문화계통론 및 비교문화론에 기반한 검토를 전제로 정리될 필요가 있다.

담아 전하는 『삼국지』 '대가의 책, 소가의 절풍' 기사와 조합될 수 있는지 여부도 그 가운데 하나다. 3세기 중엽까지 고구려의 영역이 서로는 요동, 남으로는 대동강 일대에 미치지 않았으며 이 지역의 문화를 적극적으로 받아들여 아우를 정도가 아니었음을 감안하면 이는 충분히 가능하다고 할 수 있다.

『삼국지』의 기사는 벽화 인물도로 확인되는 고유형 복식의 다른 요소들이 신분과 지위 구분의 객관적 지표로 전면에 내세우기 어려웠던 것과 달리 책과 절풍은 한눈에도 그 차이를 알아볼 수 있을 정도였음을 알려 준다(그림 1, 2 참조).[21] 주목되는 것은 이후 200여 년이 흐른 뒤 고구려 복식의 특징을 전하는 『남제서』에 '절풍을 책(幘)이라 일컫는다'는 기사가 실려 있다는 사실이다.[22] 『삼국지』에서 형태와 재질에서 확실한 차이가 있는 듯이 읽혀지는 책과 절풍이 『남제서』가 편찬되던 남조 양대(梁代)에는 최소한 형태에 큰 차이가 없는 것으로 인식될 정도로, 곧 '같다'는 단정적인 어투로 서술된 이유는 무엇일까?

절풍과 책이 같은 것임에도 다른 용어로 불리는 것처럼 기술한 『남제서』 기사 앞에는 남제를 방문한 고구려 사절과 중서랑(中書郎) 왕융(王融)이 주고받은 대화가 남제에서 이야깃거리가 되었음을 시사하는 글이 실려 있다. 왕융이 고구려 사절이 쓴 관모를 '몸의 재앙'이라는 식으로 희롱하자 고구려 사인은 '옛적의 변(弁)'에서 비롯된 것이라며 (점잖게) 답했다는 부분이다. 당시 남북조에 파견되던 고구려 사절은 머리에 변을 연상시키는 절풍을 썼는데, 중국 왕조의 관리들은 이를 고구려식 '책'으로 인식했고 고구려 사람들이 쓴다는 절풍과 같은 것으로 알고 있었다는 해석이 가능한 대목이다.

『남제서』 기사와 관련하여 주목되는 것은 『양원제직공도』와 『위

21 『三國志』 卷30, 「魏書」 30, 烏桓·鮮卑·東夷傳 30, 高句麗.

22 『南齊書』 卷58, 「列傳」 39, 東南夷 高麗國.

서』의 고구려 복식 기사다. 『위서』 등에는 고구려에서 관모에 금은으로 만든 사슴 귀 형태의 새로운 장식이 더해지는 등의 과정을 통해 외형상으로 이전과는 다른 모습을 띠게 되었음을 짐작하게 하는 기사가 실려 있다.[23] 『양원제직공도』와 『위서』는 『남제서』보다 늦게 편찬되었으나 사실상 같은 시대의 고구려를 묘사한다. 앞에서 지적하였듯이 세 기록을 하나로 묶어 이해해 본다면 5세기 말 중국 남북조의 관리들은 고구려 사절의 복식, 특히 관모를 통해 자신들과 뚜렷이 다른 고구려적 특징과 마주쳤다. 여기서 『삼국지』 편찬부터 『남제서』와 『위서』의 편찬까지 200년 이상의 긴 시간이 흐르는 동안 고구려 사회가 복식을 포함한 많은 부분에서 변화를 겪었음을 짐작할 수 있다. 고분벽화 인물도를 통해 그 내용에 보다 구체적으로 접근해 보기로 하자.

앞의 표 1에서도 확인할 수 있듯이 집안지역 5세기 편년 고분벽화 등장인물 대다수는 좌임직령, 원점무늬 장식, 가선(加襈) 등의 특징을 지닌 옷치림이었다(그림 16). 벽화 인물의 복식은 『삼국지』가 편찬되던 3세기 후반 이전부터 집안과 환인 일대 고구려인이 공유하던 문화전통의 일부임이 확실하다. 벽화 속 남자들이 머리에 즐겨 쓴 절풍과 흑건, 여자들이 바지 위에 덧입는 주름치마 역시 오랜 전통의 산물로 보아야 할 것이다. 이런 유형의 복식을 '집안식' 혹은 '국내식'으로 부르는 것도 가능할 듯하다.

주목되는 것은 『삼국지』에서 언급된 '대가의 책'이 5세기 집안지역 고분벽화 인물도에서 확인되지 않는다는 사실이다(표 1). 무용총이나 삼실총 벽화 무덤주인이 머리에 쓴 방형관은 책과는 성격이 다른 머리쓰개이다. 이런 사실에 근거하여 고구려에서는 5세기에 이르러 대가들이 머리에 책을 쓰지 않았다고 할 수 있을까? 비슷한 시기

23 『翰苑』 所引 『梁元帝職貢圖』; 『魏書』 卷100, 「列傳」 88, 高句麗.

그림 16. 집안(국내)식 복식의 남녀

1. 무덤주인(무용총 벽화 모사도, 중국 집안), 2. 귀족남자(삼실총, 중국 집안),
3. 노인(각저총 벽화 모사도, 중국 집안), 4. 사냥꾼(무용총 벽화 모사도, 중국 집안),
5. 귀족여자(삼실총, 중국 집안), 6. 시녀(각저총, 중국 집안)

❁ 그림 16. 계속

7. 무덤여주인(각저총 벽화 모사도, 중국 집안), 8. 무용수(무용총 벽화 모사도, 중국 집안)

그림 17. 평양식 복식의 남녀

1. 귀족남자(동암리벽화분, 북한 순천), 2. 인물행렬(동암리벽화분, 북한 순천), 3. 시녀(동암리벽화분, 북한 순천), 4. 시녀(팔청리벽화분 벽화 모사도, 북한 대동), 5. 시종(팔청리벽화분 벽화 모사도, 북한 대동)

에 제작된 평양 및 안악지역 고분벽화는 고구려에서 책이 사용되었음을 실물 그림으로 보여 준다.

앞의 표 2에 잘 정리되어 있듯이 남포 일대를 제외한 평양, 대동, 순천에 분포한 4~5세기 편년 벽화고분 가운데 절풍을 머리에 쓴 인물이 발견되는 유적이 있고 책을 쓴 인물이 묘사된 유적이 있다(그림 17). 하나의 유적에 머리에 책과 절풍을 쓴 인물이 동시에 등장하지는 않는다. 이것은 책을 쓴 인물이 발견되는 유적과 절풍을 머리에 쓴 남자가 묘사된 유적 사이에 문화계통상 거리가 있음을 암시한다.

동암리벽화분이나 고산동7호분, 고산동10호분의 경우처럼 절풍을 머리에 쓴 남자들이 묘사된 벽화고분의 등장인물들은 옷차림 역시 전형적인 집안식이다. 반면 팔청리벽화분처럼 머리에 책을 쓴 남자들이 묘사된 유적에서는 좌임직령, 혹은 우임직령에 무늬 없는 저고리를 걸친 인물들이 다수 발견된다. 팔청리벽화분 등장인물들의 복식을 평양식이라고 할 수 있다면 그 특징적인 요소는 머리에 쓴 책, 여밈 방향을 고려할 필요 없는 무늬 없는 옷이라고 해야 할 것이다. 벽화 출현 여자들의 옷차림으로 보아 여자들이 걸치는 주름치마는 집안지역만의 특징은 아니다.

평양 일원과 달리 남포 일대 4~5세기 벽화고분에서는 책을 머리에 쓴 인물이 더 빈번히 모습을 드러낸다. 머리에 책이나 절풍을 쓴 인물이 벽화에 함께 등장하는 사례도 적지 않다. 하나의 고분벽화에서 저고리나 포의 여밈이 좌임인 것, 우임인 것이 모두 확인되는 경우도 빈도가 높다. 5세기 후반의 늦은 시기로 편년되는 수산리벽화분, 쌍영총 벽화 속 인물 다수는 무늬 없는 옷이나 원점문 장식 옷을 가리지 않고 입었다(그림 18).

책과 절풍을 머리에 쓴 인물, 좌임이나 우임 저고리와 포를 걸친 인물을 한 유적에서 모두 볼 수 있다. 심지어 원점문 장식 옷과 무늬 없는 옷을 입은 사람들도 같이 나타난다. 이것은 남포지역 고분벽화

그림 18. 남포식 복식의 남녀

1. 주인부부의 나들이(수산리벽화분, 북한 남포), 2. 시종(수산리벽화분, 북한 남포), 3. 공양행렬(쌍영총 벽화 모사도, 북한 남포), 4. 시녀(수산리벽화분, 북한 남포), 5. 행렬(쌍영총 벽화 모사도, 북한 남포), 6. 시녀(쌍영총 벽화 모사도, 북한 남포)

인물도의 특징이라고 할 수 있다. 이는 집안식과 평양식의 혼합, 곧 지역 복식문화 융합 과정을 보여 주는 것으로 볼 수 있다. 이를 남포식으로 부를 수 있을 듯하다.

평양문화권에서도 소문화권으로 지역적 분리가 가능한 안악일대 4~5세기 고분벽화 인물 복식은 앞에서 표 3으로 별도 정리하였다. 안악지역 고분벽화 인물도에서 눈길을 끄는 것은 남포지역 고분벽화처럼 집안식, 평양식 옷차림의 특징적 요소들이 혼합된 상태로 발견되기도 하지만 제한적이며 개별적이라는 사실이다. 이는 발견 유적의 수가 적은 데에서 비롯된 현상이라고 할 수 있다. 그러나 적어도 현상적으로는 책과 우임, 절풍과 좌임이 나뉘어 등장하는 초기, 책과 절풍, 원점문과 무문이 함께 나타나는 중기, 책과 좌임, 원점문과 무문이 특징인 후기가 구별된다. 이는 안악지역의 경우, 남포지역과는 다른 방식으로 복식문화의 변화가 진행되었다는 해석도 가능하게 한다. 지역 복식문화가 부분적으로만 대체되는 안악 후기의 복식을 여기서는 안악식으로 명명해도 될 듯하다.

이제 위에서 살펴본 내용을 바탕으로 『삼국지』 기사와 『남제서』, 『양원제직공도』, 『위서』 기사 사이에서 읽어 낼 수 있는 고구려 복식문화의 흐름과 그 사회문화적 배경을 짚어 보기로 하자. 『삼국지』 기사는 3세기 중반까지 고구려에서 '가'로 불리던 지배층은 책과 절풍으로 상하, 대소를 구별할 수 있었음을 알려 준다.[24] 이때까지 대동강 유역에는 낙랑이 요동을 지배하던 정치 세력의 후원을 받으며 명맥을 유지하고 있었다. 평양 금옥리1호분에 남아 있는 조우절풍 쓴 노인의 모습은 이 시기에 낙랑이 요동세력과 고구려 사이에서 정치적 줄다리기를 하면서 정치체제를 유지하려 애쓰고 있었음을 짐작하게 한다.

24 『三國志』 卷30, 「魏書」 30, 烏桓 · 鮮卑 · 東夷傳 30, 高句麗.

4세기 초 미천왕대에 이르러 낙랑, 대방 등이 소멸하고 대동강과 재령강 일대가 고구려의 지배 아래 들어갔음은 잘 알려진 사실이다.[25] 이후 안악을 포함한 대방지역은 3세기 후반까지 고구려와 백제 사이에 영역 편입을 둘러싼 갈등의 장으로 남게 된다. 반면 평양을 중심으로 한 낙랑고지는 고구려 남방경략의 전진기지로 적극 정비, 개발된다. 주목되는 것은 이와 같은 정치적 격랑을 겪으며 해당 지역은 주민 구성의 변화, 문화 변동도 동시에 겪게 된다는 사실이다. 물론 그 과정과 결과는 주거와 복식을 포함한 생활양식 전반에 크고 작은 영향을 미치게 된다.

평양과 남포 일원은 4세기 초 고구려의 영역에 편입되면서 사회적 변화가 컸던 곳이다. 주민의 상당수가 이 지역을 떠났고 빈자리는 고구려에서 보낸 새로운 이주민들로 메워졌다. 이런 변화에도 불구하고 이 일대에는 토착문화와 한계(漢系)문화가 혼합하여 성립한 '낙랑문화'가 여전히 남아 일정한 정도까지 영향력을 유지했던 것으로 보인다. 고분벽화 인물 복식에서 확인되는 지역적 차이는 낙랑고지의 각 지역에 미치던 낙랑문화의 영향력 정도와 연관시켜 이해할 수 있다.

벽화 인물에서 볼 수 있는 평양식 복식의 특징인 책, 여밈 방향이 자유로운 무늬 없는 옷은 집안식과는 뚜렷이 구별된다. 뿐만 아니라 4~5세기 중국 고분벽화 등장인물의 복식과도 일정한 차이를 보인다. 평양식 복식을 중국적 성격을 전제한 외래형으로 규정하기에 애매한 부분이 있는 것도 이 때문이다. 이는 결국 4세기 초 이후 새로운 북방문화가 기존의 낙랑문화를 부분적으로 대체하거나 기존 문화에 섞여들고 덧씌워지던 과정과 관련하여 이해할 수밖에 없다. 이런 식의 이해를 전제로 할 때 순천 동암리벽화분은 집안식 복식의 남하과정을

25 『三國史記』 卷17, 「高句麗本紀」 第5, 美川王 14年 10月 및 15年 9月條.

보여 주는 좋은 사례로 볼 수 있다.

집안식과 평양식 인물 복식의 특징이 한꺼번에 나타나는 남포지역 고분벽화 인물도는 낙랑고지 안에서도 남포 일대에 성립했던 경계(境界)문화, 곧 점이지대 문화의 특징을 잘 보여 준다. 고조선, 낙랑에 이어 고구려시대에도 대외교섭의 창구로 기능하는 남포는 평양에 비해 기존 문화의 해체 및 변화 속도가 빨랐고 그 과정이 고스란히 고분벽화 인물 복식에도 반영된다. 408년 묵서명이 남아 있는 덕흥리벽화분이나 5세기 전반 이른 시기의 작품인 감신총 벽화 등장인물에게서는 평양식 복식의 특징들만 볼 수 있다. 그러나 이들 고분벽화보다 제작 시기가 크게 뒤지지 않는 옥도리벽화분이나 그보다 조금 늦은 5세기 중엽 편년 대안리1호분 벽화 인물도에서는 집안식 복식 특유의 요소를 쉽게 찾아낼 수 있다. 이들 고분보다 늦은 시기 작품인 수산리벽화분이나 쌍영총에서는 집안식 복식과 평양식 복식 요소가 어깨를 나란히 하거나 평양식의 부분적 후퇴 현상이 보이기도 한다. 이들 고분벽화만으로도 경계적 성격이 강한 남포지역 복식문화의 변화과정이 한눈에 들어온다고 할 수 있다.

위에서 지적하였듯이 안악문화권에서는 지역문화의 혼합보다는 부분적 대체과정이 더 뚜렷하게 나타난다. 고분벽화에서 확인되는 복식문화의 성격도 개별적이라 할 정도로 차이를 보여 일관되고 점진적인 흐름을 읽어 내기 어렵다. 그러나 대체적인 흐름을 짚어 내자면 안악3호분 벽화 인물도가 보여 주는 낙랑문화적 성격이 5세기 후반 평양, 남포지역에서 정착의 징후를 보이는 집안식 복식과 평양식 복식의 혼합, 융화를 거쳐 새로운 복식문화로 바뀌어 간다고 할 수 있다. 안악2호분 벽화 인물의 복식이 이런 흐름의 한 단계를 보여 주는 좋은 사례라고 하겠다(그림 19, 20).

『남제서』에 기재된 '(고깔에서 비롯된) 절풍을 책이라 일컫는다.'라는 기사는 『위서』의 '(고깔 모양의 절풍에) 새깃을 꽂아 귀천의 다름을

그림 19. 행렬(안악2호분, 북한 안악)
그림 20. 인물(안악2호분, 북한 안악)

나타낸다.'라는 기사와 하나로 잇고 묶어 이해할 필요가 있다.[26] 고구려에서 평양시대가 열린 지 반세기 이후, 1세기가 지난 시점까지의 사

---

26 『南齊書』 卷58, 「列傳」 39, 東南夷 高麗國; 『魏書』 卷100, 「列傳」 88, 高句麗.

회를 보고 정리하여 알리는 기사라는 점을 감안하면 집안식 복식의 특징 가운데 하나이던 절풍이 5세기 후반의 늦은 시기 이후에 더 이상 지역 단위 복식문화 요소가 아니라는 사실이 확실해진다. 5세기 후반의 늦은 시기 편년 남포 쌍영총 널길 벽 기마인물이 머리에 쓴 조우절풍은 『위서』 기사가 구체적으로 무엇을 설명하는지를 구체적으로 보여 준다. 쌍영총 벽화에는 상대적으로 이른 시기의 남포 및 평양지역 고분벽화 인물도에 빈번히 등장하는 책이 보이지 않는다. 이는 『남제서』 기사 내용을 다시 눈여겨보게 한다.

앞에서 검토했던 『주서』 기사는 6세기 중엽까지 고구려 사회의 모습을 전한다.[27] 『주서』 복식 기사에 언급된 골소와 관련하여 주목되는 것은 6세기 초 편년 개마총 벽화 개마행렬 인물들이 머리에 쓴 모자다(그림 21). 행렬에 등장하는 7인 모두 머리에 절풍을 썼다. 행렬 두 번째 인물이 쓴 절풍에는 새 깃 형태의 장식 2개가 더해졌다. 가장 크게 묘사된 제일 앞 사람은 작은 보요들이 달린 높이 솟은 깃대 형상 장식, 좌우로 넓게 펼치면서도 끝이 뾰족하게 처리된 날개 형태의 장식이 붙어 극히 화려해 보이는 절풍을 머리에 썼다. 자색의 라(羅)로 만들고 금은으로 장식하며 관품이 있는 자는 새 깃 2개를 위에 꽂아 지위를 나타낸다는 골소가 이런 형태의 모자였을 가능성이 높다. 골소는 절풍에서 비롯된 새로운 관모, 여러 등급의 관인들에게 일원적으로 적용된 고구려식 관모를 가리키는 용어일 수 있다.

개마총 벽화 개마행렬에서 한 가지 더 주목되는 것은 머리에 절풍 쓴 7인 모두 무늬 없는 옷을 입었으며 벽화 모사도로 남은 다른 인물 중 원점무늬포를 입은 여자 1인이 포함되어 있다는 사실이다. 5세기 말 편년 대동 덕화리1호분 행렬의 인물 8인 가운데 시종으로 묘사

27 『周書』 卷49, 「列傳」 41, 「異域」 上, 高麗.

✿ 그림 21. 개마행렬(개마총 벽화 모사도, 북한 평양)

된 마지막 2인이 원점무늬 저고리, 바지 차림인 것을 함께 고려하면 6세기 전후 고구려의 주류 복식은 집안식 절풍, 평양식 무늬 없는 옷의 조합으로 보는 것이 타당할 듯하다. 물론 신분, 지위, 계층에 따라 복식의 세부는 무늬나 장식 내용에서 다양한 변주를 보였다고 보아야 할 것이다.

『수서』는 『주서』의 기사를 짧게 정리하면서 귀자(貴者)의 금은식자라관(金銀飾紫羅冠)과 사인(使人)의 조우피관(鳥羽皮冠)을 나누어 언급한다.[28] 재질의 차이가 뚜렷한 라관과 피관은 형태상으로도 다를까? 『북사』는 앞의 기사들을 종합 정리하면서 귀인의 소골, 사인(士人)의 조우절풍(鳥羽折風)을 소개한다.[29] 『수서』와 『북사』의 기사만으로 보면

28 『隋書』 卷81, 「列傳」 46, 「東夷」 高麗.
29 『北史』 卷94, 「列傳」 82, 高麗.

높은 신분의 사람이 사용하는 금은 장식 소골과 평범한 관인이 사용하는 조우절풍은 재질과 형태상 뚜렷이 구분되는 모자다. 그러나 개마총 개마행렬 선두의 인물이 머리에 쓴 화려한 장식의 절풍은 『주서』에 언급된 골소 가운데 가장 고급스런 수준의 관모임이 확실하다. 그렇다면 이들 사서에서 언급된 골소와 소골, 소골과 절풍은 같은 종류의 모자일까, 다른 종류의 모자일까?

명칭만으로 보아도 『주서』의 골소와 『북사』의 소골은 같은 모자를 가리키는 용어임이 확실하다. 『수서』는 관(冠)의 명칭을 나누지 않고 재질의 차이만을 언급한다. 문장의 전개방식으로 보아 기록자, 혹은 관찰자의 눈길을 끈 것은 평범한 관인과 달리 귀한 신분의 사람은 자라(紫羅)로 만든 것을 사용한다는 사실이다. 관의 형태, 종류가 같아도 재질의 차이가 뚜렷하여 한눈에 그 차이를 알 수 있었던 것이다. 그에 더하여 모자에 금은 장식까지 더한다면 그 귀천의 차이는 보는 이의 눈에 더욱 또렷이 다가올 수밖에 없다.

『북사』의 기록자는 『위서』, 『주서』, 『수서』의 기사를 참고하여 재정리하는 과정에서 『주서』와 『수서』에서 언급되지 않았던 절풍에 대한 기사를 편집하여 넣고 『주서』의 골소, 곧 소골은 섬세한 자색 비단으로 만드는 별도의 관모로 분류, 서술하게 된 것으로 보인다. 결국 6세기 작품인 개마총 벽화와 6세기 고구려 사회를 언급하기 위해 7세기 전반 당(唐) 초기에 앞서거니 뒤서거니 편찬된 사서들의 기사 앞뒤를 맞추어본다면 절풍에서 비롯된 고깔형 관모인 소골, 혹은 골소는 재질과 장식에 의해 상하귀천이 나뉜다고 해석할 수 있다.

6세기에 이르러 고구려인이 사용하는 모자와 의복이 이전에 비해 다양한 재질의 옷감으로 만들어지고 귀천에 따라 금은 등으로 화려하게 장식되었음은 『북사』가 편찬되던 시기의 기록인 진대덕(陳大德)의 『고려기』를 포함하여 『구당서』, 『신당서』의 기사를 통해서도 미루어 짐작할 수 있다. 고구려의 귀족들이 금은으로 장식한 금수(錦繡) 의

복 차림으로 공회(公會)에 참가했다는 『삼국지』의 기사부터 금으로 장식한 관복을 입었다는 연개소문에 대한 『신당서』의 기사까지 고구려인이 의복에 금은 장식을 더하는 관습이 있었음도 오래전부터 알려져 있었다.[30]

그러나 모자의 재질과 장식이 점차 화려하고 다양해지기 시작한 것은 4세기 후반부터 단계적으로 이루어진 고구려 관등의 분화와 관련이 깊은 별개의 문제다. 알사, 태사, 대형, 소형 등의 관등 명을 전하면서 이를 절풍 장식과 직접 연계시켜 언급한 『위서』의 기사는 고구려에서 관등에 따라 관모 장식의 형태, 내용이 달랐음을 구체적으로 전한다는 점에서 의미가 깊다.[31]

소수림왕대 율령 반포를 계기로 공식화한 관등 분화는 고구려의 영역이 확대되고 인구가 증가하며 대내외적 위상이 높아지면서 계기적으로 이루어졌을 것이다. 물론 분화된 관등을 제도적으로 정비하는 별도의 과정, 혹은 계기도 고려할 필요가 있다. 연구자들은 5세기에 12관등으로 정비된 고구려의 관등제가 7세기까지 큰 변동 없이 그 틀을 유지하는 것으로 보고 있다(이경희 2012: 107).

『남제서』에는 489년 북위가 고구려 사신과 남제의 사신을 나란히 앉게 하자 남제 사신 안유명(顔幼明)과 유사효(劉思斅)가 북위 조정에 공식적으로 항의한 사건이 소개되었다.[32] 이 사건 전부터 동아시아 여러 나라 사이에서는 현실로 인식되고 있었음에도 공식화되지는 않다가 북위가 이를 국제외교의 현장에서 공개적으로 기정사실화하자 남제로부터 큰 반발을 산 경우다. 이 기사에 이어 남제에 온 고구려 사

30 『三國志』 卷30, 「魏書」 30, 烏桓 · 鮮卑 · 東夷傳 30, 高句麗; 『新唐書』 卷220, 「列傳」 145, 「東夷」 高麗.

31 『魏書』 卷100, 「列傳」 88, 高句麗.

32 『南齊書』 卷58, 「列傳」 39, 東南夷 高麗國.

절이 중서랑 왕융으로부터 머리에 쓴 관모가 이상하게 생겼다며 희롱의 말을 듣고 이에 대해 차분하고 자신 있게 대응하는 과정이 소개되었다.

장수왕 통치 말년에 일어난 이 사건은 5세기 후반 고구려의 국제적 위상, 고구려인의 자의식, 고구려인의 복식에 대한 정보를 동시에 전해 준다. 475년 한성백제를 일거에 제압하면서 대내외적 위상을 더욱 확고히 한 고구려에서는 관제의 정비가 한 차례 더 이루어져 관등, 관복의 등급에 따른 조합으로 구체화되었을 가능성이 높다.[33] 관복의 등급화가 이루어졌다면 관모의 형태, 재질, 장식 등도 역시 이에 맞추어졌을 수밖에 없다. 고구려인임을 알리는 표식처럼 인식되었던 절풍이 관모의 기본형으로 채택되어 절풍 재료와 장식 내용에 의해 상하귀천을 가리게 된 것도 이때였을 수 있다.

개마총 개마행렬 인물들이 머리에 쓴 다양한 장식의 절풍, 유물로 남아 전하는 고깔 형태의 금동관모와 커다란 새깃 형태의 금속제 관모 장식, 고구려인의 상징으로 인식되어 석굴사원 벽화나 선각화로 남아 전하는 당대 유적, 유물 속 인물들 머리의 조우관, 곧 조우절풍을 함께 고려하면 『구당서』, 『신당서』에 왕과 대신들이 머리에 썼다고 소개된 라관의 형태에 대해서도 재고할 필요가 있다. 백제의 사례를 보아도 고구려 후기 최고 관등 귀족들의 관모를 굳이 혜문관(惠文冠)이나 농관(籠冠) 형태일 것으로 상정할 이유는 없기 때문이다.

『삼국사기』에 인용된 『통전』의 고구려 악공인 기사와 당 이백(李伯)의 시 「고구려」는 고구려무용에 사용되는 무용복이 어떤 색상, 어

---

33 472년 백제가 북위에 국서를 보내면서 '고구려 장수왕이 대신호족들을 무수히 살육하였다.'(『魏書』 卷100, 「列傳」 88, 百濟)는 식의 비난성 기술을 평양천도를 전후한 고구려 국내정치의 정황, 곧 천도 추진세력과 반대세력 사이의 갈등이 폭발한 것으로 해석되고 있다(盧重國 1979). 이를 장수왕의 주도로 중앙집권적 관제 정비가 시도되면서 일어난 지배세력 내 갈등의 결과로 이해할 수도 있을 것이다.

떤 형태의 저고리, 바지, 치마, 허리띠, 신발로 이루어졌는지 알게 한다.[34] 기사의 구절을 무용총 및 장천1호분, 마선구1호분, 태성리1호분, 고산동10호분, 옥도리벽화분 벽화의 무용도와 함께 음미하면 고구려 무용의 특징과 직업별 복식의 존재를 구체적으로 알 수 있다(전호태 2013b: 22~23).

고구려 복식문화 연구의 기초자료는 한국 및 중국 문헌의 고구려 복식 관계 기사, 고구려 고분벽화와 중국 석굴사원, 고분벽화, 일반회화, 중앙아시아 궁전벽화의 고구려 인물도, 유물의 선각화, 고구려 유적 출토 직물 잔편 및 방직 관련 유물 등이다. 고구려 복식의 시기별 변화과정과 그 사회문화적 배경을 이해하려면 고구려 복식 관련 기사와 고분벽화의 인물도를 함께 살펴볼 필요가 있다. 46기에 이르는 인물 표현 벽화고분의 인물상을 정리하면 집안지역 14기의 411인, 평양 및 안악지역 32기의 1,014인 등 모두 1,425인에 이른다.

『삼국지』는 5세기 집안지역 고분벽화 인물도에서 확인되는 절풍, 좌임직령, 원점무늬 장식, 가선, 주름치마 등 집안식 복식의 특징적 요소들이 3세기 후반 이전부터 집안 및 환인 일대 고구려인들의 문화전통이자 그 산물이었음을 알게 한다. 머리에 쓴 책, 여밈 방향을 고려할 필요 없는 무늬 없는 옷은 평양식 복식이라 할 수 있다. 이는 평양지역 토착문화와 한계문화의 융합을 통해 출현한 낙랑문화에 북방의 집안식 고구려 문화가 더해지면서 나타난 현상이다.

4~5세기 남포지역 고분벽화에서 책과 절풍을 머리에 쓴 인물, 좌임이나 우임 저고리와 포를 걸친 사람, 원점문 장식 옷과 무늬 없는 옷을 입은 인물을 동시에 볼 수 있다. 이처럼 집안식과 평양식의 혼합, 곧 지역 복식문화 융합 과정을 보여 주는 인물 복식을 남포식으로

34 『三國史記』 卷32, 「雜志」 第1, 樂; 金花折風帽 白馬小遲回 翩翩舞廣袖 似鳥海東來, 『樂府詩集』 卷78, 「雜曲歌辭」 18, 唐, 李伯 「高句麗」.

부를 수 있다. 남포식 복식은 문화적 경계지대로 기능하던 남포지역의 점이지대적 성격에서 비롯된 현상이자 결과물이다. 책과 좌임, 원점문과 무문의 조합과 공존을 특징으로 하는 복식은 안악지역에서 확인되며 이는 안악식으로 명명할 수 있다. 안악식 복식에는 지역문화의 혼합보다는 부분적 대체과정을 통해 새로운 문화지대로 이행해 가던 안악지역의 문화적 상황이 반영되었다고 할 수 있다.

5세기 후반 고구려의 국제적 위상이 확고하고 고구려인의 자의식이 크게 고양되면서 고구려에서는 고구려적 특징을 담은 12관등제가 정립된다. 관복, 관모의 등급별 정비도 이때 이루어진 것으로 보인다. 관모는 절풍의 재료와 장식에 의해 상하귀천(上下貴賤)을 가릴 수 있도록 하였으며 이런 종류의 모자가 골소, 소골로 불리게 되었다. 개마총 개마행렬 인물도에서 이를 확인할 수 있다. 여밈 방향에 구애 받지 않는 평양식의 무늬 없는 옷이 기본복식으로 자리 잡는 것도 이 시기였음을 개마총 인물 복식을 통해 미루어 짐작할 수 있다.

◈ 별표 1. 집안지역 고분벽화 인물의 수와 복식 검토 참고문헌

연번	고분명	참고문헌
1	각저총	池內宏·梅原末治 1940: 15~20, 도판35~46; 조선유적유물도감편찬위원회 1990b: 도판110~125; 全虎兌 1996; 共同通信社 2005: 266~271
2	무용총	池內宏·梅原末治 1940: 5~13, 도판1~34; 조선유적유물도감편찬위원회 1990c: 도판27~50; 共同通信社 2005: 272~279
3	우산하1041호분	吉林省博物館文物工作隊(方起東·林至德) 1977
4	통구12호분	王承禮·韓淑華 1964; 李殿福 1980; 조선유적유물도감편찬위원회 1990b: 도판93~109; 全虎兌 2000; 국립중앙박물관 2006: 212~215
5	삼실총	池內宏·梅原末治 1940: 21~27쪽, 도판47~68; 李殿福 1981: 118, 123~126; 조선유적유물도감편찬위원회 1990c: 도판75~90; 全虎兌 2001; 全虎兌 2001
6	통구사신총	池內宏·梅原末治 1940: 29~36, 도판69~92; 梅原末治·藤田亮策 編 1966: 10, 도판19~20; 조선유적유물도감편찬위원회 1990c: 도판269~286; 전호태 2011a
7	오회분4호묘	吉林省博物館(李殿福·方起東) 1964; 梅原末治·藤田亮策 編 1966; 吉林省文物工作隊(李殿福 1984); 조선유적유물도감편찬위원회 1990c: 도판287~307
8	오회분5호묘	吉林省博物館(李殿福·方起東) 1964; 梅原末治·藤田亮策 編 1966; 조선유적유물도감편찬위원회 1990c: 도판308~330
9	산성하332호분	李殿福 1980; 1983; 조선유적유물도감편찬위원회 1990c: 도판380~381
10	마선구1호분	吉林省博物館輯安考古隊(方起東) 1964; 조선유적유물도감편찬위원회 1990b: 도판291~298
11	장천1호분	吉林省文物工作隊. 集安縣文物保管所(陳相偉·方起東) 1982; 吉林省文物志編委會 1984: 158~163; 조선유적유물도감편찬위원회 1990c: 도판91~112; 전호태 1993; 共同通信社 2005: 280~287; 전호태 2015a
12	장천2호분	陳相偉 1981; 吉林省文物工作隊(陳相偉) 1983
13	장천4호분	張雪岩 1988
14	시가1호분	呂學明 2002; 耿鐵華 2008: 46

◈ 별표 2. 평양지역 고분벽화 인물의 수와 복식 검토 참고문헌

연번	고분명	참고문헌
1	동암리벽화분	리창언 1988: 37~46; 조선유적유물도감편찬위원회 1990b: 도판313~319
2	천왕지신총	朝鮮總督府 1930: 도판581~613; 조선유적유물도감편찬위원회 1990c: 도판119~136; 국립중앙박물관 2006: 130~143
3	덕화리1호분	朝鮮畵報社 1985: 도판135~143; 조선유적유물도감편찬위원회 1990c: 도판194~204
4	덕화리2호분	朝鮮畵報社 1985: 도판144~151; 조선유적유물도감편찬위원회 1990c: 도판205~213
5	팔청리벽화분	전주농 1963: 162~170, 도판79~87; 조선유적유물도감편찬위원회 1990c: 도판51~66
6	고산동7호분	朝鮮古蹟研究會(小場恒吉·有光敎一·田窪眞吾) 1938: 12~14, 도판5~7, 16; 조선유적유물도감편찬위원회 1990b: 도판304~310
7	고산동10호분	채희국 1964: 29~51, 도판48~55; 김일성종합대학 고고학 및 민속학강좌 1973: 266~315; 조선유적유물도감편찬위원회 1990b: 도판311~312

❁ 별표 2. 계속

연번	고분명	참고문헌
8	금옥리1호분	사회과학원 고고학연구소 1986: 47; 최응선 2002: 18~20
9	개마총	朝鮮總督府 1917: 678, 도판312~324; 朝鮮總督府 1930: 도판474~489; 조선유적유물도감편찬위원회 1990c: 도판241~246; 국립중앙박물관 2006: 144~167; 전호태 2014
10	동산동벽화분	동북아역사재단 2011: 62~66, 도판128~133
11	장산동1호분	주영헌 1962: 39~47; 조선유적유물도감편찬위원회 1990c: 도판374, 377~379
12	진파리1호분	梅原末治·藤田亮策 編 1966: 14~15, 도판53~66; 조선유적유물도감편찬위원회 1990c: 도판247~268
13	진파리4호분	梅原末治·藤田亮策 1966: 15, 도판67~70; 朝鮮畵報社 1985: 도판152~159; 조선유적유물도감편찬위원회 1990c: 도판214~231
14	평양역전벽화분	과학원고고학및민속학연구소 1958b: 17~24; 조선유적유물도감편찬위원회 1990b: 도판270~274
15	감신총	朝鮮總督府(關野貞 外) 1915b: 도판479~498; 李王職 1916: 도판 69~83; 조선유적유물도감편찬위원회 1990b: 도판76~92; 전호태 1997a; 국립중앙박물관 2006: 16~63
16	강서대묘	朝鮮總督府 1915: 도판601~603, 605~629; 朝鮮畵報社 1985: 도판185~200; 조선유적유물도감편찬위원회 1990c: 도판352~369; 共同通信社 2005: 178~211
17	덕흥리벽화분	박진욱·김종혁·주영헌·장상렬·정찬영 1981; 朝鮮畵報社 1985; 조선유적유물도감편찬위원회 1990b: 도판153~222; 共同通信社 2005: 100~143; 전호태 2015b
18	대안리1호분	과학원고고학및민속학연구소 1959: 1~10, 도판1~35; 조선유적유물도감편찬위원회 1990c: 도판137~160; 전호태 2000b
19	보산리벽화분	안병찬 1978: 46~48
20	수렵총	朝鮮總督府 1915b: 도판459~478; 李王職 1916: 도판61~68; 조선유적유물도감편찬위원회 1990c: 도판185~193; 국립중앙박물관 2006: 74~83
21	수산리벽화분	김종혁 1974: 228~236; 조선유적유물도감편찬위원회 1990b: 도판232~247; 共同通信社 2005: 244~249; 전호태 2011c
22	쌍영총	朝鮮總督府 1915b: 도판527~581; 李王職 1916: 도판 91~103; 조선유적유물도감편찬위원회 1990c: 도판161~184; 전호태 2013a; 共同通信社 2005: 144~169; 국립중앙박물관 2006: 84~113
23	약수리벽화분	주영헌 1963: 136~152, 도판64~76; 조선유적유물도감편찬위원회 1990c: 도판1~26; 共同通信社 2005: 238~243
24	연화총	국립중앙박물관 2006: 126~129
25	옥도리벽화분	동북아역사재단 2011: 1~61, 도판1~127
26	태성리1호분	채희국 1959a: 88~101, 도판48~53; 조선유적유물도감편찬위원회 1990b: 도판283~290
27	태성리2호분	채희국 1959a: 101~108, 도판54~56

❁ 별표 3. 안악지역 고분벽화 인물의 수와 복식 검토 참고문헌

연번	고분명	참고문헌
1	복사리벽화분	전주농 1963d: 153~161, 도판77~78; 조선유적유물도감편찬위원회 1990b: 도판277~282
2	안악1호분	채병서 1958: 1~21; 朝鮮畵報社 1985: 도판135~143; 조선유적유물도감편찬위원회 1990b: 도판126~145; 共同通信社 2005: 230~237
3	안악2호분	채병서 1958: 1~21; 朝鮮畵報社 1985: 도판135~143; 조선유적유물도감편찬위원회 1990b: 도판248~268; 전호태 2009b
4	안악3호분	황욱 1958: 1~32, 도판1~79; 사회과학원고고학연구실 1966; 朝鮮畵報社 1985: 도판135~143; 조선유적유물도감편찬위원회 편 1990b: 도판11~75; 共同通信社 2005: 66~99; 전호태 2006
5	송죽리벽화분	永島暉臣愼 2002

화장과 장신구

고구려인이 어떤 종류의 화장을 즐겼고 화장에 어떤 의미와 가치를 두었는지를 전하는 기록 자료는 찾아보기 어렵다. 화장 재료와 도구를 알게 하는 유물 역시 극히 제한적으로 발견된다. 다행스럽게 화장 기법 등에 대한 이해를 가능하게 하는 자료가 고분벽화에 일부 남아 있다.

화장과 달리 고구려인이 사용했던 장신구는 유적조사 과정에 수습된 유물, 고분벽화 인물도 등을 통해 종류, 재질, 제작기법 등에 대한 파악이 일부 가능하다. 아쉬운 것은 수습, 조사된 장신구 중 일부는 제작 시기가 특정 시간대에 집중되는 경향을 보인다는 사실이다. 백제 및 신라의 장신구와 달리 완형으로 남은 사례가 많지 않아 제작 기법을 파악하고 유형을 나누기 쉽지 않다는 점도 유의가 된다.

고구려 문화의 다른 분야처럼 고구려인의 화장과 장신구에 대한 연구 성과도 여전히 제한적이다(김영재 2002; 金容文 2004; 趙珍埱 2004; 2006; 리광희 2005; 李漢祥 2011; 강현숙 2013). 자료의 수집과 정리도 충분히 이루어졌다고 하기 어렵다. 이런 까닭에 1차적으로 시도되어야 할 것은 고구려인의 화장과 장신구 관련 자료의 종합 정리다. 분야별 연구 성과 정리도 함께 이루어질 필요가 있다. 자료의 분류, 편년, 화장 및 장신구와 관련된 사회문화적 인식, 시대적 흐름도 언급되어야 한다.

1. 화장 기법과 재료

고구려인이 어떻게 화장했는지 묘사한 직접적 기록은 전하지 않는다. 그러나 바보 온달을 찾아간 평원왕의 딸 평강공주의 몸에서 향내가 났다는 기사는 고구려에서도 왕실과 귀족가문의 여인이 몸단장을 하면서 향을 내는 물질을 몸에 바르거나 향이 나는 물건을 주머니에 담아 몸에 지녔음을 짐작하게 한다.[1] 기록으로 전하지 않아도 고분벽화는 고구려인이 일상생활 속에 필요에 따라 여러 가지 방식으로 화장을 했으며 고구려에서 특정 분야의 직업 활동과 관련한 화장술도 발전했음을 알게 한다(그림 1).

화장한 듯한 인물이 등장하는 가장 이른 시기의 유적은 안악3호분이다. 안악3호분 앞방의 서쪽 곁방 서벽에 그려진 무덤주인의 부인과 세 시녀는 아랫입술만 붉게 점찍듯이 표현되어 남벽의 무덤주인 및 시종들과 대비된다(황욱 1958; 사회과학원고고학연구실 1966). 화공이 입술연지임을 나타내려 여성들의 입술을 이런 방식으로 묘사했는지 여부는 확실하지 않으나 주목할 만한 표현방식이다.

동암리벽화분은 재조사과정에 널방 바닥에서 다수의 벽화편이 수습되었다(리창언 1988). 벽화조각의 인물상 가운데 귀족부인과 시녀의 얼굴에 볼연지가 잘 남아 있다. 같은 색으로 그려진 입술 역시 연지로

1 『三國史記』 卷45, 「列傳」 第5, 溫達.

❁ 그림 1. 고분벽화 인물도에 보이는 화장의 사례
1. 귀부인(동암리벽화분, 북한 순천), 2. 귀부인(수산리벽화분, 북한 남포),
3. 시녀(쌍영총 벽화 모사도, 북한 남포), 4. 무용수와 연주자(장천1호분, 중국 집안)

화장했음을 알게 한다. 동암리벽화분 인물상은 볼연지 화장을 보여 주는 가장 이른 사례다.

근래에 발굴 조사, 보고된 옥도리벽화분에도 볼연지 화장한 여인상이 그려졌다(동북아역사재단 2011). 옥도리벽화분 널방 북벽 장방 안 무덤주인부부 모습 가운데 서쪽의 귀족부인은 볼과 입술에 연지를 바르고 두 손을 맞잡아 가슴께에 올렸다. 부인은 무덤주인 쪽을 향해 비스듬히 무릎 꿇고 앉았다. 귀족부인의 이마 오른쪽과 가운데에도 '一'자 형태의 붉은 선이 가로, 세로로 짧게 그어져 곤지 화장의 일부인지 여부를 검토하게 한다. 귀족 부인 뒤에 그려진 시녀들의 얼굴에도 귀족부인 얼굴과 같은 위치에 붉은 선들이 표현되었다. 볼연지와 입술연지 화장은 확실하다고 보아야 할 듯하다. 곤지 화장도 긍정적으로 검토할 만하다. 벽화의 구도로 보아 동쪽의 귀족부인도 얼굴에 화장을 한 모습이었을 것이나 그림이 남아 있지 않다.

송죽리벽화분에서 발견된 마부는 남자 복장이나 뒤로 묶은 머리 모양 등에서 여성으로도 볼 수 있게 한다(조선중앙통신 보도 2002.10.6; 永島暉臣愼 2002). 마부의 얼굴은 홍조를 띠고 입술은 붉다. 벽화 중의 다른 등장인물 얼굴에서도 약하나마 홍조가 남아 있다. 이를 감안하면 마부가 홍조 화장을 했는지 여부가 확실하지 않다. 입술에 연지 화장을 했는지도 판단하기 쉽지 않다. 일단 그 가능성은 열어 놓아야 할 듯하다.

천왕지신총 널방 북벽 장방생활도에 묘사된 귀족부인은 볼과 입술에 연지 화장을 했다(朝鮮總督府(關野貞 外) 1917; 朝鮮總督府 1930: 図596). 눈길을 끄는 것은 귀족부인의 이마 중심을 덮다시피 하고 양끝을 장식한 활짝 핀 꽃 모양의 장식들이다. 꽃 모양 장식을 만들어 이마에 붙였는지, 이마에 꽃 모양 장식을 그려 넣었는지 확실하지 않다. 그러나 이런 장식도 곤지 화장의 한 유형으로 볼 수 있을 듯하다.

수산리벽화분 널방 서벽 인물행렬도에 등장하는 귀족부인과 시녀들 역시 입술, 볼, 이마에 연지 화장을 했다(김종혁 1974; 朝鮮畵報社編輯部 1985: 図107). 무덤주인의 부인으로 보이는 색동치마의 인물, 시동 뒤의 귀족부인, 행렬 뒤편에서 나란히 뒤따르는 두 시녀 모두 볼과 입술, 이마에 연지 화장을 했다. 두 시녀 앞을 걷는 몸집 작은 여인은 볼 부분 벽화가 지워졌으나 이마에 곤지 화장이 남아 있어 연지, 곤지 화

장을 했음을 알 수 있다.[2]

쌍영총 널길 벽화에 등장하는 두 여인은 볼과 입술에 연지 화장을 하고 눈썹 밑에 색조 화장을 한 경우다(朝鮮總督府(關野貞 外) 1915b: 図543). 모사도만 남은 상태여서 눈 주위 색조 화장이 실제 어느 정도였는지 확인하기 어렵다. 그러나 일제강점기의 모사도가 현장을 충실히 재현하였음을 감안하면 시녀로 보이는 두 여인의 눈 화장도 사실로 보아야 할 듯하다. 널방 북벽 장방생활도 중 무덤주인 곁의 부인 그림은 얼굴 세부가 지워졌다. 그러나 연지, 곤지 부분은 명확히 남아 있다(共同通信 2005: 図106; 전호태 2013a: 90).

집안 장천1호분 앞방 북벽 백희기악도에 등장하는 무용수와 연주자는 고구려 화장 문화의 다른 측면을 보여 주는 경우여서 주목된다(吉林省文物工作隊·集安縣文物保管所 1982; 조선유적유물도감편찬위원회 1990c: 도101). 이시동도법(異時同圖法)으로 그려진 무용수와 연주자, 시녀 그림에서 무용수는 얼굴이 짙은 홍조를 띠고 오현금 연주자는 얼굴에 흰 분을 바른 다음 그 위에 연지, 곤지 화장을 더했다. 두 사람 모두 악기 연주와 이에 맞춘 무용을 위해 분장한 셈이다. 앞방 천장고임 동면 예불공양도 중의 남녀 공양인 가운데 여성은 입술과 볼, 이마에 연지 화장을 했다. 벽화의 구도로 보아 이 귀족 여인은 무덤주인의 부인이다. 이상에서 살펴본 고분벽화 인물도 화장 사례를 알기 쉽게 정리하면 표 1과 같다.

표 1에서 알 수 있듯이 고구려에서 얼굴 화장은 주로 여성들이 선택하며 입술연지와 볼연지가 가장 보편적으로 이루어진다. 5세기 고분벽화에서 귀족부인과 시녀들이 연지, 곤지를 모두 하는 사례들이 확

---

2 기존 보고서와 논고들은 이에 대해 언급하지 않았다. 필자는 2004년 이루어진 북한 고구려유적 방문조사기간(2004.6.8~6.15) 중 6.13 현장조사와 2005년 고구려유적 남북공동조사(2005.7.19~7.30) 기간 중 7.27 현장조사를 통해 이를 확인했다(전호태 2011d).

표 1. 고구려 고분벽화에 보이는 화장의 사례

문화권	벽화고분명	편년	화장한 인물	화장내용	비고
평양권	안악3호분	357	귀족부인과 시녀 3인	아랫입술연지(?)	앞방 서쪽 곁방 서쪽 장방 안 시중 받는 장면, 이외 회랑행렬도 등장인물들의 입술을 붉게 칠했으나 입술연지인지 여부는 확실하지 않음.
	동암리벽화분	4세기 후반	귀족부인과 시녀	입술연지, 볼연지	널방 바닥 벽화조각 부분, 일상생활의 한 장면(?)
	옥도리벽화분	5세기 전반	귀족부인과 시녀 3인	입술연지, 볼연지, 곤지(?)	널방 북벽 장방생활도의 무덤주인부부와 시녀들 중 부인
	송죽리벽화분	5세기 전반	마부	입술연지(?), 얼굴 옅은 홍조 분칠(?)	널방 벽 생활 장면 중 말과 동반
	천왕지신총	5세기 중엽	귀족부인	볼연지, 입술연지, 꽃모양 곤지	널방 북벽 귀족부부의 안채 생활
	수산리벽화분	5세기 후반	귀족부인 2와 시녀 2	입술연지, 볼연지, 곤지	널방 서벽 곡예관람 인물행렬
			여인 1	곤지	
	쌍영총	5세기 말	시녀 2	입술연지, 볼연지, 눈화장	널길 벽 인물행렬
			귀족부인	입술연지, 볼연지, 곤지	널방 북벽 장방생활도의 무덤주인부부의 부인
집안권	장천1호분	5세기 중엽	무용수	얼굴 진한 홍조 분칠	앞방 북벽 백희기악 중 오현금 연주에 맞춘 무용을 위한 분장
			연주자	입술연지, 볼연지, 곤지, 얼굴 흰 분칠	앞방 북벽 백희기악 중 오현금 연주를 위한 분장
			귀족부인	입술연지, 얼굴 흰 분칠	앞방 천장고임 동면 예불공양

인된다. 눈길을 끄는 것은 눈 주위 색조 화장 사례가 쌍영총 벽화에서 발견된다는 사실이다. 쌍영총 널길 벽화 여인을 그린 모사도에 보이는 이와 유사한 사례가 다른 고분벽화 인물도에서는 찾아지지 않는다.

장천1호분 벽화 무용수와 연주자의 얼굴 화장은 앞의 사례와 차이가 있다. 특정 직업과 관련된 화장으로 논의가 가능한 경우다. 얼굴을 붉게 물들이다시피 한 무용수와 얼굴에 흰 분을 바르고 연지, 곤지로 멋을 낸 오현금 연주자는 고구려 공연 화장을 잘 보여 준다고 할 수 있다. 아직 구체적 사례가 보고되지는 않았으나 무용이나 연주 외에 곡예가 이루어질 때에도 출연자들이 얼굴 화장을 했을 가능성도 배제할 수 없다.

고분벽화 인물도만으로 고구려인의 화장 기법이 얼마나 다양했는지 알기는 어렵다. 고구려 고분벽화 및 신라인의 화장에 대한 기사를 아울러 고려할 때 백분(白粉)을 사용한 분칠로 얼굴을 희게 보이도록 한 뒤 그 위에 붉은색으로 연지, 곤지를 넣어 얼굴이 두드러져 보이게 하는 화장법이 일반적이었음은 미루어 짐작할 수 있다. 옥도리벽화분 인물도의 사례 등으로 보아 볼연지를 둥글게 점찍는 외에 상현달 모양 등으로 변화를 주고 이마의 곤지 화장도 꽃 모양으로 장식하는 방식을 썼음을 알 수 있다.

고분벽화 인물도로 확인되는 연지 화장의 재료가 무엇이었는지 알려 주는 기사는 전하지 않는다. 그러나 고분벽화의 인물도로 확인되는 옷감의 염색기법 및 색채로 볼 때, 붉은색 염료의 생산에 사용되던 잇꽃(홍화)에 주목할 필요가 있다. 잇꽃에서 얻는 홍색 색소에 초를 넣어 연지를 만드는 것이 한국 전래 민간 기법의 하나인 까닭이다. 홍색을 포함한 다양한 색으로 염색된 고구려의 라(羅)가 중국에도 알려졌고 고구려인이 옷감에 무늬를 넣을 때 채화법(彩花法)을 쓴 것으로 보이는 사례가 벽화에서 자주 발견된다는 점을 감안하면 고구려인이 연지를 만들 때에 사용한 천연재료도 홍화였다고 보아도 무리는 아니라고 하겠다.[3]

---

3 이와 관련하여 낙랑의 유적인 평양 석암리205호분 출토 綾文羅의 염색재료도 홍화였음을 참고할 필요가 있다.

2. 장신구의 종류와 형식

고구려인이 사용하던 장신구는 비교적 다양하게 발견되지만 종류에 따라 수량의 차이가 크다. 고구려 장신구는 용도에 따라 머리에 사용하는 것, 몸에 장착하는 것으로 크게 나눌 수 있다. 머리에 사용하는 것은 관모 장식이 대표적이고 이외에 귀걸이, 팔찌, 비녀, 동곳 등을 들 수 있다. 고구려인이 몸에 장착하던 장신구 가운데 오랜 기간에 걸쳐 다양한 형태로 발견되는 것은 남자들이 주로 사용하던 허리띠와 허리띠 장식이다. 여성들이 즐겨 착용하던 팔찌, 가락지 등은 발견 사례가 많지 않다.

고구려인의 관모 장식으로 가장 잘 알려진 것은 고유의 모자 절풍을 장식하던 새 깃이나 새 깃을 흉내 낸 금속제 장식물이다. 새 깃은 재질상 실물로 남아 전하는 것이 없다. 그러나 고분벽화 인물도를 통해 장식 사례를 다수 확인할 수 있다(그림 2). 새 깃 장식에서 유래된 금속제 새 깃 모양 장식물 가운데 벽화 및 유물로 남아 전하는 것은 8점 정도이다. 집안 우산하2891호분, 집안 우산하3105호분 및 우산하3560호분 출토 유물 각 한 점과 심양 요녕성박물관 소장 집안지역 수집품 한 점은 좌우로 벌어진 2개의 새 깃 장식 가운데에 새 깃 모양의 장식 하나가 더 세워진 형태의 것이다(吉林省文物考古研究所·集安市文物保管所(孫仁杰·遲勇·張雪岩) 1993: 65; 遼寧省博物館·遼寧省文物考古研究所 2006: 109; 東潮 1997a; 吉林省文物考古研究所 2009: 438~439; 吉林省文物考古研究所 2009: 图20). 서울 국립중앙박물관 소장 관모 장식 3점은 위의 가운데 세우는 새 깃과 같은 형태의 것이다(申大坤 1991; 1997).

개마총 널방 천장고임 인물행렬 중 선두 인물이 머리에 쓴 두 갈래 새 깃 장식 관모는 가운데 하나의 새 깃 모양 장식이 높게 솟았다. 관모 장식의 끝이 넓고 화려하게 벌어져 꽃가지처럼 보이는 경우다. 집안 태왕릉에서 출토된 새 깃 모양 관식은 가운데 솟은 새 깃 장식이

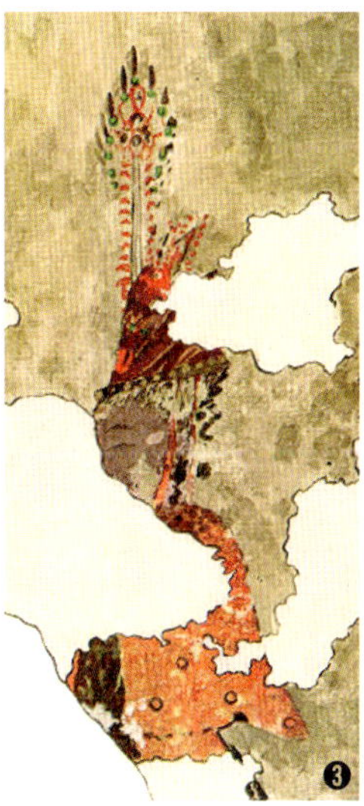

그림 2. 출토 유물과 고분벽화로 본 고구려 관모 장식의 사례

1. 새 깃형 관모 장식(중국 심양 요녕성박물관), 2. 새 깃형 관모 장식(서울 국립중앙박물관), 3·4. 절풍 쓴 인물(개마총 벽화 모사도, 북한 평양), 5. 절풍 쓴 인물(동암리벽화분, 북한 순천)

없는 상태로 발견되었다.[4] 개마총 인물행렬 중의 다른 한 인물도 태왕릉 출토품과 형태상 큰 차이가 없는 관식을 관모에 더하여 장식한 모습이다. 사마르칸드 아프라시압 궁전지 벽화 중의 고구려 사절 2인과 당 장회태자 이현묘 벽화의 고구려 사절 2인이 쓴 관모의 새 깃 장식도 같은 유형의 것으로 분류가 가능하다. 동암리벽화분에서 발견된 벽화편의 인물도 가운데에는 절풍 앞에 새 깃 형태의 관모 장식 하나를 꽂은 사례가 보인다(조선유적유물도감편찬위원회 1990b: 도316-12). 외깃형으로 분류할 수 있는 경우다.

운산 용호동1호분 출토 봉황 형태의 관모 장식은 관모의 어떤 부분에 장착되었는지 알기 어렵다(朝鮮總督府 1920: 523; 정찬영 1973: 43).[5] 집안 우산하1080호분 출토 금동 장식은 그 끝이 물고기의 꼬리 형태로 되어 있어 새 깃 모양 관식의 중간 세움 장식인지 여부가 확실치 않다(方起東·林至德 1983: 集二255).[6] 그러나 위의 두 점 모두 장식의 아래쪽에 나란히 2개의 구멍이 뚫려 있어 관모의 특정한 위치에 부착되었다는 사실은 확인시켜 준다.

자성 서해리 제2고분군1호분, 자성 서해리 제2고분군3호분, 자성 법동리 신풍동 제1고분군2호분, 자성 송암리3호분, 환인 연강향 고력묘자촌19호분, 환인 연강향 고력묘자촌201호분에서 출토된 닭 볏 모양 장식, 집안 수집 '山'자형 장식, 용성구역 화성리2실분 출토 구름무늬 장식 등도 관모에 장착되었던 것들이다(고고학 및 민속학연구소 자료편찬실 1958; 정찬영 1963: 110~113, 125, 132; 1973: 42~47; 遼寧省博物館·遼

4 동반 수습된 관모 장식 가운데 중간의 새 깃 모양 장식에 해당하는 것이 있는지 여부가 확인되지 않는다(吉林省文物考古研究所·集安市博物館 2004: 288).

5 이런 형태의 장식이 관이나 상여의 장식구일 가능성도 배제할 수 없다(강현숙 2015.7.14).

6 관모 장식 여부에 대해 이견이 제시될 수 있는 유물이다. 方起東·林至德의 논고를 포함한 고구려, 발해 유적 조사 결과는 孫進己·孫海 主編(1997)에 일괄 편집, 출간되었다. 이하 集一, 集二 등으로 표기하여 출처를 밝힌다.

寧省文物考古研究所 2006: 109). 집안 칠성산고분군, 마선구고분군, 마선구2100호묘, 우산하3283호분 및 태왕릉 출토 보요들도 관모를 장식하던 보조 장식의 한 종류로 볼 수 있다(東潮 1997a: 438; 吉林省文物考古研究所·集安市博物館 2010). 다양한 형태의 보조 장식들은 몸체에 여러 개의 구멍이 뚫려 있는 경우가 많다. 보요를 다는 데에 사용되었을 것이다. 이상에서 살펴본 관모 장식의 다양한 사례들을 알기 쉽게 정리하면 표 2와 같다.

고구려의 귀걸이는 출토 사례가 비교적 많은 장신구 가운데 하나다. 고구려의 귀걸이는 금제 및 금동제가 대부분이고 옥제는 드물다(유니리 2015). 크게 고리가 있는 것과 없는 것, 고리가 있는 것은 중심 고리의 굵기에 따라 굵은 고리류(太鐶耳飾)와 가는 고리류(細鐶耳飾)으로 나

표 2. 고구려 고분벽화 및 출토 유물로 확인되는 관모 장식 사례

유형		벽화	출토 및 수집유물	비고
새 깃형 장식	세 갈래형 (중간 세움 장식 포함)	개마총 인물	집안 우산하2891호분, 집안 우산하3105호분, 집안 우산하3560호분, 집안 수집(요녕성박물관, 국립중앙박물관 덕5193)	
	두 갈래형	개마총 인물, 사마르칸드 아프라시압 궁전지 벽화 고구려 사절 2인, 당 이현묘 벽화 고구려 사절 2인	집안 태왕릉	
	외깃형	동암리벽화분 인물		
이형 장식			운산 용호동1호분(봉황?)	집안 우산하1080호분 (물고기 꼬리?)
보조 장식			자성 서해리 제2고분군1호분, 자성 서해리 제2고분군3호분, 자성 법동리 신풍동 제1고분군 2호분, 자성 송암리3호분, 시중 시중읍, 평양 용성구역 화성리2실분, 환인 연강향 고려묘자촌19호분, 환인 연강향 고력묘자촌201호분, 집안 수집, 집안 우산하3283호분, 집안 태왕릉	닭볏형, '山'자형, 구름무늬형, 각종 보요, 기타

눌 수 있다(강현숙 2013: 109~110; 리일남 1991).[7] 굵은 고리류는 초기형의 출현 시기가 이른 편이고 가는 고리류는 종류가 다양하다. 고리가 없는 귀걸이는 환인 망강루4호분, 환인 망강루6호분, 집안 양민 석호왕팔발자고분, 집안 우산하3283호분 등에서 출토되었다(梁志龍·王俊輝 1994: 集二175~176; 李新全 2005: 102~106; 張福有·孫仁杰·遲勇 2009; 吉林省文物考古研究所·集安市文物保管所(孫仁杰·遲勇·張雪岩) 1993: 64). 환인 망강루 적석총 출토 귀걸이는 형식상 부여의 유적으로 알려진 길림 유수노하심 56호분과 유사하고, 집안 석호왕팔발자고분 출토 유물은 길림 유수노하심93호분 출토품과 연결되는 것으로 평가받는다(강현숙 2013: 109).[8]

고구려의 굵은 고리 귀걸이 가운데 가장 단순한 형태의 작품은 353년 기년명전이 나온 평양역전전실분[佟利墓]과 집안 우산하3296호분, 집안 장군총 제단시설, 남포 용강 용흥리7호분 등에서 출토된 유물들이다(朝鮮總督府 1937: 9; 吉林省文物考古研究所·集安市文物保管所 1993: 71; 吉林省文物考古研究所·集安市博物館 2004: 351; 조선유적유물도감편찬위원회 1990a: 277). 기본 중심 고리만 있거나 중심 고리에 노는 고리 1개가 더해졌다(그림 3). 집안 칠성산고분군 수집품, 집안 마선구1호분 출토품 등은 중심 고리에 노는 고리, 이음 고리를 잇달아 달고 샛장식인 구체와 원추형 드림을 위아래 일체형으로 땜질한 것이다(吉林省博物館輯安考古隊 1964: 集二433; 吉林省文物考古研究所·集安市博物館 2010: 88). 중심 고리에 이어지는 장식 전체가 등장하는 작품들이라 할 수 있다. 경주 황남대총 북분에서 출토된 굵은 고리 귀걸이 가운데에도 형태와 제작방식이 집안 마선구1호분 출토품과 거의 동일한 것이 있다. 황남

7 유나리의 정리에 의하면 2015년 5월까지 확인된 고구려 영격 출토 금제 귀걸이는 모두 82점이다. 이 통계에 발굴 중간 결과가 알려진 춘천 중도유적 출토 굵은 고리 귀걸이 1점(한겨레, 2015년 6월 3일 보도)은 포함시키지 않았다(유나리 2015: 12~15).

8 유나리는 고구려 유적에서 출토된 고리 없는 귀걸이 4점을 三燕 및 부여의 유물로 분류하였다(유나리 2015: 13, 23~24).

그림 3. 고구려 유적 출토 굵은 고리 귀걸이의 주요 사례
1. 용흥리7호분(북한 남포, 조선중앙력사박물관), 2. 보림리대동6호분(북한 남포, 조선중앙력사박물관), 3. 능동(서울 국립중앙박물관), 4. 산성하고분군(중국 집안, 집안박물관), 5. 대동군(북한 대동, 조선중앙력사박물관), 6. 마선구고분군(중국 집안, 집안박물관)

대총 북분 출토품은 고구려에서 제작되어 신라로 전해진 금속제 장신구의 하나로 추정된다.[9]

---

9 리광희가 고구려의 영향을 언급하는 정도로 그친 것과 달리 이한상은 고구려에서 이입된 것으로 본다(리광희 2005; 李漢祥 2004; 李漢祥 2011).

집안 승리촌 수집품을 비롯하여 집안 칠성산고분군, 집안 산성하고분군, 평양 대성산성, 평양 만달산록7호분, 상원 소구절3호분, 강서 보림리 대동3호분, 강서 보림리 대동6호분, 온천 용월리고분, 청원 남성골 산성 등에서 출토된 유물들은 고구려 굵은 고리 귀걸이의 기본형으로 분류될 수 있다(吉林省文物考古研究所·集安市博物館 2010: 88~89쪽; 조선유적유물도감편찬위원회 1990a: 277; 라명관 1986: 42~43; 전주농 1963a: 191, 도판CXIX; 리일남 1991: 33; 리광희 2005: 239~240; 충북대박물관 2005; 복천박물관·서울대학교박물관 2012: 178). 잇는 고리에 구체 샛장식을 달고 다시 원추형 드림을 짧은 선으로 잇는 발전된 형식의 작품으로 온천 마영리고분과 평양 소룡동 출토품을 들 수 있다(리광희 2005: 248). 서울 능동 신고품은 구체 샛장식에 원추형 드림을 이은 점에서 앞의 작품들과 같다(백제문화개발연구원 1992: 147, 도판113). 그러나 짧은 이음고리, 샛장식인 구체, 원추형 드림의 이음판에 각각 금사와 금 알갱이를 덧붙여 아름답게 장식한 점에서 다른 것과 구별된다.

작은 고리 여러 개를 접합하여 구체로 만든 샛장식은 하나의 속이 빈 구체보다 발전된 형식이다. 이런 형태의 샛장식에 원추형 드림을 이은 것이 심엽형(하트형) 장식으로 마무리한 것보다 이른 시기에 나타난다. 작은 고리 접합 구체에 원추형 드림을 더한 사례로 집안 산성하고분군, 평양 안학궁터, 안악 오국리 파괴분 출토품과 청원 상봉리 신고품이 있다(吉林省文物考古研究所·集安市博物館 2010: 87; 東潮 1997a: 405; 리일남 1991: 33; 박영복·김성명 1990: 585~586). 평양 대성산성 및 평성 지경동고분 출토품의 경우, 원추형 드림이 남아 있지 않으나 형식상 위의 것과 같았다고 추정된다(리광희 2005: 240; 東潮 1997a: 403). 드림을 심엽형 장식으로 마무리한 것으로는 집안 마선구고분군 및 산성하고분군 수집품과 강서 덕흥리 대원산고분, 대동군, 진천 회죽리 출토품이 있다(吉林省文物考古研究所·集安市博物館 編著 2002: 图224; 吉林省文物考古研究所·集安市博物館 2010: 86~87; 리광희 2005: 240; 조선유적유물도감

❁ 표 3. 고구려 굵은 고리 귀걸이의 제 유형

<table>
<tr><th colspan="3">형식</th><th rowspan="2">재질</th><th rowspan="2">출토지 및 수집처</th><th rowspan="2">비고</th></tr>
<tr><th>연번</th><th colspan="2">샛장식+드림</th></tr>
<tr><td>1형</td><td colspan="2">없음</td><td>금</td><td>집안 우산하3296호분, 집안 장군총 제단시설, 평양역전전실분, 남포 용강 용흥리7호분</td><td></td></tr>
<tr><td rowspan="2">2형</td><td>I</td><td>구체+원추형 드림</td><td>금, 금동</td><td>집안 칠성산고분군, 집안 산성하고분군, 집안 마선구1호분, 집안 승리촌, 평양 만달산록7호분, 상원 소구절3호분, 강서 보림리 대동3호분, 강서 보림리 대동6호분, 온천 용월리 고구려고분, 온천 마영리고분, 평양 소룡동</td><td>샛장식 구체: 평양 대성산성, 평성 지경동고분(?)</td></tr>
<tr><td>II</td><td>구체+원추형(금사, 금입) 드림</td><td>금</td><td>서울 능동</td><td></td></tr>
<tr><td rowspan="3">3형</td><td>I</td><td>고리접합구체+원추형 드림</td><td>금</td><td>집안 산성하고분군, 평양 대성산성, 평양 안학궁터, 안악 오국리 파괴분, 청원 상봉리</td><td></td></tr>
<tr><td>II</td><td>고리접합구체+심엽형 드림</td><td>금</td><td>집안 마선구고분군, 집안 산성하고분군, 강서 덕흥리 대원산고분, 대동군, 진천 회죽리</td><td>고구려제, 신라제 이견: 강릉 병산동29호분</td></tr>
<tr><td>III</td><td>고리접합육면체+심엽형 드림</td><td>금</td><td>집안 산성하고분군, 집안 마선구고분군, 집안 마선구412호분, 평양 대성구역 안학동2호분, 평양 대성구역 안학궁터</td><td></td></tr>
</table>

편찬위원회 1990: 275, 277; 박영복·김성명 1990: 586).[10]

집안 마선구412호분 출토품은 샛장식을 고리 접합 구체가 아닌 육면체로 만들고 작은 고리로 심엽형 드림을 연결한 것으로 집안 산성하고분군, 집안 마선구고분군, 평양 대성구역 안학동2호분 출토품, 평양 대성구역 안학궁터 출토품도 같은 형식의 것이다(吉林省文物考古研究所·集安市博物館 2010: 87; 李漢祥 2011: 72). 이런 형식의 귀걸이는 고구려 굵은 고리 귀걸이 가운데 늦은 시기의 작품으로 볼 수 있다. 이상에서 살펴본 굵은 고리 귀걸이를 유형별로 알기 쉽게 정리하면 표 3과 같다.

10 이외에 강릉 병산동29호분 출토품은 고구려제인지 신라제인지로 논란이 정리되지 않은 상태다(국립춘천박물관 2002: 58; 복천박물관·서울대학교박물관 2012: 177).

❁ 그림 4. 고구려 유적 출토 가는 고리 귀걸이의 주요 사례
1. 산성하고분군(중국 집안, 집안박물관), 2. 산성하고분군(중국 집안, 집안박물관), 3. 보림리대동19호분(북한 남포, 조선중앙력사박물관), 4. 산성하고분군(중국 집안, 집안박물관), 5. 약수리벽화분(북한 남포, 조선중앙력사박물관), 6. 덕화리3호분(북한 대동, 조선중앙력사박물관)

고구려의 가는 고리 귀걸이도 샛장식과 끝 드림의 형태, 조합 방식을 바탕으로 시기에 따른 형식 변화의 흐름을 짚어 낼 수 있다(그림 4). 기본 중심 고리뿐이거나 여기에 노는 고리 1개가 더해진 정도의 단순한 형태로 발견된 작품으로는 강서 보림리 대동13호분, 시중 노남리 남파동고분, 시중 연상리고분, 초산 운평리2지구10호분, 상원 소구절3호분, 평양역전전실분, 평양역전벽화분 출토품이 있다(전주농 1963a: 199~205; 리일남 1991: 32; 조선유적유물도감편찬위원회 1990a: 75; 朝鮮總督府 1925: 9~11; 고고학및민속학연구소 1958: 21, 도판XXIX).

샛장식이 구체이고 드림이 원추형인 가는 고리 귀걸이는 영변과 집안 산성하고분군 출토품이 보고되었다(朝鮮古蹟研究會 1938: 40~41; 吉林省文物考古研究所·集安市博物館 2010: 89).[11] 강동 순창리 글바위2호분과 글바위5호분 출토품도 형식상 구체 샛장식, 원추형 드림 귀걸이로 분류할 수 있을 것으로 보인다(조선기술발전사편찬위원회 1996: 39, 도22, 55; 李漢祥 2011: 76). 집안 산성하고분군에서 출토된 가는 고리 귀걸이 가운데에는 구체인 샛장식의 위와 아래에 고리를 달고 드림으로 커다란 심엽형 장식을 단 것도 있다(吉林省文物考古研究所·集安市博物館 2010: 89). 평양 동명왕릉 출토 금제 귀걸이는 구체 샛장식 아래 심엽형 드림이 달린 경우다(김일성종합대학 1976: 39).

중심 고리에 이음 고리로 심엽형 드림을 단 조선중앙력사박물관 소장 수집품 금제 귀걸이는 샛장식이 없는 특이한 예에 속하는 것이다(리광희 2005: 243). 본래 샛장식이 있었을 가능성도 배제할 수 없다. 이 귀걸이와 형태상 큰 차이가 없는 또 하나의 조선중앙력사박물관 소장 수집품 고구려 귀걸이에는 옥으로 된 구체의 샛장식에 심엽형 드림이 잇대어 있다.

샛장식이 작은 고리 접합 구체이고 원추형 드림을 끝에 단 것으로는 배천 신월리와 영변 출토품이 보고되었다(리광희 2005: 243; 朝鮮古蹟研究會 1938: 40~41). 평성 지경동2호분에서 작은 고리 접합 구체 형태의 샛장식만 달린 가는 고리 귀걸이가 출토되어 학계에 보고되었다(박창수 1986: 46; 리일남 1991: 32).[12] 가는 고리 귀걸이 가운데 샛장식이 작은 고리 접합 구체이고 드림이 심엽형인 것은 여러 점 발견, 수습되

---

11 영변 출토 가는 고리 귀걸이 5점을 포함한 다수의 고구려 귀걸이들은 출토지가 명확하지 않은 것으로 1938년 당시 평양박물관과 총독부박물관에 소장되어 있었다. 근래까지 일본 및 한국의 고구려 귀걸이 관련 연구에서 언급하고 있는 '전 영원', 혹은 '영원' 출토품은 '영변'의 오기이므로 여기서 바로잡는다

12 고구려제, 신라제 논란이 있는 강릉 병산동29호분 출토 귀걸이도 같은 형식의 것이다(國立慶州博物館 2001: 240).

었다. 집안 산성하고분군 출토품과 영변, 용강 후산리 추동8호분, 강서 보림리 대동19호분, 강서 태성리저수지 고분군, 평양 만달산록7호분, 고성 봉화리1호분 출토품이 그것이다(吉林省文物考古研究所·集安市博物館 2010: 89; 전주농 1963a: 205; 朝鮮古蹟研究會 1938: 40~41; 리광희, 2005: 243). 연천 선곡리 출토 국립중앙박물관 소장품도 같은 형식의 유물로 분류가 가능하다(유나리 2015: 47).[13]

작은 고리를 접합하여 육면체로 만든 샛장식에 원추형 드림을 이은 것, 심엽형 드림을 끝에 단 것 등은 모두 영변 출토품 중에 발견된다(朝鮮古蹟研究會 1938: 41). 자성군에서 수집된 것으로 전하나 출토지가 확실하지 않은 가는 고리 귀걸이도 일반적으로는 발견되지 않는 종류에 속한다(東潮 1997a: 405). 이 작품은 2개의 반구형 장식을 맞붙여 만든 샛장식에 도드라진 세로줄 무늬로 좌우가 구분된 심엽형 장식을 드림으로 달았다. 집안 산성하고분군 수집품은 샛장식 없이 중간 고리에 사슬을 내린 뒤 둥근 판을 드림으로 단 경우다(吉林省文物考古研究所·集安市博物館 2010: 89). 강서 약수리벽화분 출토품은 구체 샛장식에 사슬을 연결한 뒤 다시 속이 빈 구체를 드림으로 달아 귀걸이 전체 길이를 길게 만든 작품이다(주영헌 1963: 150~151; 조선유적유물도감편찬위원회 1990a: 278). 영변 출토 귀걸이 가운데 하나는 고리 접합 구체에 사슬을 두 가닥 내리고 고추 모양의 드림을 달았다(東潮 1997a: 405). 다른 예를 찾을 수 없는 경우에 해당한다. 대동 덕화리3호분에서 출토된 네모진 풍경 모양의 샛장식만 달린 가는 고리 귀걸이도 이 형 귀걸이의 하나로 분류될 수 있다(조선유적유물도감편찬위원회 1990a: 132). 이상에서 살펴본 가는 고리 귀걸이를 유형별로 알기 쉽게 정리하면 표 4와 같다.

13 고구려제 여부로 논란의 소지가 있는 유물의 하나다.

❁ 표 4. 고구려 가는 고리 귀걸이의 제 유형

형식			재질	출토지 및 수집처	비고
연번		샛장식+드림			
1형		없음	금, 금동	강서 보림리 대동13호분, 시중 노남리 남파동고분, 시중 연상리고분, 초산 운평리 2지구10호분, 상원 소구절3호분, 평양역전전실분, 평양역전벽화분	국립중앙박물관 소장품 1점(신13703)은 샛장식 없이 이음 고리에 심엽형 드림을 연결
2형	I	구체+ 원추형 드림	금	집안 산성하고분군, 영변, 강동 순창리 글바위2호분, 강동 순창리 글바위5호분	
	II	구체+ 심엽형 드림	금, 옥	집안 산성하고분군, 평양 동명왕릉, 평양 조선중앙력사박물관 소장품	심엽형 드림 귀걸이: 평양 조선중앙력사박물관 소장품
3형	I	고리접합구체+ 원추형 드림	금	배천 신월리, 영변	고리접합구체 샛장식 귀걸이: 평성 지경동2호분, 고구려제, 신라제 이견: 강릉 병산동29호분
	II	고리접합구체+ 심엽형 드림	금	집안 칠성산고분군, 영변, 용강 후산리 추동8호분, 강서 보림리 대동19호분, 강서 태성리저수지 고분군, 평양 만달산록7호분, 고성 봉화리1호분	연천 선곡리 출토 국립중앙박물관 소장품(본14731)
	III	고리접합육면체 +원추형 드림	금	영변	
	IV	고리접합육면체 +심엽형 드림	금	영변	
4형	I	반구접합+ 심엽형 드림	금	자성군	
	II	고리접합구체+ 구체 또는 고추 모양 드림	금	집안 산성하고분군, 남포 강서 약수리벽화분, 영변	샛장식과 드림을 사슬로 연결, 국립중앙박물관 소장품 1점(신13704)은 샛장식 대신 사슬로 심엽형 드림을 연결
	III	풍경형 샛장식	금	대동 덕화리3호분	

비녀는 머리카락 고정용 장신구로 성인 여성들이 주로 사용하였다. 집게처럼 두 갈래로 나뉜 것과 송곳, 혹은 바늘과 같은 형태의 '一'자형 두 종류로 나눌 수 있다. 비녀의 길이나 끝 장식의 형태에 따른 세부적인 분류도 가능하다. 재질은 금제, 은제, 청동제 등으로 나뉘며 유물로 출토된 사례도 적지 않다(그림 5). 고분벽화를 통해 사용 방법도 확인할 수 있다.

고구려 여성들이 사용하던 비녀 가운데 컴퍼스처럼 머리는 고리

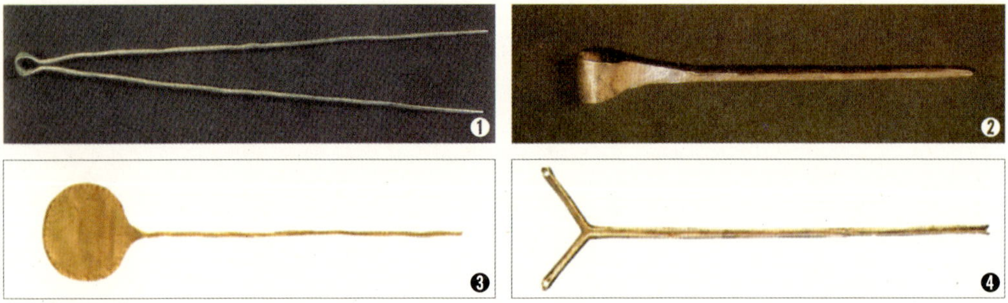

✿ 그림 5. 고구려 유적 출토 비녀의 주요 사례
1. 용악동(북한 순천, 조선중앙력사박물관), 2. 북창리 고장골1호분(북한 남포, 조선중앙력사박물관),
3. 성후1대(중국 집안, 집안박물관), 4. 통구고분군(중국 집안, 집안박물관)

형태이고 다리가 길게 뻗어나가며 좌우로 벌어진 것은 긴 머리카락 고정용이다. 순천 용악동에서 1점, 연탄 송죽리벽화분에서 3점, 집안 우산하3160호분에서 1점, 요녕 본계 고구려고분에서 4점이 출토되었다(리광희 2005: 259; 永島暉臣愼 2002: 도36; 吉林省文物考古研究所·集安市文物保管所(孫仁杰·遲勇·張雪岩) 1993: 71; 沈白文 1984: 集二192~193). 모두 은제다.

머리 부분은 고리 모양이고 다리가 끝으로 갈수록 안으로 오므라든 비녀는 머리카락을 부분적으로 고정하기 위해 사용되던 것이다. 평양 동명왕릉에서 1점, 순천 북창리 고장골1호분에서 2점, 집안 통구팔대서산파고묘(通洵八隊西山坡古墓)에서 1점, 본계 고구려고분에서 1점씩 출토되었다(김일성종합대학 1976: 41; 조선유적유물도감편찬위원회 1990a: 280; 吉林省文物志編委會 1984: 188~189; 沈白文 1984: 集二192~193). 동명왕릉 출토품은 청동제이고 서산파고묘 출토품은 금제다. 이외의 것들은 은제다.

머리 부분이 타원형이거나 원형인 송곳 형태의 비녀는 틀어 올린 머리를 장식하는 데에 쓰이던 것이다. 집안 교구향(郊區鄉) 성후일대(城后一隊) 농경지에서 금제 비녀가 한 점 출토되었다(吉林省文物志編委會 1984: 189). 집안 마선구1호분에서 Y자형 금제 비녀 1점이 출토되었으며 집안 고분군에서도 금동제 유물 1점이 수집되었다(吉林省博物館輯安考古隊 1964: 集二433~434; 吉林省文物考古研究所·集安市博物館, 2010: 154). 굵은 금줄로 만든 Y자형 비녀는 두 갈래 다리 끝에 작은 구멍이 하나씩 뚫렸다. 이 구멍들은 보요와 같은 장식물을 다는 데에 사용되었던 것으로 보인다.

동곳은 성인 남자들의 상투에 꽂아 머리 형태를 고정시키는 데에 사용하던 장신구다. 장식 효과를 내기 위해 머리 부분을 넓게 만드는 경우가 일반적이며 보통 'ㄷ'자형이다. 고구려 남성들이 사용하던 동곳은 평양 안학동 안학궁지에서와 동명왕릉에서 각 1점, 강서 보림리 대동5호분에서 1점, 집안 교구향 성후일대 농경지에서 1점, 본계 고구려고분에서 15점 출토되었다(고려대학교박물관 2005: 310; 김일성종합대학 1976: 41; 전주농 1963a: 201; 吉林省文物志編委會 1984: 189; 沈白文 1984: 集二192~193). 안학궁지 출토품은 금제이고 동명왕릉 출토품은 청동제다. 다른 유적에서 출토된 것은 은제다.

고구려 남성들이 주로 사용한 허리띠의 부분품 가운데 금속제 띠고리는 주거지나 성곽, 무덤 등에서 출토, 수습되었다(그림 6). 출토된 띠고리는 크게 민고리형과 걸쇠 고리형으로 나눌 수 있다.[14] 민고리형 띠고리는 대동 덕화리3호분에서 출토되었다(조선유적유물도감편찬위원회 1990a: 133). 걸쇠 고리형 띠고리 가운데 걸쇠 칸이 별도로 만들어지지 않은 것으로는 시중 노남리1호주거지, 집안 우산하3105호분, 심양 석대자산성, 본계 고구려고분 출토품 등이 있다(정찬영 1983: 53; 吉林省文物考古研究所·集安市文物保管所(孫仁杰·遲勇·張雪岩) 1993: 69; 沈陽市文物考古工作隊 2001: 35~50; 沈白文 1984: 集二192~193).

14 리광희는 판형과 고리형으로 나누었다(리광희 2005: 215). 그러나 판형으로 분류한 산성하159호분 출토품은 허리띠 끝 장식이다. 북표 라마동275호분 출토품이 이를 잘 보여 준다. 집안 지역 출토품은 장설암에 의해 일괄 정리되었다(張雪岩 2001: 847~887).

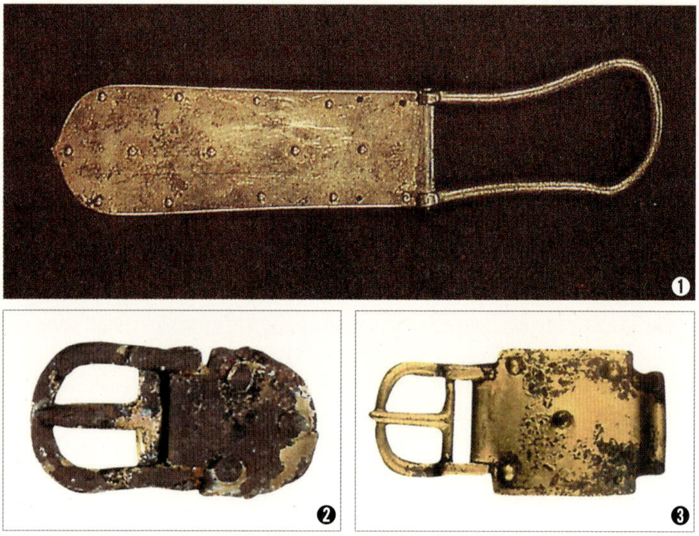

❁ 그림 6. 고구려 유적 출토 띠고리의 주요 사례
1. 덕화리3호분(북한 대동, 조선중앙력사박물관), 2. 태왕릉(중국 집안, 집안박물관), 3. 장천4호분(중국 집안, 집안박물관)

결쇠 칸이 있는 고리형 띠고리는 집안 칠성산1096호분, 집안 마선구1호분, 집안 산성하 동대파217호분, 집안 태왕릉, 집안 장천2호분, 집안 장천4호분, 초산 운평리4지구6호분 등에서 출토되었다(集安縣文物管保所(張雪岩) 1979: 集二218~219; 吉林省博物館輯安考古隊(方起東) 1964: 集二433~434; 張雪岩 1991: 集二232~233; 吉林省文物考古研究所·集安市博物館 2010: 106; 吉林省文物工作隊 1983: 集二474~475; 張雪岩 1988: 集二490~491; 조선유적유물도감편찬위원회 1990a: 65).[15] 집안 패왕조산성 출토품은 결쇠 칸 뒤칸이 심엽형으로 마무리된 가장 늦은 시기의 형식으로 분류할 수 있다(方起東 1962: 集二33).

금속제 띠끝 장식은 투조문이 있는 것과 없는 것으로 나눌 수 있

15 강릉 초당동B16호분 출토품도 고구려제로 분류된다(복천박물관·서울대학교박물관 2012: 179).

다. 투조문이 있는 것으로는 집안 산성하159호분 출토품이 있다(集安縣文物保管所(林至德·閻毅之·越書勤) 1983: 集二239).[16] 대동 덕화리3호분, 집안 만보정242호분, 집안 우산하3560호분, 심양 석대자산성에서 출토된 것은 좁고 긴 장식판 끝에 고정용 못을 여러 개 박은 형태로 만들어졌다(조선유적유물도감편찬위원회 1990a: 133; 吉林集安縣文管所(越書勤·周雲台) 1982: 集二216; 吉林省文物考古研究所·集安市文物保管所(孫仁杰·遲勇·張雪岩)1993: 71~72; 沈陽市文物考古工作隊(李晓鐘·李龍彬·越曉剛·張克擧·儉峻岩·越菊梅·孫繼艶) 2001: 35~50).[17] 이와 대조적으로 집안 산성하195호분, 집안 산성하3105호분, 무순 전둔7호분 출토된 띠끝 장식은 길이가 매우 짧다(集安縣文物保管所(林至德·閻毅之·越書勤) 1983: 集二239; 吉林省文物考古研究所·集安市文物保管所(孫仁杰·遲勇·張雪岩) 1993: 71~72; 王增新 1964: 集二186).

허리띠의 부분품으로 가장 널리 알려진 것은 띠에 붙이는 장식용 띠꾸미개들이다(그림 7). 붙임용 띠꾸미개는 크게 드리개를 달기 위한 고리가 있는 것과 없는 것으로 나눌 수 있다.[18] 띠꾸미개의 평면 형태나 내부 장식무늬에 따라 다시 여러 가지 세부 유형으로 나누기도 한다. 부속 장치나 형태에 따른 분류에 초점을 맞추어 정리하면 아래와 같다.

집안 산성하152호분, 집안 산성하160호분, 집안 산성하330호분, 집안 산성하725호분, 집안 우산하151호분, 집안 우산하3560호분, 환인 연강향19호분 등에서 출토된 띠꾸미개는 방형 붙임판에 심엽형 고

16 이한상은 집안 산성하159호분 출토품을 끝띠꾸미개로 별도 분류, 명명하였다(이한상 2004: 197).

17 본계 고구려고분 출토품은 馬具의 杏葉으로 분류된다(魏存成 2001: 1082).

18 이한상은 진식대금구의 각 형식이 고구려에 끼친 영향을 감안하면서 크게 3형식으로 나누었고 강현숙은 4형식으로 분류하였다(이한상 2004: 208~209; 강현숙 2013: 211~214).

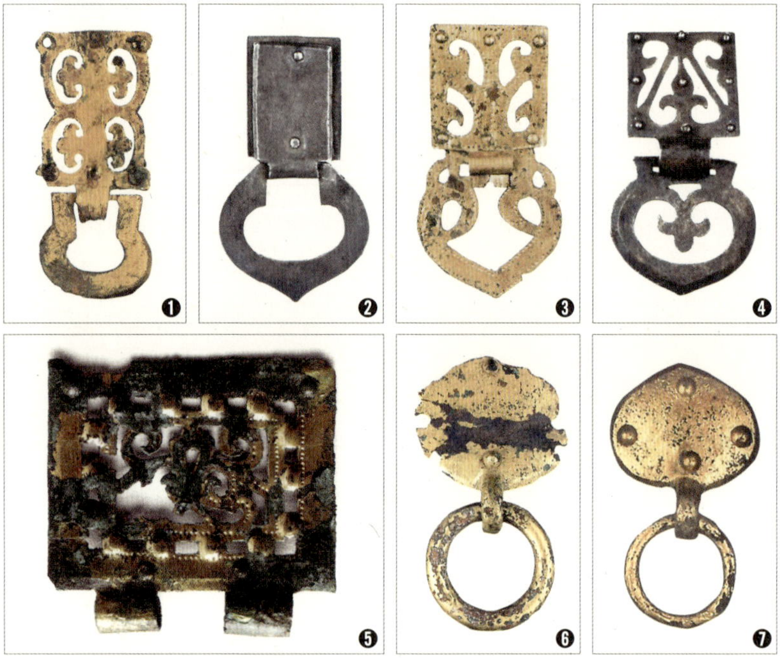

그림 7. 고구려 유적 출토 띠꾸미개의 주요 사례
1. 산성하152호분(중국 집안, 집안박물관), 2. 우산하151호분(중국 집안, 집안박물관),
3. 산성하160호분(중국 집안, 집안박물관), 4. 산성하725호분(중국 집안, 집안박물관),
5. 호남리사신총(북한 평양, 조선중앙력사박물관), 6. 태왕릉(중국 집안, 집안박물관),
7. 산성하725호분(중국 집안, 집안박물관)

리나 장식 고리가 달린 것이다(集安縣文物保管所(林至德·閻毅之·越書勤) 1983: 集二238~239; 吉林省文物考古研究所·集安市博物館 2010: 100, 107; 吉林省文物工作隊·集安文管所(柳嵐·張雪岩) 1984: 集二226~227; 吉林省文物志編委會 1984: 193, 图19-2; 吉林省文物考古研究所·集安市文物保管所(孫仁杰·遲勇·張雪岩) 1993: 66,70; 東潮 1997a: 426).[19] 방형 붙임판에 장식판이 달린 띠

19 집안 산성하152호분 및 우산하3560호분 출토품은 서진 수입품으로 이해되고 있다(이한상 2004: 208; 강현숙 2013: 112~113). 강릉 초당동B16호분 출토품은 고구려제로 분류되기도 한다(복천박물관·서울대학교박물관 2012: 179).

꾸미개는 평양 고산동10호분, 평양 호남리사신총, 평양 호남리금사총, 자성 서해리 제2고분군1호분, 집안 산성하330호분, 집안 칠성산873호분, 집안 칠성산1196-1호분, 집안 우산하3560호분 등에서 출토되었다(채희국·김용간 1964: 51, 도판LV; 東潮 1997a: 427; 정찬영 1963: 112, 도판LⅥ; 吉林省文物工作隊·集安文管所(柳嵐·張雪岩) 1984: 集二226~227; 吉林省文物考古研究所·集安市文物保管所(孫仁杰·遲勇·張雪岩) 1993: 66, 70). 집안 우산하3162호분과 장천4호분에서 출토된 띠꾸미개는 붙임판이 5각형이고 이어진 드리개가 타원형이다(吉林省文物考古研究所·集安市文物保管所(孫仁杰·遲勇·張雪岩) 1993: 66, 68; 張雪岩 1988: 集二490~491). 형식상 앞의 것들과 큰 차이가 있다고 보기 어렵다.

심엽형 붙임판에 둥근 고리가 달린 띠꾸미개는 평성 지경동1호분, 평양 고산동9호분, 대동 덕화리3호분, 집안 산성하332호분, 집안 산성하725호분, 집안 태왕릉, 환인 오녀산성, 무순 시가7호분, 무순 시가9호분 등에서 출토되었다(박장수 1986: 45, 47, 조선유적유물도감편찬위원회 1990a: 133, 139; 朝鮮古蹟硏究會 1938: 20; 李殿福 1983: 集二454; 吉林省文物考古研究所·集安市博物館 2010: 105~106; 遼寧省文物考古研究所 2004: 彩版2; 遼寧省文物考古研究所·撫順市博物館(呂學明·李新全·肖景全·張波) 2007). 집안 마선구1호분 출토 허리띠에는 띠고리에 이런 형식의 고리 달린 띠꾸미개가 연결되어 본래의 용도 외의 사용 방식에 대해서도 고려하게 한다(吉林省博物館輯安考古隊 1964: 集二433). 반달형 붙임판에 둥근 고리가 달린 띠꾸미개는 집안 우산하1041호분에서 출토되었다(吉林省博物館文物工作隊 1977: 集二207~208).

고구려 유적에서는 방형 구멍이 뚫려 있거나 아예 통판인 띠 붙임용 띠꾸미개들도 다수 출토되었다. 집안 우산하3560호분, 심양 석대자산성, 무순 전둔7호분 출토 띠꾸미개들은 가운데 장방형의 구멍이 뚫려 있다(吉林省文物考古研究所·集安市文物保管所(孫仁杰·遲勇·張雪岩) 1993: 66,70; 沈陽市文物考古工作隊(李晓鐘·李龍彬·越曉剛·張克擧·倫峻岩·越

菊梅·孫繼艷) 2001: 35~50; 王增新 1964: 集二186). 집안 우산하3283호분 출토 띠꾸미개도 방형인 판 가운데 방형 구멍을 뚫고 그 주위에 고정용 못들이 박힌 것으로 단순한 띠 붙임용 장식판임을 짐작하게 한다(吉林省文物考古研究所·集安市文物保管所(孫仁杰·遲勇·張雪岩) 1993: 61, 64). 평성 지경동1호분, 집안 산성하332호분, 집안 우산하1041호분, 본계 고구려고분 출토 띠꾸미개들은 아예 구멍이 없이 고정용 못만 박힌 띠 붙임용 장식판들이다(조선유적유물도감편찬위원회 1990a: 139; 李殿福 1983: 集二454; 吉林省博物館文物工作隊(方起東·林至德) 1977: 集二207~208; 沈白文 1984: 集二192~193).

고구려 유적에서 발견된 드리개는 몇 점 되지 않는다. 집안 우산하3105호분, 집안 우산하3162호분, 집안 우산하3296호분 및 집안 환도산성 왕궁지 출토 타원형판 정도를 꼽을 수 있다(張雪岩 2001: 853; 吉林省文物考古研究所·集安市文物保管所(孫仁杰·遲勇·張雪岩) 1993: 66,68; 吉林省文物考古研究所·集安市文物保管所 2004: 94~95, 图77-3). 이상에서 살펴본 허리띠 장식 중 띠고리와 띠꾸미개를 형식별로 알기 쉽게 정리하면 표 5와 같다.

고구려의 팔찌는 단면의 형태 및 바깥 면의 장식 여부로 기본적인 형식 구분이 가능하다(그림 8). 중강 토성리4호주거지, 중강 토성리6구유적, 시중 노남리1호주거지, 시중 노남리2호주거지, 시중 노남리 남파동133호분, 집안 판차령(板岔嶺)에서 출토된 팔찌는 단면이 삼각형인 줄로 만든 것이어서 바깥 면이 뾰족하다(정찬영 1983: 53, 57, 73, 134~135; 吉林省文物志編委會 1984: 188). 시중 심귀리75호분에서 수습된 단면 깎지형 청동제 선으로 만든 팔찌 역시 같은 형식으로 분류가 가능하다(정찬영 1983: 28~29). 앞의 시중 노남리2호주거지와 연천 강내리2호분에서 단면이 사다리꼴인 줄로 만든 팔찌도 수습되었다. 중강 토성리6구유적에서는 단면이 물결 모양인 팔찌, 곧 좁은 청동 띠로 만든 팔찌도 발견되었다(정찬영 1983: 53, 57, 134~135; 복천박물관·서울대학

표 5. 고구려 허리띠 장식 중 띠고리와 띠꾸미개의 형식

종류	형식: 연번	형식: 형태적 특징		재질	출토지 및 수집처	비고
띠고리	1형	민고리형		은	대동 덕화리3호분	
띠고리	2형	I	걸쇠 칸 없는 걸쇠 고리	금동	시중 노남리1호주거지, 집안 만보정242호분, 집안 우산하3105호분, 심양 석대자산성, 본계 고구려고분	
띠고리	2형	II	걸쇠 칸 있는 걸쇠 고리	금동, 철	집안 칠성산1096호분, 집안 마선구1호분, 집안 산성하 동대파217호분, 집안 태왕릉, 집안 장천2호분, 집안 장천4호분, 초산 운평리4지구6호분	
띠고리	2형	III	걸쇠 칸 뒤칸 심엽형 처리 걸쇠 고리	금동	집안 패왕조산성	
띠꾸미개	1형	I	방형 붙임판+심엽형 고리, 장식 고리	금동	집안 산성하152호분, 집안 산성하160호분, 집안 산성하330호분, 집안 산성하725호분, 집안 우산하151호분, 집안 우산하3560호분, 환인 연강향19호분	산성하152호분, 우산하3560호분 출토품은 서신 수입품으로 평가. 고구려제, 신라제 이견: 강릉 초당동B16호분
띠꾸미개	1형	II	방형 붙임판+장식판	금동	평양 고산동10호분, 평양 호남리사신총, 평양 호남리금사총, 자성 서해리 제2고분군1호분, 집안 산성하330호분, 집안 칠성산873호분, 집안 칠성산1196-1호분, 집안 우산하3560호분, 집안 우산하3162호분, 집안 장천4호분	
띠꾸미개	2형	I	심엽형 붙임판+고리	금동 은, 동, 철	평성 지경동1호분, 평양 고산동9호분, 대동 덕화리3호분, 집안 산성하332호분, 집안 산성하725호분, 집안 태왕릉, 환인 오녀산성, 무순 시가7호분, 무순 시가9호분	
띠꾸미개	2형	II	반달형 붙임판+고리	금동	집안 우산하1041호분	
띠꾸미개	3형	I	방형 구멍 뚫린 붙임판	금동, 은	집안 우산하3560호분, 심양 석대자산성, 무순 전둔7호분, 집안 우산하3283호분	
띠꾸미개	3형	II	통판형 붙임판	금동	평성 지경동1호분, 집안 산성하332호분, 집안 우산하1041호분, 본계 고구려고분	

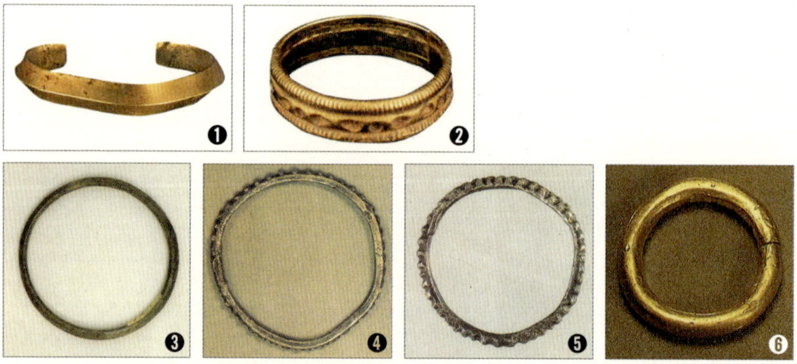

❁ 그림 8. 고구려 유적 출토 팔찌와 반지의 주요 사례
1. 판차령 팔찌(중국 집안, 집안박물관), 2. 산성하2138호분 반지(중국 집안, 집안박물관),
3. 평화리 팔찌(북한 인산, 조선중앙력사박물관),
4. 천덕리 팔찌(북한 봉산, 조선중앙력사박물관),
5. 용봉리2호분 반지(북한 순천, 조선중앙력사박물관),
6. 덕화리3호분 반지(북한 대동, 조선중앙력사박물관)

교박물관 2012: 180).[20] 연천 강내리8호분 출토 은팔찌 2점은 바깥 면에 장식이 없고 단면이 사다리꼴인 점에서 위의 것들과 같다. 그러나 끝에 고리를 만들어 다른 쪽에 서로 걸고 남은 부분을 2~3차례 팔찌 몸에 감아 마무리 하는 방식으로 만든 점에서 차이를 보인다(복천박물관·서울대학교박물관 2012: 180). 중강 토성리6구유적 출토 청동 팔찌와 유사한 형태의 것이 자성 법동리 하구비 적석총에서도 수습되었다(정찬영 1983: 118).

단면이 원형인 줄로 만든 팔찌는 평양 대성산 식물원구역4호분, 용강 후산리 추동9호분, 용강 후산리 내동4호분, 인산 평화리에서 출토되었다(김일성종합대학 고고학 및 민속학강좌 1973; 전주농 1963a: 201; 고려대학교박물관 2005: 310; 조선유적유물도감편찬위원회 1990a: 279). 단면이 호형인 선으로 만든 팔찌가 시중 노남리1호 주거지에서 수습되었다

20 노남리 1호주거지와 노남리 2호주거지에서 출토된 6점의 청동제 팔찌 가운데 5점은 단면이 이등변삼각형이다.

(정찬영 1983: 134~135). 위의 것과 같은 형식에 속한다. 평양 만달산록 15호분, 고성 봉화리1호분, 봉산 천덕리에서 출토된 고구려 팔찌는 바깥 면에 돌기가 장식되었다(朝鮮古蹟研究會 1938: 40; 백련행 1967: 38; 조선유적유물도감편찬위원회 1990a: 279). 천덕리에서 출토된 2점의 팔찌는 은제다.

고구려의 반지는 출토 사례가 많지 않다. 단면이 원형인 금제 반지는 대동 덕화리3호분, 금동제 반지는 연탄 송죽리벽화분, 은제 반지가 평양역전이실분, 강서 태성리1호분, 법동리 하구비 적석총, 집안 노호초4호묘, 연천 강내리2호분, 충주 두정리고분에서 각각 수습되었다(조선유적유물도감편찬위원회 1990a: 133; 조선중앙통신 보도 2002.10.6; 고고학 및 민속학연구소 1958; 고고학 및 민속학연구소 고고학연구실 1959: 101; 정찬영 1963: 118~119; 集安縣文物保管所(越書勤) 1984: 集二243, 245; 복천박물관·서울대학교박물관 2012: 181). 순천 용봉리2호분 출토 은제 반지는 바깥 면이 돌기로 장식된 경우다(조선유적유물도감편찬위원회 1990a: 279). 약수리벽화분에서는 얇은 금제 및 은제 판으로 만든 반지가 출토되었다(주영헌 1963: 151). 집안 우산하2138호분에서 출토된 금제 반지는 바깥 면 테두리에 2개의 줄을 두르고 그 사이에 금알갱이를 잇달아 붙인 호화로운 것이다(吉林省文物志編委會 1984: 188). 강서 보림리 소동12호분 출토 은제 반지는 손등 쪽을 능형으로 넓게 폈다(전주농 1963a: 200~201). 평양 대성산 안학궁터 출토 청동제 반지는 손등 쪽을 10mm 너비로 넓게 펴 눈길을 끄는 경우다(김일성종합대학 고고학 및 민속학강좌 1973).

3. 화장과 장신구로 본 고구려 문화

1) 편년

고구려인이 어떻게 화장했는지 알려 주는 자료는 고분벽화 외에 아직 알려진 것이 없다. 기년묵서명이 있는 안악3호분 외의 벽화고분들도 상대편년을 통해 벽화 제작 시기가 산정되고 있으므로 고구려에서 언제 연지, 곤지나 분칠 등의 화장법이 유행하였는지 논의할 수 있게 한다. 그러나 장신구는 유적 출토유물로 종류 및 형식이 알려지므로 별도의 편년 작업이 뒤따라야 유행 시기 등을 가려낼 수 있다.

세 갈래 새 깃 관모 장식이 출토된 집안 우산하2891호분은 출토된 운주와 토기가 4세기 전반, 집안 우산하3105호분은 함께 수습된 띠고리, 띠꾸미개, 마구, 토기 등이 4세기 초에서 4세기 후반 사이에 제작된 것으로 추정된다.[21] 집안 우산하3560호분에서 수습된 띠꾸미개, 삼엽 장식 환두 등은 4세기 초·중엽 및 5세기 초 제작품으로 편년된다.[22] 5세기 초로 늦추어 보는 집안 우산하3560호분 장식 띠꾸미개의 편년안까지 고려하면 고구려 세 갈래 새 깃 관모장식의 유행 시기는 5세기 초가 하한이다. 이와 달리 두 갈래 새 깃 관모 장식의 경우, 집안 태왕릉 출토유물의 편년과 서안(西安) 당 장회태자 이현묘 벽화 제작 시기를 감안할 때 상한은 4세기 말에서 5세기 초, 하한은 7세기 후반이다.

관모의 이형 장식이 출토된 운산 용호동1호분은 함께 수습된 철제 부뚜막 등의 유물과 무덤구조에 의해 5세기로 편년되며 집안 우산

21 강현숙은 집안 우산하2891호분은 4세기 전반, 집안 우산하3105호분은 4세기 후반으로 편년한다(강현숙 2013: 159). 이와 달리 리광희는 집안 우산하3105호분을 4세기 초로 편년한다(리광희 2005: 225).

22 연구자들은 각각 4세기 초(리광희 2005: 225), 4세기 중엽(강현숙 2013: 159), 5세기 초(東潮 1997a: 426~427)로 편년한다.

하1080호분은 5세기 후반 유적으로 추정된다(정찬영 1973: 42~47; 東潮 1997a: 426~427).[23] 반면 다양한 형태의 관모 보조 장식이 출토된 유적 대부분은 4세기로 편년될 수 있다.[24] 그러나 자성 서해리 제2고분군1호분 출토 보요와 같은 형태의 것이 집안 마선구1호분에서도 수습되었음을 감안하면 보조 장식들 가운데 5세기 전반까지 사용된 것도 포함되었다고 보아야 할 듯하다.

이상의 검토에서 주목되는 것은 고구려의 관모 장식이 4세기부터 5세기 초 사이의 유적에서 비교적 빈번히 출토, 수습되고 있다는 사실이다. 이는 고구려에서 다양한 유형의 관모 장식이 만들어지고 사용된 시기를 5세기 초까지로 상정할 수 있게 한다. 그러나 고분벽화 인물도로 볼 때 5세기 중엽 이후에도 고구려 귀족, 관인들 사이에 금속제 새 깃 장식 관모가 사용된 것은 확실하다. 이런 현상은 이전과는 다른 사회 분위기나 인식과의 관련 여부에 대한 검토를 필요로 한다.

굵은 고리 귀걸이 1형은 샛장식이 없는 가장 단순한 형태의 것이다. 눈길을 끄는 것은 1형 귀걸이가 출토된 평양역전전실분에서는 353년 기년명전이 나왔고 집안 우산하3296호분은 4세기 후반으로 편년되나 용강 용흥리7호분은 함께 수습된 토기의 형식에 근거하여 6세기 후반 유적으로 추정된다는 사실이다(강현숙 2013: 160). 이것은 1형 귀걸이가 상대적으로 오랜 기간 지속적으로 제작·사용되었음을 의미한다.

구체에 원추형 드리개를 더한 굵은 고리 귀걸이 2-I형 유물이 출토되는 유적의 출현 시기는 4세기 후반에서 5세기 중엽 사이이다. 마

---

23 무덤 위에 세워진 석비의 형태나 출토유물로 볼 때 방기동·임지덕의 집안 우산하1080호분 6세기 후반 이후 편년안은 받아들여지기 어려울 듯하다(方起東·林至德 1983: 集二256).

24 東潮는 환인 연강향 고력묘자촌19호분을 4세기 후반 늦은 시기의 유적으로 보았다(東潮 1997a: 426~427).

선구1호분 출토 귀걸이를 3세기 말 작품으로 보기도 하고 평양 만달산록7호분 수습 귀걸이를 6세기 초로 편년하기도 한다(리광희 2005: 248 ; 東潮 1997a: 426~427). 그러나 마선구1호분은 무덤구조 및 벽화 내용으로 볼 때 5세기 이전으로 편년하기 어렵다(전호태 2009a: 76~79). 평양 만달산록7호분 출토 유물 가운데 6세기로 내려올 수 있는 것을 찾기도 어렵다. 편년상 문제가 되는 것은 2-II형으로 분류된 서울 능동 출토 귀걸이다. 2-I형에 세부 장식이 더해진 고급형인 이런 형식의 귀걸이는 제작 시기가 5세기 중엽 이후로 내려올 수 있다. 고구려가 한강 이남으로 영향력을 확대하기 이전에 이미 고구려의 영역이었던 사실을 고려하더라도 서울 능동 출토 귀걸이는 형식상 5세기 말에서 6세기 초 사이로 편년하는 것이 더 적절할 수 있다. 이럴 경우 2-II형 귀걸이의 하한은 6세기 초까지 내려온다.

3-I형 굵은 고리 귀걸이는 주로 평양, 안악일대에서 출토되었고 고구려의 남방 진출 뒤 국경지대가 되었던 청원에서도 수습되었다. 대성산성, 안학궁의 조성 시기를 감안할 때 3-I형 귀걸이는 5세기 초에서 중엽 사이에 유행한 것으로 볼 수 있다. 그러나 청원 상봉리 출토 귀걸이를 5세기 후반의 늦은 시기 작품으로 편년하는 견해를 받아들인다면 그 사용 하한도 자연스레 내려올 수밖에 없다(이한상 2004: 134~135). 3-II형 및 3-III형 귀걸이의 유행 시기도 3-I형 귀걸이와 큰 차이가 난다고 보기 어렵다. 3-II형으로 분류된 진천 회죽리 출토 귀걸이를 청원 상봉리 출토품보다 이른 시기로 편년하기는 어려운 까닭이다.

고구려의 가는 고리 귀걸이 1형 역시 샛장식과 드림이 없는 단순한 형태다. 강서 보림리 대동13호분, 평양역전전실분의 편년을 고려할 때 1형 귀걸이는 4세기 말을 하한으로 유행하였을 가능성이 높다. 샛장식이 구체이고 원추형 드림이 달린 2-I형 귀걸이는 영변 출토 귀걸이 가운데 가장 발달된 형식의 것이다. 영변에서 수집된 다른 귀걸이의 편년안을 감안할 때 이 유물의 제작, 사용 시기를 6세기 초 이후로 내려 보기는 쉽지 않을 듯하다.[25] 2-I형 귀걸이의 유행 하한은 6세기 초로 잡아야 할 듯하다. 평양 동명왕릉과 영변 출토품들의 편년안을 고려하면 2-II형 귀걸이의 유행 시기 역시 2-I형과 다르게 잡을 필요는 없다.

고리접합 구체 및 육면체 형태의 샛장식이 달린 3형 귀걸이가 유행한 시기는 5세기 중엽에서 6세기 초 사이로 볼 수 있다. 3형 귀걸이가 출토한 유적 가운데 편년 시기가 상대적으로 늦은 용강 후산리 추동8호분, 평양 만달산록7호분의 축조 시기는 5세기 후반, 고성 봉화리1호분은 5세기 말에서 6세기 초 정도다. 이로 볼 때 3-I형, 3-III형, 3-IV형 귀걸이는 5세기 후반, 3-II형 귀걸이는 6세기 초를 유행의 하한으로 잡을 수 있다.

이형의 가는 고리 귀걸이 가운데 자성군에서 출토된 4-I형 귀걸이는 5세기 초로 편년이 가능한 유물이다(이한상 2004: 137). 4-II형 귀걸이 가운데 하나는 4세기 말에서 5세기 초, 혹은 5세기 전반으로 편년되는 강서 약수리벽화분 출토품이다(강현숙 2013: 159; 전호태 2011d: 116). 긴 추, 혹은 고추 모양의 드림이 달린 영변 출토 귀걸이는 5세기 중엽으로 편년되는 유물이다(이한상 2004: 137). 풍경 형태의 샛장식이 달린 4-III형 귀걸이 출토지 대동 덕화리3호분도 무덤구조로 보아 5세기 전반이나 그 이전으로 편년이 가능하다. 이런 사실을 감안할 때 4형 귀걸이들은 5세기 중엽을 하한으로 제작, 사용되었다고 보아야 할 듯하다.

허리띠의 주요한 부속물인 띠고리 가운데 대동 덕화리3호분에서 출토된 민고리형 띠고리인 1형은 5세기 전반으로 편년 가능한 경우다. 2-I형 띠고리는 4세기 이전으로 편년되는 시중 노남리1호주거지

25 영변 출토 2-I형 귀걸이는 연구자에 따라 5세기 전반(리광희 2005: 251), 6세기 전반 이후(이한상 2004: 136~137)로 서로 다르게 편년된다.

출토 유물부터 7세기 유물인 석대자산성 수습 유물까지 사용 시기의 폭이 매우 넓다(沈陽市文物考古工作隊(李晓鐘·李龍彬·越曉剛·張克擧·儉峻岩·越菊梅·孫繼艶) 2001: 35~50). 이 형식의 띠고리가 일반적으로 널리, 오랜 기간 사용되었음을 짐작하게 한다. 걸쇠를 위한 칸이 있는 2-II형 띠고리는 4세기 중엽부터 7세기 전반까지 편년되는 유적에서 출토되었다.[26] 2-I형과 같이 사용 시기의 폭이 넓은 경우에 속한다. 집안 패왕조산성 출토품인 2-III형 띠고리는 6세기 후반부터 7세기 사이로 편년되는 유물로 가장 늦은 시기에 사용되던 것이다(東潮 1997a: 426~427; 리광희 2005: 225).

허리띠 장식 중에 전형적인 것은 방형 붙임판에 심엽형 고리나 장식 고리가 달린 1-I형 띠꾸미개다. 4세기 초로 편년되는 집안 산성하 152호분 출토품을 시작으로 5세기 중엽 편년 집안 산성하330호분, 4세기 후반에서 6세기 전반까지 편년차가 큰 집안 우산하151호분 발굴 유물에 이르기까지 사용 시기의 폭이 넓고 세부 장식의 변화가 다양하다.[27] 1-I형 띠꾸미개는 집안지역에서 주로 출토된다. 1-II형 띠꾸미개는 방형 붙임판에 말각 방형이나 능형 장식판이 달린 것으로 4세기 초·중엽부터 6세기 후반 사이로 편년되는 유적에서 출토되었다.[28]

2-I형 띠꾸미개는 5세기 중엽, 혹은 후반으로 편년되는 유적에서 다수 출토되었다. 환인 오녀산성 및 무순 시가고분군 출토 띠꾸미개는 제작기법과 시기에서 백제 미륵사지 서탑 및 신라 황룡사지 목탑 하부 출토품과 비교된다(李漢祥 2011: 80~82). 이를 감안하면 2-I형 띠

---

26 집안 칠성산96호분은 4세기 중엽(강현숙 2013: 159), 집안 산성하동대파217호분은 6세기 초, 혹은 7세기로 편년된다(東潮 1997a: 426~427; 리광희 2005: 225).

27 집안 우산하151호분의 경우, 장설암은 4세기 중반, 東潮는 6세기 전반으로 편년하였다.(張雪岩 2001; 東潮 1997)

28 집안 우산하3560호분의 가장 이른 편년안은 4세기 초이다(리광희 2005: 225). 평양 호남리금사총은 6세기 후반으로 편년된다.(東潮 1997a: 426~427)

표 6. 고구려 장신구의 종류별, 형식별 편년

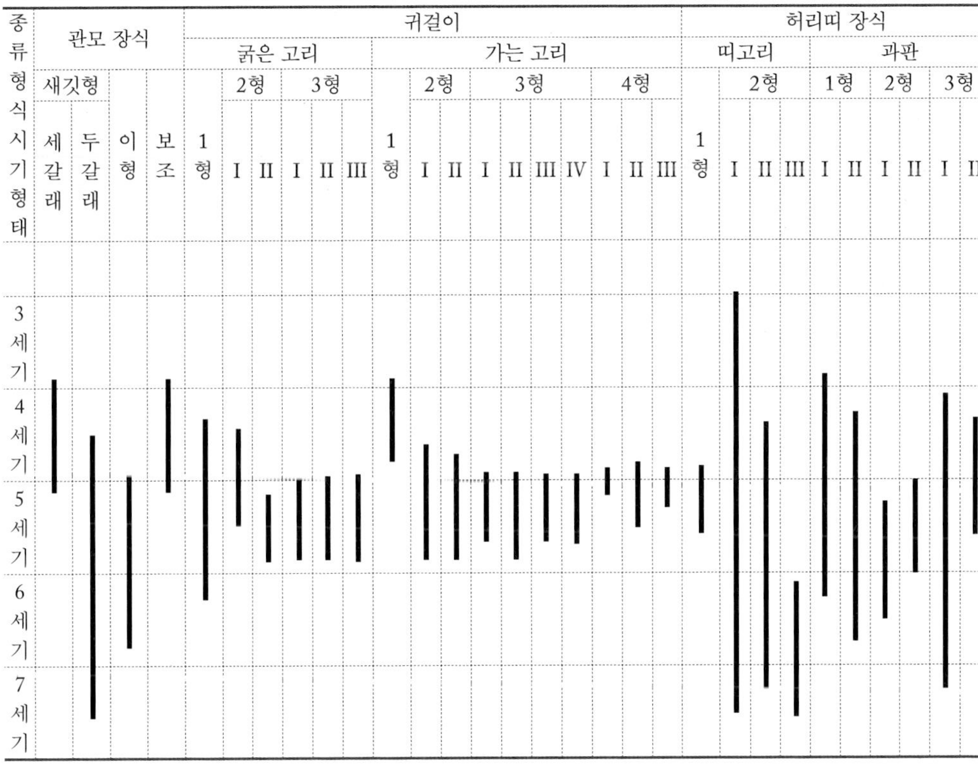

꾸미개는 6세기 전반에도 사용되었다고 볼 수 있다. 2-II형 띠꾸미개가 출토된 집안 우산하1041호분은 5세기로 편년된다.[29]

장식판이나 드리개용 고리 없이 붙임판만 있는 3형 띠꾸미개 가운데 3-I형은 4세기 전반 편년 집안 우산하3283호분에서도 출토되었지만 7세기로 편년되는 심양 석대자산성이나 무순 전둔7호분에서도 수습되었다(강현숙 2013: 159; 리광희 2005: 227). 현재까지 발견, 보고된 3-II형 띠꾸미개 가운데 5세기 후반 이후로 편년되는 것은 확인되

29 東潮는 5세기 초, 강현숙은 5세기 말로 편년하고 있다(東潮 1997a: 427; 강현숙 2013: 160~161).

지 않는다. 3-II형 띠꾸미개가 출토된 본계 고구려고분에서는 4세기 후반으로 편년되는 토기도 함께 수습되었다.[30] 이상에서 살펴본 고구려 장신구의 종류별, 형식별 사용 시기를 알기 쉽게 정리하면 표 6과 같다.

2) 문화

『구삼국사(舊三國史)』「동명왕본기(東明王本紀)」는 고구려의 시조 주몽이 졸본 송양국의 왕과 활쏘기 실력을 겨루면서 활로 옥가락지를 맞혀 깨뜨린 이야기를 전한다.[31] 원 고구려 지역에서 사용되던 장신구에 대한 가장 오랜 기록이다. 그러나 고구려 유적에서 금제, 은제 반지는 여럿 출토되었지만 옥가락지는 수습된 예를 찾기 어렵다. 이는 고구려인이 선호하고 무덤 속에도 껴묻던 장신구 가운데 반지는 주로 금제나 은제이던 데에 비롯한 현상일 수 있다.

근래까지 이루어진 고구려 유적에 대한 조사와 발굴 결과로 볼 때, 고구려에서 지배층이 선호하는 금속제 장신구가 적극적으로 만들어지거나 수입되어 유포되기 시작한 시기는 4세기 전후다. 4세기에 들어설 즈음 고구려는 대동강 및 재령강 유역 한계(漢系) 군현에 대한 압박 수위를 높이고 요동지역 진출도 적극 모색한다. 4세기에 들어서면서 고구려는 동서교통의 요충 서안평을 점령한 뒤 낙랑군과 대방군을 잇달아 멸망시킨다. 이 시기 중국에서는 통일왕조 서진이 멸망하고 대분열기에 접어든다. 이로 말미암아 4세기 초 동아시아에서는 인적, 물적 이동이 더 광범위하고 활발하게 일어난다. 고구려도 이런 상황의 한가운데로 발을 들여놓는다. 고구려가 동아시아 차원의 인적, 물

---

30 沈白文은 본계 고구려고분이 5세기 중엽에 축조된 것으로 보았으나 東潮와 강현숙은 유적 출토 유물들을 4세기 후반으로 편년하였다(沈白文 1984: 集二194; 東潮 1997a: 426~427; 강현숙 2013: 159).

31 『東國李相國集』卷3,「東明王篇」所引『舊三國史』「東明王本紀」.

적 교류의 장에 적극 개입한 시기와 귀족층을 주된 수요자로 삼는 금속제 장신구의 제작, 유통 시점이 어느 정도 교집합을 이루는 셈이다.

4세기 초부터 정치적·사회적 혼란이나 계속되는 재해 등을 이유로 외래인이 개별적, 혹은 집단적으로 고구려에 흘러들거나 망명 오는 사례가 잦아진다(전호태 1993: 20~24). 고구려가 서로는 선비족 모용씨 세력, 남으로는 백제와 국경을 맞대게 된 이후 겪게 된 일이다. 전연이나 후연에서 고구려로 망명 온 이들 가운데 일부는 고구려 남부의 평양, 안악일대로 새 삶터가 정해져 그들이 살던 흔적을 남기기도 한다.[32] 4세기 내내 북중국의 정세가 안정적이지 않았으므로 고구려와 북중국 왕조 사이의 사절 교환도 적지 않게 이루어졌고 크고 작은 전쟁도 여러 차례 일어났다. 4세기 초 이후에는 고구려와 백제의 관계에서도 갈등과 충돌이 계속되었다. 이런 사례도 넓은 의미에서는 인적·물적 교류의 한 양상이라고 할 수 있다.

4세기 고구려의 대외교류에서 주목되는 것은 요동지역에 대한 지배권을 놓고 갈등과 화해를 반복한 선비족 모용씨 세력, 곧 연(燕)과의 관계다. 역사기록에는 남아 있지 않으나 4세기 중엽부터 연과의 접촉이 계속되는 가운데 고구려에는 무덤의 껴묻거리 중에 연으로부터 비롯되거나 연의 영향 아래 만들어진 것으로 보이는 문물이 나타난다(강현숙 2013: 267~289). 이와 관련하여 참고가 되는 것은 고구려가 건국 후 오래지 않아 한의 군현과 본격적으로 교섭하면서 한이 보낸 '조복의책(朝服衣幘)'과 '악공기인(樂工技人)'을 받았다는 기사다.[33] 고구려가 연과 의제적으로나마 조공책봉관계를 맺었다면 연으로부터 이런 관계를 확인시켜 주는 차원의 '의책기물(衣幘器物)'을 받는 것은 자연

32 안악3호분에 묵서명을 남긴 佟壽도 그러한 인물 가운데 한 사람이다(공석구 2003; 임기환 2004; 여호규 2009).

33 『三國志』 卷30, 「魏書」 30, 烏丸·鮮卑·東夷傳 30, 高句麗.

스런 과정이었을 것이다.

고구려 유적에서 진식(晉式) 띠고리와 띠꾸미개 중 일부 형식이 4세기 후반이나 그 이전부터 출현하는 것은 서진 및 연과의 교류 결과로 보아야 할 것이다. 관모를 장식하는 보요나 그 외의 보조물들도 서방의 문물이 고구려에 직접 전해지거나 고구려가 서방과의 교류를 통해 자극 받은 데에서 비롯된 것으로 보아도 무리는 아닐 듯하다.

372년, 고구려에는 공식적으로 불교가 전래되었다.[34] 전진(前秦)의 부견이 보낸 승려 순도(順道)와 불상, 경문은 고구려가 새로운 종교문화 복합체에 구체적 관심을 가지는 계기를 제공했다. 뿐만 아니라 고구려 사회가 이전과는 다른 차원의 인간관, 세계관을 받아들일 것인지 여부로 고민하게 하였다. 소수림왕 시대 국내성에서의 불사(佛寺) 창건을 시작으로 고국양왕 시대 왕명에 의한 불교신앙 장려책, 광개토왕 시대 평양 9사 창건에 이르는 일련의 과정은 고구려가 북중국 왕조들처럼 불교를 국가 통합의 새 이념으로 삼게 되었음을 의미한다(전호태 1993: 25~26). 또한 이는 고구려에서도 불교의 전륜성왕(轉輪聖王) 이념에 바탕을 둔 대왕 의식의 성립과 확산이 시도되었음을 뜻한다(전호태 2011a: 76~77).

고구려가 선비족 모용씨 세력의 내분을 틈타 요동 진출과 지배에 성공한 4세기 말부터 북연 멸망을 둘러싼 북위와의 갈등을 군사적 충돌 없이 마무리 하여 동북아시아 패권국가로서의 위치를 확고히 하게 되는 5세기 전반 사이는 고구려의 왕과 귀족 모두 대내외적 위상이 높았던 시기다. 평양 천도를 둘러싸고 장수왕과 국내성 보수 귀족세력 사이에 갈등이 빚어졌음에도 지속적이고 성공적인 대외 군사 활동은 왕과 귀족 모두에게 재부(財富)를 증가시키는 좋은 기회로 작용하

34 『三國史記』 卷18, 「高句麗本紀」 6, 小獸林王 2年 6月條.

였다.

5세기를 전후하여 고구려에서는 다양한 형식의 귀걸이가 등장한다. 고구려의 굵은 고리와 가는 고리귀걸이 대다수가 5세기 말부터 6세기 초 사이를 하한으로 편년되는 유적에서 출토된다. 이 시기에 허리띠를 장식하는 띠고리와 띠꾸미개 가운데 새로운 형식이 거의 출현하지 않는 점과도 비교되는 현상이다. 관모 장식의 경우, 봉황형 장식 같은 이형 장식의 일부만 새롭게 모습을 드러내는 것과도 대조된다.

고구려에서 국가 차원으로 추진된 불교장려책이 귀족과 백성들 사이에 받아들여져 내세관에까지 널리 영향을 끼치는 시기는 5세기 중엽 즈음이다. 연꽃이 불교적 깨달음, 혹은 불교의 내세공간을 상징하는 기호처럼 여겨지는 것도 이 시기다. 연꽃만으로 장식된 고분벽화는 이 시기 고구려 고분에만 발견되는 고구려적 현상이기도 하다.

5세기 중엽을 전후하여 고구려에서 불교가 크게 유행하기 시작하여 사회 여러 분야에 영향을 끼치게 되었음은 불교미술품의 출현 양상을 통해서도 확인할 수 있다. 흥미로운 것은 고분벽화의 제재 구성으로 볼 때 5세기 중엽 이후 고구려에서 불교가 크게 유행하였음은 확실하나 불교미술의 꽃인 불상은 6세기 중엽을 전후한 시기의 것이 다수 남아 전한다는 사실이다(金理那 1996: 75~125). 어떤 이유에서일까?

우선 생각할 수 있는 것은 불교신앙이 널리 퍼짐에도 불구하고 고구려인에 의한 불상 조성이 보다 늦은 시기에 활성화되었을 가능성이다. 중국의 경우에도 불교신앙의 수용 이후, 불상 조성을 포함한 불교미술 활동이 활발해지기까지 상당한 시일이 소요되었다. 법흥왕대에 불교가 공인된 신라에서도 황룡사 창선, 장육존상 주조로 대표되는 대규모 불사(佛事)는 7세기 중엽 즈음에 본격화한다. 고구려에서는 5세기 초에 이미 국왕의 명으로 평양에 9사 창건이라는 대규모 불사가 있었다. 그렇지만 귀족과 백성들이 대거 참여하는 불상 조성 행위는 이로부터 1세기 정도의 시간이 흐른 뒤에야 낯설지 않은 일이 되었을 수 있다.

다음으로 동명성왕 주몽을 시조로 한 고구려식 성왕론과 고구려 중심의 천하관이 유효한 상태에서 고구려의 왕실과 귀족은 6세기 초까지도 금제, 혹은 금동제 장신구들을 위신재로 적극 사용했을 수 있다는 것이다. 이와 관련하여 흥미로운 현상은 6세기 초를 하한으로 고구려에서는 더 이상 새로운 형식의 금제 귀걸이들이 만들어지지도 않고 이미 만들어졌던 형식의 귀걸이도 유적에서 출토되지 않는다는 사실이다. 이는 이 시기 이후로 편년되는 유적에서 금동제 관모 장식이 수습되고 허리띠를 장식하는 띠고리와 띠꾸미개가 출토되는 것과 대비된다.

이것은 위신재로 쓰이던 장신구에도 기능과 의미에 무게가 주어지는 정도가 다른 데에서 비롯된 현상으로 이해할 수 있다. 귀족 및 관인의 신분과 지위를 나타내는 위신재로 관모와 허리띠가 구체성을 띠는 데에 반해 귀걸이는 그렇지 않았을 수 있기 때문이다. 당시의 관례에 비추어 볼 때 관모와 허리띠를 놓고 다시 그 중요도를 매긴다면 아마도 관모에 우선권이 주어질 것이다.

645년 완공된 경주 황룡사 목탑지 심초석 아래에서 7세기 전반에 제작된 것으로 보이는 금동제 귀걸이와 동제 허리띠 꾸미개가 발견되었다(이한상 2004: 187, 269). 진단구로 묻힌 물품들이다. 이 금동제 귀걸이는 7세기에 들어서면서 쇠퇴하는 신라 황금문화의 흐름을 읽게 하는 좋은 사례로 이해되고 있다. 신라의 왕실과 귀족사회에서 위신재로 사용되던 장신구의 재료인 금이 사원에 시주되어 불상이나 사리공양품 제작에 쓰이게 되었다는 것이다.

이런 현상은 고구려에서도 동일하게 일어났던 것으로 보인다. 6세기 전반에 이르러 고구려식 불상 조성이 본격화하고 불교미술 활동이 보다 활발해지자 고구려에서도 관모나 허리띠 장식에 부분적으로 쓰이는 외에 장신구 제작에 금이 쓰이는 일이 드물어졌던 것이다. 청암리토성 출토 금동제 관모가 보살상을 장엄하는 데에 쓰였다는 지적은 이런 흐름과 관련하여 중요한 의미를 지닌다(李漢祥 2011: 69~70; 강현숙 2013: 109).

고구려 유적에서는 신라와 비교될 정도로 많은 금제, 금동제 장신구들이 출토되지 않는다. 금제, 혹은 금동제 불교미술품의 발견 사례도 상대적으로 적다. 이는 장례 시 귀중품을 대량으로 껴묻지 않는 고구려인의 관습, 도굴과 약탈이 쉬운 고분 구조, 멸망 전후 궁궐, 사원 소유 금제 및 금동제품 훼손, 약탈 및 이동 등의 조건이 복합적으로 작용된 데에서 원인을 찾을 수 있을 것이다. 그러나 보다 중요한 이유는 다른 데에서 찾아야 할지 모른다. 고구려에서 금을 사용한 장신구, 미술품의 제작이 신라에 비해 활발하지 않았을 수 있기 때문이다.

고구려인의 화장과 장신구는 주로 고분벽화 인물도와 유적 출토 유물로 내용을 파악할 수 있다. 고분벽화 인물도로 확인할 수 있는 것은 여성들이 백분(白粉)을 사용한 분칠로 얼굴을 희게 보이도록 한 뒤 그 위에 붉은색으로 연지, 곤지를 넣어 얼굴이 두드러져 보이게 하는 화장법을 썼다는 사실이다. 무용이나 연주 등 공연을 할 때에 출연자들 얼굴 화장을 했다. 이런 공연용 분장이 곡예에도 적용되었을 수 있다.

고구려인이 사용하던 장신구들은 주로 유적 출토 유물 분석을 통해 용도, 종류, 시대에 따른 형식적 변화 등이 파악된다. 남자들이 사용하던 관모 장식 가운데 일반적인 것은 두 갈래나 세 갈래 새 깃 모양의 것이다. 이 기본 장식에는 보요 등을 달아 멋을 냈다. 귀걸이는 금제 및 금동제가 일반적이다. 초기에는 고리가 없는 것이 사용되었으나 4세기를 경계로 고리가 있는 것이 만들어져 애용되었다. 고구려의 굵은 고리와 가는 고리 귀걸이는 신라에도 영향을 주었으며 6세기 초까지 다양한 형식으로 발전하였다.

고구려에서 장식성이 높은 띠고리와 띠꾸미개는 중국의 진과 삼연(三燕)으로부터 영향을 받아 만들어지기 시작하였다. 여러 가지 무늬를 넣은 띠꾸미개는 4세기 초부터 6세기 후반에 이르기까지 여러 가지 형식으로 만들어지며 형식상 신라, 백제의 것과 비교되는 것도 있다.

고구려의 금제 및 금동제 장신구 가운데 귀걸이는 다른 종류의 장신구에 비해 이른 시기부터 새로운 형식이 출현하지 않는다. 이는 6세기 초부터 불상을 포함한 금속제 불교미술품이 활발히 만들어지자 금의 사용처가 달라지며 나타난 현상이다. 위신재(威信財) 중 중요성이 떨어지는 귀걸이가 덜 만들어지고 금제, 금동제 귀걸이가 사원에 시주되는 일은 7세기에 들어서면서 신라에서도 일어났다.

2부

음식과 생활

고구려의 음식문화는 근래 관련 유적, 유물에 대한 정보가 꾸준히 더해지면서 구체적인 연구 성과도 축적되고 있다(周永河 2004; 홍보식 2005; 박경신 2006; 강현숙 2006; 김경복 2010; 시공정길 2013; 박유미 2014). 그럼에도 고고학적 유적·유물 자료의 1차적 정리는 여전히 미흡한 상태라고 할 수 있다. 이미 알려진 문헌자료와 근래 추가된 유적·유물 자료를 조합하여 고구려 음식문화의 실상을 입체적으로 복원하는 일은 자료의 수집과 정리라는 기초 작업과 동시에 시도될 필요가 있다. 고구려의 음식문화에 대한 기본적인 이해, 음식문화와 사회 환경의 변화 사이의 함수관계도 함께 검토되어야 할 것이다.

1. 음식문화 자료

1) 고분벽화

고구려 벽화고분에는 고구려 음식문화의 일단을 드러내는 중요한 그림들이 남아 있다(전호태 2011d: 11~13). 문화권별로 나누어 그 사례와

내용을 살펴보면 아래와 같다.[1]

평양권의 벽화고분 가운데 음식문화 관련 벽화가 남아 있는 유적으로는 평양역전벽화분, 태성리1호분, 안악1호분, 안악3호분, 덕흥리벽화분, 요동성총, 동암리벽화분, 약수리벽화분, 팔청리벽화분, 감신총, 용강대묘, 대안리1호분, 수렵총 등이 있다.

안악3호분 앞방의 동쪽 곁방에는 귀족저택 안채의 여러 시설들이 그려졌다. 곁방 동벽에 부엌, 고깃간, 차고가 있고 북벽에 우물, 서벽 북쪽에 방앗간, 서벽 남쪽에 마구간, 남벽에 외양간이 묘사되었다. 부엌은 조리하는 공간과 상 차리는 공간이 나뉘었다. 고깃간에는 멧돼지와 노루가 통째로 갈고리에 매달렸고, 커다란 고깃덩어리도 두 점 갈고리에 걸려 있다. 지렛대의 원리를 활용한 용두레 우물가에는 구유 1개와 동이 및 항아리 4점이 놓였다. 방앗간에서는 디딜방아로 곡식을 찧고 있다. 마구간에서 여물을 먹는 말 세 마리는 기마용이다. 역시 여물을 먹는 중인 외양간의 소 세 마리는 남녀주인의 수레를 끄는 짐승이다. 그러나 이런 가축들도 음식문화와 관련이 있는 짐승들임은 두말할 나위 없다. 안악3호분 앞방 서쪽 곁방 남벽의 무덤여주인 앞에는 시녀 한 사람이 세 발 달린 계란 형태의 그릇을 네모진 쟁반 위에 받쳐 들고 있다. 합과는 형태가 많이 달라 음식을 담은 그릇인지 여부를 확인하기 어렵다.

안악1호분 널방 서벽에는 사냥장면이 묘사되었다. 평양역전벽화분 앞방 동벽에는 방앗간이 묘사되었는데, 디딜방아로 곡식을 찧는 모습이 그려졌다. 태성리1호분 앞방의 동쪽 곁방에는 귀족저택 안채의 시설들이 묘사되었다. 곁방 동벽에 부뚜막과 고깃간, 북벽에 상이 놓인 장면이 그려졌으나 현재는 모사선화로만 그 일부를 알 수 있다.

---

1 벽화고분별 참고문헌은 별표 1로 정리하여 본장 말미에 붙이고 본문에서는 제시하지 않는다.

덕흥리벽화분 앞방 천장고임 동쪽에는 사냥장면이 묘사되었고 천장고임 남쪽의 동편에 사냥장면의 나머지 부분이 표현되었다. 천장고임 남쪽의 서편에는 견우(牽牛)와 옥녀(玉女), 은하수가 그려졌다. 견우가 끄는 소가 하늘에 대한 희생제사와 관련 있음은 잘 알려진 사실이다. 천장고임 서쪽에 그려진 두 사람의 옥녀는 천상의 음식물로 보이는 것을 올려놓은 쟁반을 손에 받쳐 들었다. 천장고임 북쪽에는 등에 약항아리를 진 가조(駕鳥)가 표현되었다. 널방 동벽의 남쪽 아래에는 두 여인과 마주 보는 네 남자가 묘사되었다. 이 중 두 남자는 두 손에 각각 칠기(漆器)로 보이는 검은 사발을 하나씩 받쳐 들었다. 검은 사발 안에 무언가 담겨 있을 것으로 보이지만 정체는 알 수 없다. 널방 남벽의 서쪽에는 위아래에 나뉘어 마구간과 외양간이 묘사되었다. 널방 서벽 북쪽 위에는 부경(桴京)이라 불리는 다락창고가 그려졌다.

요동성총 앞방 동쪽 곁방에는 방앗간이 표현되었다. 동암리벽화분에서는 다수의 벽화조각들이 수습되었다. 벽화조각 중에는 사냥장면의 한 부분도 있다. 부엌 그림의 일부였던 것으로 보이는 것도 있다. 음식으로 조리하기 위해 짐승의 다리를 칼로 다듬거나 생선을 칼로 자르는 모습이 그려졌다. 냄비로 보이는 그릇으로 음식을 조리하는 장면, 항아리에 담긴 음식 재료의 한 끝을 손으로 잡은 모습도 보인다.

약수리벽화분의 앞방 동벽 아래 남쪽에는 디딜방아로 곡식을 찧는 모습과 키질하는 장면이 한 화면에 그려졌다. 동벽 아래 북쪽에는 부엌에서 세 명의 여성이 음식을 조리하는 장면이 묘사되었다. 앞방 남벽에는 외양간이 표현되었고, 남벽의 서쪽 모서리에는 조그맣게 여물을 써는 장면이 그려졌다. 앞방 서벽 아래 남쪽에는 마구간이 묘사되었고 위에는 사냥장면이 표현되었다.

팔청리벽화분 이음길 동벽에는 갈고리에 6마리의 꿩이 걸려 있는 고깃간이 묘사되었다. 널방 동벽에는 다락창고가 그려졌다. 머리에 흑건(黑巾)을 쓴 남자가 자루 같은 것을 들고 이 창고를 향해 걸어간다. 널방 서벽에는 외양간이 묘사되었다. 널방 북벽의 동쪽에는 부엌으로 보이는 건물에서 무엇인가를 받쳐 들고 나가는 인물과 이미 밖으로 나와 두 손으로 무언가를 받쳐 든 채 걸어가는 흑건을 머리에 쓴 남자가 표현되었다. 널방 북벽의 서쪽에는 건물의 문 안으로 들어가려는 두 사람의 여인이 묘사되었는데, 자세로 보아 두 손으로 무언가를 받쳐 들었다.

감신총 앞방 북벽 서쪽에는 머리에 검은 책(幘)을 쓴 남자와 두 여인이 무릎을 꿇은 장면이 남아 있다. 세 사람 중 두 번째 인물은 두 손으로 칠기로 보이는 사발을 받쳐 들었다. 이 그릇 안에 음식이 담겼을 가능성을 굳이 배제할 필요는 없을 것이다. 사냥 장면도 발견되어 모사도로 전한다. 용강대묘 널방 벽에는 사냥도가 남아 있다.

대안리1호분 앞방 남벽 동쪽에는 사냥장면이 묘사되었다. 널방 동벽 위쪽에는 부엌에서 이루어지는 조리와 상차림 장면, 음식상을 내가는 모습이 부분적으로 남아 있다. 널방 북벽 위쪽에는 무덤주인 부부의 모습이 그려졌을 것으로 보이는 커다란 기와집의 일부가 보인다. 기와집 바깥 동쪽에 그릇을 두 손으로 받쳐 든 여인의 상체가 남아 있다. 수렵총 널방 서벽 백호의 몸통 위의 공간에는 간략하게 묘사된 사냥도가 배치되었다. 강서대묘 널방 천장고임 1층 북쪽에는 연꽃잎이 담긴 그릇을 받쳐 들고 하늘을 나는 비천이 묘사되었다.

집안권 벽화고분 가운데 음식문화 관련 벽화가 남아 있는 유적으로는 각저총, 무용총, 마선구1호분, 통구12호분, 우산하1041호분, 장천1호분, 삼실총, 통구사신총, 오회분4호묘, 오회분5호묘 등을 들 수 있다. 각저총 널방 서북벽 서쪽에는 부엌에서 음식상을 내오는 모습이 그려졌다. 안벽인 동북벽 가운데 무덤주인 곁에는 술이나 차가 담긴 것으로 보이는 주자가 놓인 상이 있다. 나란히 앉은 두 부인 앞에는 각각 발(盔)과 완(盌)이 3개 놓인 상(床)이 있다.

무용총의 널방 서북벽에는 사냥장면이 그려졌다. 널방 동남벽 동쪽 위에는 한 여인의 인도로 두 여인이 부엌에서 음식상을 내가는 장면이 묘사되었다. 상을 내가는 두 여인 가운데 앞의 사람은 작은 완이 2개 놓인 상을, 뒤의 사람은 발 2개가 놓인 쟁반을 두 손으로 받쳐 들었다. 화면 아래에는 한쪽 끝에 굴뚝으로 보이는 긴 원통에서 연기가 위로 피어오르는 기와집이 한 채 표현되었다.

널방 안벽에 해당하는 동북벽에는 무덤주인이 승려 두 사람을 초대하여 식사 대접을 하면서 설법에 귀를 기울여 듣는 모습이 표현되었다. 주인과 승려들은 세 사람 모두 음식상을 따로 받았다. 무덤주인은 발과 완이 5개, 두 승려는 발과 완이 4개 놓인 상을 받았다. 무덤주인은 병(餠)으로 불릴 수 있는 음식물이 층층이 오른 반(盤)이 놓인 상, 음료가 담긴 것으로 보이는 주자(注子), 혹은 병이 놓인 상도 곁에 두었다.[2] 손님으로 접대 받는 두 스님 가운데 앞의 스님 곁에도 무덤주인 것보다 작은 반이 놓인 상과 종류가 확실치 않은 그릇이 놓인 상이 있다. 주인과 승려 사이에는 깃 없는 절풍(折風)을 머리에 쓴 시종 한 사람이 오자도(五子刀)로 추정되는 작은 칼을 손에 쥐고 두 무릎을 살짝 구부린 채 팔을 움직인다.[3]

마선구1호분 앞방 남쪽 곁방 서벽에는 고기창고가 묘사되었고 곁방 남벽에는 고상창고인 부경이 표현되었다. 통구12호분 남분 앞방 벽에는 마구간과 음식상 차리는 모습, 사냥장면이 묘사되었다. 우산하1041호분 널방 북벽에는 사냥장면의 일부가 남아 있다. 장천1호분

2 주영하는 이 고임음식을 일본의 『正倉院文書』에 언급된 高句麗餠으로 추정하였다(주영하 2004: 128).

3 고구려인이 갈돌과 함께 허리에 찼다는 오자도로 추정되는 도자(刀子)는 한강유역 고구려보루에서도 다수 수습되었다(『翰苑』 高麗; 임효재 · 최종택 · 양성혁 · 윤상덕 · 장은정 2000; 임효재 · 최종택 · 임상택 · 윤상덕 · 양시은 · 장은정 2002; 崔鍾澤 · 吳珍錫 · 趙晟允 · 李廷範 2007; 崔鍾澤 · 李秀珍 · 吳恩姃 · 吳珍錫 · 李廷範 · 趙晟允 2007; 崔鍾澤 · 李秀珍 · 吳恩姃 · 趙晟允 2007; 양시은 · 김진경 · 조가영 · 이정은 · 이선복 2009).

표 1. 고구려 고분벽화에 보이는 음식문화 요소

문화권	고분명	편년	음식문화 요소
평양권	안악3호분	357년	앞방 동쪽 곁방: 부엌, 고깃간, 차고, 우물, 방앗간, 마구간, 외양간 앞방 서쪽 곁방: 그릇을 받쳐 든 시녀
	안악1호분	4세기 말	널방 서벽: 사냥
	평양역전벽화분	4세기 말	앞방 동벽: 방앗간
	태성리1호분	4세기 말	앞방 동쪽 곁방: 부뚜막, 고깃간, 상차림
	덕흥리벽화분	408년	앞방 천장고임: 사냥, 견우직녀, 선인옥녀, 가조 널방 동벽: 검은 사발을 받쳐 든 남자 널방 남벽: 마구간, 외양간 널방 서벽: 부경
	요동성총	5세기 초	앞방 동쪽 곁방: 방앗간
	동암리벽화분	5세기 초	벽화 조각: 사냥, 음식재료 준비, 음식 조리
	약수리벽화분	5세기 초	앞방 동벽: 방앗간, 키질, 부엌 앞방 남벽: 외양간 앞방 서벽: 마구간, 사냥
	팔청리벽화분	5세기 전반	이음길 동벽: 고깃간 널방 동벽: 부경 널방 서벽: 외양간 널방 북벽: 부엌, 상 나르기
	감신총	5세기 전반	앞방 북벽: 칠기 사발 받쳐 든 남자
	용강대묘	5세기 전반	널방 벽: 사냥
	대안리1호분	5세기 중엽	앞방 남벽: 사냥 널방 동벽: 부엌 널방 북벽: 음식 그릇 받쳐 든 여인
	수렵총	5세기 후반	널방 서벽: 사냥
	강서대묘	6세기 후반	널방 천장고임 1층: 연꽃잎 담긴 그릇을 받쳐 든 비천
집안권	각저총	5세기초	널방 서북벽: 상 나르기 널방 동북벽: 상차림
	무용총	5세기 중엽	널방 동남벽: 상 나르기, 부엌 널방 동북벽: 상차림, 널방 서북벽: 사냥
	마선구1호분	5세기 중엽	앞방 남쪽 곁방: 고깃간, 부경
	통구12호분	5세기 중엽	남분 앞방 벽: 마구간, 음식상 차리기, 사냥
	우산하1041호분	5세기 중엽	널방 북벽: 사냥
	장천1호분	5세기 중엽	앞방 남벽: 부엌, 음식상 나르기 앞방 북벽: 사냥
	삼실총	5세기 중엽	제1널방 남벽: 사냥
	통구사신총	6세기 전반	널방 천장고임 서쪽: 불 피우는 신인
	오회분4호묘	6세기 전반	널방 남벽: 컵 형태 그릇 널방 천장고임 1층: 불의 신, 농사의 신, 검은 사발을 받쳐 든 선인 널방 천장고임 1층: 검은 사발을 받쳐 든 선인
	오회분5호묘	6세기 후반	널방 천장고임 1층: 불의 신, 농사의 신

앞방 남벽의 세 번째 줄에는 부엌에서 음식상을 들고 나가는 사람들이 그려졌다. 앞방 북벽아래에는 매사냥 모습과 산야에서 벌어진 대규모 기마사냥장면이 묘사되었다. 삼실총 제1널방 남벽 아래에는 기마사냥장면과 매사냥 모습이 그려졌다.

통구사신총 널방 천장고임 서쪽에는 신인(神人)이 불을 피우기 위해 긴 막대를 두 손으로 비벼 돌리는 모습이 그려졌다. 오회분4호묘 널방 남벽의 사방연속무늬 안에는 한 선인(仙人)이 연꽃 위에 한쪽 무릎을 세워 꿇어앉은 자세로 컵 형태의 그릇 안에 연꽃잎으로 보이는 것을 넣는 모습이 표현되었다. 널방 천장고임 1층에는 불이 붙은 막대를 손에 쥔 불의 신, 이삭을 쥔 채 앞으로 달리듯 나아가는 소머리 사람 모습 농사의 신도 묘사되었다. 천장고임 1층의 다른 화면에는 한 손으로 붉은 액체가 담긴 검은 사발을 받쳐 든 선인이 등장하는데, 학을 타고 하늘을 나는 모습으로 그려졌다. 널방 천장고임 2층에도 한 선인이 한 손으로 붉은 액체가 담긴 검은 사발을 받쳐 든 채 하늘을 유영하는 장면이 표현되었다. 불의 신과 농사의 신은 오회분5호묘 널방 천장고임 1층에도 그려졌다. 이상에서 살펴본 내용을 고분별로 나누어 알기 쉽게 정리하면 표 1과 같다.

2) 유구와 유물

고구려의 유적에서 출토되는 철기와 토기 가운데 다수는 식량의 저장, 운반 및 보관, 조리, 배식과 관련된 것들이다.[4] 이외 유적 출토 금제, 은제, 청동제 기물 가운데에도 음식문화와 관련된 것이 일부 포함되어 있다. 고구려 유적에서 수습되는 유물 가운데 음식문화와 관련된 것으로 가장 수량을 많이 차지하는 것은 농기구들이며 주로 철제

4 남한지역 고구려 유적 출토 토기를 분류, 편년하면서 성격 규명을 시도한 최종택의 일련의 연구에서 이런 사실이 잘 드러난다(崔鍾澤 1999a; 2006; 2007).

이다. 철제 보습, 쇠날, 삽, 괭이, 쇠스랑, 호미, 낫, 도끼 등이 그것으로 출토 사례가 가장 많은 것은 수확도구로 쓰이던 낫이다(강현숙 2006: 101). 이런 농기구들은 둘레에 밭으로 사용 가능한 공간이 펼쳐진 성이나 건물지에서 출토되어 실생활용구였음을 확인시켜 준다. 골제, 목제, 석제 농기구들도 사용되었을 것이나 고구려 유적에서는 출토 사례를 찾기 힘들다.

어로도구로는 철제 낚싯바늘과 토제 어망추가 수습되며 농기구에 비해 사례가 많지 않다. 사냥도구로 가장 자주 사용된 철제 화살촉은 형태와 종류가 매우 다양하며 출토사례도 많다(김혜숙 1993b: 23~28). 그러나 화살촉은 전투용 무기로도 쓰이므로 다른 식량생산 도구들과 비교하기는 어렵다. 이외 쇠창처럼 무기를 겸한 사냥도구들도 식량생산 도구의 한 종류로 분류가 가능하다.

고구려의 유적에서는 방앗간 시설도 발견되며 석제 절구도 출토된다.[5] 조리도구이자 시설로 분류되는 부뚜막과 조리도구에 해당하는 솥과 시루 등도 다수 확인된다. 부뚜막은 철제, 청동제, 토제가 모두 발견된다. 유적 안에 시설된 것도 있고 취사용 도구로 부장된 것도 있다(오승환 2008; 신광철 2010). 굴뚝까지 갖춘 상태로 유적에 시설된 부뚜막은 취사와 난방을 겸하기 위한 것이다. 서울 구의동보루나 아차산보루의 사례에서 확인되듯이 그 시설이 구들로 연장된다. 솥도 철제와 토제가 출토되며 대부분 부뚜막에 올려 걸어 놓기에 적합하도록 몸체 중간에 전이 돌아가고 아래는 둥글게 처리되었다(鄭鍾兌 2005; 이한상 2006). 이외 야외용으로 사용 가능한 세발이 길게 내려온 세발솥도 수습된다. 솥에 얹어 사용하는 시루도 비교적 자주 출토, 수습되는 조리도구다. 시루 중에는 바닥에 큰 구멍을 4~6개 뚫은 것도 있고 수

5 아차산3보루와 아차산6보루에서 발견된 방앗간 시설은 디딜방아로 추정되었다(崔鍾澤·吳珍錫·趙晟允·李廷範 2007).

십 개의 작은 구멍을 뚫은 것도 있다(최종택 1999a; 오후배 2003). 이외에 유목생활을 하는 사람들의 야외용 조리도구인 동복(銅鍑)도 고구려 유적에서 출토되어 눈길을 끈다. 청동정(靑銅鼎), 세(洗), 초두(鐎斗)와 같이 주로 제의와 관련된 음식물을 데우거나 끓이는 데 사용되는 도구들도 수습된다(吉林省文物志編委會 1984).

음식재료의 조리용기로 널리 쓰인 동이와 반은 모두 토기로 발견된다(崔鍾澤 1999a; 2007).[6] 완, 종지, 접시, 장동호 등 음식물을 담아 상에 올리는 데에 사용되던 배식용기들도 대부분 토기 상태로 수습된다. 구의동보루에서 수습된 토제 또아리병, 아차산4보루에서 출토된 토제 구절판과 같은 배식용기들은 다른 출토사례를 찾기 힘들다. 백성들은 일반 목기를, 귀족가문에서는 고급용기로 인식되던 칠기를 많이 사용하였을 것이다. 고구려 유적에서는 이런 종류의 유물들이 어쩌다 한 번 수습되는 정도여서 널리 만들어져 사용되던 기형과 종류를 충분히 일기 어렵다.[7] 음식을 담는 용기인 완, 접시, 종지는 비교적 출토 사례가 많으나 술잔으로 쓰인 옥제나 토제 이배(耳杯)는 몇 사례에 그치고 있다.

운반용기로 쓰이던 이부호, 직구호 등도 다른 종류의 용기에 비해 출토 수량이 많지 않다. 출토 사례가 적지 않은 외반구연옹이나 외반구연호 등은 성이나 보루 등 생활유적 겸 관방유적에서 주로 수습된다. 출토 정황으로 볼 때 이런 대형 용기들은 곡물이나 음료를 담아 두기 위한 저장용기였다는 점에서는 쓰임새가 크게 다르지 않다. 저장용기로 분류되는 청동제 합(盒)이나 시유도제 합은 주로 고분에 부

6 사공정길에 의해 분류된 3,694점의 남한 관방유적 출토 고구려 토기 가운데 실용기 25종, 3164점 가운데 동이류가 가장 많은 645점(20.5%)에 이른다(사공정길 2013: 44).

7 연천 호로고루유적에서 목제 盌으로 추정되는 유물이 한 점 출토되었을 뿐이다(한국토지공사 토지박물관·연천군 2009).

장된 상태로 발견된다. 외반구연옹이나 직구옹 등 독이나 단지에 해당하는 기종 가운데 일부는 고구려유적에서 고르게 수습된다. 고구려 토기에서 심발은 4세기 이전, 장동호는 4세기 이후 주로 제작, 사용된 기종으로 분류된다(崔鐘澤 2003). 한국 관방유적 출토 고구려 토기의 경우, 6세기에 들어서면 배식용기가 다양해지고 증가율도 높아지며 접시류가 특히 많아진다(사공정길 2013: 48~50).

2. 자료의 분석과 재구성

1) 생산과 유통

고구려에서 식량생산의 주된 방법은 농경이었으며 어로와 수렵은 보조적 수단에 가까웠다. 주거환경 조건에 따라 어로와 수렵이 차지하는 비중에 변화가 있을 수 있다. 여러 유형의 생활문화권이 존재했던 고구려에서 어로와 수렵뿐 아니라 목축이나 채집을 생업으로 삼는 주민들도 다수 있었다고 보아야 할 것이다. 그러나 기후환경이나 지리조건 전반을 고려할 때 고구려 사회에서 농경은 식량생산의 가장 기본적인 수단이었다고 보는 것이 합리적이다.

기후풍토나 고고학적 발굴 결과로 볼 때 고구려에서는 농경의 주된 방식이 밭농사였으며 오곡으로 일컫는 조, 콩, 수수, 기장, 보리가 주로 경작되었다고 해야 할 것이다. 고구려가 한반도 중부지역으로 영토를 확장한 뒤 밭농사와 논농사로 쌀도 여러 곳에서 다량 수확되었음을 고고학적 발굴을 통해 확인할 수 있다(박태식 2007). 그러나 생산량이 어느 정도였는지 확실치 않다. 다만 임진강 유역 연천 무등리2보루유적에서 탄화미와 탄화조가 대량 출토, 수습된 점을 감안할 때 6세기 전후 고구려 남부지역에서 국경지대의 병사들에게도 보급할 수 있을 정도로 쌀과 조의 수확이 이루어졌음을 미루어 짐작할 수 있다

1
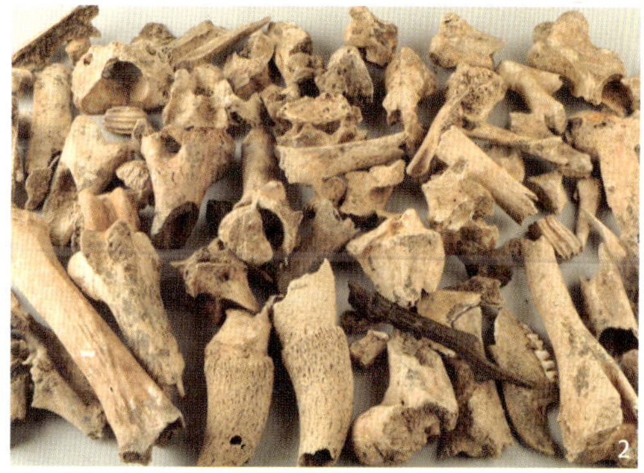
2

❁ 그림 1. 탄화된 쌀과 조, 콩(연천 무등리2보루 및 호로고루, 국립중앙박물관·토지주택박물관)
❁ 그림 2. 동물 뼈 각종(연천 호로고루, 토지주택박물관)

(심광주·김주홍·정나리 1999)(그림 1).

고구려에서 어로로 물고기와 자라를 비롯하여 하천과 바다의 다양한 산물들이 수확되었을 뿐 아니라 성 안의 연못 같은 곳에 물고기를 놓아기르기도 했음을 관련 기사를 통해 확인할 수 있다.[8] 해안지역에서는 음식의 조리와 보관에 필수적이던 소금이 생산되었다. 산야에서는 다양한 방식의 사냥을 통해 멧돼지, 사슴, 노루, 토끼 등의 들짐승, 꿩과 같은 야생 조류가 수확되었다(박유미 2015: 37~45)(그림 2). 가축으로 기르던 돼지, 소, 말, 양, 염소, 닭도 음식재료로 쓰였을 것은 더 말할 필요가 없을 것이다.[9] 일부 채소류는 재배되었고 이외에 다양한 종류의 산나물, 도토리를 비롯한 견과류, 마를 비롯한 뿌리식물류,

---

8 『三國史記』 卷14, 「高句麗本紀」 2, 大武神王 11年 秋7月; 『三國史記』 卷15, 「高句麗本紀」 3, 太祖王 7年 夏4月.

9 연천 호로고루유적에서 개, 소, 말, 노루, 사슴 뼈 200여 점이 출토되었으며 집안 태왕릉1호부장묘에서 자라, 꿩, 북방늑대, 오소리, 매화사슴, 돼지, 동북고라니, 황소, 말 등의 뼈가 출토되었다. 이런 사실은 이 뼈들이 제의와 관련되었는지 여부를 떠나 여러 종류의 짐승이 고구려인의 식생활 자원이기도 했음을 증명한다는 점에서 주요한 의미를 지닌다(사공정길 2013).

느릅나무 껍질과 같은 구황식물(救荒植物)도 음식재료로 채취되었다.[10] 때에 따라 고래나 바다표범 같은 해양 동물도 해안에서 사냥되어 고구려 왕실이나 중앙귀족에게 헌상되었음이 기록으로 확인된다.[11]

고대국가에서 농경으로 생산한 곡물은 식량으로 사용되는 외에 명주, 베와 함께 국가에 납부하는 세금으로 쓰였다. 시장에서 물물교환이 이루어질 때 기준 화폐의 구실을 했음도 잘 알려진 사실이다. 고구려에서도 이 점은 마찬가지였을 것으로 보인다. 그러나 곡물의 종류별 교환가치는 아직 알려지지 않고 있다.

고구려에서 곡물 외에 시장에서 기준 화폐의 구실을 했을 것으로 보이는 음식재료는 소금이다. 왕자 을불(乙弗)이 숙부 봉상왕의 추적을 피해 민간에 몸을 숨기고 살던 때에 압록강을 오르내리며 소금행상을 했다는 기사가 있다.[12] 고구려에서는 해안지역에서 생산된 소금을 내륙에 유통시키는 행상들이 있었음을 알 수 있다. 같은 기사에서 압록태수는 을불로 하여금 노파가 몰래 소금 속에 넣었던 신발값을 소금으로 주게 한다. 물물교환의 형태일지라도 소금에 화폐로서의 가치가 부여되었음을 미루어 짐작할 수 있다. 소금이 누구에게나 필요한 필수불가결의 음식재료로 광범위하게 유통되고 있었다면 고구려에서 기준 화폐의 하나로 통용되었다고 해도 전혀 이상하지 않다.

국내성 시대 고구려 동해안의 동옥저에서는 소금과 해산물이 공납의 형태로 중앙귀족들에게 공급되었다.[13] 동예에서 나는 특산물이던 바다표범 가죽이나 과하마(果下馬)도 공납을 통해 국내성의 왕실과

---

10 고구려 초기 천도의 계기가 된 채소 관련 기사, 隋代 중국에서 千金菜로 불렸던 고구려의 상치에 대한 기사로 볼 때 고구려에서는 근채류도 재배되었음을 짐작할 수 있다(『三國史記』 卷13, 「高句麗本紀」 1, 東明聖王 元年; 『海東繹史』 卷26, 「物産志」 1, 菜類).

11 『三國史記』 卷14, 「高句麗本紀」 2, 閔中王 4年 9月; 『三國志』 卷30, 「魏書」 30, 烏丸·鮮卑·東夷, 濊.

12 『三國史記』 卷17, 「高句麗本紀」 5, 美川王.

13 『通典』 卷186, 「東夷」 下, 東沃沮.

귀족들에게 전해졌을 것이다.[14] 농사를 짓지 않는 대가(大加)들을 위해 하호(下戶)들이 멀리서부터 양식, 생선, 소금을 져 날랐다는 기사는 고구려의 지역 간 생산물 유통의 정황을 읽게 한다. 그 중심은 수도였던 국내성, 평양 등의 대도시였을 것이다.

2) 조리와 식사

고구려에서 수확된 곡물은 다양한 크기의 옹(甕)이나 호(壺) 같은 저장용기에 담겨 별도로 보관되었다. 부경과 같은 창고에 넣어두었던 곡물은 필요에 따라 꺼내 디딜방아로 찧거나 절구에 넣어 빻았다(그림 3, 4). 고분벽화에 여러 차례 등장하는 것으로 보아 디딜방아는 가호마다 갖추고 있었을 가능성이 높다. 약수리벽화분에 보이는 디딜방아

그림 3. 부경(마선구1호분 벽화 모사선화, 중국 집안)
그림 4. 방앗간(안악3호분, 북한 안악)

14 『三國志』 卷30, 「魏書」 30, 烏丸 · 鮮卑 · 東夷傳 30, 濊.

그림 5. 디딜방아 곁 키질하는 여인(약수리벽화분 벽화 모사선화, 북한 남포)
그림 6. 도제 부뚜막 모형(중국 집안, 일본 교토대학총합박물관)

곁 키질 장면은 디딜방아가 주로 곡식을 찧는 데 쓰였음을 시사한다(그림 5). 근래까지 대부분의 농가가 디딜방아와 절구, 맷돌을 갖추고 있었다. 이를 감안하면 고구려에서도 찧은 곡식을 가루 내는 데에 주로 맷돌이 사용된 듯하다.

음식 재료를 다듬고 조리하여 완성된 음식을 상에 담아내는 과정은 부엌에서 이루어졌다. 고구려에서 음식 조리와 관련하여 주목되는 것은 조리시설인 부뚜막의 형태다. 현재까지 벽화로 확인되거나 유적에서 수습된 고구려의 부뚜막은 아궁이 위에 솥을 걸기 위한 확 하나만 뚫렸다(그림 6). 이는 크고 작은 확이 여러 개 뚫려 솥 외에 조리용기구 여러 개를 동시에 올릴 수 있는 중국 한~당대의 부뚜막과 차이를 보인다(그림 7). 부뚜막의 아궁이와 굴뚝 구멍이 뚫린 방향도 중국 한~당 시기의 것은 일직선을 이루지만 고구려의 것은 90°의 각을 이루어 서로 구별된다(궁성희 1990).

고구려 부뚜막의 이러한 형태적 특징은 음식문화 및 난방방식이 중국과 달랐던 데에 비롯되었다. 부뚜막의 구조와 형태로 보아 고구려에서는 주식을 만들기 위해 부뚜막의 확에 솥을 걸어 놓을 뿐 아궁이에 땐 불로 다른 요리를 하지 않았다. 아궁이에 연료를 넣고 태워

❁ 그림 7. 도제 부뚜막 모형(요양 북원3호벽화묘, 중국 요양박물관)
❁ 그림 8. 솥과 시루(구의동보루, 서울대학교박물관)

발생시킨 열의 상당량은 취사용으로 소모되기보다 구들을 데우는 난방용으로 사용되었다. 아궁이와 굴뚝 구멍이 90°의 각을 이루도록 뚫린 것도 부뚜막 안의 열이 장시간 보존되면서 구들을 데우는 데에 쓰이게 하려 함이었다.

중국에서는 부뚜막 아궁이와 굴뚝 구멍이 '一'자를 이루게 뚫어 아궁이 안에 넣은 땔감이 잘 연소될 수 있도록 하였다. 연소열이 곧바로 취사용으로 쓰일 수 있게 하였다. 중국에서는 주식과 부식 구별 없이 여러 개의 일품요리를 내어 즐기는 식으로 식사가 진행되었다. 한꺼번에 2개 이상의 확을 사용하여 빠르게 동시에 조리하는 것이 선호되었을 수밖에 없다. 중국에서도 일반 백성은 따뜻한 일품요리 하나로 식사를 마치거나 미처 데우지 못한 차가운 음식으로 끼니를 때우는 경우가 많았을 것이다. 그러나 귀족은 이와 달랐을 것이 틀림없다.

벽화에서 알 수 있듯이 고구려에서는 솥 위에 시루를 얹어 뜨거운 증기로 쪄낸 음식을 주식으로 삼았다(그림 8). 물론 이런 조리법 및 식사도 고구려 유적에서 시루와 솥이 자주 출토되는 4세기 이후의 일일 것이다(사공정길 2014: 60~61). 심발이 주로 출토되던 4세기 이전에는 곡식가루를 죽처럼 끓여 먹는 일이 보다 일반적이었을 것으로 보인다.[15] 떡이나 밥이었을 이런 쪄낸 음식의 재료는 조나 기장, 보리, 그 외에 콩, 팥 등의 몇 가지 곡물에 견과류 및 뿌리식물의 가루가 약간씩 더해졌다고 보아야 할 것이다. 물론 경제적 여유가 있던 대귀족 집안에서는 쌀이 주식 재료로 많이 쓰였을 가능성이 높다. 그러나 이는 이런 종류의 곡식을 대량으로 재배하고 수확하여 세금으로 거둘 수 있었던 평양 천도 이후의 일이었을 것이다.

조나 기장, 혹은 쌀과 보리를 증기로 쪄낸 주식은 수분 함량이 적어 이를 보완하는 음식과 짝을 이루어 식사하는 것이 바람직하다(음식고고연구회 2011). 고두밥에 가까운 쪄낸 음식과 짝을 이룰 수 있는 것이 국이다. 국에 어떤 음식재료가 사용되었는지는 알 수 없다. 그러나 고구려에서 음식상에 국을 올려놓았음은 왕의 옷에 국을 엎질렀다는 동천왕대 기사로 확인할 수 있다.[16] 고구려인의 일상 식탁에서 밥과 국은 모두 발, 완 및 대부완(臺附盌)에 담아 상에 올렸을 것이다.

고구려에서 상에 반찬으로 올리는 것은 대개 소금에 절인 근채류였고 해안지역에서는 해초류였을 것이다. 경우에 따라 사냥으로 얻은 짐승고기, 어로를 통해 구한 물고기가 더해졌다고 해야 할 것이다(그림 9).[17] 고고학적 발굴 결과를 정리하면 6세기 이후 종지, 접시, 구절판 등 반찬을 올릴 수 있는 배식용기의 기종이 다양해진다(사공정길 2013: 47~50). 이를 감안할 때 왕실이나 상급 귀족집안이 아니더라도 경제적 여유가 있는 계층의 음식상 구성은 일반 백성에 비해 다채로

15 이와 관련하여 심발형 토기와 부형 토기가 취사용기로 사용되어 조리에 직접 쓰였을 것이라는 지적이 주목된다(梁時恩 2003; 崔鍾澤·李秀珍·吳恩妊·吳珍錫·李廷範·趙晟允 2007).

16 『三國史記』 卷17, 「高句麗本紀」 5, 東川王 元年.

17 주영하는 고구려 일반 백성의 식탁에 짠지, 장아찌가 올랐을 것으로 보았다(주영하 2002).

❁ 그림 9. 조리(동암리벽화분, 북한 순천)

웠을 수 있다. 고구려인이 술이나 장과 같은 발효음식을 만들어 내는 데에 능했다는 기록으로 보아 종지에는 콩을 재료로 빚어낸 장류를 담아 상에 올렸을 것으로 보인다.[18] 이배류(耳杯類)는 이웃 중국에서와 같이 술잔으로 주로 쓰였을 것이다. 고분벽화 속의 상차림으로 보아 음료는 장동호(長胴壺)에 담았을 것이나 고구려 술로 알려진 곡아주(曲阿酒) 같은 술 외에 어떤 음료가 더 있었는지 알기 어렵다.

---

18 『三國志』卷30, 「魏書」烏丸 · 鮮卑 · 東夷傳 30, 高句麗; 『梁書』卷54, 「列傳」48 東夷, 高句麗; 주영하는 콩을 재료로 한 메주[豉]가 고구려에서 만들어져 중국 등 주변지역으로 전해졌을 것으로 추정한다(주영하 2004: 123~124). 뚜껑이 있는 壺류는 메주장을 발효, 보관하기 적합한 용기이다(윤서석 1987: 207).

❁ 그림 10. 고기창고(안악3호분, 북한 안악)
❁ 그림 11. 음식상 차리기(안악3호분, 북한 안악)

고구려에서도 멧돼지나 노루 고기를 소금에 절인 뒤 훈제하여 고리에 걸어두거나 특정한 장소에 보관하다가 내어 손님에게 대접하는 일은 경제적으로 여유가 있는 왕실이나 귀족 집안에서나 가능했을 것이다(崔南善 1943; 윤서석 1997)(그림 10). 간장과 같은 맛 재료를 더해 재운 고기를 불에 구워 내는 요리로 추정되는 맥적(貊炙) 역시 일반 민가에서는 맛보기 어려운 음식 중의 하나였을 것이다(윤서석 1997; 박유미 2013).[19] 후에 평원왕의 사위로 입신한 온달의 경우에서 보듯이 평양 인근에 거주하는 고구려의 하급 귀족가문이라도 경작할 밭 한 뙈기 없는 집안에서는 흉년으로 날품팔이도 어려워지면 산에 올라가 느

19 『故事通』 引 『搜神記』.

❁ 그림 12. 음식상 나르기(무용총 벽화 모사도, 중국 집안)

릅나무 껍질을 벗겨와 가두를 내어 찌미을 수빆에 없었다.[20]

상차림은 보통 부엌의 한편에서 이루어졌을 것이나 안악3호분 벽화에서와 같이 부엌 안의 구분된 공간에서 진행되기도 하였다(그림 11). 상차림에 사용된 소반은 다리가 안으로 휘어든 낮은 것이어서 상을 받는 사람이 바닥이나 평상, 좌상 등 어디에 앉더라도 무릎 앞 가깝게 놓을 수 있었음을 알 수 있다. 무용총 벽화에서 보듯이 일자로 곧추 내려오는 다리가 긴 소반은 평상에 걸터앉은 사람이 식사하기에 불편하지 않도록 높이가 맞추어져 만들어진 것이다. 벽화로 보아 고구려에서는 때에 따라 쟁반처럼 다리가 없는 그릇 받침도 사용되었다.

부엌에서 안채나 사랑채로 내가는 음식상은 모두 한 사람이 들고 갈 수 있는 크기의 것이다(그림 12). 이는 대부분의 음식상이 개인상이

20 『三國史記』卷45, 「列傳」 5, 溫達.

그림 13. 상차림(각저총 벽화 모사도, 중국 집안)

그림 14. 상차림(무용총 벽화 모사도, 중국 집안)

기 때문이다. 여럿이 함께 쓸 음식을 그릇에 담아 내어 갈 때에도 작은 상이 쓰였다. 음식 시중을 드는 사람이 이 음식을 작은 그릇에 덜어 각 사람에게 나누어 준 까닭이다. 고구려에서 특별한 경우가 아니면 '상다리가 휘도록' 크고 넓은 상에 한꺼번에 많은 음식그릇을 올려놓고 함께 식사하는 일은 없었음을 알 수 있다.

귀족의 식사를 위한 상차림에 어떤 원칙이 있었는지는 확실치 않다. 각저총 널방 동북벽의 두 부인은 각각 발과 완이 3개 놓인 상을 받았다(그림 13). 무용총 널방 동북벽의 무덤주인은 발과 완이 5개, 두 승려는 발과 완이 4개 놓인 상을 받았다(그림 14). 같은 무용총 널방 동남벽 북쪽의 부엌에서 상을 내가는 두 여인이 두 승려의 상에 음식그릇을 더하기 위해 각각 작은 완이 2개 놓인 상과 발 2개가 놓인 쟁반을 받쳐 든 것이 아니라면 각저총과 무용총 벽화로 볼 때 고구려에서 주인남자와 승려들, 부인의 음식상에 오르는 음식그릇의 수가 달랐다는 해석이 가능하다.

3. 역사, 사회, 음식문화

고구려의 음식문화 관련 유물 자료 가운데에는 4세기, 6세기를 경계로 변화를 보이는 것이 여럿 있다. 심발은 4세기 이전의 유적에서 주로 발견되지만 장동호는 4세기부터 본격적으로 확인된다. 솥과 시루도 4세기 이후 자주 발견되며 무덤 안에 부뚜막이 적극적으로 부장되거나 시설되는 것도 이때부터다. 한강 유역과 그 이남의 고구려 유적에서 출토되는 배식용기의 종류가 많아지고 접시류가 크게 늘어나는 것은 6세기다(그림 15). 땅을 깊이 갈 수 있게 고안된 고구려식 쟁기는 4세기 이후 널리 보급되어 고구려에서 농업생산력을 높이는 데에 크게 기여한다(김재홍 2005).

❁ 그림 15. 고구려 토기 각종

1. 솥(평성 지경동1호분, 조선중앙력사박물관), 2. 시루(평성 지경동1호분, 조선중앙력사박물관), 3. 시루(구리 아차산4보루, 서울대학교박물관), 4. 동이(구리 시루봉보루, 서울대학교박물관), 5. 오절판(구리 아차산4보루, 서울대학교박물관), 6. 이배(서울 용마산2보루, 서울대학교박물관), 7. 또아리병(서울 구의동보루, 서울대학교박물관), 8. 병(서울 구의동보루, 서울대학교박물관)

그림 15. 계속

9. 접시(서울 구의동보루, 홍련봉보루, 서울대학교박물관), 10. 완(서울 구의동보루, 서울대학교박물관), 11. 사이호(구리 아차산4보루, 서울대학교박물관), 12. 광구장경사이호(서울 몽촌토성, 서울대학교박물관), 13. 평양 원통형삼족기(국립중앙박물관), 14. 합(구리 시루봉보루, 서울대학교박물관), 15. 직구옹(구리 시루봉보루, 서울대학교박물관), 16. 장동호(서울 구의동보루, 서울대학교박물관)

고구려에서 4세기는 동북아시아의 지역 세력에서 중심국가로 발돋움 하는 시기다. 미천왕의 즉위 이후, 고구려는 요동과 한반도를 잇던 중국 군현의 잔여세력을 적극 제압하거나 포섭한다. 이 과정에 압록강 하구의 서안평을 점령하고 대동강 유역에 자리 잡은 낙랑을 병합한다. 재령강 유역의 대방 지역으로도 진출하였다. 미천왕과 고국원왕대의 고구려는 서쪽으로는 요동, 남쪽으로는 임진강 일대로 진출을 적극 도모하였다. 하지만 선비족 모용씨가 세운 요동의 전연(前燕), 한강 유역에서 북으로 세력을 확장하던 백제의 저지를 받았다.

이처럼 4세기는 혼강과 압록강 중류유역을 기반으로 성장한 고구려가 요동평야와 대동강 유역 평야지대로 세력을 확장하던 시기다. 주목되는 것은 이 두 지역이 선진적 농경기술을 기반으로 주변지역과 구분되는 높은 생산력을 유지한 곳이라는 사실이다. 기록에서도 확인되듯이 본래 고구려 사람들은 생산력에 한계를 보일 수밖에 없던 산간지대 계곡지역의 선상지 평야에서 밭갈이를 중심으로 농사를 지었다. 이로 말미암아 상시적인 식량부족에 시달렸다.[21] 이런 까닭으로 고구려 사람들은 평소에 음식을 아껴 먹고 집집마다 부경이라 불리는 작은 창고를 지어 그 안에 식량을 모아 놓는 등 검소한 생활 기풍을 유지했다. 부족한 식량자원은 채집, 수렵, 어로 외에 약탈, 공납 등에 의존하였다. 이를 감안할 때 4세기에 고구려의 영역이 넓은 평야지대로 확장되자 사회적 변화가 일어났을 것은 미루어 짐작할 수 있다.

음식문화와 관련하여 주목되는 것은 농경지역이 크게 확대되고 곡물 생산량이 증대되었으리라는 점이다. 고구려의 영역에 평양 일원을 포함한 쌀농사지역이 대폭 추가되면서 곡물 생산에서 오곡 외에 쌀의 비중도 크게 높아졌을 것은 확실하다. 당연히 고구려 왕실과 귀

---

21 『三國志』 卷30, 「魏書」 烏丸 · 鮮卑 · 東夷傳 30, 高句麗; 『後漢書』 卷85, 「東夷列傳」 75, 高句麗.

족 가문의 주식 구성에서 쌀의 비중이 높아지고 음식조리법에도 변화가 뒤따랐을 것이다. 이 과정에 음식재료의 구성과 소비에서 일반 백성과 귀족 사이, 하급 귀족과 상급 귀족 및 왕실 사이에 거리가 벌어지기 시작했으리라는 추정도 가능하다. 4세기 이후 고구려 유적에서 솥, 시루, 부뚜막이 빈번히 발견되고 이전에 비해 매우 다양한 기종의 토기가 출토되는 것은 음식문화의 변화를 반영한다고 보아도 무방할 듯하다. 고구려 영역에서 곡물 수확량이 크게 증대되어 식량자원의 확보도 더 수월해지자 나타난 현상이라고 하겠다. 신분과 지위에 따라 식량 자원을 확보하거나 분배받는 데에 뚜렷한 차등성이 있었다고 해도 사회 전반이 누리게 된 상대적 풍요와 여유는 4세기 이전과 구분될 수밖에 없다고 해야 할 것이다.

고구려의 음식문화는 건국을 주도한 주몽세력의 모체 부여와 불가분의 관계에 있었을 것이다. 부여 사람들이 조두(俎豆)를 사용하여 식사하며 모임에서 술잔을 주고받을 때에도 일정한 예법을 유지하였다는 기록은 고구려에도 거의 그대로 전해졌을 가능성이 높다.[22] 더욱이 고구려는 중국 한 군현의 후신인 낙랑, 요동 공손씨 세력이 세운 대방을 멸망시키고 그 땅과 주민을 영역 안에 편입시켰다. 더하여 중국문화의 영향 아래 있던 요동으로 영역을 확장했다. 당연히 낙랑, 대방에 남아 있던 중국식 식사예법도 고구려 음식문화의 일부가 되었다고 보아야 할 것이다. 고구려에서 중국의 오랜 식사예법과 관련된 다양한 기종의 그릇을 사용한다는 기사도 이런 역사·문화적 흐름의 연장선상에서 보아야 할 것이다.[23] 그러나 이 기사에 등장하는 기종 가운데 대부분은 아직 고구려 유적에서 발견되지 않는다.

---

22 『三國志』 卷30, 「魏書」 烏丸·鮮卑·東夷傳 30, 序; 『通典』 卷185, 「東夷」 上, 夫餘; 『三國志』 卷30, 「魏書」 烏丸·鮮卑·東夷傳 30, 高句麗.

23 『舊唐書』 卷299下, 「列傳」 149上 東夷, 高麗; 『新唐書』 卷220, 「列傳」 145 東夷, 高麗.

고구려의 음식예법과 관련하여 주목되는 것은 고분벽화에 등장하는 칠기(漆器) 및 상차림이다. 고분벽화에는 칠기를 올린 음식상이 여러 차례 등장한다(주영하 2003: 129). 벽화로 볼 때 귀족 남자와 부인, 승려가 받는 상차림은 다르다. 기록상 고구려사회에서 신분이나 지위에 따라 상차림이 어떻게 달랐는지 확인되지 않는다. 그러나 『삼국사기』의 '기용(器用)'에 대한 간단한 기사로 볼 때 고분벽화에 보이는 상차림의 차이는 기존의 음식예법에 따른 것일 가능성이 높다.[24] 4세기 이후 고구려가 커다란 문화적 변화를 경험할 수밖에 없는 정치사회적 조건과 맞닥뜨렸음을 고려할 때 5세기 전반 제작 고분벽화에 이전에 비해 정교해진 음식예법에 바탕을 둔 상차림이 표현된다고 해도 전혀 어색하지 않다고 하겠다.

4세기 이래 영역이 크게 확장되고 다른 관습과 전통 아래 살던 민족, 종족을 사회의 일부로 받아들이고 서방에서 기원한 불교문화와 본격적으로 접하게 되자 고구려의 음식문화는 이전보다 훨씬 다채로워졌을 것이다. 불교문화가 전래되어 확산되면서 고구려 귀족 사이에 차를 마시는 풍습이 생겼으리라는 추정도 가능하다. 무용총 벽화의 무덤주인이 두 스님에게 설법을 듣는 장면 중 탁자 위의 음료용기가 차와 관련되었다는 견해도 제기될 수 있다.

4세기를 경계로 고구려의 음식문화가 이전보다 다채로워지고 조리법이 발달하며 조리와 상차림에 사용되는 용기의 종류도 매우 다양해졌다. 그러나 그 영향은 국내성과 평양을 비롯한 고구려의 중심도시에 한정되었을 것으로 보인다. 고구려 유적, 유물에 대한 근래의 고고학적 발굴 및 연구 성과가 한강유역 외에 평양과 집안 중심으로 축적되는 경향은 있다. 주요 지역을 벗어난 곳에 대한 간헐적인 학술보

24 『三國史記』 卷33, 「志」 2, 器用.

고 및 유적 분포 밀집도를 보더라도 고구려 시대에 존재했던 중심과 주변의 사회문화적 격차는 일반적 비교가 어려울 정도로 크게 벌어져 있었음이 확실하다.

고구려의 음식문화는 생활문화권별로 뚜렷한 차이를 보였을 것으로 보인다. 구체적인 것은 고고학적 출토 유물의 지역별 비교를 통해 어느 정도 가늠할 수 있다. 그러나 지금까지 알려진 자료로는 중심과 주변의 관계에서처럼 발굴 성과의 차이가 지나치게 벌어져 객관적인 비교 연구가 어렵다. 다만, 자료 축적의 양으로 볼 때 고구려 남북 문화권 사이의 상호 비교 검토는 어느 정도 가능하다. 이와 관련하여 국내성 지역을 중심으로 한 북방문화권이 조, 기장, 수수를 주곡으로 할 수밖에 없는 밭농사 중심지역인 반면 평양을 중심으로 한 남방문화권은 쌀과 보리를 주곡으로 할 수 있는 밭과 논의 혼합 농사지역인 점을 주목할 필요가 있다. 주곡의 내용에 따라 음식구성 및 상차림의 내용이 달라지기 때문이다.

국내성 및 졸본성 지역을 중심으로 발전하던 고구려 전기의 생활양식 및 음식문화에 대한 『삼국지(三國志)』 기사는 고구려 식량생산의 한계를 지적하였다.[25] 그러나 평양을 중심으로 한 고구려 후기 음식문화와 관련된 다른 기사에는 고구려에서 사용되는 다양한 기종의 음식그릇이 언급된다.[26] 이 두 기사에 배식용기의 종류가 많아지고 접시류가 크게 늘어난다는 6세기 한강 유역 고구려 유적 출토 고구려 토기 분석 결과를 더하여 역사적 해석을 시도해 보기로 하자(사공정길 2013).

5세기 초 평양 천도를 본격 추진할 즈음 고구려는 동북아시아 패권국가로 지위를 굳혀 가고 있었다. 서로는 요동반도에 대한 지배권

---

25 『三國志』 卷30, 「魏書」 烏丸 · 鮮卑 · 東夷傳 30, 高句麗.

26 『舊唐書』 卷299下, 「列傳」 149上 東夷, 高麗.

그림 16. 철제 농기구

1. 보습(서울 구의동보루, 국립중앙박물관), 2. 삽날(서울 홍련봉2보루, 국립중앙박물관), 3. 쇠스랑(구리 아차산4보루, 국립중앙박물관), 4. 낫(오녀산성, 중국 환인), 5. 도끼(연천 호로고루, 토지주택박물관; 청원 남성골, 국립중앙박물관)

을 확고히 하고 남으로는 임진강 유역까지 영역을 넓힌 상태였다. 천도를 전후한 정치적 불안정을 극복한 뒤 고구려의 영역은 남으로 더욱 더 확대되었다. 5세기 후반에는 한강 유역 대부분과 소백산맥 이남의 상당 부분이 고구려의 영역에 포함되었다.

4세기 말부터 5세기 후반에 걸쳐 고구려가 확보한 영역의 상당 부분이 평야지대로 밭농사와 논농사에 적합한 지역이었다. 이 시기 고구려 영토에 새로 편입된 지역에서는 개량된 고구려식 농기구들이 집중 투입되어 농경이 이루어졌다(그림 16). 그 결과 농업생산력이 크게 향상되었다(김재홍 2005). 고구려가 새롭게 확보한 농경지는 조, 보리, 밀 외에 쌀농사에 적합한 지역이 많았다. 고구려의 새로운 영토는 곡물뿐 아니라 대체 식량의 채집과 생산에도 유리한 지역이었다.

고구려 후기에 요동지역과 대동강 및 재령강, 한강유역에서 생산된 곡물은 평양성 일원뿐 아니라 국내성 일대를 포함한 고구려 북방의 수요 도시에도 일정량 공급이 가능할 정도였을 것이다. 이 시기 고구려 남쪽 국경지대의 성과 보루에는 주변지역에서 생산된 쌀과 조 등이 군량으로 제공되었던 것으로 보인다. 6세기 고구려 관방유적 출토 배식용기들이 이전보다 다양해질 수 있었던 것도 국경지대의 성과 보루에까지 비교적 풍족하게 음식재료가 보급될 수 있었던 때문이라 하겠다.

5세기 전반부터 동아시아 4강의 일원으로 전성기를 구가하게 되자 고구려의 수도 평양은 동북아시아의 중심이자 실크로드상의 동아시아 거점도시의 하나가 되었다. 5세기 중엽 이후 왕실과 상급 귀족가문이 주도하는 새로운 문화적 흐름이 평양을 중심으로 형성되어 주변지역으로 번져 나갔다. 그 내용 중 일부는 고분벽화에 남겨졌다.[27] 『구

27 5세기 중엽 이후 벽화 주제로 사신이 선택되어 크게 유행하는 현상도 고구려 사회·문화의 큰 흐름 안에서 진지하게 검토될 필요가 있다(전호태 1997b).

당서(舊唐書)』에 언급된 변두(籩豆), 보궤(簠簋), 준조(罇俎), 뇌세(罍洗) 등의 음식그릇은 비록 기자(箕子)의 유풍이라고 하나 천도 이후 형성된 평양 중심 문화의 흐름에서 비롯된 현상으로 보아야 할 것이다. 고구려의 귀족들이 연원이 오래인 제기(祭器)에서 유래한 식기를 사용했다는 언급은 6세기를 전후하여 고구려의 중앙귀족 사이에 번잡한 예법이 전제된 음식문화가 유행했으며 음식 조리법과 요리의 종류도 매우 다양해졌다는 해석을 가능하게 한다.

평양을 중심으로 유행한 새로운 음식문화는 왕실과 상급 귀족 일부의 전유물이었을 가능성이 높다. 그러나 고구려가 전성기에 들어서면서 곡물 위주의 식량 생산이 크게 늘고 이에 힘입어 곡물 중심의 주식과 장류 및 근채류, 소량의 어류나 육류를 곁들인 부식으로 이루어진 식단이 일반화된 것도 사실이라고 하겠다. 한강 일대 고구려 관방유적에서 배식용기의 비중이 높아진 것도 이와 관련된 현상으로 보아야 할 것이다.

고구려의 음식문화가 어떠했는지를 알게 하는 기록 및 유적·유물자료는 여전히 제한적이다. 고분벽화에 묘사된 음식문화 관련 장면, 고고학적 발굴을 통해 수습된 유물, 역사기록상의 단편적인 기사만으로 고구려 사회의 음식문화 내용 전반을 읽어 내기는 어렵다. 그러나 음식문화와 관련된 간접적인 언급이나 유물 자료를 함께 검토한다면 음식문화의 부분적인 복원도 어느 정도까지는 가능할 수 있을 것이다.

고구려의 대부분 지역에서 농경은 식량생산의 가장 기본적인 수단이었으며 수렵과 채집, 어로는 보조 수단이었다. 4세기 이전까지 농경의 주된 방식은 밭농사였고 오곡으로 일컫던 조, 콩, 수수, 기장, 보리가 주로 재배되고 수확되었다. 4세기부터 서쪽과 남쪽으로 영역이 크게 확장되면서 고구려에서 쌀의 생산과 소비가 크게 늘어났다. 음식의 조리와 보관에 필수적이던 소금은 해안에서 생산되어 공납 등의 방식으로 중앙 귀족들에게 공급되었다. 민간에서는 행상이 소금 유통에 기여하였다. 소금은 시장에서 기준 화폐의 구실도 겸하였다.

4세기 이래 다양한 민족과 사회를 아우르게 되자 고구려의 음식 문화는 매우 다양해졌다. 특히 5세기 초부터 농경지역이 확대되고 곡물 생산량이 크게 늘면서 음식도 여러 방식으로 조리되었고 요리의 종류도 늘었다. 다양해진 토기의 형태를 통해 이를 추정할 수 있다(사공정길 2014: 65~66). 6세기를 전후하여 고구려에서 신분과 지위에 따른 식사예법에도 변화가 있었던 것으로 보인다. 고분벽화를 통해 이를 부분적으로 확인할 수 있다.

고구려 문화 전반에서 확인되는 남북문화권의 차이는 음식문화에도 존재했을 것이다. 이는 국내성 지역과 평양지역에서 주로 생산되는 음식재료의 종류가 일치하지 않는 것과 관련이 깊다. 6세기에 이르러 고구려 남북문화권 사이에 생산 식량의 종류와 구성의 차이에서 비롯된 음식문화의 거리가 어느 정도였는지는 여전히 풀어야 할 과제이다. 고구려의 여러 생활문화권 사이에 존재했을 음식문화의 차이와 특징도 현재보다 자료가 더해지지 않은 상태에서는 언급하기 어렵다.

◈ 별표 1. 음식문화 자료가 확인되는 벽화고분 참고문헌

문화권	연번	고분명	참고문헌
평양권	1	안악3호분	황욱 1958: 18~20, 도42~48; 조선유적유물도감편찬위원회 1990b: 도24, 도70~75
	2	안악1호분	채병서 1958: 6~7, 도15; 조선유적유물도감편찬위원회 1990b: 도130, 132)
	3	평양역전벽화분	과학원고고학및민속학연구소 1958b: 23, 도37; 조선유적유물도감편찬위원회 1990b: 도274
	4	태성리1호분	채희국 1959a: 96~98, 삽도 42-1; 조선유적유물도감편찬위원회 1990b: 도289
	5	덕흥리벽화분	박진욱 · 김종혁 · 주영헌 · 장상렬 · 정찬영 1981; 조선유적유물도감편찬위원회 1990b: 도179, 182, 186, 188~189, 193, 196~198, 213, 216, 218~219
	6	요동성총	과학원고고학및민속학연구소 1958: 8, 도10
	7	동암리벽화분	리창언 1988; 조선유적유물도감편찬위원회 1990b: 316~317, 319
	8	약수리벽화분	주영헌 1963b: 146~149, 그림 6~8, 도판72~75; 조선유적유물도감편찬위원회 1990b: 도326~330, 332~335
	9	팔청리벽화분	전주농 1963b: 166~167, 그림 3~4, 도판80~82, 87; 조선유적유물도감편찬위원회 1990c: 57, 60, 61, 64
	10	감신총	關野貞 1941: 391~392; 조선유적유물도감편찬위원회 1990b: 도79, 89
	11	용강대묘	關野貞, 1915a: 235
	12	대안리1호분	과학원고고학및민속학연구소 1959: 5~9, 도판14~15, 23~24, 26; 조선유적유물도감편찬위원회 1990c: 도138, 144, 149
	13	수렵총	關野貞 1914a: 148~149; 朝鮮總督府(關野貞 外) 1915b: 図475; 조선유적유물도감편찬위원회 1990c: 도190, 193
	14	강서대묘	關野貞 1915; 조선유적유물도감편찬위원회 1990c: 도368
집안권	1	각저총	池內宏 · 梅原末治 1940b: 16~18, 図38~42; 조선유적유물도감편찬위원회 1990b: 도112, 119, 120; 孫仁杰 · 遲勇 2007: 111~112; 耿鐵華 2008: 47
	2	무용총	池內宏 · 梅原末治 1940b: 7~10, 図3~13; 조선유적유물도감편찬위원회 1990c: 도31~34, 36, 42; 孫仁杰 · 遲勇 2007: 112~114; 耿鐵華 2008: 47
	3	마선구1호분	吉林省博物館輯安考古隊(方起東) 1964; 조선유적유물도감편찬위원회 1990c: 도292~294; 孫仁杰 · 遲勇 2007: 119~120; 耿鐵華 2008: 58
	4	통구12호분	王承禮 · 韓淑華 1964; 조선유적유물도감편찬위원회 1990b: 98, 102, 103; 耿鐵華 2008: 48
	5	우산하 1041호분	吉林省博物館文物工作隊(方起東 · 林至德) 1977; 孫仁杰 · 遲勇 2007: 114; 耿鐵華 2008: 51
	6	장천1호분	吉林省文物工作隊 · 集安縣文物保管所(陳相偉 · 方起東) 1982; 조선유적유물도감편찬위원회 1990c: 도91, 94, 99; 孫仁杰 · 遲勇 2007: 120~122; 耿鐵華 2008: 60
	7	삼실총	池內宏 · 梅原末治 1940b: 24, 図51; 李殿福 1981: 123~126; 孫仁杰 · 遲勇 2007: 116~117; 耿鐵華 2008: 48
	8	통구사신총	池內宏 · 梅原末治 1940b: 33~34,第16図; 조선유적유물도감편찬위원회 1990c: 도285; 孫仁杰 · 遲勇 2007: 96~97; 耿鐵華 2008: 49~50
	9	오회분4호묘	吉林省博物館(李殿福 · 方起東) 1964; 吉林省文物工作隊(李殿福) 1984; 조선유적유물도감편찬위원회 1990c: 도300; 孫仁杰 · 遲勇 2007: 95~96; 耿鐵華 2008: 50
	10	오회분5호묘	吉林省博物館(李殿福 · 方起東) 1964; 梅原末治 · 藤田亮策 1966: 9, 図16(31), 17(35); 조선유적유물도감편찬위원회 1990c: 도318,; 孫仁杰 · 遲勇 2007: 96~97; 耿鐵華 2008: 51

3부

집과 사회

건축과 주거는 특정 민족이나 사회의 환경적응 방식을 보여 준다. 사회관계, 가족관계를 반영하는 여러 문화양상의 하나이기도 하다. 고구려의 건축과 주거문화가 어떠했는지에 대한 분야별 연구 성과는 지속적으로 축적되고 있다(金正基 1971; 朱南哲 1994; 한인호 1995; 金東賢 1996; 윤장섭 1996; 徐廷昊 2004; 송기호 2006; 박경신 2006; 백종오 2006). 그러나 자료 정리와 연구 분석은 여전히 진행형 과제라고 할 수 있다. 근래에 고구려의 건축 유지에 대한 고고학적 발굴이 지속적으로 이루어지고 벽화고분 조사 보고 사례도 늘어난다. 이에 대한 자료 정리의 필요성도 증대하고 있다. 고구려의 건축과 주거문화 일반에 대한 기존자료를 포함하여 근래에 추가된 자료들도 더하면서 이에 바탕을 둔 기초적 정리 및 분석도 일정 부분 진행될 필요가 있다.

1. 건축 및 주거문화 자료

1) 건축유지

고구려의 건축 및 주거문화 자료는 주거지, 보루와 성곽, 사원, 궁궐유적 조사를 통해서도 지속적으로 확보되고 있다. 그런데 주로 구조적 기초시설과 관련된 것이 대부분이다. 근래까지의 고고학적 발굴조사를 통해 확인된 고구려 건축유지의 규모와 내용을 일별하면 아래와 같다.

북한 자강도 시중군 노남리 남파동유적은 산과 강이 만나는 충적지대에 있다(정찬영 1983). 발굴조사를 통해 3기의 주거지가 확인되었다. 일정 간격으로 4개의 기둥구멍이 설치된 2호주거지에서 2개의 ㄱ자 외고래 온돌시설이 발견되었다. 이를 통해 2호주거지는 한 용마루 밑에 2개의 방이 있는 가옥이었음을 알게 되었다. 자강도 중강군 토성리유적은 압록강 기슭에 자리 잡고 있다(정찬영 1983). 겹겹이 쌓인 문화층 최상단에서 고구려문화층이 발견되었다. 4구역 시설물에서 ㄱ자 외고래 온돌시설이 발굴되었으며 오수전과 철제 유물들이 수습되었다. 평안남도 북창군 대평리유적은 대동강기슭에 자리 잡았으며 9기의 주거지가 확인되었다(정찬영 1974). 2호주거지에서 ㄱ자 두 고래 온돌시설이 발견되었고 비슷한 구조의 3호주거지 온돌시설 동남쪽에서는 길이 1m 가량의 굴뚝고래가 확인되었다. 주거지 바닥은 진흙으로 잘 다져졌으며 납작한 판돌을 주춧돌로 사용하였다. 이외 평안북도 영변 세죽리유적, 함경남도 영흥 소라리유적에서도 고구려 초기의 주거지 흔적이 조사되었다(김정문 1964; 박진욱 1974).

평양 장안성의 내성 북벽 안에서 발견, 조사된 고구려시대 장방형 건물지는 파괴가 심하여 건축과 관련한 구체적인 사항을 파악하기 어려웠다(최희림 1978; 민덕식 2005). 평양 대성산성 내에서 발견된 창고지나 장대터로 추정되는 건물지는 모두 장방형으로 난방시설은 확인되지 않았다(채희국 1964; 東朝·田中俊明 1995).

중국 길림성 집안현 일대에서도 다수의 고구려시대 주거지유적이 조사되었다. 집안 동대자유적에서는 4기의 주거지가 발견되어 이 가운데 보존상태가 좋은 2기의 주거지에서는 온돌시설이 확인되었다(吉林省博物館 1961). 동쪽의 1호주거지는 폭과 너비가 15m×11m이며 한가운데에 긴 석좌가 놓여 있었다. 바닥이 진흙과 자갈로 단단히 다져진 상태였다. 동벽 남쪽 끝에 아궁이가 설치되어 북쪽으로 고래가 뻗쳐 나간다. 고래 안에 그을음 재가 두껍게 쌓이지는 않았다. 2호주거지에서는 고래 안에서 두꺼운 그을음 재층이 확인되었다. 아궁이 근처에서 쇠솥 조각과 토기편들도 함께 발견되었다.

동대자 주거지유적에서는 무늬가 있는 연화문, 인동문, 귀면문 수막새와 암키와를 포함한 다양한 형태와 종류의 기와편이 수습되었다. 붉은색 벽돌, 여러 종류의 도기편, 쇠가래, 쇠도끼, 쇠촉 등의 철기와 도금장식물도 여러 점 발견되었다. 대규모 건축지의 흔적이 확인된 이수원자 남쪽 유적에서도 다수의 기와편과 금제 장식, 백옥귀잔 등이 출토되었다(吉林省文物志編委會 1984: 45~46).

이외에 집안 민주유적, 환도산성유적에서도 다수의 주거지가 조사되었으나 온돌시설은 확인되지 않았다(吉林省文物考古研究所·集安市博物館 2004; 吉林省文物考古研究所·集安市博物館 2004). 집안 황백향 장천촌 유적에서는 마을 경계를 알리는 담장이 조사되었다. 집안 유림향 지구촌유적에서는 고구려시대 마을의 존재를 알리는 토기편과 철제, 동제유물들이 다수 출토되었다(吉林省文物志編委會 1984: 46~48). 압록강 기슭에 있는 집안 기상참유적에서도 주춧돌, 기와, 토기편들이 수습되었으나 주거지의 형태나 구조는 확인되지 않았다.

요녕성 환인 오녀산성에서도 대형건물지와 주거지들이 확인되었다(遼寧省文物考古研究所 編著 2004). 'ㄱ'자 고래가 놓인 온돌시설은 대부분 주거지에서만 발견되었다. 신빈 흑구산성 안에서 발견된 6기의 건물지 가운데 장방형 건물에서는 난방과 관련된 시설이 확인되지 않았다(撫順市博物館·新賓縣文化局 1985). 이와 달리 방형인 1기의 건물지에서 쪽구들의 흔적이 일부 확인되었다. 무순 고이산성에서 발견된 건물지에 '一'자 및 'ㄱ'자, 변형 고래들이 놓인 쪽구들이 확인된다(徐家國·孫力 1987; 三上次男·田村晃一 1993). 이런 건물지가 한강유역 고구려 병영들과 유사한 시설이었는지 눈길을 끈다. 심양 석대자산성 안에서도 30기 가까운 건물지가 조사되었다(李曉鐘·劉長江·佡俊岩 1993; 遼寧省文物考古研究所·瀋陽市文物考古工作隊 1998; 李新全 2005). 역시 다수의 건물지에서 온돌시설의 흔적이 확인되었다.

고구려의 군사시설인 병영유적은 근래에 한강하류와 임진강유역에서 다수 발굴 조사되었다(백종오 2005). 고구려군의 초소시설인 서울 구의동보루유적 건물지에서 '一'자 고래가 놓인 온돌시설이 발견되었다(조유전 외 1997). 구리 아차산4보루유적에서는 8기의 건물지가 조사되어 이 가운데 6기의 건물지에서 '一'자 및 'ㄱ'자 고래를 놓은 쪽구들 시설이 확인되었다(임효재·최종택·양성혁·윤상덕·장은정 2000). 구리 아차산 시루봉유적에서도 9기의 건물지가 조사되어 6기의 건물지에서 온돌시설이 확인되었다(임효재·최종택·임상택·윤상덕·양시은·장은정 2002). 서울 홍련봉1보루유적에서는 20여 기의 건물지에서 13개의 쪽구들이 조사되었다(崔鐘澤·李秀珍·吳恩娅·吳珍錫·李廷範·趙晟允 2007). 고구려 토기편이 출토되는 서울 몽촌토성 안의 한 건물지에서 쪽구들이 발견되어 이곳에도 고구려의 군사시설이 있었음을 알게 되었다(金元龍 외 1989). 연천 은대리성에서는 대형건물지 1기가 조사되었으나 온돌시설은 발견되지 않았다(단국대학교매장문화재연구소 2004). 청원 남성골산성유적에서 조사된 고구려 건물지에서도 온돌시설이 확인되었다(충북대학교박물관 2002.5.25). 현재 알려진 고구려 주거지유적 가운데 가장 남쪽에서 발견된 사례다.

고구려의 사원유적으로 알려진 정릉사지는 세심하게 조사되고 그 전모가 잘 정리, 보고된 경우다(한인호 1984; 전제헌 1994). 정릉사지

표 1. 건축유지에서 확인되는 건축, 주거문화 자료

유형/내용	유적명	편년	유구내용		난방시설		껴묻거리	비고
			규모	평면형태/바닥위치	난방형태	시설내용		
거주지 및 기타 시설물	북한 자강도 시중군 노남리 남파동유적	고구려 초기	주거지3기	장방형/지상	쪽구들	ㄱ자고래	오수전	
	북한 자강도 중강군 토성리유적	고구려 초기	시설물5기 (4구역 시설물4기, 5구역 시설물1기)	?/지상	쪽구들	ㄱ자고래		주거지 수 불명, 재료: 강돌
	북한 평안북도 영변군 세죽리유적	고구려 초기	주거지1기	장방형/반지하	쪽구들	ㄱ자고래	명도전	
	북한 평안남도 북창군 대평리유적	고구려 초기	주거지9기	장방형/반지하, 지상	쪽구들	ㄱ자고래		주춧돌, 바닥 진흙다짐
	북한 함경남도 영흥군 소라리유적	고구려 초기	?	?	?	?		
	중국 요녕성 환인 오녀산성유적	고구려 초기	대형건물지1기, 주거지4기, 노지3기	대형건물지 장방형/지상, 주거지 장방형, 타원형, 원형/반지하, 지상	?	없음	오수전, 대천오십, 철솥, 철촉	바닥흙다짐/흘승골성으로 비정
	북한 평양 대성산성	고구려 후기	창고지1기, 장대지2기	장방형/지상	?	없음		연못 170여 곳
	북한 평양 장안성	고구려 후기	주거지1기	장방형?/?	?	없음		
	중국 길림성 집안 국내성유적	고구려 중기	주거지5기	방형, 장방형/1기 지상, 이외 불명	?	없음	각종도기	국내성 중심부(문구장/체육장) 이외 체성, 문지, 치, 각루, 배수구 발굴조사
	중국 길림성 집안 동대자유적	고구려 중기	주거지4기	방형, 장방형/지상	2기에서 쪽구들	ㄱ자 및 변형 고래	기와, 도기, 철제무기, 농공구, 금동비녀, 금동장식	주춧돌, 진흙과 강돌 기단, 회랑
	중국 길림성 집안 이수원자남유적	고구려 중기	건물지	?	?	?	기와, 백옥귀잔, 금제장식, 쇠화살촉	왕실관련건축지추정

❁ 표 1. 계속

유형/내용	유적명	편년	유구내용		난방시설		껴묻거리	비고
			규모	평면형태/바닥위치	난방형태	시설내용		
거주지 및 기타 시설물	중국 길림성 집안 민주유적	고구려 중기	주거지7기	방형, 장방형/지상	?	없음		
	중국 길림성 집안 환도산성유적	고구려 중기	주거지11기	방형, 장방형, 8각/지상	?	없음		궁전지, 망대, 연못, 주거지(기단)
	중국 길림성 집안 장천촌유적	고구려 중기	?	?	?	?		마을둘레의 흙·돌담장(동서 96m, 남북90m)
	중국 길림성 집안 지구촌유적	고구려 중기	?	?	?	?	토기편, 철제편, 동제편	
	중국 길림성 집안 기상참유적	고구려 중후기	?	?	?	?	아궁이재층, 토기편, 기와편	주춧돌, 벽돌, 돌담장
	중국 길림성 통화 만발발자유적	고구려 중기	주거지4기	?	쪽구들	ㄷ자고래		
	중국 요녕성 환인 오녀산성유적	고구려 중기	대형건물지2기	장방형/반지하, 지상	?	없음		
			주거지8기	장방형 및 원각장방형/반지하	쪽구들	ㄱ자 고래		
	중국 요녕성 신빈 흑구산성	고구려 후기	주거지6기	방형, 장방형/?	1기만 쪽구들	?		
	중국 요녕성 무순 고이산성	고구려 후기	주거지3기, 건축군1곳	방형, 장방형/지상	쪽구들	ㄱ자, 一 자 및 변형고래		
	중국 요녕성 심양 석대자산성	고구려 후기	주거지27기 전후	방형, 장방형/반지하, 지상	쪽구들	ㄱ자 및 一 자 고래		지면굴착식고래도 발견
병영	서울 구의동 보루유적	고구려 후기	건물지1기	원형/지상	쪽구들	一 자 고래	철제무기, 토기, 농공구, 쇠솥, 쇠단지	
	구리 아차산4보루유적	고구려 후기	건물지8기, 저수시설2기	장방형/지상	6기에서 13개의 쪽구들	ㄱ자 및 一 자 고래	철기,토기	난방시설 없는 2기는 창고 및 부속 건물추정

표 1. 계속

유형/내용	유적명	편년	유구내용		난방시설		껴묻거리	비고
			규모	평면형태/바닥위치	난방형태	시설내용		
병영	구리 아차산 시루봉유적	고구려 후기	건물지9기	장방형/지상	6기에서 6개의 쪽구들	ㄱ자 및 一자 고래	철제무기, 공구, 토기	一 자 고래가 주류
	서울 홍련봉1보루유적	고구려 후기	건물지23기 전후, 저수시설2기	방형,장방형/반지하, 지상	쪽구들	ㄱ자 및 一자 고래	철기, 토기, 기와편	반지하식건물지3기는 난방시설 없음.
	서울 몽촌토성내 건물지	고구려 후기	건물지1기	?	쪽구들	변형고래	토기	한시적 사용 추정
	연천 은대리성유적	고구려 후기	대형건물지1기	?	?	?	토기	문지, 치성
	청원 남성골산성 유적	고구려 후기	건물지1기	반지하	쪽구들	一 자 고래	토기/가마터	병영 추정, 금강유역 고구려유적
	중국 요녕성 환인 오녀산성유적	고구려 중기	병영21기	장방형 및 원각장방형/지상	쪽구들	ㄱ자 및 변형 ㄱ자 고래	각종무기	바닥흙다짐
			초소6기	장방형 및 원각장방형/반지하	쪽구들	ㄱ자 및 一자 고래		바닥흙다짐
사원	북한 평양 청암리사지	고구려 후기	건물지4기 (8각탑지,금당지)	8각, 장방형/지상	?	없음	금동제기악천,금동제방울, 기와편	금강사로 비정
	북한 평양 상오리사지	고구려 후기	건물지3기 (8각탑지,금당지)	8각, 장방형/지상	?	없음		
	북한 평양 정릉사지	고구려 후기	건물지18기(8각탑, 금당, 회랑중문지, 중금당장경각지, 종루, 강당, 살림집, 부엌) 회랑터10기	방형, 장방형, 8각/지상	4기만쪽구들	ㄱ자, 一 자 및 변형고래	토기편, 기와편	1구역10호건물지 벽돌 및 기와를 재료로 사용, 2구역1호는 살림집으로 추정
궁궐	북한 평양 안학궁지	고구려 후기	궁전지24기(동궁, 서궁, 남궁, 북궁, 중궁)회랑터31기, 초석 2590개, 문지6개소, 연못, 해자	장방형/지상	?	없음	기와편	

에서는 모두 16기의 건물지가 조사되었으며 이 중 4기의 건물지에서 '一'자 및 'ㄱ'자 고래를 놓은 쪽구들 시설이 발견되었다. 온돌시설이 확인되지 않은 건물지는 탑, 문, 종루, 금당, 강당 등이 섰던 자리로 추정된다. ㄱ자 고래의 쪽구들이 확인된 5구역 2호 건물지는 부엌으로 사용되었던 것으로 보인다. 평양의 청암리사지와 상오리사지에서도 다수의 건물지가 확인되었으나 온돌시설은 발견되지 않았다(東朝·田中俊明 1995).

고구려가 평양 천도를 계획하면서 건축되었을 것으로 추정되는 안학궁유적에서 모두 24기의 건물지가 조사되었다(전제헌·손량구 1985). 그러나 건물지에서 가지런하게 놓인 주춧돌들이 확인되고 다수의 기와편이 수습되었을 뿐 쪽구들과 같은 바닥 난방시설은 확인되지 않았다. 이것은 이들 궁전지의 주거용 건물들에서도 입식 생활이 이루어진 것과 관련이 깊은 듯하다. 이상에서 살펴본 내용을 알기 쉽게 정리하면 표 1과 같다.

2) 고분

건축유지와 달리 벽화고분에는 고구려 건축의 구조적 특징과 내용을 알게 하는 건물벽화와 건축부재의 실물들이 남아 있어 고구려 건축과 주거문화의 복원에 큰 도움이 된다. 고구려 벽화고분을 통해 확인되는 고구려의 건축 및 주거문화 자료를 지역별로 나누어 시기별로 간략히 정리하면 아래와 같다.[1]

북한 평양권의 평양 일원 벽화고분 가운데 건축 및 주거문화 자료가 남아 있는 유적은 모두 35기다. 4세기 후반 축조된 것으로 추정되

1 이하 필자의 기존 논고를 기반으로 자료 정리를 하면서 최초의 발굴조사보고 및 주요 간행 도록의 도면을 다시 검토하였다(전호태 2009a; 2011d). 벽화고분별 참고문헌은 별표 1~별표 3으로 정리하여 본장 말미에 붙이고 본문에서는 제시하지 않는다.

는 태성리3호분은 벽화 흔적이 있는 무덤의 하부구조만 남은 상태로 발굴 조사되었다. 무덤칸에서 주두와 소로 부분이 남은 건축부재가 발견, 수습되어 무덤 내부에 기둥을 포함한 건축물의 골조 부분이 설치되었음을 알게 되었다. 외방무덤인 태성리2호분 벽화는 파괴가 심하여 거의 남아 있지 않다. 널방 동벽과 북벽에서 각각 기둥과 주두 그림이 확인되었다. 태성리1호분은 감·곁방이 있는 여러방무덤이다. 발굴조사를 통해 무덤 내부에 8각흘림기둥이 설치되었으며 앞방의 동쪽곁방에 고구려 귀족저택의 부엌, 육고, 차고 그림이, 서쪽곁방에 무덤주인이 좌상에 앉은 모습이 그려졌음을 알게 되었다. 4세기 말 축조된 것으로 보이는 평양역전벽화분 앞방과 동쪽 감 및 서쪽 감에서는 장방 일부 및 부엌, 방앗간, 차고 그림이 발견되었다. 벽화조각만 수습된 동암리벽화분에서도 우진각지붕의 기와집 그림이 확인되었다.

408년 묘지명이 남아 있는 덕흥리벽화분은 두방무덤이다. 무덤칸 벽 모서리 및 벽과 천장의 경계에 기둥, 주두, 도리 등 목조기옥의 골조가 묘사되었다. 앞방과 널방에 무덤주인이 정좌한 장방, 좌상을 비롯하여 고상창고, 마구간, 외양간 등이 그려졌음이 확인되었다. 5세기 초 작품인 순천 요동성총 앞방 남벽에서는 요동성의 평면도가 발견되었다. 요동성이 내성과 외성으로 이루어졌으며 성곽 구조, 문루와 치 등의 성곽시설, 성 안에 2층, 3층 누각이 있었음을 알게 되었다. 약수리벽화분 앞방 북벽 중앙 상단에서도 성곽도가 확인되었다.

5세기 초 벽화고분 가운데에 장산동1호분, 장산동2호분과 같이 벽화의 훼손으로 장방이나 평상 그림 정도만 확인되는 경우도 있다. 근래에 발견된 옥도리벽화분은 무덤칸 상부의 파괴가 매우 심하고 벽화도 제대로 남아 있는 부분이 적으나 무덤칸에 기둥, 두공, 도리를 그렸음이 확인되었다. 감신총도 무덤칸에 목조가옥의 골조를 그렸던 경우다. 동산동벽화분은 무덤칸에 목조가옥의 골조를 그렸던 것으로 보이나 발굴조사를 통해 확인된 것은 기둥과 도리 그림 일부다.

두방무덤인 가장리벽화분에도 목조가옥 골조 그림의 흔적이 일부 남아 있다. 팔청리벽화분 이음길 한가운데에는 4각 흘림기둥이 세워졌다. 앞방과 이음길, 널방 벽화에 상당한 규모의 사랑채 및 안채 건물들이 등장한다. 5세기 전반 축조물로 보이는 용강대묘 앞방 남벽 상부에는 우진각지붕의 문루가 있는 대형 성곽도가 등장한다. 두방무덤인 고산동7호분 앞방 동벽과 서벽에는 기와집 그림이 남아 있다. 외방무덤인 고산동20호분과 계명동고분에는 목조가옥 기둥 그림 일부만 보인다. 성총 널방 모서리에는 목조가옥의 골조 그림이 비교적 잘 남아 있다.

5세기 중엽으로 편년되는 고산동9호분에는 전돌길의 흔적이 있다. 연화총에는 무덤주인이 자리 잡은 장방 정도만 벽화로 남아 있다. 천왕지신총에는 사랑채와 안채로 보이는 기와집 그림 외에 벽화와 실물이 혼합된 천장이 잘 남아 있어 발굴조사 당시 연구자들의 눈길을 끌었다. 천왕지신총의 널방 천장부는 기둥, 두공, 활개, 소로 등의 건축부재들이 일부는 벽화로, 일부는 실물로 표현되었다. 건축부재로서의 활개는 대안리1호분에도 실물 형태로 모습을 드러낸다.

5세기 중엽 편년 동명왕릉은 널방 모서리에 자색기둥을 그렸던 흔적이 남았을 뿐 건축과 관련된 다른 그림은 확인되지 않는다. 5세기 후반의 늦은 시기로 편년되는 쌍영총은 앞방과 널방 사이에 놓인 2개의 팔각흘림기둥으로 잘 알려진 유적이다. 쌍영총 역시 무덤칸 벽 모서리 및 벽과 천장의 경계에 목조가옥의 골조가 그려졌다. 널방에는 무덤주인부부가 기거하는 안채 건물이 장방 안에 표현되었다.

고산동1호분과 보산리1호분에는 귀족 저택에 설치되던 전돌길 그림이 일부 남아 있다. 용흥리1호분은 널방 북벽에 장방생활도 일부만 남아 있을 뿐이다. 수산리벽화분에는 귀족 저택의 안채 건물이 묘사되었다. 무덤칸에 그려진 목조가옥 골조를 장식하는 아름다운 장식무늬로도 잘 알려진 유적이다. 벽화 속 안채 건물로 이어지는 전돌길 역시 수산리벽화분에서 두드러지는 주거문화 요소다.

5세기말 편년 우산리1호분과 우산리2호분은 널방에 목조가옥의 골조가 표현된 가장 늦은 시기의 벽화고분이다. 덕화리1호분과 덕화리2호분에는 전돌길만 묘사되었다. 진파리4호분 널길 양 벽에 묘사된 연못 역시 고구려 귀족저택의 설계과정에서 검토되어야 할 주요한 건축 요소이다.

평양권의 안악 일대 벽화고분 가운데 건축 및 주거문화 자료가 남아 있는 유적은 5기다. 357년 묵서명이 있는 안악3호분은 감·곁방이 있는 여러 방무덤이다. 회랑이 설치된 몇 안 되는 유적 가운데 하나이기도 하다. 무덤 내부에 4각기둥과 8각기둥이 여러 개 설치되어 공간을 나누는 경계 역할을 한다. 앞방의 동서 곁방에 귀족 저택 안채의 살림시설들이 그려졌다. 부엌, 육고, 차고, 방앗간, 외양간, 마구간 등은 모두 지붕을 기와로 이은 기와집이다. 무덤주인부부는 각각 장방인 좌상 위에 앉아 남녀시종들의 시중을 받는 모습으로 그려졌다.

4세기 말 편년 안악1호분에는 외방무덤으로 귀족의 대저택이 조감도 기법으로 그려진 벽화가 남아 있다. 무덤칸 벽 모서리 및 벽과 천장의 경계에 기둥, 주두, 도리 등 목조가옥의 골조가 묘사되었다. 복사리벽화분의 널길 벽에는 기둥그림이 남아 있다. 송죽리벽화분에는 목조가옥 기둥 그림 일부만 보인다. 5세기 후반의 늦은 시기로 추정되는 안악2호분에는 귀족저택의 안채로 이어지는 전돌길이 묘사되었다.

중국 길림성 및 요녕성 일원의 벽화고분 가운데 고구려 건축 및 주거문화 자료가 남아 있는 유적은 14기다. 널방 벽에 만장걸이용 쇠못이 남아 있는 만보정1368호분은 벽과 천장에 목조가옥의 골조만 그려졌다. 무덤 안에서 고구려식 도제 부뚜막모형이 수습되었다. 5세기 전반으로 편년되는 만보정645호분은 무덤칸 안에서 목조가옥의 골조 그림이 확인되었다. 지금은 작은 돌무더기로 남아 있는 산성하고분군 미인총에도 목조가옥 골조그림이 있었다고 한다.

두방무덤인 각저총에는 부엌 그림이 보인다. 각저총과 나란히 조성된 무용총 널방에는 무덤주인이 두 사람의 승려와 대화하는 장면이 그려졌다. 세 사람 모두 낮은 의자에 앉았다. 시종들이 부엌에서 들고 온 음식상을 이들 앞에 하나씩 놓았다. 부엌 건물과 함께 그려진 또 하나의 건물 굴뚝에서는 따뜻한 기운을 담은 연기가 김처럼 솟아오른다. 우산하1041호분에는 널방 동벽에 기와집의 지붕 부분이 남아 있다.

5세기 중엽 즈음 축조된 장천1호분 앞방 남벽 중단에는 무덤주인이 정자처럼 그려진 건물 안에 앉아 가무를 관람하는 장면이 그려졌다. 장천1호분과 비슷한 시기의 유적인 마선구1호분에는 무덤칸 가운데에 커다란 원기둥이 설치되었다. 앞방 남쪽곁방에 고상창고, 외양간, 육고 등이 묘사되었다. 산연화총과 산성하332호분, 산성자귀갑총, 환문총에는 목조가옥의 골조 그림이 남아 있다.

통구12호분은 감·곁방 달린 외방무덤 2개가 한 무덤무지 안에 있다. 통구12호분 남분 널길 북쪽곁방에는 청기와지붕의 마구간이, 남쪽곁방에는 부엌이 그려졌다. 3개의 널방이 'ㄷ'자 형태로 이어진 삼실총의 제1널방 동남벽에는 전돌길이 표현되었고, 서북벽에는 성을 공격하는 장면이 그려졌다. 제1널방 동북벽에는 4채의 기와집이 등장하는데, 이 가운데 두 번째, 네 번째 집은 2층집이다. 이상에서 살펴본 내용을 간략히 알기 쉽게 정리해 보면 표 2와 같다.

이외 고분과 일반유적에서 수습된 주거 관련 유물로는 평안북도 운산시 용호동1호분 출토 국립중앙박물관 소장 철제 부뚜막 모형, 중국 길림성 집안 출토 일본 교토대학총합박물관 소장 도제 부뚜막 모형, 집안 마선구1호분 출토 도제 부뚜막 모형, 황해남도 신원군 아양리 출토 쇠아궁틀, 평양 철교 부근 출토 국립중앙박물관 소장 집모양 토기 등이 있다. 이 중 고구려의 집 모양 토기는 우진각지붕의 기와집으로 2개의 둥근 창과 1개의 작은 문이 뚫려 두 칸짜리 가옥임을 시사한다(복천박물관·서울대학교박물관 2012: 도116~117).

표 2. 벽화고분에서 확인되는 건축, 주거문화 자료

문화권		고분명	편년	무덤구조	건축 및 주거문화 자료				비고
					벽화		구조물	껴묻거리	
					개별제재	화면구성			
평양권	평양	태성리 3호분	4세기 후반	감·곁방 있는 여러방무덤		벽모서리 및 벽과 천장경계 목조가옥 골조(기둥)	기둥, 주두, 소로 등의 건축부재	금제장식, 금제구슬, 청동팔찌, 유약토기편, 쇠관못	회랑, 통로
평양권	평양	태성리 2호분	4세기 후반	외방무덤		널방동벽모서리 및 북벽 목조가옥 골조 일부(기둥, 2단역계단식두공)		유리제장식, 유약토기편, 청동못, 쇠관못	
평양권	평양	태성리 1호분	4세기 말	감·곁방 있는 여러방무덤	앞방동쪽곁방: 부엌(부뚜막), 육고, 차고, 앞방서쪽곁방: 좌상	벽모서리 및 벽과 천장경계 목조가옥 골조(기등, 두공, 도리)	앞방널방경계 1개의 8각흘림기둥(4각주두)	대천오십명동전편, 금은제장식, 은반지, 칠기편, 토기편, 쇠관못	
평양권	평양	평양역전 벽화분	4세기 말	감·곁방 있는 여러방무덤	앞방동벽: 부엌, 방아간, 앞방동쪽감동벽: 차고, 앞방서쪽감: 장방흔적		4각기둥	금제장식, 금제구슬, 금동제이식, 금동제장식못, 은제지환, 동제편, 쇠관못	
평양권	평양	동암리 벽화분	4세기 말	두방무덤	기와집(벽화편, 우진각지붕)	벽모서리 및 벽과 천장경계 목조가옥 골조(기둥, 도리)			벽화조각 다수
평양권	평양	덕흥리 벽화분	408년	두방무덤	앞방북벽서측: 장방, 평상, 널방남벽: 연못, 마구간·외양간(우진각지붕), 널방동벽: 연못, 널방서벽: 고상창고(귀틀식), 널방북벽: 평상	벽모서리 및 벽과 천장경계 목조가옥 골조(기둥, 도리)/장식무늬, 배부른기둥	제사용돌상		
평양권	평양	요동성총	5세기 초	감·곁방 있는 여러방무덤	앞방서쪽곁방: 장방, 앞방동쪽곁방: 방앗간, 앞방남벽: 성곽(요동성: 치, 2층문루, 3층요동탑)/우진각지붕		앞방동쪽끝 1개의 초석 없는 8각흘림기둥(주두)	철제도구, 관못, 토기편	

표 2. 계속

문화권		고분명	편년	무덤구조	건축 및 주거문화 자료				비고
					벽화		구조물	껴묻거리	
					개별제재	화면구성			
평양권	평양	약수리 벽화분	5세기 초	감·곁방 있는 여러방무덤	앞방동벽하단: 방앗간, 부엌(부뚜막), 앞방남벽하단: 마구간·외양간(치미,우진각지붕), 앞방북벽중앙상단: 성곽(2층문루·2층누각/치미, 우진각지붕), 널방북벽: 장방, 평상	벽모서리 및 벽과 천장경계 목조가옥 골조(기둥, 2단역계단식두공, 도리)		순금귀걸이, 금반지, 은반지, 금제장신구, 은제관못, 쇠관못	
		감신총	5세기 초	감·곁방 있는 여러방무덤	앞방동쪽감동벽: 장방, 좌상, 앞방서쪽감서벽: 좌상	벽모서리 및 벽과 천장경계 목조가옥 골조(배부른 기둥, 2중두공, 굽받침소로, 도리)			
		옥도리 벽화분	5세기 초	감·곁방 있는 여러방무덤	널방북벽: 장방, 평상	벽모서리 및 벽과 천장경계 목조가옥 골조(기둥, 두공, 도리)		쇠관못, 관고리	
		동산동 벽화분	5세기 초	두방무덤		벽모서리 및 벽과 천장경계 목조가옥 골조(기둥, 도리)		순금장식, 은장식, 금동장식, 오수전 은못, 쇠관못자기편, 도기편	
		장산동 1호분	5세기 초	외방무덤	장방	벽모서리 및 벽과 천장경계 목조가옥 골조(기둥)	원기둥, 돌상, 회랑	쇠고리, 쇠관못, 토기편	벽화조각 다수
		장산동 2호분	5세기 초	외방무덤			4각기둥, 돌상		천장고임 돌조각, 벽화조각 다수
		가장리 벽화분	5세기 전반	두방무덤		벽모서리 및 벽과 천장경계 목조가옥 골조 흔적, 장식무늬		금은제장식, 관못, 두개골	

❁ 표 2. 계속

문화권		고분명	편년	무덤구조	건축 및 주거문화 자료				비고
					벽화		구조물	껴묻거리	
					개별제재	화면구성			
평양권	평양	팔청리 벽화분	5세기 전반	두방무덤	앞방서벽: 기와집(사랑채), 이음길동벽: 육고, 널방동벽: 누각, 다고상창고(귀틀식), 널방서벽: 외양간, 널방북벽: 기와집(안채)	벽모서리 및 벽과 천장경계 목조가옥 골조(기둥, 굽받침소로, 도리)	앞방과 널방경계가운데 1개의 4각흘림기둥	은비녀, 관못	
		용강대묘	5세기 전반	두방무덤	앞방남벽상부: 성곽(중층문루/치미, 우진각지붕, 망루, 여장), 전돌길	벽모서리 및 벽과 천장경계 목조가옥 골조(흘림기둥, 2중두공, 도리, 人자대공, 동자주)/장식무늬			
		고산동 7호분	5세기 전반	두방무덤	앞방동벽: 기와집, 앞방서벽: 기와집(사랑채, 안채?)			금동금구, 영락,못, 철촉, 철정, 토기편, 벽돌편	
		송죽리 벽화분	5세기 전반	두방무덤		벽모서리 및 벽과 천장경계 목조가옥 골조(기둥, 도리)		은제비녀, 은제장식, 은제관못	
		고산동 20호분	5세기 전반	외방무덤		벽모서리 및 벽과 천장경계 목조가옥 골조(기둥: 두께 22cm)		관못	벽화조각 다수
		성총	5세기 전반	외방무덤		벽모서리 및 벽과 천장경계 목조가옥 골조(기둥, 두공, 도리)			
		계명동 고분	5세기 전반	외방무덤		벽모서리 및 벽과 천장경계 목조가옥 골조(기둥, 두공)			
		고산동 9호분	5세기 중엽	감·곁방 있는 여러방무덤	널방동벽: 장식띠(전돌길?)	벽모서리목조가옥 골조(기둥)		금동금구, 영락, 주, 철정	

표 2. 계속

문화권		고분명	편년	무덤구조	건축 및 주거문화 자료				비고
					벽화		구조물	껴묻거리	
					개별제재	화면구성			
평양권	평양	연화총	5세기 중엽	감·곁방 있는 여러방무덤	앞방북벽서쪽감: 장방	벽모서리 및 벽과 천장경계 목조가옥 골조(기둥, 2중두공, 굽받침소로, 도리)			
		천왕지신총	5세기 중엽	두방무덤	널방북벽: 기와집2채(사랑채, 안채)	벽모서리 및 벽과 천장경계 목조가옥 골조(기둥, 두공, 도리, 활개)/장식무늬	앞방천장: 人자대공, 동쪽칸: 돌출두공, 서쪽칸: 장방형석주, 돌출두공, 널방: 8개의 人자대공(활개, 제궁, 소로 등의 벽화와 실물 혼합)		
		대안리 1호분	5세기 중엽	두방무덤	널방북벽상단: 기와집(안채, 우진각지붕, 배흘림기둥) 널방동벽상단: 부엌	벽모서리 및 벽과 천장경계 목조가옥 골조(기둥, 주두, 도리)/장식무늬, 배흘림기둥	활개		
		동명왕릉	5세기 중엽	두방무덤		벽모서리 및 벽과 천장경계 목조가옥 골조(기둥)		금제, 금동제구슬, 금제, 청동제관못, 금동판, 청동제머리핀	
		쌍영총	5세기 후반	두방무덤	널방북벽: 장방안 기와집(안채, 치미, 합각지붕/우진각지붕?), 평상	벽모서리 및 벽과 천장경계 목조가옥 골조(배부른 기둥, 2중두공, 도리, 人자대공, 굽받침 없는 소로)	앞방과널방경계: 2개의 8각흘림기둥(주두, 굽받침)/장식무늬(앙련, 반룡)		널길벽화 조각다수
		고산동 1호분	5세기 후반	외방무덤	널방벽: 전돌길	벽모서리 기둥			

표 2. 계속

문화권		고분명	편년	무덤구조	건축 및 주거문화 자료				비고
					벽화		구조물	껴묻거리	
					개별제재	화면구성			
평양권	평양	보산리 1호분	5세기 후반	외방무덤	널방네벽: 전돌길,기둥, 널방북벽: 장방	벽모서리 및 벽과 천장경계 목조가옥 골조(기둥)			
		용흥리 1호분	5세기 후반	외방무덤	벽화조각: 기와집, 널방북벽: 장방			은반지, 쇠관못, 꺾쇠, 쇠고리	벽화조각 다수
		수산리 벽화분	5세기 후반	외방무덤	널방북벽: 기와집(안채, 치미, 우진각지붕), 평상, 전돌길	벽모서리 및 벽과 천장경계 목조가옥 골조(기둥, 두공, 도리, 활개)/장식무늬, 배부른기둥		인골, 쇠관못	
		수렵총	5세기 후반	외방무덤	널방북벽: 장방, 평상				
		우산리 1호분	5세기 말	외방무덤		벽모서리 및 벽과 천장경계 목조가옥 골조(기둥, 두공, 도리)			
		우산리 2호분	5세기 말	외방무덤		벽모서리 및 벽과 천장경계 목조가옥 골조(기둥, 두공, 도리)		칠기편, 쇠관못	
		덕화리 1호분	5세기 말	외방무덤	전돌길	벽모서리 및 벽과 천장경계 목조가옥 골조(기둥, 도리)/장식무늬			
		덕화리 2호분	5세기 말	외방무덤		벽모서리 및 벽과 천장경계 목조가옥 골조(기둥, 도리)/장식무늬			
		진파리 4호분	6세기 전반	외방무덤	널길 연못				

표 2. 계속

문화권		고분명	편년	무덤구조	건축 및 주거문화 자료				비고
					벽화		구조물	껴묻거리	
					개별제재	화면구성			
평양권	안악	안악 3호분	357	감·곁방 달린여러방 무덤	앞방서쪽곁방: 장방,좌상(사랑채/안채), 앞방동쪽곁방: 부엌(치미, 부뚜막, 바닥녹유전, 기단), 육고(치미,입구계단, 기단), 차고(치미, 기단), 우물,방아간(치미), 외양간, 마구간, 방목장(부속시설)/맞배지붕		널길방입구: 2개의 4각기둥, 앞방입구: 2개의 4각기둥(두공), 널방입구: 3개의 8각기둥(4각주두), 앞방동서곁방입구: 2개의 4각문설주, 널방회랑경계: 석벽 위 3개의 팔각기둥, 좌우4각기둥, 회랑굴절부: 4각기둥: 19개의 돌기둥/주두: 장식무늬	철창, 칠관판, 토기편, 관못, 인골	회랑
		안악 1호분	4세기 말	외방무덤	널방북벽: 대저택(2층각루, 회랑)/조감도식묘사	벽모서리 및 벽과 천장경계 목조가옥 골조(흘림기둥, 2중두공, 굽받침 없는 소로, 도리)/장식무늬		금제장식, 쇠관못	
		복사리 벽화분	5세기 초	외방무덤	널길벽:기둥	벽모서리 및 벽과 천장경계 목조가옥 골조(기둥,3단역계단식두공, 도리)		토기편, 쇠관못	
		안악 2호분	5세기 후반	외방무덤	널방서벽: 전돌길, 널방북벽: 장방, 평상	벽모서리 및 벽과 천장경계 목조가옥 골조(흘림기둥, 2중3두두공, 人자대공, 동자주, 도리)/장식무늬		토기편, 쇠관못	귀족 저택 내부 재현
집안권	집안	만보정 1368호분	4세기 중엽	외방무덤		벽과 천장 목조가옥 골조(기둥, 2중두공, 도리)	널방동벽: 돌아궁이 설치	도제부뚜막, 쇠관못	만장 걸이용 쇠못

표 2. 계속

문화권		고분명		편년	무덤구조	건축 및 주거문화 자료				비고
						벽화		구조물	껴묻거리	
						개별제재	화면구성			
집안권	집안	만보정 645호분	북분	5세기 전반	감·곁방 달린외방무덤		벽과 천장 목조가옥 골조(기둥)			
			남분				벽과 천장 목조가옥 골조(기둥)			
		미인총		5세기 전반	외방무덤		벽과 천장 목조가옥 골조(기둥, 두공, 도리)			
		각저총		5세기 초	두방무덤	널방동남벽: 굴뚝연기부엌(보주장식), 널방동북벽: 장방, 평상, 걸상, 깔개	벽모서리 및 벽과 천장경계 목조가옥 골조(기둥, 두공, 굽받침소로, 도리)			지붕: 볏짚?
		무용총		5세기 중엽	두방무덤	앞방동북벽: 집, 널방동남벽: 부엌·굴뚝연기건물(보주장식, 우진각지붕), 널방동북벽: 장방, 평상, 걸상, 깔개	벽모서리 및 벽과 천장경계 목조가옥 골조(기둥, 두공, 굽받침소로, 도리)			지붕: 기와/판자? 벽: 판자?
		우산하 1041호분		5세기 중엽	외방무덤	널방동벽: 청회색건물지붕, 장방,	벽모서리 및 벽과 천장경계 목조가옥 골조(기둥, 도리)		은그릇, 칠기잔편, 도금장식, 쇠촉, 쇠창, 쇠갑편, 안장장식, 유약토기편, 부뚜막편	
		장천1호분		5세기 중엽	두방무덤	앞방남벽중단: 정자, 부엌, 의자	벽모서리 및 벽과 천장경계 목조가옥 골조(기둥, 도리)			만장걸이용못구멍

❁ 표 2. 계속

문화권		고분명		편년	무덤구조	건축 및 주거문화 자료				비고
						벽화		구조물	껴묻거리	
						개별제재	화면구성			
집안권	집안	마선구 1호분		5세기 중엽	두방무덤	앞방남쪽곁방: 고상창고(귀틀식, 한지붕건물 2채, 우진각지붕), 외양간, 육고, 앞방북쪽곁방: 기와집 2채(치미), 널방남벽: 기와집, 널방동벽: 무덤주인부부(장방?)	벽모서리 및 벽과 천장경계 목조가옥 골조(기둥, 굽받침소로, 도리)	널방중앙천장석받치는 1개 의원기둥	유약바른도제부뚜막, 유약동이, 금잔, 금그릇, 금동마구장식, 골제장식, 동제갈고리, 쇠그릇, 항아리	고상창고지붕: 볏짚/판자?
		산연화총		5세기 중엽	두방무덤		벽모서리 및 벽과 천장경계 목조가옥 골조(기둥, 도리)			
		산성하 332호분		5세기 중엽	외방무덤		벽과천장경계 목조가옥 골조(도리)		항아리, 동제도기편, 쇠촉, 쇠문고리, 쇠갈고리, 쇠못	벽화조각다수
		산성자 귀갑총		5세기 중엽	외방무덤		벽모서리 및 벽과 천장경계 목조가옥 골조(배흘림기둥, 굽받침소로, 도리)			
		환문총		5세기 중엽	외방무덤		벽모서리 및 벽과 천장경계 목조가옥 골조(기둥, 2단역계단식두공, 도리)/장식무늬			
		통구 12호분	북분	5세기 중엽	감·곁방 달린외방 무덤	널길남쪽곁방: 취사도구(부엌?), 널방동벽: 무덤주인(장방?)	벽모서리 및 벽과 천장경계 목조가옥 골조(기둥, 주두, 도리)			
			남분			널길북쪽곁방: 마구간(치미, 맞배지붕), 남쪽곁방: 부엌, 널방동벽: 안채기와집(치미, 맞배지붕), 평상	벽모서리 및 벽과 천장경계 목조가옥 골조(기둥, 주두, 도리)			부엌, 마구간: 청기와 지붕?

표 2. 계속

문화권		고분명		편년	무덤구조	건축 및 주거문화 자료				비고
						벽화		구조물	껴묻거리	
						개별제재	화면구성			
집안권	집안	삼실총	1실	5세기 중엽	외방무덤	동남벽: 전돌길 서북벽: 성곽(2층각루/치미, 우진각지붕) 동북벽: 4채의기와집(2호, 4호는 2층집)	벽모서리 및 벽과 천장경계 목조가옥 골조(기둥, 3단역계단식두공, 도리)		유약도기, 사발, 잔, 항아리, 쇠못, 짐승뼈	
			2실							
			3실							

2. 자료의 분석 및 정리

1) 건축유지

표 1에서 잘 드러나듯이 시중군 노남리유적을 포함한 고구려 초기 마을유적에서 발견된 주거지들은 대부분 평면이 장방형이며 바닥을 지상에 두었다. 방의 한 편에 난방을 위해 'ㄱ'자 고래의 쪽구들을 설치하였다.[2] 장방형 평면의 바닥은 보통 2칸, 혹은 3칸으로 나뉜다. 부엌을 겸한 방 한 칸, 혹은 두 칸과 저장용 공간, 곧 창고로 쓰이는 방 한 칸으로 구성된 경우라고 하겠다. 초기 마을유적에서는 기와가 발견되지 않는다. 이는 민가 지붕이 볏짚이나 억새, 겨릅, 굴피, 너와 등으로 덮여 있기 때문일 것이다. 북창군 대평리유적에서 드러나듯이 고구려 초기의 마을유적 주거지 가운데 바닥 다짐을 하고 주춧돌을 놓고 기둥을 세우는 사례가 있다. 이것은 토목기술의 발전이라는 측면 외에 경제력에 따른 차이가 건축에도 반영되는 경우로 볼 수 있다.

중기 이후 마을유적에서 조사된 주거지는 평면 형태가 방형인 것도 여럿 등장한다. 난방시설로 쪽구들을 설치하지 않은 사례도 다수 발견된다. 이는 이전과 달라진 부분이라고 할 수 있다. 주로 부엌을 겸한 방 한 칸과 창고 용도의 방 한 칸으로 구성되었거나 아예 난방시설이 없는 방 한 칸이나 두 칸으로 이루어진 주거지들이 주류를 이루면서 나타난 현상으로 이해되어야 할 듯하다. 물론 이때 후자는 쪽구들이라는 난방방식이 채택되지 않은 주거로 분류되어야 할 것이다.

고구려 주거지 유적은 부분적인 조사에 그치거나 바닥 시설이 거의 완전히 파괴된 상태로 발견되는 경우도 적지 않다(趙容煥 2015). 이

---

2 쪽구들 시설이 확인된 고구려 주거지유적은 송기호에 의해 일괄적으로 정리되었다(송기호 2006). 『舊唐書』는 고구려 후기에는 민가에서 광범위하게 온돌이 사용되었음을 기록하고 있다(『舊唐書』 卷199, 「東夷」 高麗).

런 사실을 감안한다면 굳이 중기 이후 고구려에서 쪽구들이 더 이상 확산되지 않거나 채택되지 않았다고 판단할 필요까지는 없을 듯하다. 고구려의 평지성이나 산성 내부에서 조사된 주거지 유적들은 건물 용도에 따라 바닥 난방시설 설치 여부가 고려되었음도 염두에 두고 주거 건축의 흐름을 읽는 자세도 요구된다.

중기 고구려 마을유적에서도 기와는 발견되지 않는다. 역시 민가의 지붕은 볏짚이나 나무껍질 등으로 덮었기 때문일 것이다. 3세기 말 고구려 왕자 을불(乙弗)은 숙부 봉상왕(烽上王)의 추적을 피해 압록강 유역 고구려 마을을 돌며 품팔이로 연명한다. 을불이 머슴살이 하던 수실촌인 음모의 집에서 밤마다 기와와 돌을 던져 개구리 우는 소리로 집주인이 잠 못 이루는 일이 없게 하였다는 기사가 전한다.[3] 민가에서도 부유한 백성은 지붕에 기와를 올렸을 가능성을 고려하게 한다. 물론 을불이 몸을 의탁했던 음모가 몰락한 귀족가문의 인물이거나 신분이 낮은 귀족인 소가(小加)였다면 이에 대한 논의는 다른 방식으로 진행되어야 할 것이다. 『구당서(舊唐書)』 고려전(高麗傳)에는 고구려 후기에 기와는 주로 왕실과 관사, 불교사원 및 신묘(神廟)에서 사용되었다고 기록되어 있는 까닭이다.[4]

집안 장천촌유적에서 마을 경계를 두르는 흙과 돌로 쌓은 담장이 확인되었다. 이는 고구려에서 마을 단위의 방어체제나 경계태세가 유지되었을 가능성을 상정하게 한다. 그러나 다른 사례들이 추가로 확인되지 않는 상태에서 더 이상의 논의는 어렵다고 하겠다.

한강 하류지역에서 집중적으로 발견 조사된 고구려 병영시설은 고구려 후기의 것들이다. 군사시설이라는 점에서 주거 일반의 흐름과는 구별하여 살펴볼 필요가 있을 것이다. 한강 연안 구릉지와 산기슭

3 『三國史記』 卷17, 「高句麗本紀」 5, 美川王 卽位條.

4 『舊唐書』 卷199, 「東夷」 高麗.

에서 조사된 초소, 보루유적의 건물지 역시 대다수가 평면 장방형이며 지상식이다. 대부분의 보루유적에서 기와가 발견되지 않는다. 그러나 서울 홍련봉1보루유적과 연천 호로고루에서 다수의 기와편이 수습되어 병영 건물들 가운데에도 지붕을 기와로 덮는 사례가 있음을 알게 되었다(崔鐘澤·李秀珍·吳恩姃·吳珍錫·李廷範·趙晟允 2007; 한국토지공사 토지박물관 2001).

구리 아차산4보루를 비롯하여 고구려 병사들의 숙소로 쓰였을 것으로 추정되는 건물지 대부분에서 '一'자 및 'ㄱ'자 고래의 쪽구들이 발견된다(그림 1~5). 일반적으로 병영의 숙소시설에는 온돌을 설치하여 사용했음을 알 수 있다. 건물지의 평면 너비와 비교할 때 쪽구들이 차지하는 비율이 건물에 따라 일정치 않은 것은 장교와 병사들의 숙소가 구분되었던 것과 관련이 깊은 듯하다(임효재·최종택·양성혁·윤상덕·장은정 2000). 일반 병사들이 사용한 규모가 큰 건물지 안에서는 취사도 함께 이루어졌을 가능성이 높다.

집안 동대자 주거지는 다양한 무늬기와가 발견되어 조사자들의 눈길을 끌었다. 동대자 주거지는 사직(社稷), 종묘(宗廟)와 관련된 건물지로 추정되기도 하고 생활주거로 규정되기도 한다(그림 6).[5] 4기의 주거지 가운데 회랑으로 둘러싸인 중심 주거지 2기에서 쪽구들 시설이 발견되었다. 동대자 주거지는 일반 귀족의 저택이든 제사용 건물이든 일정 규모 이상의 기와집에도 온돌이 설치되어 사용되었음을 확인시켜 준다. 1호주거지에서 확인된 촘촘히 배열된 기둥 흔적은 이 건물이 사당식 대형건축물의 가구에 적합한 천두식 구조로 지어졌음을 추측하게 한다.[6]

---

5 李殿福, 윤장섭은 동대자유적을 제사가 이루어지는 종교적 공간으로 보았으나 한인호는 살림집 곧 귀족가문의 생활주거로 보았다(李殿福 1994; 윤장섭 1996; 한인호 1995).

6 방기동은 1호주거지의 독특한 구조 및 시설에 주목하여 392년 세워진 國社, 곧 왕실의

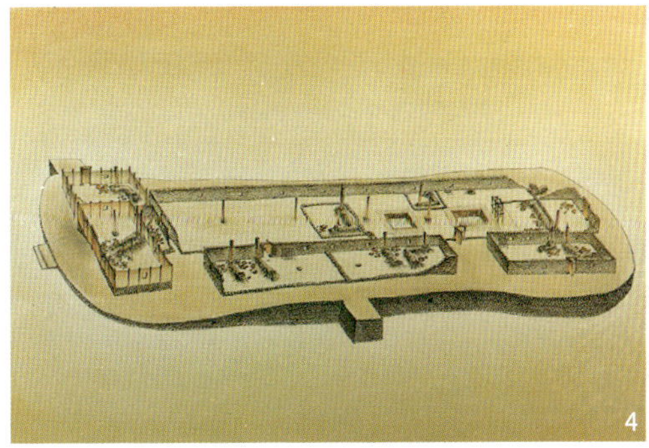

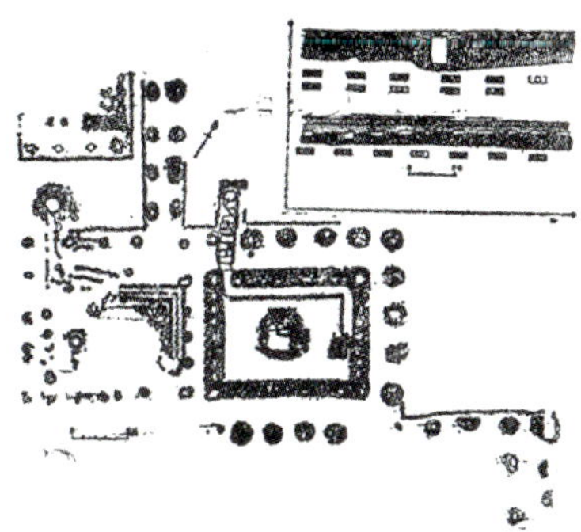

6

❁ 그림 1. 온돌 유구 복원 모형(구의동보루, 서울대학교박물관)
❁ 그림 2. 온돌 설치 소형 보루(상상복원도, 구의동보루, 서울)
❁ 그림 3. 온돌 유구(아차산4보루, 구리)
❁ 그림 4. 대형 보루 내부 복원도(아차산4보루, 구리)
❁ 그림 5. 온돌 설치 소형 보루(상상복원도, 아차산4보루, 구리)
❁ 그림 6. 동대자 주거지(평면도, 중국 집안)

사직과 종묘로 보았다(方起東 1982).

고구려 사원유적 건물지에서는 쪽구들이 제한적으로 발견된다. 평양 청암리사지와 상오리사지의 건물지에서는 온돌의 흔적이 확인되지 않았다. 16기의 건물지가 확인된 평양 정릉사지에서도 쪽구들은 4기에서만 발견되었다. 이로 보아 사원의 경우에는 일상 주거건물에도 온돌이 설치되지 않았음을 짐작할 수 있다. 쪽구들이 확인된 건물지는 음식조리 등의 목적에 사용되는 부엌이나 사원의 관리를 맡은 사람들의 기거를 위한 공간이었을 가능성이 높다.

궁궐 건물지에서도 쪽구들 온돌은 발견되지 않는다. 안학궁은 24기에 이르는 건물지에서 바닥 온돌의 설치 사례가 확인되지 않았다. 고구려 후기까지 궁궐 건물에는 쪽구들을 놓는 바닥 난방 방식이 수용되지 않았다는 해석을 가능하게 한다. 여기서 문제가 되는 것은 고구려에서 쪽구들은 부뚜막에서 이어지는 시설이라는 사실이다. 쪽구들이 발견되지 않았다는 것은 음식물 조리를 위한 시설이기도 한 부뚜막이 궁궐 안에 한 군데도 없었다는 해석도 가능하게 한다는 점이다. 궁궐에 기거하며 살림을 떠맡는 낮은 신분의 인물들도 쪽구들이 설치되지 않은 공간을 숙소로 배정받아 사용했다는 뜻도 된다. 도대체 궁궐의 부엌은 어디 있었을까. 이 경우 궁궐 부엌에서 사용하는 조리용 부뚜막은 일반 민가나 병영, 사원의 것과는 다른 형태로 만들어져 사용되었다고 보는 것이 타당할 듯하다. 고분에서 출토되는 부뚜막 모형이 조리용 시설로서 부뚜막의 형태를 잘 보여 준다고 해야 할 것이다.

2) 고분

건축유지에는 건축물의 규모, 바닥 시설에 대한 정보가 잘 남아 있다. 이와 달리 고분에는 건축물의 지상 구조와 형태를 알게 하는 벽화와 실물이 남아 있고 가옥 및 내부 시설의 모형이 껴묻거리로 남아 있는 경우도 있다. 상호 보완되는 두 종류의 자료를 엮어 실물 복원까지 시도할 수 있다.

벽화고분에 묘사된 건물들은 대부분 지붕에 기와골이 있어 기와집임을 알게 한다. 이는 벽화로 그려지는 건물들이 귀족저택이거나 성곽이기 때문이다. 성곽의 문루, 부속건물, 관청이나 사원은 기와를 사용하여 지붕을 덮게 마련이다. 기와지붕의 양끝을 장식하는 치미는 건물의 격을 나타내는 방법이기도 하다. 안악3호분의 경우 부엌이나 육고와 같은 부속건물에도 치미가 장식되었다(그림 7). 이는 무덤주인의 지위를 나타내려는 의도 때문으로 보인다.

벽화 속 기와집의 지붕 형태는 부속건물일 때 맞배지붕, 주요건물인 경우 우진각지붕이 일반적이다. 그러나 쌍영총 벽화의 건물처럼 우진각지붕으로 보기에 애매한 사례도 발견된다(그림 8).[7] 우진각지붕 건물 가운데에는 지붕의 처마 끝이 살짝 들리도록 부드럽게 꺾어 올리는 안허리곡 및 솟음기법이 적용된 것으로 보이는 사례도 있다(徐廷昊 2004). 오늘날까지 남아 있는 이런 기법의 기원을 짐작할 수 있다.

고분벽화 화면구성의 한 요소로 등장하는 목조가옥의 골조 그림과 일부 벽화고분의 천장 구조물은 고구려 건축물의 부재와 짜임뿐 아니라 목재를 다듬는 방식, 가옥 내부의 장식기법, 내용까지 눈으로 확인할 수 있게 한다. 태성리1호분의 실물 기둥은 8각흘림기둥의 존재를 알게 하며 팔청리벽화분의 실물기둥은 4각흘림기둥도 있었음을 확인시켜 준다(그림 9).[8] 또한 마선구1호분은 원기둥의 실물을 보여 주는 경우다(그림 10). 덕흥리벽화분을 비롯하여 감신총, 대안리1호분, 쌍영총, 수산리벽화분 등 다수의 벽화고분에 배부른 기둥이 묘사된

7 김동현은 우진각지붕의 익사를 좌우에 접속시킨 합각 구조로 이해하였다(金東賢 1996).

8 팔청리벽화분의 실물석주는 민흘림이 아닌 배흘림기법으로 치석된 유일한 예로 이해된다(金正基 1996). 김영숙은 산성자귀갑총 기둥그림도 배흘림기법이 적용된 사례로 보았다(김영숙 1988).

❁ 그림 7. 부엌과 육고(안악3호분, 북한 안악)
❁ 그림 8. 안채(쌍영총, 북한 남포)

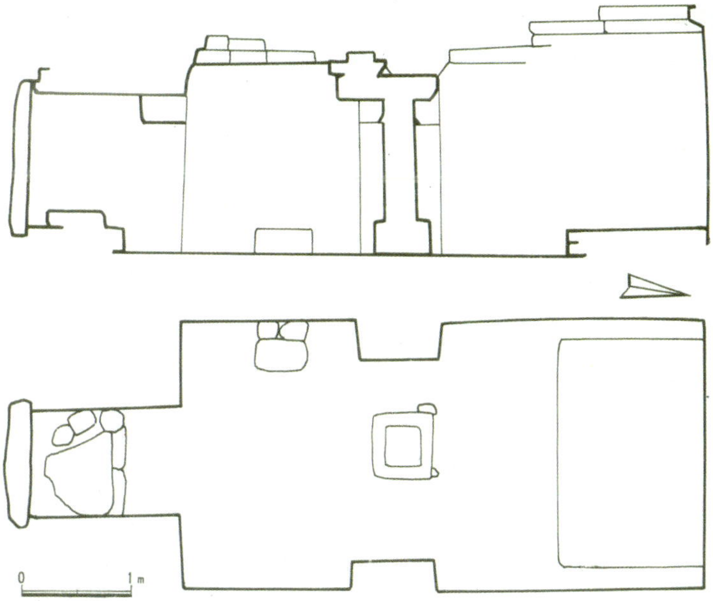

9

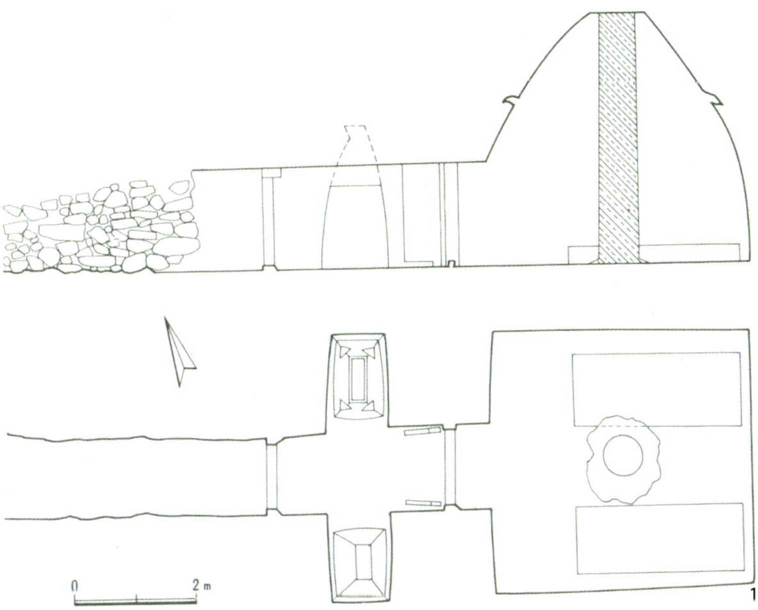

10

❁ 그림 9. 사각기둥 설치 벽화고분(팔청리벽화분 실측도, 북한 대동)

❁ 그림 10. 원기둥 설치 벽화고분(마선구1호분 실측도, 중국 집안)

것은 실제 건축물을 지탱하는 주요 기둥들이 원기둥이었을 가능성을 강하게 시사한다(金正基 1971).[9]

표 2에서 확인되듯이 다양한 형태의 기둥 위에 올린 두공은 2두식, 3두식, 2중3두식 등으로 나뉜다(그림 11). 각 유형의 두공은 주두나 소로에 굽받침이 있는 것과 없는 것이 있으며 이들 공포 끝을 처리하는 선의 흐름도 여러 가지다. 주두와 두공이 그려진 고분벽화의 편년을 함께 고려하면 주두를 층계식으로 다듬은 두공 출현 이전의 형식이 가장 이른 시기의 것이며 두공식 가운데 이른 것이 2두식일 것이라는 점이 지적된다(김영숙 1988; 윤장섭 1996).[10] 익공식, 포식 두공의 유형별 선후관계는 명확치 않은 면이 있다.[11] 357년 묵서명이 있는 안악3호분에 8각 석주 위에 올린 비교적 단순한 형태의 공포가 등장한다. 이로 보아 고구려에 이런 형태의 건축부재가 나타난 시기는 최소한 4세기 중엽 이전으로 올라감을 알 수 있다.[12]

덕흥리벽화분, 수산리벽화분, 안악2호분, 환문총에서는 다양한 무늬를 사용한 장식기법이 맵시를 드러낸다. 고분벽화의 기둥과 주두, 도리에 같은 형태의 무늬를 반복하여 장식하는 기법은 주의(柱衣)라는 단청기법의 원류로 이해되기도 한다(徐廷昊 2004). 오늘날까지 내려오는 단청기법과의 관련성이 거론될 수 있다는 점에서 주의가 기울여진다. 천왕지신총은 벽화와 실물을 통해 알게 되는 매우 다양한 형태의

9 이외 고구려 건축물에 단면 타원형 기둥이 사용되었을 가능성이 거론되기도 한다(張馭 1958).

10 關口欣也는 고구려 고분벽화 목조건축 그림의 2두식 두공을 중국 東晋에서 유래한 것으로 보았다(關口欣也 1976). 김동현은 3두식 두공을 6세기 전반 집안지역에서 유행한 것으로 보았다(金東賢 1996). 그러나 김동현이 근거로 제시한 각저총, 무용총, 산성자 귀갑총 등은 편년상 6세기로 내려오기 어렵다.

11 김영숙은 5세기에 이르러 익공식 두공과 포식 두공이 비슷한 시기에 출현한 것으로 보았다(김영숙 1988).

12 김정기는 3두식 두공과 '人'자대공이 北魏에서 유래된 것으로 보았다(金正基 1996). 그러나 주요 벽화고분의 편년을 고려하면 이는 재고의 여지가 있다.

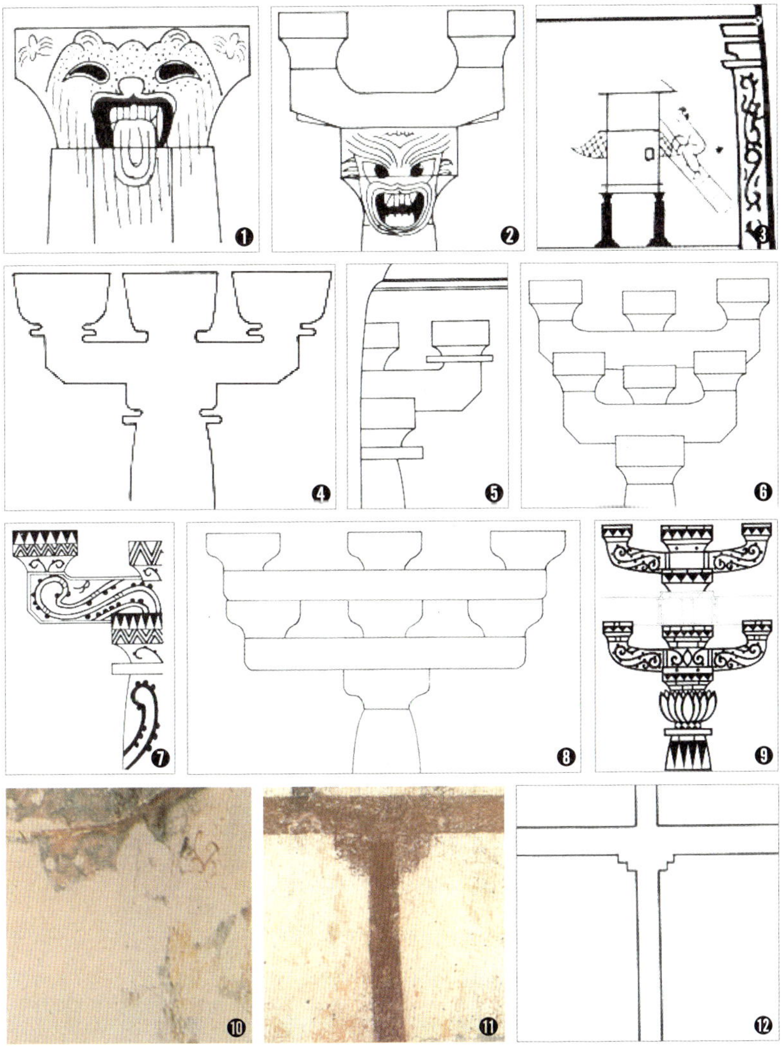

그림 11. 벽화고분에서 확인되는 주두와 두공

1. 안악3호분(북한 안악), 2. 안악3호분(북한 안악), 3. 덕흥리벽화분(북한 남포), 4. 무용총(중국 집안), 5. 산성자귀갑총(중국 집안), 6. 용강대묘(북한 남포), 7. 안악2호분(북한 안악), 8. 안악1호분(북한 안악), 9. 수산리벽화분(북한 남포), 10. 통구12호분(중국 집안), 11. 약수리벽화분(북한 남포), 12. 만보정1368호분(중국 집안)

부재와 짜임 방식이 어느 정도 복잡하게 맞물리면서 화려한 건축구조로 선보일 수 있는지를 보여 준다. 고구려 건축물 복원에 필요한 주요한 정보를 가장 많이 모아 남긴 사례라고 하겠다(전호태 2004a).

요동성총, 약수리벽화분, 용강대묘, 안악1호분 등에 그려진 대저택 및 성곽은 건축유지 발굴로 확인되는 고구려 건축물의 구성과 배치를 입체적으로 이해할 수 있게 한다. 요동성총 요동성도에 그려진 육왕탑(育王塔)은 주초부분만 남은 고구려 불탑(佛塔)의 외형을 알게 한다(그림 12). 평양 금강사탑의 복원을 시도할 경우 요동성도는 우선

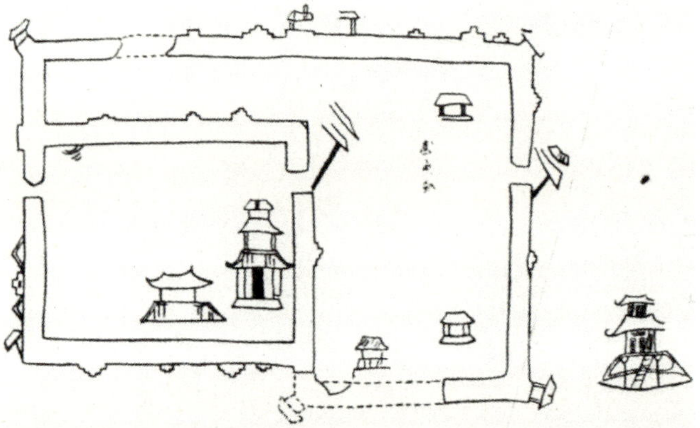

12

13

그림 12. 요동성(요동성총 벽화 모사선화, 북한 순천)
그림 13. 요동성 복원 모형(중국 심양 요녕성박물관)

적으로 검토되어야 할 자료다. 삼실총 공성도의 성곽도는 무덤주인의 전공(戰功)과 관련된 것으로 보여 고구려의 성곽으로 규정하기는 어려울 듯하다(金正基 1971).

안악3호분 벽화에 그려진 부엌의 부뚜막은 아궁이가 굴뚝 구멍과 일직선으로 이어지게 설치되지 않고 직각으로 굽어지는 방향에 구멍이 뚫어졌다(그림 14). 부뚜막의 솥 확과 굴뚝까지의 거리도 길게 '一'자로 뻗게 만들어졌다.[13] 이는 벽화 속 부엌의 부뚜막이 취사와 난방을 겸할 수 있는 시설임을 보여 준다. 부뚜막의 연통이 구들 역할도 할 수 있도록 만들어지는 과정에서 나타난 현상으로 볼 수 있다. 고구려 고분에서 꺼문거리로 출토되는 다른 부뚜막 모형들도 안악3호분 부엌의 부뚜막과 형태가 같다(그림 15).

부엌과 함께 그려진 육고(肉庫)는 안악3호분, 태성리1호분, 팔청리

14

15

그림 14. 부뚜막(안악3호분, 북한 안악)
그림 15. 철제 부뚜막 모형(순천 용호동1호분, 국립중앙박물관)

13 아궁이의 방향이 직각으로 꺾인 것은 강한 바람의 영향으로 굴뚝으로 공기가 들어오더라도 연소열과 불길이 바깥으로 나오지 않게 하려는 것이다(한인호 1995: 20~21; 張慶浩 2002; 박경신 2006).

그림 16. 고상창고(팔청리벽화분, 북한 대동)
그림 17. 옥미창(중국 집안)

벽화분, 마선구1호분 등에 보인다. 벽화는 귀족저택에 실제로 육고가 있었음을 알게 하지만 무덤주인이 이를 과시하려는 의도로 그리게 했다고 볼 수도 있다. 고상창고는 전형적인 귀틀식 구조의 건축물로 덕흥리벽화분, 팔청리벽화분, 마선구1호분에 묘사되었다(그림 16). 외형과 기능상 오늘날 중국의 집안, 환인일대에 남아 있는 옥미창(玉米倉, 옥수수창고)과 형태가 크게 다르지 않다(朱南哲 1994)(그림 17). 고구려시대에는 '부경(桴京)'이라는 고상창고가 가가호호에 있었다. 고구려 멸망 이후 옛 고구려 땅의 일부 지역에만 이런 건축물을 지어 사용하는 관습이 남게 되었음을 알 수 있다. 마선구1호분에 묘사된 고상창고는 한 지붕 밑에 두 채의 귀틀집이 나란히 만들어진 경우다. 일본 나라 동대사 정창원의 시원이 된 것으로 보기도 한다(金正基, 1996).

차고는 안악3호분과 태성리1호분에 벽화로 남아 있고 평양역전벽화분에는 흔적만 있다(그림 18). 이는 고구려 귀족들이 외부 행차 때에 소가 끄는 우차(牛車)를 타는 관습이 있었음을 알게 한다(전호태 2000a)(그림 19). 벽화에 다른 부속건물과 함께 차고가 그려졌으나 벽화의 탈락으로 남지 않게 된 경우도 적지 않을 것으로 보인다. 벽화에

❁ 그림 18. 차고(안악3호분, 북한 안악)
❁ 그림 19. 우차를 탄 귀족(안악3호분, 북한 안악)

보이는 외양간, 마구간, 방앗간, 우물 등의 시설 및 건물 역시 귀족저택의 기본적인 살림살이의 일부라고 하겠다(그림 20~23).

연못은 덕흥리벽화분과 진파리4호분에만 묘사되었다. 건축유지에도 연못 자리임을 알게 하는 사례들이 있다. 산성이나 평지성에서 연못이 다수 확인된다. 이로 보아 고구려의 귀족저택에 연못이 있었음을 부인할 필요는 없다고 하겠다. 전돌길은 고산동1호분, 수산리벽화분, 안악2호분, 삼실총, 덕화리1호분 등에 묘사되었다(그림 24). 귀족

✽ 그림 20. 외양간(덕흥리벽화분, 북한 남포)
✽ 그림 21. 마구간(덕흥리벽화분, 북한 남포)

❁ 그림 22. 방앗간(안악3호분, 북한 안악)
❁ 그림 23. 우물(안악3호분, 북한 안악)
❁ 그림 24. 전돌길을 걷는 인물 행렬(덕화리1호분, 북한 대동)

저택의 시설물 가운데 하나로 보아도 무리가 없을 듯하다.

고분벽화에서 무덤주인은 대부분 장방 안에 놓인 평상이나 좌상 위에 정좌한 모습으로 묘사된다. 쌍영총, 수렵총의 무덤주인부부는 신발을 벗은 상태로 좌상 위에 올라가 앉아 있다(그림 25). 무용총의 경우 같이 주인이나 손님 모두 등 받침이 없는 낮은 의자에 앉은 경우도 있다(그림 26). 당시의 생활양식과 관련하여 주목되는 부분이다.

❁ 그림 25. 좌상 위의 귀족부부(수렵총 벽화 모사선화, 북한 남포)
❁ 그림 26. 의자에 앉은 귀족 남자(무용총 벽화 모사도, 중국 집안)

3. 주거문화와 생활양식

고구려 백성의 주거는 '一'자형 초가가 기본형이었다. 방에 'ㄱ'자나 '一'자 고래의 쪽구들을 설치하여 겨울의 추위에 대비했다. 쪽구들 외의 바닥은 흙다짐 위에 짚이나 돗자리 등을 두껍게 깔아 냉기를 막았던 것으로 보인다. 결국 고구려 민가에서 실내생활은 좌식과 입식이 혼용된 반(半)좌식이었다고 해야 할 것이다. 몇몇 발굴사례로 보아 마을 둘레로는 얕은 담을 설치하여 경계로 삼았다.

고분벽화 제재의 배치 방식은 고구려 귀족저택은 사랑채 역할을 하는 바깥채와 살림집인 안채로 구분되었음을 알게 한다. 『삼국지(三國志)』 고구려(高句麗)에 언급된 대옥(大屋), 소옥(小屋)이 벽화의 바깥채와 안채에 해당한다고 하겠다.[14] 안악3호분과 덕흥리벽화분의 벽화 제재 배치는 그 전형적인 사례라고 할 수 있다(전호태 1999: 153~154). 안악3호분은 무덤주인부부가 서쪽곁방에 그려지고 안채의 살림시설인 부엌, 육고, 우물, 방앗간, 외양간, 마구간 등은 동쪽곁방에 묘사되었다. 널방에는 서벽에 가무장면이 그려졌다. 이 경우 서쪽곁방과 널방은 사랑채와 안채의 본채, 동쪽곁방은 사랑채와 안채의 살림시설이 된다(그림 27). 널길 방은 대문과 좌우에 달린 행랑채에 해당하고 앞방은 바깥뜰과 안뜰이 된다. 'ㄱ'자 회랑은 안채의 회랑 및 후원이라고 할 수 있다.[15]

덕흥리벽화분에는 무덤주인이 앞방 북벽에 그려지고, 널방 안벽에도 묘사된다. 이는 앞방이 사랑채, 널방이 안채로 상정되었기 때문일 것이다(그림 28, 29). 앞방 북벽 서쪽에 그려진 무덤주인과 앞방 서

14 『三國志』 卷30, 「魏書」 烏丸 · 鮮卑 · 東夷傳 30, 高句麗.

15 북한학계는 이 공간 전부를 안채를 중심으로 여러 시설이 배치되고 기능이 주어진 것으로 설명한다(사회과학원 고고학연구소 1977: 215).

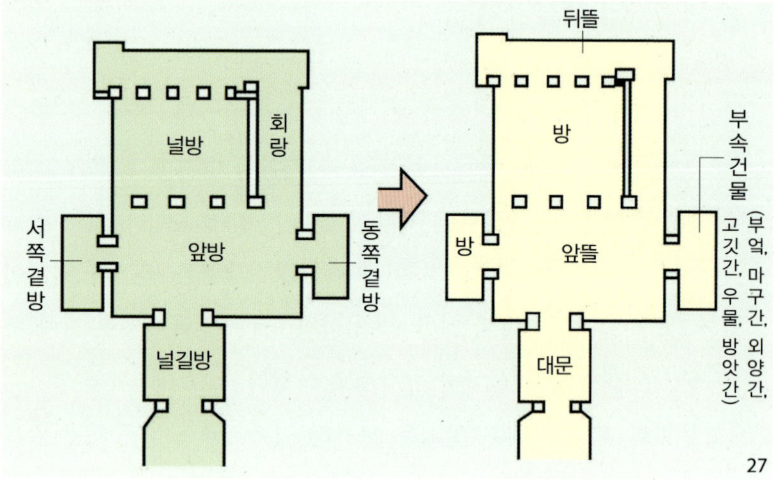

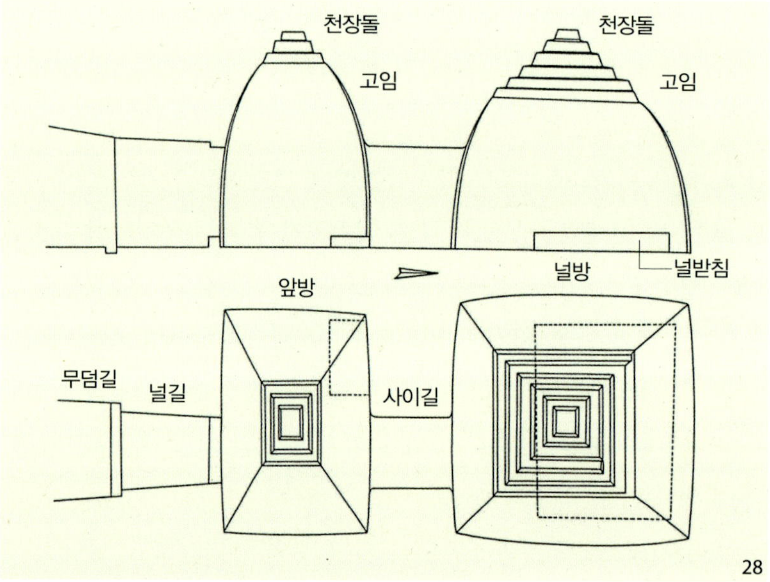

❁ 그림 27. 벽화 제재 배치로 본 안악3호분 주인의 저택 구조

❁ 그림 28. 덕흥리벽화분 실측도

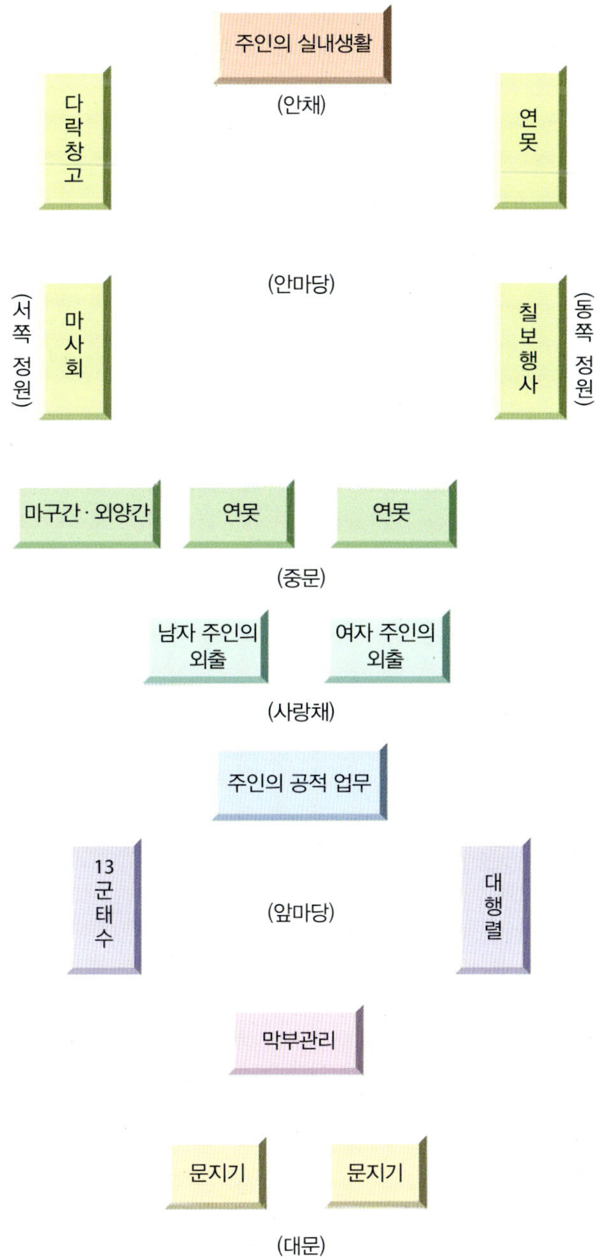

그림 29. 벽화 제재 배치로 본 덕흥리벽화분 주인의 저택 구조

벽의 13태수배례도는 귀족저택의 사랑채가 관사로서의 성격도 지니고 있었음을 구체적으로 알게 한다(한인호 1995: 17). 살림시설은 모두 널방 각 벽에 표현되어 이런 시설이 주로 안채에 배치되었음을 알려준다. 널방 동벽과 남벽 동쪽에 그려진 연못 및 칠보행사 장면은 안뜰의 동쪽구역이 연못이 있는 정원이었음을 뜻한다. 서벽 남쪽의 마사희 장면은 안뜰 서쪽구역이 여러 가지 놀이와 행사가 가능한 공간이었음을 시사한다. 앞방과 널방 사이의 이음길은 중문간, 앞방 남쪽의 널길은 대문간이라고 하겠다.

벽화로 볼 때 귀족저택 건물 뼈대를 이루는 기둥, 두공, 도리에는 다양한 장식무늬를 넣었고, 지붕은 기와로 덮었다. 살림채의 부속건물은 맞배지붕이며 사랑채와 안채에 해당하는 중심건물은 우진각지붕이다. 사원뿐 아니라 귀족저택이나 관사, 궁궐 건물지에 사용되는 기와에는 다양한 무늬를 넣었다(그림 30). 기와의 무늬가 고구려 귀족과 왕실의 사유세계와 일정한 상관관계가 있는지도 관심을 둘 만하다(백종오 2006).

성곽도 및 유적 발굴 결과로 보아 사원이나 관청, 궁궐의 주요건물 가운데에는 중층 건물들이 적지 않았다. 귀족 저택을 포함하여 고급 주거 및 주요 건물 사이에는 전돌길이 만들어졌다. 고구려 귀족저택이나 궁궐 등에서 연못을 동쪽에 두는 관습이 성립했는지 여부는 확실치 않다(徐廷昊 2004). 덕흥리벽화분의 경우, 앞방 남벽의 동쪽과 서쪽, 널방 동벽의 북쪽 등 여러 곳에 연못이 보인다.

일반 민가 및 일부 귀족저택, 제사용 건물 외 대부분의 귀족저택, 사원, 관청, 궁궐의 주거용 건물에는 온돌이 설치된 흔적이 보이지 않는다. 이런 건물에서는 입식 생활을 가능하게 하는 화로와 같은 이동성 난방기구들이 사용되었으리라 추정된다. 바닥 난방을 택하지 않은 건물에 설치된 평상에는 겨울 추위를 이겨낼 수 있도록 두터운 침구가 마련되었다고 보아야 할 것이다. 경제조건상 보온성이 높은 침구

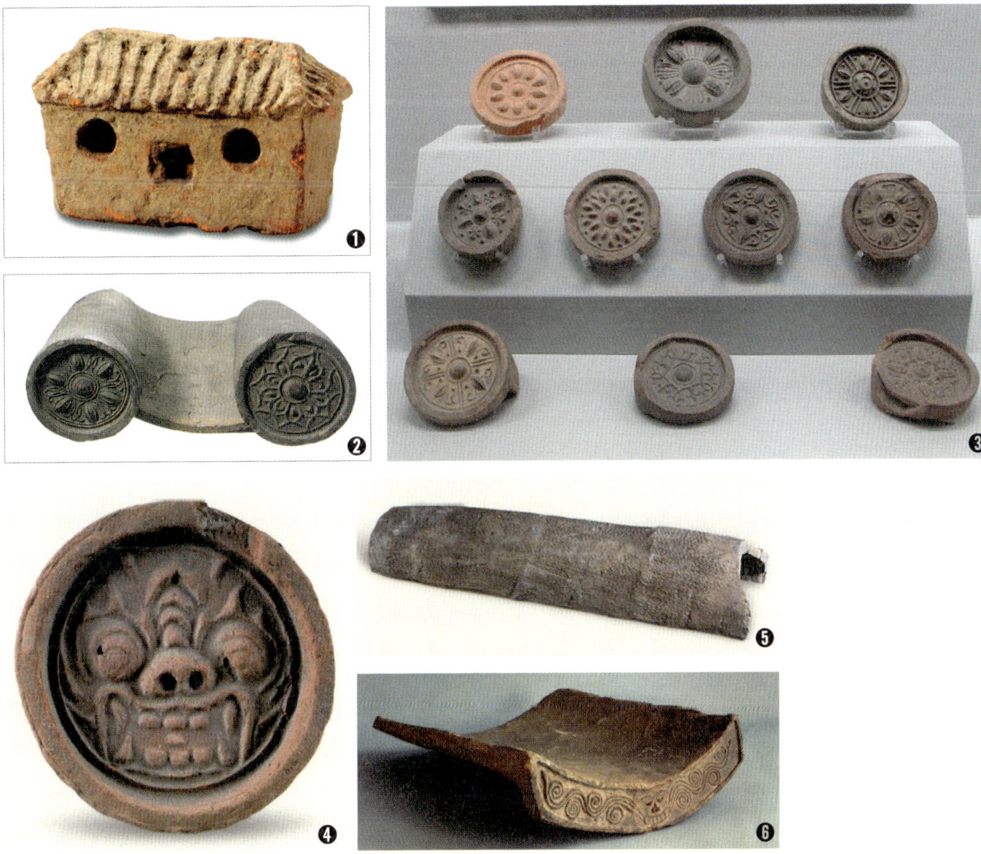

그림 30. 기와집 모형과 와당
1. 기와집 모형, 2. 암수기와, 3. 수막새(평양, 국립중앙박물관), 4. 용면문기와(환도산성 궁전지, 중국 집안), 5. 수키와(우산하2110호분, 중국 집안), 6. 암키와(평양, 조선중앙력사박물관)

를 마련할 수 없는 일반 백성은 차가운 겨울날씨를 견디기 위해 취사용 부뚜막에서 고래를 길게 내 만든 쪽구들을 기본 난방수단으로 삼았다고 보아도 무리는 아닐 것이다.

고구려에서는 대부분의 귀족이 입식생활에 편리하도록 지어진 기와집에 거주한 것으로 보인다. 이와 달리 일반 백성들은 입식과 좌식을 겸할 수 있는 쪽구들 온돌 초가에서 지냈다고 하겠다. 그럼에도 불구하고 고구려에서 신분, 지위에 관계없이 좌식생활에 적합하지 않은 저고리와 바지 위주의 복식문화가 유지된 것은 고구려인이 처음부터 정주농경 위주의 문화를 가꾸어 오지는 않았기 때문일 수 있다. 복식문화에서 바지는 수렵, 목축 위주 생활양식과 관련이 깊다.

이와 관련하여 한 가지 더 주목되는 것은 귀족들은 좌식생활에 적합한 주거조건을 갖추지 않았음에도 실내에서 평상이나 좌상 위에 신발을 벗고 올라가 온돌방에 앉듯이 편안하게 책상다리 자세로 앉는 경우가 잦았다는 사실이다. 이는 귀족들이 입식생활에 익숙한 사람들에게는 쉽게 찾아보기 어려운 자세로 앉는 데에 별다른 어려움을 느끼지 않았음을 의미한다. 저고리와 바지 차림의 수렵, 목축계 민족이 의자에 앉기를 즐겨 하고 이를 편하게 여기는 것과 대조적이다. 이는 고구려 백성과 귀족이 일상생활 중 평상을 자주 사용하는 좌식생활에 익숙했거나 익숙해지는 상태였음을 시사한다.

무용총 벽화의 예로 보아 귀족들은 실내에서 신발을 신은 채 걸상에 걸터앉아 식사를 하거나 대화를 나누는 데에도 익숙했음이 확실하다. 귀족저택 안에는 온돌이 설치되지 않는 것이 일반적이었다. 이를 고려하면 고구려의 귀족에게는 이런 방식의 입식생활이 낯설지는 않았을 것이다. 그러나 고분벽화에 걸상보다는 평상이나 좌상이 자주 등장하는 것으로 보아 입식 위주 주거에서 생활하던 귀족들도 알게 모르게 온돌문화에 바탕을 둔 좌식생활이 몸에 배어 있었음은 부인할 수 없다고 하겠다.

고분벽화에서뿐 아니라 무덤에 부장된 모형에서도 형태와 기능을 짚어볼 수 있는 고구려의 부뚜막은 조리할 그릇을 올리는 확이 하나다. 이는 확이 3개이거나 그 이상인 중국 한~당 시기 유적 출토 부뚜막과 대조된다. 고구려 부뚜막의 용도 및 구조, 음식문화의 특징을 알 수 있다. 부뚜막 아궁이에 불을 땠을 때에 조리에 소모되는 열량을 가능한 한 줄여 이를 난방에 사용하려는 의도가 바탕에 깔리면서 고구려 부뚜막의 아궁이 방향, 부뚜막 확의 수, 부뚜막의 긴 고래, 굴뚝의 방향이 결정되었다고 하겠다.

난방을 겸하도록 만들어진 부뚜막에 조리를 위한 확을 하나만 뚫음으로써 고구려인은 죽이나 밥 같은 주식만 따뜻하게 익혀 조리하고 부식으로 사용되는 그 외의 음식, 곧 국과 반찬은 부뚜막 외의 다른 이동용 조리 기구에서 임의로 끓이거나 익힐 수밖에 없게 된다. 그러나 당시의 음식조리 조건이나 관습을 감안할 때 여름을 제외하면 따뜻하게 먹는 국 이외의 음식은 별도로 열을 가하는 과정을 거의 거치지 않았다고 보는 것이 적절할 듯하다. 한 번 익혔던 것을 버무려 무치거나, 이미 소금으로 절인 밑반찬을 약간 더하는 수준에서 부식이 마련되었다고 보아야 할 것이다. 중국과 달리 주식과 부식으로 구분되는 고구려 음식문화의 특징과 원인을 여기서 찾아볼 수 있다고 하겠다.

벽화에 그려졌거나 고분에서 출토된 모형 부뚜막과 다른 형태의 부뚜막이 고구려에서 사용되었을 가능성은 여전히 남아 있다. 안학궁과 같은 궁궐 건물지에서 전혀 쪽구들 시설이 발견되지 않는 점에 유의할 필요가 있다. 고구려의 민가나 귀족 저택에서 사용되던 것과는 다른 형태의 조리용 부뚜막이 존재했음을 고려하게 하는 까닭이다. 궁궐의 부엌에서 왕과 왕실의 인물을 위해 음식을 조리할 때 난방 기능이 전혀 없는 여러 개의 확이 뚫린 별도의 조리용 부뚜막이 만들어져 사용되었다고 보아야 쪽구들이 전혀 없는 궁궐 건물지의 용도에 대한 자연스런 해석이 가능하다. 이 경우 궁궐의 음식문화는 주식, 부식이 뚜렷이 구별되는 민간과는 다른 방식으로 전개되었다고 보아야 할 것이다.

고구려의 건축 및 주거문화 연구 자료는 주요 건축유지 발굴조사 결과 및 고분벽화를 통해 어느 정도 정리가 가능하다. 고구려의 마을 유적, 관방유적, 사원지, 궁궐지 발굴 결과와 고분벽화의 건물도 및 건물도 배치방식, 벽화고분 내 실물 건축부재, 유적 출토 건물 및 부대

시설 모형 등을 종합적으로 검토해 보면 고구려 건축 및 주거문화의 기본 양상이 일부분 드러난다.

고구려 초기부터 민가에는 쪽구들이 설치되어 겨울철 난방수단으로 활용되었다. 관방시설에 속하는 보루나 성의 건물지에도 방 한 편에 '一'자 고래나 'ㄱ'자 고래를 놓는 온돌 난방이 수용되었다. 귀족 저택에서는 이러한 난방방식이 적극적으로 채택되지 않았다. 온돌난방은 사원에서도 제한적으로 수용되었고 궁궐에서는 전혀 받아들여지지 않았다. 이로 보아 고구려에서는 오랜 기간 좌식과 입식 생활이 혼용되었으며 계층에 따라 혼용의 정도에 차이가 있었음을 알 수 있다.

고구려에서 민가는 주로 초가로 지어졌으나 대부분의 귀족저택이나 관청, 사원, 궁궐 등은 지붕에 기와를 올린 기와집이었다. 고분벽화의 제재 배치 방식으로 볼 때 귀족저택은 평면구조상 사랑채와 안채로 나뉘었고 살림시설은 안채 공간에 배치되었다. 귀족저택과 사원, 궁궐의 주요 건물 사이는 전돌길로 이어졌으며 건물의 기둥, 도리, 보는 다양한 무늬로 장식되었다. 고분벽화는 궁궐이나 사원뿐 아니라 귀족저택에도 2층 건물이 있었음을 확인시켜 준다.

고구려에서 온돌 난방이 확산되고 평상이 일상적으로 사용되면서 고구려인은 좌식생활에 더욱 익숙해졌다. 난방과 취사를 겸하도록 고안된 부뚜막이 널리 사용됨으로 말미암아 고구려인의 음식문화는 주·부식체계로 정리되며 음식조리법도 이에 영향을 받는다. 좌식 생활이 점차 일상화되는 와중에도 고구려인의 의복문화가 상·하의 체계를 유지한 것은 고구려인이 본래는 정주농경이 아닌 수렵목축을 생계양식으로 삼았던 민족임을 시사한다.

❁ 별표 1. 건축 및 주거문화 자료가 확인되는 평양지역 벽화고분 참고문헌

연번	고분명	참고문헌
1	태성리3호분	발굴보고 2002: 37~39; 고구려연구재단 2005: 47~48
2	태성리2호분	채희국 1959a: 101~108, 도54~56
3	태성리1호분	채희국 1959a: 88~101, 도48~53
4	평양역전벽화분	과학원고고학및민속학연구소 1958: 17~24
5	동암리벽화분	리창언 1988: 37~46
6	덕흥리벽화분	박진욱 · 김종혁 · 주영헌 · 장상렬 · 정찬영 1981
7	요동성총	과학원고고학및민속학연구소 1958b: 4~9, 도판1~10
8	약수리벽화분	주영헌 1963: 136~152, 도판64~76
9	장산동1호분	주영헌 1962: 39~47
10	장산동2호분	주영헌 1962: 39~47
11	옥도리벽화분	동북아역사재단 편 2011: 1~61, 도1~121
12	감신총	關野貞, 1914b; 李王職 1916: 図69~83
13	동산동벽화분	동북아역사재단 편 2011: 62~66, 도128~133
14	가장리벽화분	채희국 1959b: 64~66
15	팔청리벽화분	전주농 1963b: 162~170, 도79~87
16	용강대묘	朝鮮總督府(關野貞 外) 1915b: 図510~526; 關野貞 1941: 391~392
17	고산동7호분	채희국 1964: 29~51, 도48~55
18	고산동20호분	김사봉 1990: 24~25
19	계명동고분	朝鮮總督府(關野貞 外) 1915b: 図657~658
20	성총	關野貞, 1914b; 李王職 1916: 84~90
21	고산동9호분	關野貞 1913: 13~14; 朝鮮總督府 1914: 57, 102, 140~141, 図15~23
22	연화총	朝鮮古蹟研究會(小場恒吉 · 有光教一 · 田窪眞吾) 1938: 1~34, 図1, 11~15, 17
23	천왕지신총	關野貞 1917: 74~81; 朝鮮總督府 1930: 図581~613
24	대안리1호분	과학원고고학및민속학연구소 1959: 1~10, 도1~35
25	동명왕릉	김일성종합대학 1976: 1~85; 학계소식 1978: 42~46
26	쌍영총	李王職 1916: 図91~103; 關野貞 1941: 392~397
27	고산동1호분	朝鮮古蹟研究會 1937: 1~33, 図25~36; 梅原末治 · 藤田亮策 1966: 11~12, 図42~44
28	보산리1호분	안병찬 1978: 46~48
29	용흥리1호분	리준걸 1993: 19~24
30	수산리벽화분	김종혁 1974: 228~236
31	우산리1호분	안병찬 1978: 46~48; 1987: 20~26
32	우산리2호분	안병찬 1978: 46~48; 1987: 20~26
33	덕화리1호분	허명 1977: 45~48; 문화보존연구소편집부 편 1983: 74~76
34	덕화리2호분	허명 1977: 45~48; 문화보존연구소편집부 편 1983: 74~76
35	진파리4호분	전주농 1963c: 171~188, 도90~96; 梅原末治 · 藤田亮策 1966: 15, 図67~70

별표 2. 건축 및 주거문화 자료가 확인되는 안악지역 벽화고분 참고문헌

연번	고분명	참고문헌
1	안악3호분	황욱, 1958: 1~32, 도1~79; 朝鮮畵報社 1985: 図1~33
2	안악1호분	채병서 1958: 1~21: ; 朝鮮畵報社 1985: 図34~38
3	복사리벽화분	전주농 1963d: 153~161, 도77~78
4	송죽리벽화분	永島暉臣愼 2002
5	안악2호분	채병서 1958: 1~21; 朝鮮畵報社 1985: 127~134

별표 3. 건축 및 주거문화 자료가 확인되는 집안지역 벽화고분 참고문헌

연번	고분명	참고문헌
1	만보정1368호분	李殿福 1983
2	만보정645호분	林至德 1998; 吉林省文物考古研究所 · 集安市博物館 2002: 113, 241
3	미인총	關野貞 1914b
4	각저총	池內宏 · 梅原末治 1940: 15~20, 図35~46
5	무용총	池內宏 · 梅原末治 1940: 1~14, 図1~34; 關野貞 1941
6	우산하1041호분	吉林省博物館文物工作隊(方起東 · 林至德) 1977
7	장천1호분	吉林省文物工作隊 · 集安縣文物保管所(陳相偉 · 方起東) 1982; 조선유적유물도감편찬위원회 1990c: 91~112
8	마선구1호분	吉林省博物館輯安考古隊(方起東) 1964
9	산연화총	李殿福 1980; 1983; 吉林省文物志編委會, 1984: 149~151
10	산성하332호분	李殿福 1980; 1983; 吉林省文物志編委會, 1984: 149~151
11	산성자귀갑총	關野貞 1914b; 李殿福 1980
12	환문총	池內宏 · 梅原末治 1940: 40~43, 図96~103
13	통구12호분	黑田源次 1938; 李殿福 1962; 王承禮 · 韓淑華 1964
14	삼실총	池內宏 · 梅原末治 1940: 21~27, 図47~68; 李殿福 1981

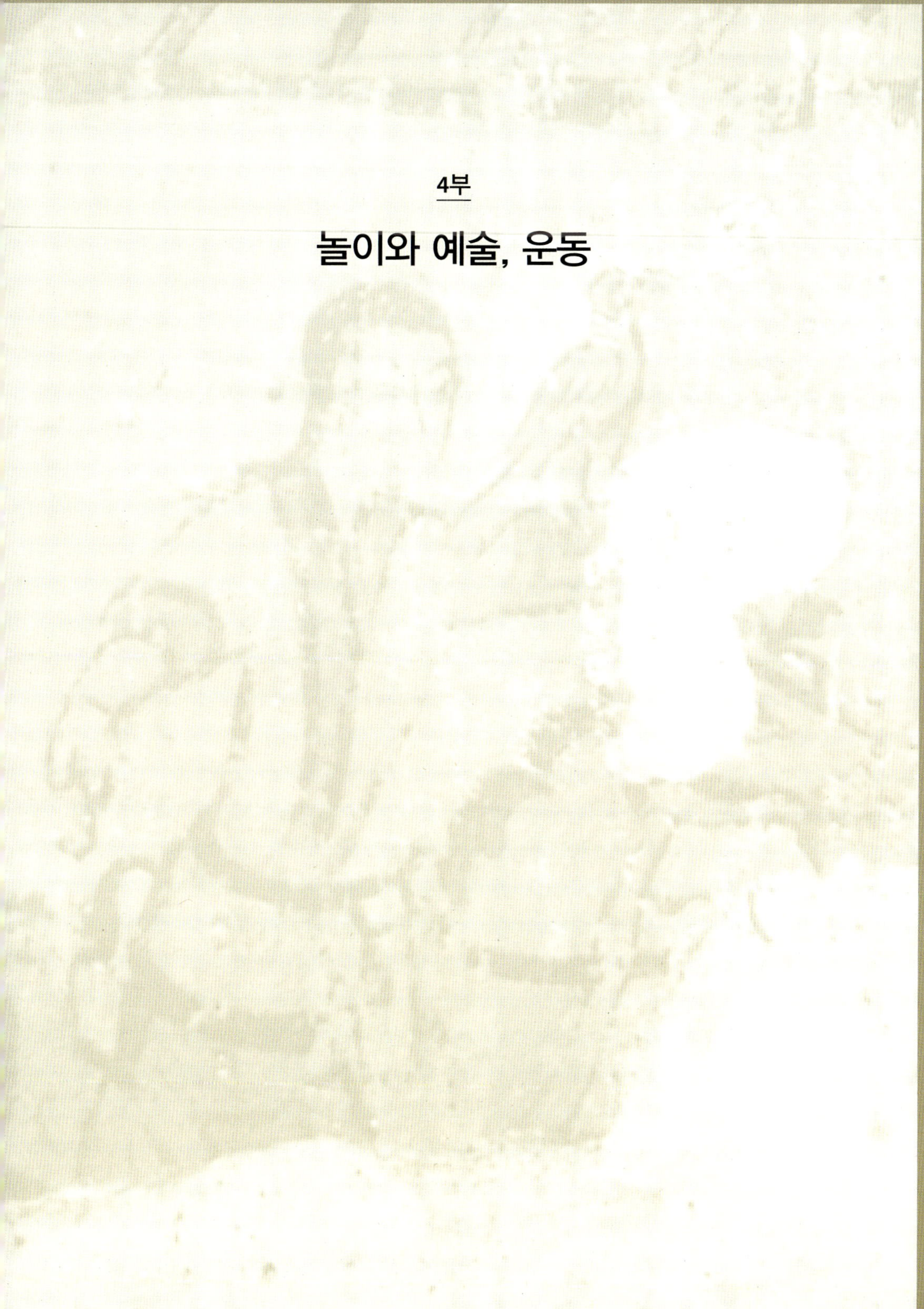

4부

놀이와 예술, 운동

음악과 놀이문화

고구려 생활문화의 제 분야 가운데 음악과 놀이문화는 개별적 연구주제로도 검토되어 일정한 성과의 축적이 이루어졌다(주재걸 1983; 田耕旭 2004; 전미선 2006; 전덕재 2006a, 2012; 김성혜 2009). 그러나 관련 자료를 수집하여 정리하고, 음악과 놀이문화가 사회문화 전반의 환경 및 각각의 변화과정과 어떻게 연결되는지를 밝히는 일은 여전히 진행형 과제로 남아 있다. 고구려의 음악과 놀이문화 연구 자료를 유형별로 재분류하고 그 결과에 대한 분석과 평가가 우선적으로 시도되어야 하는 것도 이 때문이다. 고구려의 음악과 놀이문화가 사회·문화적 환경의 변화과정과 어떤 함수관계를 맺고 있는지도 보다 구체적으로 분석될 필요가 있다.

1. 음악 및 놀이문화 자료

고구려 벽화고분에는 음악 및 놀이문화의 일단을 드러내는 중요한 그림들이 다수 남아 있다. 고구려 전기 역사문화의 산실이었던 국내성

일대, 후기문화의 중심지이자 5~6세기 동북아시아 문화의 수원지 역할을 했던 평양 지역을 중심으로 남북 2개의 기본 권역을 설정한 뒤 문화권 단위로 사례와 내용을 살펴보면 아래와 같다.[1]

1) 평양권 고분벽화

대동강 유역과 재령강 유역을 포괄하는 평양권의 벽화고분 가운데 음악 및 놀이문화 관련 벽화가 남아 있는 유적으로는 안악1호분, 안악3호분, 평양역전벽화분, 태성리1호분, 덕흥리벽화분, 감신총, 약수리벽화분, 팔청리벽화분, 고산동10호분, 대안리1호분, 쌍영총, 수산리벽화분, 강서대묘 등이 있다.

안악3호분 앞방 남벽에는 의장기수와 부월수, 악대를 묘사했다. 남벽 서쪽의 윗줄에는 두 남자가 마주 보며 큰 뿔나팔을 부는 모습을 그렸다. 아랫줄에는 네 사람의 악사가 큰북을 두드리거나 무릎을 꿇고 두 손을 앞으로 올려 소(簫)를 비롯한 여러 악기를 연주하는 모습을 표현하였다. 아랫줄 악대의 큰북과 소 이외의 악기는 벽화가 흐려져 종류와 형태를 알 수 없다.[2] 남벽 서쪽 아랫줄에는 작은 북을 오른쪽 가슴 부분에 걸고 뛰는 동작을 하는 두 사람과 악기를 들지 않은 채 몸을 뒤로 제키고 두 팔을 위로 올려 벌린 한 사람이 묘사되었다. 세 사람 모두 남벽 동쪽 악사들의 연주에 맞추어 춤추는 듯하다.

널방 동벽에는 세 사람의 악사가 무릎을 꿇은 채 육현금, 완함, 장적(長笛)을 연주하고 이에 맞추어 춤을 추는 인물이 그려졌다. 점무늬

1 이하의 정리에는 고고학적 조사보고 및 관련 도록 외에 고구려 벽화고분 전반을 소개한 필자의 두 논문(전호태 2009a, 2011d)이 기초자료로 사용되었다. 벽화고분별 참고문헌은 별표 1로 정리하여 본장 말미에 소개하고 본문에서는 제시하지 않는다.

2 이혜구는 세 번째 인물의 자세가 銅鈸을 연주하거나 손을 올려 마주치는 자세이므로 손뼉 치면서 노래하는 모습을 묘사한 것으로 이해했다(이혜구 1962: 407~409). 그러나 일본 西大寺의 기록을 감안하면 이 인물이 동발을 연주하는 악사일 가능성도 배제할 수 없다(金相鉉 2003).

그림 1, 2. 고취악대(안악3호분 벽화 대행렬, 북한 안악)

옷감으로 만든 머리쓰개 같은 것을 머리에 쓴 인물이 고개를 옆으로 돌리고 두 손바닥을 마주 댄 채 다리를 'X'자로 꼬고 선 자세로 묘사되었다. 이 무용수는 얼굴 윤곽이 길고 뚜렷하며 기형적으로 큰 눈과 매부리코가 두드러져 벽화의 다른 인물들과 얼굴 생김이 다르다.

널방 동쪽과 북쪽에는 높이 2.01m 길이 10.5m의 긴 회랑이 설치되었다. 이 회랑에는 250명 이상의 인물이 등장하는 대행렬도가 그려졌다. 무덤주인이 탄 수레를 중심으로 구성된 행렬의 숭렬 앞과 뒤에는 다수의 악사들로 구성된 고취악대가 표현되었다. 앞 열의 악사들은 걸어가면서 큰 뿔나팔, 흔들북, 손북, 멜북, 멜종 등을 연주한다(그림 1). 뒷 열의 악사들은 말을 타고 가면서 북, 징, 소, 적 등을 다룬다(그림 2).

무덤주인 수레 앞쪽에서 행진하는 고취악대 선두의 앞에서는 두 사람의 무용수가 오른손에는 환두대도, 왼손에는 활을 쥔 채 음악연주에 맞추어 춤을 추며 앞으로 나아간다. 또한 선두 악대의 바로 뒤에서 따라가는 기수 좌우에는 여인이 두 사람씩 짝을 이루어 걸어가면서 손에 쥔 불자(拂子)를 흔든다. 안악3호분에 묘사된 악기는 모두 13종 45개로 뿔나팔 10, 장적 2, 소 3, 육현금 1, 완함 1, 세운 북 1, 털북 1, 멜북 1, 멜종 1, 손북 10, 흔들북 8, 징2이며 악사의 수는 64명이다.

안악1호분 널방 동벽과 남벽에는 의장기수가 동원된 행렬이 묘사되었다. 널방 남벽의 행렬 선두에 매단 북을 연주하는 고수가 그려졌으나 발굴 당시에는 북채를 쥔 손만 남은 상태였다. 평양역전벽화분 앞방 남벽에는 고취악대와 기마인물행렬을 묘사하였다. 서쪽을 향한 악대의 제일 앞에는 큰북을 치는 인물, 그 뒤에는 큰 뿔나팔을 부는 인물, 그 다음에는 북채를 높이 든 고수의 손이 표현되었다. 태성리1호분 널방 동벽에는 한가운데 맞 여밈의 긴 웃옷과 치마 차림에 두 발을 좌우로 벌린 한 인물이 그려졌다. 이 사람은 두 손을 귀의 높이로 올려 머리 앞뒤로 뻗은 듯한 자세다. 이 인물의 바로 옆 기둥 곁에도 비슷한 옷차림 인물의 두 발과 치마 자락, 머리 일부분이 남아 있다. 가운데 인물의 곁 북벽 가까운 곳에는 바지를 입은 채 무릎을 살짝 구부린 자세의 인물이 표현되었다. 널방 북벽에는 70cm 길이로 그려진 육현금을 21° 기울기로 비스듬히 무릎 위에 걸친 채 연주하는 인물이 묘사되었으나 얼굴이 남아 있지 않다.[3] 이 연주자의 서쪽에 또 다른 인물이 무릎 꿇고 있으나 하반신 일부만 남았다. 널방 서벽에도 무릎 꿇은 상태인 사람의 하반신 일부의 필선이 남아 있다. 널방 북벽의 육현금 연주자와 그 곁에 잇달아 표현된 다른 두 인물의 자세를 고려하면 동

3 주재근은 벽화의 육현금을 중국의 전통악기 가운데 하나인 瑟로 해석하였다(주재근 2006).

✽ 그림 3, 4. 악대(덕흥리벽화분, 북한 남포)

벽의 세 사람은 북벽과 서벽 세 악사의 연주에 맞추어 춤추는 중이다.

덕흥리벽화분 앞방 북벽 동쪽과 동벽 전체, 남벽 동쪽에는 무덤주인을 주인공으로 한 대규모 행렬을 묘사했다. 대행렬은 여러 대의 우차와 철기, 호위시종, 고취악대로 구성되었다. 고취악대는 행렬 선두가 배치된 남벽 서쪽에 표현되었다. 화면 상단에 두 악사가 말을 타고 앞으로 나아가면서 손북을 흔들어 연주하거나 큰 뿔나팔을 불고 있다(그림 3). 기수 오른쪽인 화면 하단에는 북면의 반은 갈색, 나머지 반은 흑색으로 채색된 세운북을 두 사람이 매고 앞으로 나가고 이들 사이에서 고수가 북을 두드려 연주한다(그림 4).

❁ 그림 5. 마사희(덕흥리벽화분, 북한 남포)

앞방 북벽의 서쪽에는 머리에 나관(羅冠)을 쓴 무덤주인이 좌상 위에 정좌한 채 남녀시종에게 시중을 받으며 수하 관리들의 보고를 받는 장면이 그려졌다. 장방 안에 자리 잡은 무덤주인 머리뒤편에 머리의 절반 정도의 크기로 5명의 남녀시종이 묘사되었다. 이들 가운데 세 명은 각각 완함, 횡적, 소를 연주한다. 4현 완함을 연주하는 인물은 고리 튼 머리의 여자이고, 횡적과 소를 연주하는 두 사람은 머리에 검은 두건을 쓴 남자다.

널방 서벽 남쪽 상단에는 마사희(馬射戲) 장면이 그려졌다(그림 5). 마사희는 말을 타고 달리면서 화살을 쏘아 과녁을 맞히어 떨어뜨리는 놀이다. 기마궁술을 중요시했던 고구려에서 훈련 겸 운동의 한 종류로 성행했던 것으로 보인다. 화면 상단에는 남쪽부터 말을 탄 채 기다리는 사람, 기록판과 붓을 든 기록원, 심판을 담당한 듯 나란히 선 두 인물, 말을 타고 달려오는 사람이 잇달아 표현되었다. 하단에는 남쪽부터 말 타고 달리면서 허리를 틀어 뒤를 돌아보면서 활시위를 당기는 사람, 과녁이 달린 3개의 말뚝, 말을 타고 달려오면서 활시위를 당기는 사람, 화살에 맞은 과녁이 깨져 떨어져 나간 2개의 가늘고 긴 말뚝이 묘사되었다.

감신총 무덤길 동벽과 서벽에는 기마인물행렬이 묘사되었다. 문으로 좌우가 나뉜 앞방 남벽의 동쪽과 서쪽에도 이 행렬에 이어진 듯한 기마악대와 갑주무인(甲冑武人) 행렬이 표현되었다. 남벽 서쪽의 기마악대 중에는 삼산관(三山冠)을 머리에 쓴 채 말북을 두드리는 두 사람, 큰 뿔나팔을 부는 두 사람의 모습과 말이 부분적으로 남아 있다.

약수리벽화분 앞방 남벽 동쪽 일부에서 동벽을 거쳐 북벽의 동쪽으로 이어지는 긴 벽면 상부에 무덤주인이 탄 수레를 중심으로 구성된 긴 행렬이 묘사되었다. 행렬 선두 오른쪽 열 5인의 기마인물 가운데 북을 치는 한 사람과 큰 뿔나팔을 부는 한 사람의 악사가 있다. 줄 가운데에는 큰북을 메고 가는 두 사람이 있고 그 사이에 북을 두드리는 고수가 있다. 무덤주인의 수레 앞에서 세 사람의 놀이꾼이 공과 짧은 막대 던지고 받기, 살을 여러 개 단 긴 막대 2개를 엇바꾸어 던지는 재주를 선보이고 있다.

앞방 남벽 서쪽에서 서벽을 거쳐 북벽의 서쪽으로 이어지는 벽면 상부에는 대규모 사냥도가 표현되었다. 화면 북쪽에 사냥에 참가하기 위해 앞으로 나아가는 기마인물 14인과 두 사람의 도보인물이 묘사되었다. 기마인물 중 세 명은 악사다. 악사들 가운데 두 명은 말 위에서 북을 두드리고 한 명은 뿔나팔을 분다. 사냥 나가는 일행 가운데 가장 크게 그려진 기마인물과 세 사람의 악사 사이에 특이한 자세를 취한 두 사람이 조그맣게 그려졌다. 한 사람은 앞으로 달려가는 자세이며 다른 한 사람은 두 다리를 앞뒤로 크게 벌리면서 두 팔도 앞뒤로 수평에 가깝게 뻗었고 앞으로 내닫듯이 몸을 기울였다.

팔청리벽화분 앞방 동벽에는 무덤주인이 포함된 행렬도가 묘사되었다. 행렬에는 기마무사들, 고취악대와 놀이꾼들의 재주 장면이 포

그림 6. 고취악대와 곡예(팔청리벽화분 벽화 모사도, 북한 대동)

함되었다(그림 6). 고취악대는 말을 타고 앞으로 나가면서 몸을 돌려 서로 마주본 채 큰 뿔나팔을 부는 두 사람, 다리를 앞뒤로 꼬고 몸을 낮추고 머리를 제키면서 두 사람이 메고 가는 큰북을 신나게 두드리는 고수, 재주를 부리는 네 사람과 이들의 한가운데 서서 완함을 연주하는 악사로 구성되었다. 놀이꾼들은 높은 나무다리 타고 춤추기, 막대기와 공을 여러 개 엇바꾸어 공중에 던지고 받기, 각각 한 손에 긴 검을 쥔 채 상대편에게 눈길을 주거나 곧추 세운 칼끝을 보면서 상대를 의식하는 자세를 보여 주는 격검연기를 펼치며 행렬 안에서 흥을 돋운다.

고산동10호분 벽화에서는 널방 남벽 동쪽의 기와집과 춤추는 인물들 정도만 알아볼 수 있다. 화면 안의 무용수 세 사람은 나란히 서서 두 팔을 좌우로 들어 올려 긴 소매를 늘어뜨렸다. 얼굴이 보이는 가운데 인물은 얼굴에 연지 화장을 했다. 저고리와 바지 차림의 세 번째 인물은 오른발은 무릎을 약간 구부리고 왼발은 앞으로 내딛으면서 두 팔을 좌우로 들어 올려 휘젓는 듯이 보인다.

대안리1호분 앞방 남벽 동쪽에는 사냥 장면이 묘사되었다. 남벽 서쪽을 포함한 이외의 벽면에는 기마행렬도가 그려졌다. 앞방 북벽 서쪽 행렬의 뒤쪽에 말을 타고 앞으로 나가면서 큰 뿔나팔을 부는 인물이 표현되었다. 쌍영총 널길 동벽과 서벽 벽화는 유적조사 이후 뒤처리가 부실하여 남아 있던 우차들과 기마대, 악대를 포함한 60여 명의 인물 가운데 극히 일부만 모사도로 남게 되었다. 조사 중 널길 동벽에 묘사된 30여 명의 인물 중에 태고를 치는 사람, 서벽에 그려진 30여 명의 인물 가운데 북을 치는 사람과 창을 들고 춤추는 사람이 발견되었으나 사진이나 모사도로 남겨지지는 못했다.

수산리벽화분 널방 동벽 위쪽에는 인물행렬과 이들을 맞이하는 사람, 아래쪽에는 무덤주인을 주인공으로 한 행렬이 표현되었다. 북쪽을 향한 행렬 선두에는 악대, 기수, 무덤주인이 탄 수레와 여인들이 그려졌다. 악대의 제일 앞에는 큰 쇠북을 메고 가는 두 사람과 이들 사이에서 북을 두드리는 사람이 북 뒤편에 표현되었다. 이들의 뒤에 서로 마주 보고 걸으며 큰 뿔나팔을 부는 두 사람이 표현되었다.

널방 서벽 위쪽에는 곡예를 관람하는 귀족부부와 시종들의 행렬, 아래쪽에는 또 다른 인물들의 행렬이 묘사되었다(그림 7). 화면 제일 위의 놀이꾼은 사람 키 높이의 나무다리 위에 올라서서 두 손끝에 작은 물건을 올린 채 균형 잡는 묘기를 보여 준다. 아래 왼쪽의 놀이꾼은 두 다리를 약간 벌려 무릎을 살짝 굽히고 엉덩이를 뒤로 뺀 자세로 하늘을 쳐다보며 둥근 고리가 달린 막대(혹은 칼) 3개와 공 5개를 엇바꾸어 공중에 던져 올리고 받는 중이다. 두 번째 놀이꾼과 같은 차림에 목이 긴 검은색 가죽신을 신은 오른쪽 인물은 살이 많은 바퀴를 공중에 던져 올려 굴리고 있다. 강서대묘 널방 평행고임 2층 북쪽에 묘사된 기악천 넷 가운데 동쪽의 2인은 각각 젓대와 쌍뿔나팔을 불고 있다.

그림 7. 곡예관람(수산리벽화분, 북한 남포)

2) 집안권 고분벽화

혼하 유역의 졸본, 압록강 중류지역의 국내성 일대를 아우르는 집안권 벽화고분 가운데 음악 및 놀이문화 장면이 남아 있는 유적으로는 각저총, 무용총, 마선구1호분, 장천1호분, 통구12호분, 삼실총, 통구사신총, 오회분4호묘, 오회분5호묘 등이 있다. 각저총 널방 동남벽의 서남쪽에는 씨름에 열중하는 두 역사와 지팡이를 짚고 선 채 이를 지켜보는 노인의 모습이 그려졌다. 짧은 바지에 샅바를 걸치고 씨름에 열중하는 두 사람 가운데 왼편의 역사는 눈이 크고 코가 높은 서역계 인물이다.

무용총 널방 동남벽에는 무덤주인으로 보이는 기마인물을 중심으로 그 오른편에 주인의 출타를 노래와 춤으로 전송하는 가무대를 묘사하였다. 가무대는 한 사람의 무용수와 그 앞의 인물, 두 줄을 이

그림 8. 가무(무용총 벽화 모사도, 중국 집안)

루는 다섯 사람의 무용수, 무덤주인과 군무(群舞)를 위해 노래 부르는 7명의 합창대로 이루어졌다(그림 8). 새깃 절풍을 머리에 쓴 인물, 두루마기를 두른 두 인물로 이루어진 왼쪽 줄 무용수 중 두 번째와 세 번째 사람은 두루마기 색깔을 서로 다르게 입었다. 두 사람으로 이루어진 오른쪽 줄의 무용수들은 저고리와 바지색이 위아래가 엇갈리게 입었다(전호태 2008a: 70). 다섯 사람의 무용수 위의 두 발만 남은 사람은 마주보는 위치에서 춤추는 사람을 위해 완함을 반주하고 있다고 보고되었으나 현재는 벽화가 남아 있지 않다.

널방 평행고임 3단 서북면의 달 아래에는 나무 사이로 서로를 마주 보며 무릎 꿇고 앉아 무릎 위에 사현금을 걸쳐 놓고 연주하는 남녀 두 사람의 선인이 묘사되었다. 3단 동남면의 해 뒤편에는 커다란 뿔나팔을 불면서 하늘을 나는 선인이 그려졌다. 3단 동북면에는 역사 두 사람이 근육질의 팔과 다리를 구부리고 내뻗으며 수박희(手搏戲)에 열

그림 9. 가무(장천1호분, 중국 집안)

중하는 모습을 그렸다. 역사 가운데 한 사람의 코가 높고 눈이 큰 서역계 인물이다.

마선구1호분 널방 남벽에는 기와집과 두 사람의 무용수 모습이 남아 있다. 두 무용수는 머리에 방책(方幘)을 쓰고 긴 소매 저고리와 통 넓은 바지를 입었다. 엉덩이를 뒤로 약간 빼고 허리를 굽히거나 틀면서 두 팔을 앞으로 비스듬히 앞으로 내거나 좌우로 들어 굽히고 펴면서 움직이는 자태가 매우 리듬감 있으면서도 자연스럽다.

장천1호분 앞방 남벽에는 3개의 자색 띠로 4개로 나뉜 화면의 상단과 중단에 정자에 앉은 무덤주인부부가 묘사되었다. 무덤주인부부는 시종들의 음식시중을 받으며 무용과 합창을 보고 들으며 즐기는 중이다(그림 9). 상단에 묘사된 13인은 8명, 5명이 각각 하나의 무리를 이루고 있다. 이 중 머리에 보요(步搖)장식을 한 사람들이 포함된 앞의 8명이 합창 중인 남녀가수로 보인다. 중단에 그려진 9인 가운데 앞의 6명은 부분적으로 모습이 남아 있다. 모두 윗몸은 앞으로 약간 굽혔고 두 팔은 뒤로 뻗었으며 왼쪽 다리로는 땅을 딛고 오른쪽 다리는 발바닥은 땅에 살짝 닿은 상태로 무릎을 조금 구부렸다가 펴며 춤을 추고 있다.

앞방 북벽에는 큰 나무 아래 앉은 무덤주인이 그를 찾아온 귀빈과 함께 각종 놀이를 보며 즐기는 장면과 일단의 수렵대가 여러 종류의 동물을 사냥하는 장면이 그려졌다. 화면 상단 백희기악(百戲伎樂)의 각 장면은 다음과 같이 나눌 수 있다. ①커다란 자색나무 왼편에 남녀시종을 거느린 무덤주인이 높은 황색등상에 걸터앉았다. 무덤주인 앞, 자색나무 오른편 흰색 등상에는 둥글고 살찐 얼굴에 수염을 기른 손님이 무덤주인 쪽을 바라보며 앉아 있다. ②무덤주인과 손님 사이의 커다란 자색 나무줄기에 위에서 아래로 내려오는 황색원숭이가 한 마리 있다. 목에 줄이 매었으며 머리에 흰 가면을 썼다. 나무뿌리 위에 또 한 마리의 황색원숭이가 있다. 흰곰가면을 쓰고 오른편의 무덤주인을 향해 읍(揖)하는 자세다. 나무 아래에 원숭이를 부리는 남녀 놀이꾼 두 사람이 묘사되었다.

③화면 상부 오른쪽 모서리, 곧 빈객 뒤편의 모서리 진 공간에서 여러 가지 곡예장면이 펼쳐진다. 빈객과 두 시종 사이의 두 인물 가운데 앞의 놀이꾼은 간두희(竿頭戲)를 선보인다. 오른손에 잡은 막대 끝에 올린 평판 위에는 공이, 다시 그 위에는 평판, 공이 잇달아 올려졌다. 뒤의 인물은 두 무릎을 조금 굽히고 머리를 젖혔으며, 오른손에는 작은 곤봉을 잡고 휘두른다. 그의 바로 옆 탁자 위에는 수레바퀴 같은 것이 하나 놓였다. ④화면 가운데 그려진 커다란 백마 뒤편에는 코가 높고 수염이 긴 노인이 뒤에서 갑작스레 나타난 두 필의 말을 놀란 얼굴로 뒤돌아보며 엉덩방아를 찧는 모습이 묘사되었다.

⑤무덤주인과 남녀시종의 뒤, 기마인물 두 사람과 노인 위편에 오현금 연주에 맞춘 1인무를 준비하는 장면과 실제 연주하고 춤추는 장면이 위아래에 차례로 그려졌다(그림 10). 위에는 머리에 흰 책관을 쓰

❁ 그림 10. 오현금연주에 맞춘 춤(장천1호분, 중국 집안)

고 긴소매저고리를 입은 한 남자를 왼편에, 얼굴에 흰 분을 바르고 미간에 홍점을 찍고 볼에는 연지를 하였으며 연봉오리줄기를 손에 쥔 한 여자를 가운데에, 오현금을 든 여자를 오른편에 그렸다. 무용수, 연주자 및 시녀다. 아래에는 왼편의 흰 책관을 쓴 남자가 오른편 여자의 오현금연주에 맞추어 춤추는 장면이 묘사되었다.

⑥무덤주인의 두 시종 위편에 곡개차련(曲蓋車輦)을 끌고 가는 인물들을 그렸다. 차련 뒤쪽의 인물은 두 다리를 일자로 뻗고 몸을 슬쩍 뒤로 뺐다. 끌대 잡은 여자 몰래 차에 걸터앉은 듯하다. 세 인물 모두 코가 높다. ⑦왼편 위 모서리, 차련과 관련인물들 뒤편에는 상투를 튼 두 인물의 씨름장면을 묘사하였다. 두 사람 모두 아래 속옷과 샅바 외에는 맨몸이다. ⑧씨름장면 오른쪽에 쫓고 달아나는 두 인물을 묘사

하였다. 왼손에 회초리를 들고 자기 앞의 인물을 쫓는 왼편의 인물은 머리에 검은 책관을 쓰고 수염을 길렀다. 두 팔로 조그만 가축 한 마리를 안은 채 뒤를 돌아보며 맨발로 달아나는 오른편의 인물 역시 수염을 길렀으며 코가 높다.

⑨씨름장면 아래에는 무엇에 놀란 듯 뒷발로는 버티고 앞의 왼쪽 발은 들어 올린 백마를 다루는 두 인물을 묘사하였다. 한 인물은 왼손에 말채찍을 쥐고 오른팔로 말의 목을 껴안은 채 몸을 젖혀 버티며 말을 안정시키려 애쓴다. 말꼬리 쪽 인물은 몸을 급히 앞으로 기울이고 발걸음을 떼면서 말꼬리를 붙잡아 당긴다. 두 인물 모두 수염을 길렀고 코가 높으며 눈이 크다. ⑩백마와 두 인물 아래에는 위 장면과 관계있는 듯한 남녀 2인을 그렸다. 절풍을 쓴 왼편의 남자는 왼손에 말채찍을 쥐고 오른쪽 어깨를 내밀면서 앞으로 나간다. 오른편의 여자는 몸을 왼편으로 틀어 오른팔을 뻗어 뒤의 남자에게 손짓하며 앞으로 간다. 두 인물 모두 코가 높다.

앞방 천장고임 제6단에는 여러 가지 악기를 연주하는 불교의 기악천을 그렸으나 일부만 남아 있다. 기악천은 모두 왼편을 향했다. 동면 왼쪽의 첫 번째 천인은 횡적(橫笛)을 분다. 두 번째 천인은 완함을 연주한다. 세 번째 천인은 왼편으로 달리며 몸을 돌려 고개를 수그린 채 오현금을 탄다. 북면 왼편의 천인은 오른편을 향하였으며 뿔나팔을 부는 듯하다. 가운데의 천인은 몸의 측면을 오른편으로 향하고 완함을 켠다. 오른편의 천인은 몸의 측면을 왼편으로 향했으며 수적(竪笛)을 분다.

통구12호분 남분의 널방 입구방향인 서벽의 남쪽과 북쪽 위에 거문고를 반주하는 사람과 시종, 음악에 맞추어 춤추는 사람을 그렸다. 엎드린 자세로 고개를 들고 귀를 세운 채 널길입구를 쳐다보는 문지기 개를 아래에 묘사했다. 삼실총 제2널방 천장고임 제5단에 해당하는 삼각고임 제1단에 한 선인이 완함을 연주하면서 하늘세계를 유영

그림 11. 나패를 쥔 문지기신장(통구사신총 벽화 모사도, 중국 집안)

하는 모습이 묘사되었다.

통구사신총 널길의 동벽과 서벽에는 각각 오른손에 창을 꼬나 쥔 문지기신장을 1인씩 그렸다. 서벽의 문지기신장은 왼손에 소라 형태의 나팔, 곧 나패(螺唄)를 쥐고 있다(그림 11).

오회분4호묘 널방 천장 삼각고임 제1단에는 여러 문명신들, 삼각고임 제2단에는 여러 가지 악기를 연주하고 있는 천인들, 해와 달, 별자리들을 표현하였다. 제1단 문명신들 가운데 소머리에 사람 몸인 농사의 신은 한 손에 곡식 이삭을 쥔 채 앞으로 나아간다. 불의 신은 고개를 틀어 손에 쥔 불꽃이 이는 막대를 내려다보면서 앞으로 내닫고 있다. 제2단 동면에는 용을 탄 채 소를 연주하는 천인과 봉황을 탄 채 횡적을 부는 천인을 묘사하였다. 서면에는 용을 탄 채 큰 뿔나팔을 부는 천인을, 북면에는 장고를 두드리는 천인과 사현금을 연주하는 천인을 표현하였다. 오회분5호묘 널방 천장 삼각고임 제1단에는 해신, 달신, 농사의 신, 불의 신, 수레바퀴의 신, 숫돌의 신 등을 묘사하였다. 제2단에는 용을 탄 채 횡적, 완함, 사현금, 장고, 소, 뿔나팔을 연주하는 천인들을 그렸다. 이상에서 살펴본 고구려 고분벽화에 보이는 음악 및 놀이문화 장면과 내용을 고분별로 나누어 알기 쉽게 정리하면 표 1과 같다.

❁ 표 1. 고구려 고분벽화에 보이는 음악 및 놀이문화

문화권	고분명	편년	악기	연주	놀이
평양권	안악3호분	357	뿔나팔 12, 작은뿔나팔 1, 소 4, 장적 1, 완함 1, 육현금 1, 세운북 1, 말북 1, 멜북 7, 멜종 1, 요 1, 흔들북 10, 손북 12	앞방 남벽 4인 악대 연주, 널방 동벽 3인 관현악 반주, 회랑 북벽 및 동벽 대행렬 고취악대	앞방 수박희, 손북 춤, 널방 동벽 독무, 회랑 북벽 및 동벽 대행렬 무기춤
	안악1호분	4세기 말	멜북 1	널방 남벽 행렬 선두 연주(고취악)	
	평양역 전벽화분	4세기 말	뿔나팔 1, 세운북 2	앞방 남벽 고취악대	
	태성리1호분	4세기 말	육현금 1	널방 북벽·서벽 3인악대 반주	널방 동벽 3인무
	덕흥리벽화분	408년	뿔나팔 1, 횡적 1, 소 1, 완함 1, 흔들북 1, 손북 1, 멜북 1,	앞방 남벽 동쪽 행렬 고취악, 앞방 북벽 서쪽 무덤주인 좌상 뒤 관현악	널방 서벽 남쪽 상단 마사희
	감신총	5세기 초	뿔나팔 2, 말북 2	앞방 남벽 동쪽 기마악대 고취악	
	약수리벽화분	5세기 전반	뿔나팔 2, 멜북 1, 흔들북 2, 손북 1	앞방 남벽 동쪽 및 동벽 행렬 고취악대, 앞방 북벽 서쪽 사냥 고취악	앞방 동벽 행렬 고취악 교예(농환,장간희)
	팔청리벽화분	5세기 전반	뿔나팔 2, 완함 1, 멜북 1	앞방 동벽 행렬 고취악	앞방 동벽 행렬 중 고취악 교예(장대무, 농환, 격검)
	고산동10호분	5세기 전반			널방 남벽 동쪽 3인무
	대안리1호분	5세기 중엽	뿔나팔 1	앞방 북벽 서쪽 행렬 뿔나팔 연주(고취악)	
	쌍영총	5세기 후반	태고 2	널길 동벽 및 서벽 행렬 태고 연주(고취악)	널길 서벽 창춤
	수산리벽화분	5세기 후반	뿔나팔 2, 세북 1	널방 동벽 행렬 중 고취악	널방 서벽 무덤주인부부 행렬 교예(농환, 무륜, 장간희)
	강서대묘	6세기 후반	쌍뿔나팔 1, 횡적 1	널방 천장고임2층 북쪽 기악천 연주	
집안권	각저총	5세기 초			널방 동남벽 씨름

표 1. 계속

문화권	고분명	편년	악기	연주	놀이
집안권	무용총	5세기 중엽	뿔나팔 3, 작은뿔나팔 1, 완함 1, 사현금 2	널방 천장고임 선인들의 연주	널방 동남벽 독무, 군무, 합창대, 널방 천장고임 수박희
	마선구1호분	5세기 중엽			널방 남벽 2인무
	장천1호분	5세기 중엽	뿔나팔 1, 수적 1, 횡적 1, 완함 2, 오현비파 1, 오현금 3	앞방 북벽 거문고 연주, 앞방 천장고임 기악천의 연주	앞방 남벽 군무와 합창, 북벽 백희기악 중 반주 독무, 씨름, 교예(원희,간두희,환술)
	통구12호분	5세기 중엽	현금(거문고) 1	남분 서벽 거문고 반주	남분 서벽 2인무
	삼실총	5세기 중엽	완함 1	제2널방 천장고임 선인 연주	
	통구사신총	6세기 전반	나패 1	널길 서벽 수문신장 소지	
	오회분4호묘	6세기 전반	뿔나팔 1, 소 1, 횡적 1, 사현금 1, 장고 1	널방 천장고임 제2층 천인 연주	
	오회분5호묘	6세기 후반	뿔나팔 1, 소 1, 횡적 1, 완함 1, 사현금 1, 장고 1	널방 천장고임 제2층 천인 연주	

2. 자료의 분석과 재구성

1) 악기와 연주

표 1에서도 드러나듯이 고구려에서 어떤 악기가 즐겨 사용되었는지는 안악3호분 앞방 및 널방의 악대, 회랑 대행렬도 고취악대에서 어느 정도 확인된다. 명칭으로 볼 때 『통전(通典)』에 소개된 17종, 『신당서(新唐書)』에 언급된 19종의 고구려 악기와 일치하는 것은 아니다(李晋源 2004). 6세기 고분인 통구사신총 벽화에 등장하는 패(唄)를 제외하면 이미 4세기 중엽 즈음에는 고구려에서 사용되던 현악기, 관악기, 타악기의 종류와 구성 방식이 일정한 형식을 갖추게 된 것으로 보인다.

문헌에서 현악기로 거론되는 쟁(箏), 탄쟁(彈箏), 추쟁(搊箏), 와공후(臥箜篌), 수공후(竪箜篌), 봉수공후(鳳首箜篌), 비파(琵琶), 오현(五絃), 금(琴) 가운데 고분벽화에서 그 형태가 확인되는 것은 금이다(그림

그림 12. 현악기
1. 거문고(무용총, 중국 집안), 2. 완함(덕흥리벽화분, 북한 남포), 3. 완함(삼실총, 중국 집안)

12).[4] 사현금은 무용총, 오현금은 장천1호분, 육현금은 안악3호분, 태성리1호분에 보인다. 문헌 속의 비파와 벽화에 보이는 완함은 같은 악기로 간주된다(이혜구 1957: 334~335).[5] 완함은 안악3호분, 삼실총, 강서대묘에 보이는데, 자루 끝부분 줄감기[周兒]의 수로 볼 때 4현이 일반적이다. 장천1호분 벽화의 기악천이 연주하는 비파는 5현으로 문헌에서 언급되는 오현과 동일한 악기로 볼 수 있다. 오현비파는 북연 멸망 후 서역에서 고구려로 새롭게 전해진 악기 중 하나일 것이다(전덕재 2006a: 237). 현재까지 문헌과 고분벽화에서 확인되는 고구려의 현악기는 모두 11종이다.

관악기로 소개되는 생(笙), 호로생(葫蘆笙), 의자적(義觜笛), 적(笛), 횡적(橫笛, 橫吹), 소(簫), 소필률(小篳篥), 대필률(大篳篥), 도피필률(桃皮篳篥), 패(唄) 가운데 상당수는 고분벽화에 보인다(그림 13). 그러나 고분벽화에 빈번히 등장하는 뿔나팔류가 문헌에서는 언급되지 않는다. 대안리1호분과 무용총, 삼실총에 보이는 큰뿔나팔, 강서대묘 기악천이 부는 쌍뿔나팔, 안악3호분 대행렬 고취악대 악사가 부는 작은 뿔나팔이 문헌에는 등장하지 않는다. 안악3호분 널방 동벽 3인악대의 한 사람이 부는 장적은 문헌의 적[수적(竪笛)]에 해당하는 것으로 볼 수 있다.[6] 오회분4호묘, 오회분5호묘, 강서대묘의 천인이 부는 횡적은 문헌에서 언급되는 횡취와 같은 것으로 보아도 무방하다. 문헌에 소개된 소는 안악3호분, 오회분4호묘, 오회분5호묘에도 보인다. 문헌에 언

---

4 금은 晋의 七絃琴을 王山岳이 개량해서 만들었다고 전하는 고구려 六絃琴을 가리키는 것으로 보아야 할 것이다. 현금의 유래에 대해서는 『三國史記』 卷32, 「志」 1, 祭祀 · 樂 참조.

5 이진원은 『新唐書』 卷200, 元行冲傳에 의거하여 고분벽화에 묘사된 울림통이 원형인 비파류의 악기에 완함이라는 명칭을 붙일 수 있는 시기는 7세기 이후임을 강조하였다(李晋源 2006: 90).

6 김성혜(2009: 146)의 표에는 적과 횡적이 구분되었다. 안악3호분에 묘사된 長笛을 피리의 하나로 보기가 어렵다면 적과 횡적은 서로 다른 악기를 가리키는 것으로 보아도 무방할 듯하다.

✿ 그림 13. 관악기

1. 뿔나팔(삼실총, 중국 집안), 2. 소(안악3호분, 북한 안악), 3. 횡적(오회분4호묘, 중국 집안)

급된 패는 통구사신총 수문신장이 손에 든 것과 같은 악기다. 현재까지 문헌과 고분벽화에서 확인되는 고구려의 관악기는 모두 13종이다.

고구려의 타악기로 언급되는 요고(腰鼓), 제고(齊鼓), 담고(擔鼓), 귀두고(龜頭鼓), 철판(鐵板) 가운데 철판과 귀두고, 제고는 고분벽화에서 확인되지 않다(그림 14). 장고(長鼓)로도 불리는 요고는 오회분4호

그림 14. 타악기
1. 말북(안악3호분, 북한 안악), 2. 요고(오회분4호묘, 중국 집안),
3. 담종(안악3호분, 북한 안악), 4. 금고(수산리벽화분, 북한 남포)

묘, 오회분5호묘에 보이며, 담고는 덕흥리벽화분, 약수리벽화분에서 그 형태를 확인할 수 있다. 건고(建鼓), 현고(懸鼓), 마상고(馬上鼓), 계고(揩鼓), 도고(鞉鼓)는 문헌에 소개되지 않으나 고분벽화로는 확인할 수 있다. 건고는 평양역전벽화분에 보이며, 현고는 안악1호분에 묘사되었다. 마상고는 안악3호분 고취악대에 그려졌고, 개고는 안악3호분과 약수리벽화분에 표현되었다. 도고는 자루 끝에 매단 작은 북에 구슬 같은 것을 끈으로 달아 자루를 흔들면 구슬이 북채처럼 북을 치도록 만든 것이다. 덕흥리벽화분과 약수리벽화분 고취악대 악사들이 사용하고 있다. 안악3호분 고취악대에 보이는 담종(擔鐘), 요(鐃)와 수산리벽화분에 묘사된 금고(金鼓)도 문헌에서 확인되지 않는다. 현재까지 문헌과 고분벽화에서 확인되는 고구려의 타악기는 모두 13종이다. 이로 볼 때 문헌과 고분벽화로 확인 가능한 고구려의 악기는 모두 37종 정도다.[7]

고구려의 음악은 초기에 고취악을 중심으로 발전하였다. 여기에는 당시의 관행 및 건국 초 중국 한(漢)과의 교류가 상당한 영향을 주었을 것이다. 위의를 갖추어 외국 사절을 맞이할 때에 악대를 동원하여 음악을 연주하는 것이 당시의 관행이었다.[8] 이를 감안하면 한이 고구려에 보낸 고취기인을 고구려가 적극 활용했을 가능성이 높다.[9] 고구려 건국 초 선비와의 전쟁 기사에서 드러나듯이 고취악은 군대의 행신을 효율적으로 꾸리는 데에 도움을 주었다.[10] 뿐만 아니라 고취악은 전투 시 아군의 기세를 돋우고 적군의 의지를 약화시키는 데에도 효과적으로 사용될 수 있었다. 이런 까닭에 현실적 필요에 따른 발전도 빠를 수밖에 없었다.

행렬 고취악대는 주로 평양권 고분벽화에서 확인된다. 이는 이 지역이 오랜 기간 낙랑을 비롯한 한 군현의 문화적 영향력 아래 있었던 것과 관련이 깊은 듯하다. 『삼국사기』 낙랑에 스스로 울리는 북과 나팔이 있었다는 기사가 실려 있다.[11] 이는 주변 사회에서 낙랑 고취악이

7 780년 기록인 일본 西大寺資財帳의 고구려 樂服에 기록된 拍子, 銅鈸子, 鈴, 尺八 등의 악기 이름에 대해서는 별도의 검토가 있어야 할 것이다(金相鉉 2003).

8 건국 직후 주몽왕이 비류국 사신을 맞으며 아직 鼓吹를 제대로 갖추지 못했음을 걱정하는 데에서 이런 점이 잘 드러난다.(『東國李相國集』 卷3, 「東明王篇并序」 高麗 李奎報)

9 『三國志』 卷30, 「魏書」 30, 烏丸 · 鮮卑 · 東夷傳 30, 高句麗.

10 『三國史記』 卷13, 「高句麗本紀」 1, 瑠璃明王 11年 4月.

11 『三國史記』 卷14, 「高句麗本紀」 2, 大武神王 15年 4月.

매우 발달된 수준을 유지하고 있다고 인식했음을 뜻한다. 평양권 벽화고분과 달리 집안권 벽화고분에 고취악 장면이 등장하지 않는 것도 고취악의 전통과 관련된 지역문화권적 현상으로 보아야 할 것이다.

그러나 중국 고취악에서 비롯된 낙랑 음악문화의 영향에도 불구하고 고구려는 고유의 고취악 전통을 수립하여 발전시켰다. 이는 중국과 달리 고분벽화 행렬도 고취악대가 북과 뿔나팔을 중심 악기로 한 편성을 보여 주며 메는 북을 포함하는 데에서 잘 드러난다(송혜진 2006: 16~17). 약수리벽화분 행렬도 놀이꾼들의 재주 부리기, 약수리벽화분 사냥 행차 중의 흥겨운 분위기를 돋우기 위한 춤, 수산리벽화분 행렬도에서 알 수 있듯이 고구려에서 고취악은 남녀시종을 거느린 귀족의 일상적인 행차 등의 행사를 위해서도 연주되었다.

고구려에서 관현악 연주는 춤의 반주로 자주 행해졌다. 때로 놀이꾼들의 재주에 리듬감을 부여하기 위해 관현악이 연주되기도 하였다. 특히 거문고나 완함은 세련되고 부드러운 음으로 말미암아 춤이나 재주 부리기의 반주나 독립적 연주를 위해 사용되는 경우도 잦았다. 팔청리벽화분 행렬 중 놀이꾼들의 재주 부리기는 고취악을 배경으로 하면서도 놀이꾼들 한가운데서 악사가 연주하는 완함의 리듬에 맞추어 이루어진다. 통구12호분 남분에서 악사는 2인무를 위해, 장천1호분 백희기악도에서 악사는 1인무를 위해 거문고를 반주한다. 하늘세계를 유영하는 무용총, 삼실총의 선인(仙人)들은 음악을 듣는 이나 곡조에 맞추어 춤추는 이 없이 거문고나 완함의 연주에만 몰두하고 있는 경우다.

2) 춤과 노래

고구려에서 유행했던 춤의 형식과 종류는 위의 자료 검토를 통해서도 어느 정도 윤곽을 잡아낼 수 있다. 그러나 노래에 대해서는 문헌기록에 더 깊이 의지하면서 벽화 자료를 살펴보는 수밖에 없는 실정이다.

그림 15. 3인 연주에 맞춘 춤(안악3호분 벽화 모사선화, 북한 안악)

춤은 악기를 연주하면서 출 수도 있고 노래를 부르면서 출 수도 있으며 노래나 연주 없이 출 수도 있다. 그러므로 보존 상태가 좋지 않은 벽화만으로 판단하기는 쉽지 않다. 때문에 춤인지의 여부로 논란의 여지가 있는 벽화 장면도 적지 않다.

안악3호분 널방 동벽 관현악 반주에 맞추어 춤추는 인물은 특이한 용모와 자세로 말미암아 눈길을 끄는 존재다(그림 15). 과장이 심한 둥글고 큰 눈과 앞으로 튀어나온 매부리코, 크게 벌린 입, 붉은 원점 장식 머리쓰개는 무용수가 특정한 형상의 탈을 쓴 듯이 보이게 한다(田耕旭 2004: 144~145). 다리를 좌우로 벌리면서 두 발을 엇갈리게 하여 'X'자로 꼬고 발뒤꿈치를 든 독특한 자세로 몸을 옆으로 돌려 손뼉을 치는 무용수의 이국적인 춤사위를 다른 고분벽화에서는 찾을 수 없다. 인도·서역계의 춤으로 볼 수 있으나 이 춤의 구체적 명칭은 알기 어렵다.[12]

안악3호분 회랑 대행렬도 중간에 묘사된 도보 고취악대 뒤편 여인 네 사람이 불자를 흔들며 걷는 모습을 춤으로 볼 수 있는지 여부도

12 인도의 카탁춤에서 유래한 것으로 보기도 한다(고승길 1993).

❁ 그림 16. 불자를 든 여인(안악3호분 벽화 대행렬, 북한 안악)

판단하기 쉽지 않다(그림 16). 불자는 본래 날벌레를 쫓기 위해 만든 것이다. 하지만 백희잡기나 연주, 가무 등을 진행할 때에도 쓰였다고 한다.[13] 이런 사실을 감안하면 춤출 때의 보조도구로 사용되었을 가능성을 배제하기 어렵다. 그럼에도 화면 중 여인들의 모습에서 춤추는 사람 특유의 분위기를 느끼기는 쉽지 않다.[14]

약수리벽화분 사냥도의 커다랗게 묘사된 기마인물과 세 사람의 악사 사이에 등장하는 두 도보인물이 춤추는지 여부도 논란의 여지가 있다(그림 17). 벽화의 퇴색이 심해 발굴 당시의 형상은 흔적만 남은 정도여서 두 도보인물의 모습은 모사선화에 의존할 수밖에 없다. 모사선화 속 두 사람의 자세는 기마인물들이 움직이는 속도에 맞추기 위해 달리는 듯이 보인다. 발굴보고에도 두 사람을 무용수로 규정했

13 『樂府雜錄』「龜茲部」(唐 段安節); 『東京夢華錄』「車駕宿大慶殿」(宋 孟元老).

14 이혜구는 이 여인들을 음악과 관계없는 인물로 본다(이혜구 1957: 413).

❁ 그림 17. 사냥(약수리벽화분 벽화 모사선화, 북한 남포)

을 뿐 춤추는 자세 등과 관련한 언급은 하지 않았다.

고산동10호분 벽화에 등장하는 세 무용수의 춤은 고구려에서도 크게 유행한 호선무(胡旋舞)를 묘사한 것으로 이해되고 있다(田耕旭 2004: 150; 전미선 2006: 90~91). 화면 왼편, 곧 동벽의 북쪽 긴소매 저고리와 통 넓은 바지 차림의 인물은 왼발을 앞으로 내딛으면서 왼팔을 휘둘러 앞으로 내고 오른팔은 뒤로 젖혔다(그림 18). 작고 둥근 양탄자 위에서 바람처럼 빨리 도는 것이 특징인 호선무와는 거리가 있는 자세다.[15] 더욱이 두 팔을 좌우로 들어 올린 다른 두 사람의 무용수도 두 발의 위치로 보면 살짝 발을 앞으로 내닫으면서 긴 소매가 너풀거리

15 『新唐書』에 소개된 호선무에서는 이런 자세가 나오기 어렵다(『新唐書』 卷15, 「志」 第11, 禮樂).

❁ 그림 18. 무용(고산동10호분 벽화 모사도, 북한 평양)
❁ 그림 19. 가무배송(무용총 벽화, 중국 집안)

도록 팔을 움직이고 있다. 오히려 이러한 자세는 당의 시인 이백이 노래한 '넓은 소매 훨훨 휘저으며 춤을 추니, 해동에서 새가 날아온' 것처럼 보인다.[16]

16 『海東繹史』 卷51, 「藝文志」 10, 中國詩(朝鮮 韓致奫).

무용총의 무용장면 해석에 대해서도 재고가 필요한 듯하다(그림 19). 발굴보고는 무용총의 춤은 완함 반주에 맞추어 무용수 1인이 이끌고 다른 5인이 이에 따르는 장면으로 설명한다(池內宏·梅原末治 1940b: 9). 그러나 화면 공간 배치를 감안하면 현재는 발만 남은 악사의 완함 연주가 마주보며 춤추는 1인을 위한 것일 가능성도 배제하기 어렵다. 완함 연주자 앞의 인물은 긴 소매 저고리와 통 넓은 바지 차림인데 더하여 머리도 내린 머리여서 5인의 무용수를 이끈다는 느낌을 줄 만한 특징적 면모를 전혀 보이지 않는다. 오히려 새 깃 절풍모를 머리에 쓴 왼쪽 줄 제일 앞의 인물을 다른 네 사람을 이끄는 무용수로 보는 것이 더 합리적일 수 있다.[17] 물론 이들 5인의 무용수는 맞은편에 일렬로 선 7인 합창대의 노래에 맞추어 춤춘다고 보아야 할 것이다.

장천1호분 백희기악도의 오현금 연주에 맞춘 춤 장면도 해석상 이견이 제시된다. 이 장면은 긴소매저고리와 통 넓은 바지 차림의 얼굴을 붉게 칠한 남자, 얼굴에 흰 분을 바르고 연시, 곤시를 찍은 여자, 오현금을 세워 든 여자로 구성된 한 무리와 긴소매를 너풀거리며 춤추는 붉은 얼굴의 남자와 무릎에 걸친 오현금을 연주하는 여자로 구성된 다른 한 무리로 구성되었다(그림 10 참조). 이는 무용수와 연주자의 만남, 오현금 연주에 맞춘 춤을 한 화면에 묘사한 것이다(전호태 1993: 13). 그러나 이를 오현금을 세워 연주하는 가운데 여자가 노래 부르는 장면과 별도의 오현금 연주 및 춤 장면으로 이해하기도 한다(주재걸 1983: 252). 같은 화면의 큰 개 아래 등장하는 매사냥 장면이 이시동도법(異時同圖法)으로 그려진 점을 감안하면 후자의 해석은 무리이다(전호태 2008a: 78~81). 오회분4호묘와 오회분5호묘 벽화의 문명신

17 이를 『舊唐書』와 『通典』에 소개된 4인의 무용수가 2인씩 짝을 이루어 춤추는 고구려 廣袖舞의 한 장면과 대비시킬 수도 있다(『舊唐書』 卷29, 「志」 第9, 音樂2; 『通典』 卷146, 「樂」 第6, 四方樂 東夷二國).

가운데 불의 신의 자세를 춤사위로 보고 농사의 신을 탈을 쓴 무용수로 보려 한 것은 벽화에 묘사된 신들의 세계에 대한 무신론적 접근에서 비롯되었다고 할 수 있다.

고구려에서 춤은 악기 반주에 따라 이루어지는 것이 일반적이다. 하지만 무용총이나 장천1호분에서 확인되듯이 뚜렷한 반주 없이 합창대의 노래에 맞추어 펼쳐지기도 했다. 물론 벽화에 묘사된 합창대의 노래가 문헌에 전하는 가지서(歌芝栖)와 같은 무곡(舞曲)인지 여부는 알 수 없다.[18] 측천무후(則天武后) 때에 당에 알려진 고구려의 가곡이 25장이었다는 기록이 있다.[19] 이를 감안하면 5세기 고구려에는 문헌에 언급된 것보다 많은 종류의 무곡이 있었을 가능성이 매우 높다.

벽화에 고취악에 맞추어 창, 칼, 활 등을 들고 추는 도구춤의 사례가 보인다. 고구려에서 널리 행해진 것은 완함, 거문고와 같은 현악기에 나팔이나 피리 같은 관악기를 더한 관현악 반주 춤이었다. 고구려인이 잘 추었다는 호선무가 벽화에는 확인되지 않는다. 머리에 탈을 쓰고 추는 탈춤으로 볼 수 있는 것은 안악3호분에 보이는 이국적 풍모의 무용수가 추는 춤이 거의 유일한 사례다.

고구려에서 불렸던 노래로 문헌에 유리왕이 불렀다는 황조가 외에 가곡인 지서(芝栖), 무곡인 가지서 등이 언급된다. 근래의 연구 성과에 따르면 일본에 전래된 고구려의 무악은 박모(狛鉾), 고려용(高麗龍), 박견(狛犬), 아야기리(阿夜岐理)이다. 진숙덕(進宿德), 퇴숙덕(退宿德), 장보악(長保樂), 길고(桔槹) 등은 서역에서 고구려에 전해져 고구려 노래로 소화된 뒤 신라를 거쳐 일본에 전해진 것으로 추정된다(전덕재 2006b: 27; 2008: 309~316). 일부 고구려 노래인지 여부에 의문이 제기되는 것을 빼더라도 현재 곡명으로나마 고구려 노래로 전하는 것은 10

---

18 『隋書』 卷15, 「志」 第10, 音樂下.

19 『樂書』 卷158, 「樂圖論: 胡部」 歌: 四夷歌, 東夷: 高麗.

여 곡에 이른다.[20]

3) 곡예와 여러 가지 놀이

고구려에서 춤, 노래와 함께 행렬 중에 주로 펼쳐지는 흥미로운 행사 중의 하나는 곡예, 곧 재주 부리기이다. 약수리벽화분 행렬도에 등장하는 공과 막대를 엇바꾸어 던지기, 긴 막대를 받고 던지기 같은 손재주는 박자가 빠른 고취악을 배경으로 이루어진다. 이는 고구려에 직업적인 놀이꾼이나 놀이꾼 집단이 있었음을 상정하게 한다. 팔청리벽화분에는 나무다리 타고 춤추기 및 격검 연기 재주도 묘사되었다. 놀이꾼들을 둘러싼 고취악대 외에 놀이가 이루어지는 마당의 한가운데에 완함을 연주하는 악사를 등장시켰다. 고취악의 빠른 박자와 현악기의 리듬감이 어우러지며 현장을 '신명 나는 놀이터'로 바꾸었다.

수산리벽화분 인물행렬 중의 재주 부리기는 악기 반주 없이 펼쳐져 수복된다. 높은 나무다리 타기, 공과 막대를 엇바꾸어 던지기, 공중바퀴 굴리기 등이 연주나 노래 없이 진행된다. 재주꾼들이 귀족부부 나들이와 같은 작은 규모의 행사에 초청되어 공연하고 있음을 짐작할 수 있다. 장천1호분의 백희기악도에도 놀이꾼들이 모습을 드러낸다. 역시 무덤주인과 손님, 남녀시종이 주된 관객인 작은 규모의 공연이다. 악기 반주는 이루어지지 않는다. 장천1호분에서 펼쳐지는 재주는 얼핏 공과 막대를 엇바꾸어 던지기와 공중바퀴 굴리기처럼 보인다. 그러나 발굴보고는 막대를 세워 들고 그 위에 평판과 공을 번갈아 올리고 균형을 잡아 유지하는 간두희라는 손재주와 여러 가지 물건을 바꿔치기 하거나 번갈아 내는 환술로 설명한다.

이외 벽화에 묘사된 씨름, 수박희, 마사희 등은 무술, 운동으로 분

20 來遠城, 延陽, 溟洲는 『高麗史』「樂志」에 전하는 고구려의 俗樂이나 실제로는 후삼국 및 고려시대의 악곡으로 이해된다(전덕재 2012: 91).

류할 수도 있다. 그러나 고구려인이 일상 속에서 춤과 노래만큼 즐기던 행사였을 뿐 아니라 위의 여러 가지 재주와 함께 백희잡기에 속한 놀이의 하나이기도 했으므로 이 장에서 검토가 가능하다. 백희잡기와 관련하여 먼저 살펴볼 것은 장천1호분 백희기악도에 묘사된 다양한 장면들이다. 이 중에 일화[에피소드]를 묘사한 것으로 해석 가능한 것도 있고 백희잡기의 하나로 이해할 수 있는 것도 있다.

해석상 논란의 여지가 있는 여러 장면 가운데 ⑥의 두 여인이 열심히 끌고 가는 곡개차련에 한 여인이 슬쩍 걸터앉은 모습을 묘사한 부분, ⑧의 가축을 훔쳐 달아나는 사람을 뒤쫓는 장면, ⑨의 백마의 앞과 뒤에서 말을 진정시키려 애쓰는 듯이 보이는 두 남자, ⑩의 백마와 두 인물 아래 앞서 가고 뒤따라가는 두 남녀 등은 각각 일상 속의 한 순간을 그려 낸 것으로 해석될 수 있다. 동시에 말 묘기를 포함한 백희잡기의 한 장면으로 이해될 수도 있다(田耕旭 2004: 150).

흥미로운 것은 이런 장면의 등장인물 대부분이 눈이 크고 코가 높아 보통의 고구려 사람들과 외모가 다른 서역계 인물이라는 점이다. 때문에 이들을 탈을 쓰고 탈놀이하는 사람으로 보기도 한다(주재걸 1983: 252). 그러나 안악3호분 널방 벽화에 묘사된 이국적 풍모의 무용수와 같이 이목구비가 심하게 과장된 경우가 아니라면 이는 무리한 해석이다.

그러면 장천1호분 앞방 북벽 서쪽 한편에 치우쳐 이야기 모음처럼 묘사된 이들 장면은 어떻게 보아야 할까. 고분벽화의 제재는 일정한 종교문화적 의미를 지니기 마련이다. 이런 사실을 감안하면 이들 일화를 묘사한 장면에서 일상의 한순간만 읽어 내는 것은 무리일 수 있다. 그러나 그렇다고 하여 각 장면을 백희잡기의 하나로 보기에는 전거자료가 부족하다.

예를 들어 ⑨를 말꼬리를 붙잡고 나가다가 말에 올라타 여러 가지 묘기를 부리는 말 묘기 과정의 일부로 볼 수 있을까(그림 20). 화면상

❁ 그림 20. 말 달래기(장천1호분 백희기악도, 중국 집안)

으로 앞 사람은 말을 달래고 뒷사람은 한 손으로 말꼬리 위쪽을 잡고 다른 손으로 말꼬리 아래쪽을 잡으려는 듯이 보인다. 혹 위진남북조시대 유적 출토 도제 마용(馬俑)에서 확인할 수 있듯이 말꼬리를 잡아 그 끝을 둥글게 묶어 엉덩이를 더럽히지 않게 하려는 것은 아닐까?

위의 여러 장면을 생활풍속의 일상 제재 중 하나로 본다 하더라도 화면에 등장하는 서역계 인물들을 어떻게 해석할지의 문제는 여전히 남는다. 따라서 현 상태에서 이들 제재에 대한 두 갈래 이해 중 어느 쪽도 가능성을 배제하기 어렵다고 하겠다.

괴뢰희(傀儡戲)로 불리는 꼭두각시극, 인형극은 문헌기록으로만 전하는 고구려의 놀이다.[21] 고구려에서 괴뢰희는 민간에서 성행했으며 장수 이적(李勣)이 고구려를 멸망시킨 후 당 고종에게 바쳤다는 고구려의 백희무악 중 하나다.[22] 『삼국유사(三國遺事)』에는 한 여승이 11가지 얼굴을 만들어 각기 우스운 춤을 추게 하여 경흥법사를 병에서 낫게 했다는 이야기가 전한다.[23] 이 기사가 신라에도 괴뢰희가 있었음을 증거한다고 해석되었다(전덕재 2012: 81). 고구려의 괴뢰희와 관련하여 참고할 만한 견해라고 하겠다.

마사희는 신체단련 및 놀이라는 의미 외에 전투 및 사냥훈련으로서의 기능도 지닌다(그림 21). 매년 봄 고구려왕이 참석하여 지켜보는 가운데 이루어지는 패수(浿水) 가에서의 수석전(水石戰)도 제의적 의미에 더하여 모의 전투훈련으로 규정할 수 있는 놀이다.[24] 그러나 수박희와 씨름은 본래 문헌상 백희의 일부이자 그 갈래다. 주목되는 것은 벽화에 수박희와 씨름에 열중하는 인물들 중 서역계 인물이 자주 보인다는 사실이다. 수박희 중인 안악3호분, 무용총의 역사들 가운데 각 1인씩은 서역계 인물이다. 씨름 중인 각저총의 두 역사 가운데 한 사람도 이목구비로 볼 때 서역계 인물이다. 고구려인에게 서역계 인물이 힘의 강약 정도를 가늠하기에 적절한 상대로 여겨졌음을 짐작하게 한다.

이외에 문헌에 고구려 사람들은 바둑과 투호(投壺)를 좋아하고 사람마다 축국(蹴鞠)에 능하다고 전한다.[25] 이는 승려 도림(道琳)에 관한 기사를 통해 그 일단이 확인된다. 장수왕이 적정을 어지럽히고자 승려 도림을 비밀리에 백제에 보내 뛰어난 바둑 실력으로 개로왕의 마

21 『樂書』 卷158, 「樂圖論: 胡部」歌: 四夷歌, 東夷 高麗; 同書 卷185, 偶人戱.

22 『通典』 窟礧子; 『文獻通考』 「東夷部」.

23 『三國遺事』 卷5, 「感通」 第7, 憬興遇聖.

24 『隋書』 卷81, 「列傳」 第48, 東夷 高麗.

25 『舊唐書』 卷299下, 「列傳」 149上 東夷, 高麗.

그림 21. 마사희(덕흥리벽화분, 북한 남포)

음을 사로잡게 하는 데 성공한다는 기사가 그것이다.[26] 이를 통해 고구려, 백제에서 바둑이 널리 행해졌음을 알 수 있다. 김춘추와 김유신이 정월에 축국을 즐기다가 처남·매부의 인연을 맺게 되었다는 기사 역시 축국이 고구려와 신라 사람들이 즐기던 놀이의 하나였음을 확인시켜 준다.[27]

---

26 『三國史記』 卷25, 「百濟本紀」 3, 蓋鹵王 21年 9月.

27 『三國遺事』 卷1, 「紀異」 第2, 太宗春秋公.

3. 사회 변화와 음악 · 놀이문화

고구려에서 고취악이 먼저 발전하며 음악의 흐름을 주도한 것은 건국 초의 대내외 환경으로 말미암은 면이 크다. 무리지어 노래하고 춤추기를 좋아하는 고구려 사람들이 10월 국중대회로 일컫는 동맹과 같은 정기적인 행사에 북과 나팔 등 각종 악기의 연주와 어우러지는 집단가무와 각종 놀이를 즐겼을 것은 미루어 짐작하고 남는다(송지원 2006: 60~64; 서영대 2009: 11~12; 이준성 2012: 327).[28] 더욱이 고구려에는 장례 때에도 북을 치고 춤을 추며 고인을 떠나보내는 관습이 있었다.[29] 이런 사회문화적 전통이 있는 사회를 이끄는 세력이 고취악이 군사 활동에 큰 도움이 된다는 사실을 잘 알고 있었다면 이들에 의해 이런 음악이 어떻게 활용되었을지는 명확하다.

실제 한 군현세력의 압박과 부여로부터의 압력에서 자유롭지 못했던 고구려 건국 주도세력은 고취악의 역할과 효과를 뚜렷이 인식하고 있었다. 이 때문에 주변 세력과의 크고 작은 전투에서 이를 적극 활용하였던 것으로 보인다. 유리왕대 선비와의 전투에서 고구려군이 북을 울리며 나아갔다는 기사가 이를 잘 보여 준다.[30] 대무신왕대 낙랑과의 전쟁에 앞서 왕자 호동을 앞세워 낙랑의 무기고에 있던 북을 찢고 뿔나팔을 부수게 한 것 역시 위와 마찬가지 효과를 염두에 두었기 때문이다.[31]

이로 보아 고구려에서 고취악대의 구성과 훈련은 중앙정부 및 지방행정 단위에서 이루어졌을 가능성이 높다. 그 계기는 한과의 교류

---

28 『三國志』 卷30, 「魏書」 30, 烏丸 · 鮮卑 · 東夷傳 30, 高句麗.
29 『隋書』 卷81, 「列傳」 第48, 東夷 高麗.
30 『三國史記』 卷13, 「高句麗本紀」 1, 瑠璃明王 11年 4月.
31 『三國史記』 卷14, 「高句麗本紀」 2, 大武神王 15年 4月.

에서 마련된 것으로 보인다. 한은 고조선을 멸망시킨 뒤 옛 고조선 땅에 설치한 군현에 관리와 고취기인을 함께 보냈다.[32] 고구려 건국세력의 영역이던 고구려현에도 고취기인이 보내졌다.[33] 고구려가 건국될 즈음 고구려 사람들은 이미 한의 고취악에 대해 알았고 이에 어느 정도 익숙해져 있었다.

고구려가 국가적 발전을 이루는 과정에서 고취악에 쓰이는 악기의 종류는 점점 많아졌다. 형태와 기능상의 변화도 뒤따랐을 것으로 추정된다. 물론 악사들에 대한 훈련과 전문화 과정도 함께 일정한 변화를 겪었을 것이다.[34] 특히 주목되는 것은 고구려가 한 군현의 중심으로 자처하면서 주변지역에 강력한 사회문화적 영향력을 행사하던 낙랑을 세력권 안에 넣고 영역화한 데 이어 중국 중앙 왕조의 위력을 주변에 과시하던 위·진과도 본격적으로 접촉하게 된다는 점이다. 이런 정치사회적 변화를 겪으면서 고구려의 음악 및 놀이문화도 상당한 영향을 받게 됨을 미루어 짐작할 수 있다.

안악3호분 대행렬도의 대규모 고취악대는 이와 관련한 여러 가지 정보를 전해 준다. 위에서 인용한 대무신왕대 고구려의 낙랑 정벌 관련 기사에 따르면 낙랑에는 '스스로 울리는 북과 뿔나팔'이 있었다.[35] 이를 낙랑에서 군사적 활용도가 높던 고취악이 인접국의 우려를 자아낼 정도로 발전해 있었다는 기사로 읽을 수도 있다. 낙랑이 한에서 동방으로 전래된 고취악을 유지, 발전시키는 중심이었기에 가능했던 현상으로 보인다. 낙랑이 고구려에 흡수되는 4세기 초까지 낙랑에서 이런 전통은 유지되었을 것이다. 이런 점에서 안악3호분 대행렬도의 고

32 『三國志』 卷30, 「魏書」 30, 烏丸·鮮卑·東夷傳 30, 高句麗.

33 『後漢書』 卷85, 「東夷列傳」 75, 高句麗.

34 김성혜는 고구려에도 신라의 音聲署와 같은 樂舞 담당 관청이 있었을 것으로 추정하고 있다(김성혜 2009: 149).

35 『三國史記』 卷14, 「高句麗本紀」 2, 大武神王 15年 4月.

취악대를 고구려가 낙랑을 영역화한 뒤 기존의 고구려 고취악에 낙랑 고취악을 흡수 발전시킨 결과물로 해석해도 무리는 아닐 듯하다.

고구려와 위·진의 접촉은 귀족들이 주요한 행사에 참가하거나 업적을 기념하려 대행렬을 벌이는 위·진사회의 습성에 관심을 기울이는 계기가 된 듯하다. 안악3호분 대행렬도를 시작으로 평양·안악 일대 고분벽화에 고취악대가 포함된 행렬도가 빈번히 묘사되는 것도 이런 흐름과 관련하여 이해될 수 있다. 완함을 비롯한 새로운 형태의 현악기가 고구려에 전해진 것도 이런 종류의 악기들이 적극적으로 사용되기 시작한 위·진과의 교류에서 비롯되었을 가능성이 높다.[36] 새로운 현악기의 전래는 고취악 중심으로 발전하던 고구려 음악에 관현악이 새롭고 독립적인 갈래로 자리 매김 되는 계기로 작용하였을 것이다.

고취악의 주요 구성요소인 관악기는 고구려 초기부터 적극 사용되었다. 고조선 시대에 사용되었던 것으로 전하는 현악기인 공후(箜篌)는 고구려에도 있었을 것이다. 이런 사실을 감안하면 관악기와 현악기의 조합에서 비롯되는 관현악 역시 고구려 초기부터 음악의 한 갈래를 이루었을 가능성이 높다. 그러나 공후가 와공후, 수공후로 개량되고 분화되었음이 『수서(隋書)』에 처음 기록된 것으로 보아[37] 고구려 초기부터 고구려 사회에 관현악의 음악적 비중이나 유행의 정도가 높았다고 보기는 어렵다. 유리왕이 불렀던 것으로 전하는 황조가와 같은 서정적인 가요를 위해 공후와 같은 현악기가 사용되고, 혹 이런 노래가 춤과 어우러져 불렸다면 안악3호분의 3인 악대 반주와 같

36 전덕재는 위·진시기 중국의 산악백희 반주 악기로 완함, 비파 등의 현악기들이 사용되는 것을 지적하면서도 이런 악기의 고구려 전래는 서진 이후, 5호16국 시기일 것으로 추정하고 있다(전덕재 2006a: 230~235).

37 『隋書』 卷15, 「志」 第10, 音樂下.

은 관현악 연주도 이루어졌을 것으로 짐작될 뿐이다.

고취악과 어우러지는 가무는 고구려의 오랜 문화전통이기도 했다. 때문에 이런 가무는 여러 형태 집단 활동의 일부처럼 여겨졌던 것으로 보인다. 고분벽화 행렬도에 고취악에 맞추어 춤추는 모습이 자주 등장하는 것도 이런 전통의 반영으로 해석될 수 있다. 그러나 행렬 고취악에 등장하는 춤은 대개의 경우 칼이나 창을 손에 쥐고 추는 무사의 춤이다. 이는 고취악에 부여된 군사적 성격으로 말미암은 현상이자 고구려가 위·진에 이어 5호16국시대의 강력한 호족(胡族)국가들과 교류하면서 자연스럽게 형성된 관습일 수 있다.

북연이 북위에게 멸망당한 436년을 기점으로 고구려는 동아시아 4강으로서의 지위를 확고히 하게 된다. 이로부터 거의 1세기 가량 평양은 동북아시아의 정치·사회·문화의 중심으로 기능한다. 평양성은 이제 평양문화라는 용어가 쓰일 수 있을 정도로 나름의 사조가 형성되어 유행하다가 새로운 것으로 대체되기도 하는 도시가 된 것이다. 이러한 사회문화적 흐름에 힘입어 5세기 평양에서는 귀족사회를 주요 후원자이자 수요자로 하는 춤과 노래가 크게 발달하였던 것으로 보인다.

고분벽화는 3인 이하 무용수와 작은 악단이 동원되는 소규모 공연이 귀족의 초대로 귀족 저택에서 빈번히 이루어졌음을 미루어 짐작하게 한다. 4세기 중엽 제작된 안악3호분 벽화의 1인무를 제외한다 하더라도, 마선구1호분의 2인무, 태성리1호분과 고산동10호분의 3인무는 모두 무덤주인의 관(棺)이 놓이는 고분 널방의 벽에 묘사되었다. 저간의 흐름을 잘 보여 주는 현상이라 할 수 있다. 도구를 동반하지 않는 이런 춤은 현악이나 관현악 반주와 함께 이루어지는 것이 일반적이었을 것이다. 장천1호분의 1인무가 앞방 벽에 그려진 것은 백희기악도가 펼쳐진 앞방 벽이 무덤주인과 초대 받은 귀한 손님의 야외나들이 공간인 점과 관련된 듯하다.

무용총과 장천1호분의 예로 보아 귀족의 초대로 이루어진다고 해도 주로 야외에서 공연되던 군무는 악기 반주 없이 합창과 함께 펼쳐지는 것이 일반적이었던 듯하다. 실제 합창은 성격상 반주를 대신할 수 있는 것이기도 하다. 고취악이 중요한 역할을 했을 동맹과 같은 대규모 야외행사가 아니면 중소 규모의 합창과 군무는 오히려 어우러지기에 적절했을 수 있다. 더욱이 무용총이나 장천1호분에서 확인되듯 긴 소매가 너풀거리도록 우아한 움직임을 보여야 하는 군무는 고취악을 특징짓는 강하고 빠른 박자와 어우러지기 어렵다. 물론 현악기로 이런 춤에 적합한 곡조를 반주하는 것은 가능할 것이다.

4세기 중엽부터 서방으로부터 불교가 전래되었다. 이는 고구려가 동아시아 바깥 세계의 관념 및 문화와 농도 짙게 접촉함을 의미했다. 불교는 고구려 사회가 이전에 겪어 보지 못한 낯선 관념과 문화였다. 그러나 불교에 담긴 서아시아·인도의 관념과 문화는 이미 5호16국시대의 시작과 함께 다양한 경로로 고구려에 흘러들고 있었다. 때문에 고구려의 지배층으로서는 국가적·사회적 차원에서 방안을 마련하여 대응하기도 어려웠을 것이다. 정치적·사회적 여건상 이미 크게 넓혀질 수밖에 없었던 대외접촉과 교류의 통로로 삼는 것이 효과적인 대응이 될 수 있었다. 실제 상황이 그런 방향으로 흘러갔다.

전연을 공략하기 위한 후조(後趙)와의 접촉, 전연을 멸망시킨 전진(前秦)과의 통교 등의 사건을 계기로 고구려에는 중국에서 크게 유행하던 불교신앙과 문화가 본격적으로 전해졌다(전호태 2000a: 133~138). 소수림왕이 전진으로부터 전해진 불교를 공인한 지 20년이 채 못 되어 고국양왕은 불교를 믿어 복을 구하라는 왕명을 내린다. 이는 이런 저간의 흐름을 국가 차원에서 공식화한 선언이라고 할 수 있다.[38]

문헌에 언급된 고구려의 호선무는 서방에서 동방으로 흐르던 문

38 『三國史記』 卷18, 「高句麗本紀」 6, 故國壤王 9年 3月.

화전파의 물결을 타고 고구려에 전해져 자리 잡은 문화예술의 한 장르다. 서북인도 및 중앙아시아 출신 승려들이 불교를 널리 전하고자 동방으로 오는 노정은 이 지역 문화와 관념이 동방에 전해지는 길이기도 했다. 이런 사실을 감안하면 동서교통의 지역 거점 중 하나이던 고구려의 국내성이나 평양에 서역의 사마르칸드를 중심으로 번성하던 강국(康國)의 호선무가 알려진 것을 이상히 여길 일은 아니라 하겠다(趙世騫 1997: 5).

눈길을 끄는 것은 호선무가 고구려 고유의 춤이 아님에도 고구려를 대표하는 춤의 하나로 문헌에 기록되었다는 사실이다.[39] 이것은 불교가 고구려에 전해진 뒤 사회 전반에 큰 변화를 가져와 5세기 중엽에는 불교신앙에 바탕을 둔 내세관이 고분벽화의 주제로까지 선호되게 했음을 떠올리게 한다(전호태 2000a: 207~231). 외래문화의 수용에 대한 개방적 태도, 수용된 외래문화 요소의 적극적 소화, 외래문화의 고구려 문화 구성요소로의 재창조라는 고구려식 외래문화 소화 원리가 호선무와 같은 서방 기원 예술 장르에도 적용되어 성공적인 결과에 이른 경우라고 하겠다.

고구려가 서방 문화예술을 적극적으로 받아들여 고구려화하였음은 수의 구부악(九部樂), 당의 십부기(十部伎) 중 서량기(西涼伎)에 사용된 것으로 소개된 악기의 상당수가 고려기(高麗伎)의 것과 일치한다는 사실을 통해서도 재확인된다(이혜구 1957: 324~327). 서량기와 겹치는 악기의 일부는 평양 천도를 전후한 시기에 고구려가 북위나 유목제국 유연을 다리로 삼아 서역과 접촉하거나 북위를 거쳐 받아들인 것으로 보인다.[40] 고구려가 5량(凉) 및 중앙아시아 각국의 문화를 불교문화의

39 『新唐書』 卷15, 「志」 第11, 禮樂.

40 『樂書』에는 북위가 북연을 멸망시킨 이후에야 고구려가 서역과 소통하여 기악을 얻게 되었다는 언급이 있다(『樂書』 卷158, 「樂圖論: 胡部」 安國). 430년대부터 고구려와 유연

일부로 대거 받아들이는 과정에 이들 악기 외에 춤이나 노래, 놀이도 동방에 전해졌을 것이다.[41]

고구려의 서역 문화 수용 및 소화와 관련하여 검토와 해석이 더 필요한 부분은 5세기 편년 고분벽화에 구체적으로 표현된 교예(較藝)이다. 약수리벽화분, 팔청리벽화분, 수산리벽화분에 묘사된 나무다리타기, 공과 막대를 던지고 받기나 수레바퀴 공중돌리기, 칼재주 등은 한 화상석과 고분벽화에서도 자주 발견되는 재주다. 한과 그 뒤를 이은 위·진 등의 왕조와의 접촉을 통해 고구려에도 알려질 수 있었던 이른바 백희(百戲) 중의 일부다.[42] 다만 공과 막대, 혹은 검을 동시에 사용하는 고구려 놀이꾼의 손재주는 두 종류의 도구를 따로 사용하는 것보다 기술적으로 진전된 것이다. 이는 고구려 나름의 전통에서 비롯된 것으로 해석할 여지가 있다.

그러나 장천1호분에 등장하는 원숭이 가면놀이는 고구려에 새로 소개된 낯설고 새로운 재주일 수 있다. 중국과 달리 기후환경으로 볼 때에 원숭이 기르기가 쉽지 않은 고구려에 원숭이가 직접 재주를 부리는 놀이가 일찍부터 알려져 유행하기는 어려웠다고 해야 할 것이다.[43] 원숭이를 다루는 재주꾼 두 사람이 특이한 용모를 지닌 인물로

의 교섭이 본격적으로 이루어진 것도 고구려와 서역의 문화교류와 관련하여 주목될 필요가 있다(노태돈 1999: 304~309).

41 『文獻通考』의 기사에 의거하여 고구려의 가곡인 芝栖, 무곡인 歌芝栖가 지금의 부하라에 세워졌던 安國에서 전래된 것이라는 견해도 제시된다(『文獻通考』 卷148, 「樂考」 21, 西戎; 전덕재 2006a: 241).

42 한 왕조에서는 외국의 군왕이나 사신 접대 행사의 하나로 角抵戲 공연을 관람시키기도 하였다(『漢書』 卷96下, 「西域列傳」 第66下). 136년 한의 京師에서 부여왕이 이를 관람했다는 기사로 보아(『後漢書』 卷85, 「東夷列傳」 75, 夫餘) 고구려 사절들이 한의 백희각저와 접할 기회는 적지 않았을 것으로 보인다.

43 중국의 화상석과 벽화에는 연희 중 원숭이 가면을 쓰고 나오거나 원숭이로 분장한 사람이 등장할 뿐 아니라 원숭이를 놀이에 참여시키거나 원숭이가 재주를 부리게 한다(李文信 1955; 中國畫像石全集編輯委員會 2000: 图125~126, 197~198; 전호태 2007b: 307).

그려지지 않은 것은 이들이 고구려에 흘러들어 공연을 업(業)으로 삼으며 유랑하는 사람들이라도 서역 출신은 아니었음을 시사한다. 그러나 5세기 중엽으로 편년되는 장천1호분에 특히 많은 서역문화 제재가 등장하는 점을 고려하면 벽화 중의 원숭이 가면놀이도 그 유래는 서역일 가능성이 높다.

392년 고국양왕이 국가적 차원에서 불교신앙을 장려하겠다는 의지를 피력하면서 동시에 추진한 것은 국가 제의를 체계화하는 일이었다. 국사(國社)를 세우고 종묘(宗廟)를 수리하도록 함으로써 자칫 불교신앙과 문화의 확산 과정에 전통적인 종교 관념과 제의체계가 약화되기나 혼란에 빠지지 않도록 한 것이다.[44] 436년 북연 멸망을 기점으로 고구려가 동아시아 4강 지위를 확보하면서 천손국(天孫國) 의식에 바탕을 둔 고구려 중심의 천하관을 내외에 피력하고 범(凡)고구려문화의 정립과 전파를 시도할 수 있었던 것도 이런 정책적 흐름이 있어 가능했다고 할 수 있다.

불교를 매개로 한 서역 문화 수용 및 소화를 통해 5세기 고구려 문화는 독자성과 보편성을 아울러 지녀 개성이 두드러진 국제적 성격의 문화로 재탄생한 것으로 보인다. 이는 고구려 고유의 문화에 중국의 한문화, 서아시아·인도문화를 포괄적으로 담은 서역문화가 차례로 더해지며 범(凡)고구려문화로 불릴 수 있는 새로운 문화의 성립이 지속적으로 시도되어 의미 있는 결과물을 내기에 이르렀음을 뜻하는 것이기도 하다. 5세기 고구려의 국가적 과제이기도 했던 범고구려문화의 정립과정에 외래 문화요소들이 어떤 방식으로 변형되고 녹아들었는지는 요소별 검토를 통해서만 그 실상에 대한 기본적인 이해가 가능할 것이다.

---

44 『三國史記』 卷18, 「高句麗本紀」 6, 故國壤王 9年 3月.

고구려 사람들이 어떤 악기를 연주하고 춤과 놀이를 즐겼는지를 알게 하는 단서들은 고분벽화에서 비교적 여럿 찾아낼 수 있다. 문헌을 통해 접할 수 있는 것은 고구려에서 불렸던 노래와 여러 가지 놀이에 대한 단편적인 기사들이다. 남아 전하는 자료만으로 고구려인의 음악과 놀이문화의 실상을 재구성해 내기는 극히 어렵다.

그러나 음악과 놀이문화 자료에서 시대의 흐름과 이어지기 마련인 생활문화의 갖가지 현상이 보여 주는 몇 가지 특징을 읽어 내기가 불가능한 것만은 아니다. 고구려인 전체의 축제이던 동맹은 고구려의 음악과 놀이가 한꺼번에 펼쳐지는 장이었다. 그러나 그 구체적 모습은 전하지 않는다. 다만 동맹에서 연주된 음악이 중국 한에서 보낸 고취기인들의 활동과 맞닿아 고구려 초기 고취악 발전의 바탕이 되었음은 확실하다.

4세기 초 고구려가 남쪽의 낙랑을 병합하면서 고구려의 음악에는 낙랑 색채를 담은 고취악이 더해졌다. 평양권 고분벽화에 행렬 고취악이 빈번히 묘사된 것은 고구려가 고취악이 매우 발달했던 낙랑을 영역화하면서 나타난 문화 현상이다. 4세기 중엽 고구려 고취악의 현황은 안악3호분 대행렬도의 고취악대를 통해 파악할 수 있다.

중국 위·진과의 교류가 본격화하며 고구려에 전해진 완함은 고구려 관현악이 독자적 갈래를 형성하는 데에 도움을 주었다. 북중국이 5호16국시대로 접어들며 동방에 전파된 불교는 5세기 전반까지 고구려의 음악과 놀이문화에 서역에서 유래한 악기, 춤, 노래, 놀이 등을 더하게 하였다. 강국에서 유래한 호선무가 고구려의 춤으로 소화되고 알려지게 된 것도 이런 과정을 통해서였을 것이다.

고구려는 고유의 문화에 중국의 한 문화와 서역문화의 산물을 잇달아 더했다. 이런 경험을 바탕으로 5세기에 개성적이면서 국제성이 짙은 문화를 창출해 내는 데에 성공하였다. 높은 보편성이 담긴 5세기 고구려의 음악과 놀이문화도 이러한 문화적 흐름의 산물이다. 고구려의 음악과 놀이문화는 통일신라를 거쳐 고려·조선으로 전승된다. 일부는 신라를 거쳐 일본에 전해지고, 수의 7부악과 9부악, 당의 9부기, 10부기에 포함되어 중국에서 오랜 기간 명맥이 이어지기도 한다.

❁ 별표 1. 음악 및 놀이문화 자료가 확인되는 벽화고분 참고문헌

문화권	연번	고분명	참고문헌
평양권	1	안악3호분	황욱 1958: 22, 24, 도27, 29, 49, 59; 사회과학원고고학연구실 1966: 47~55, 그림 18, 19, 24, 25; 朝鮮畵報社 1985: 12, 21~26; 조선유적유물도감편찬위원회 1990b: 16, 19, 20, 46, 52, 53, 56~58
	2	안악1호분	채병서 1958: 8, 도11, 17; 조선유적유물도감편찬위원회 1990b: 128, 136, 137
	3	평양역전벽화분	과학원고고학및민속학연구소 1958: 22~23, 도36; 조선유적유물도감편찬위원회 1990b: 도272
	4	태성리1호분	채희국 1959a: 95~96; 조선유적유물도감편찬위원회 1990b: 도290
	5	덕흥리벽화분	박진욱 · 김종혁 · 주영헌 · 장상렬 · 정찬영 1981: 65, 68, 78, 79; 朝鮮畵報社 1985: 도54, 61, 81, 82; 조선유적유물도감편찬위원회 1990b: 도159, 162, 166, 172, 178, 213, 214
	6	감신총	朝鮮總督府 1915b: 図498; 關野貞 1941: 384, 図213; 조선유적유물도감편찬위원회 1990b: 도80; 전호태 외, 2006: 도27, 28
	7	약수리벽화분	주영헌 1963: 144~147; 조선유적유물도감편찬위원회 1990b: 325, 327, 332, 336
	8	팔청리벽화분	전주농 1963b: 168~169, 도85; 조선유적유물도감편찬위원회 1990b: 도373, 374
	9	고산동10호분	채희국 1964: 46, 삽도37, 도50(2); 조선유적유물도감편찬위원회 1990b: 도312
	10	대안리1호분	과학원고고학및민속학연구소 1959: 5, 도35(2); 조선유적유물도감편찬위원회 1990c: 도141, 149
	11	쌍영총	關野貞 1941: 393
	12	수산리벽화분	김종혁 1974: 232,234, 도판50-2, 52-1; 조선유적유물도감편찬위원회 1990b: 도238~240, 243, 246, 247
	13	강서대묘	關野貞 1914d: 図238; 朝鮮總督府 1915b: 図619; 조선유적유물도감편찬위원회 1990c: 도368
집안권	1	각저총	池内宏 · 梅原末治 1940b: 16, 図42, 43, 45(2); 조선유적유물도감편찬위원회 1990b: 113, 121; 耿鐵華 2008: 47
	2	무용총	池内宏 · 梅原末治 1940b: 8~11, 도6,8,14(2), 20~23, 25, 27, 28, 33; 조선유적유물도감편찬위원회 1990c: 도42~44; 耿鐵華 2008: 47
	3	마선구1호분	吉林省博物館輯安考古隊(方起東) 1964; 조선유적유물도감편찬위원회 1990b: 도297; 耿鐵華 2008: 58
	4	장천1호분	吉林省文物工作隊 · 集安縣文物保管所(陳相偉 · 方起東) 1982; 조선유적유물도감편찬위원회 1990c: 도91, 99~102; 耿鐵華 2008: 60
	5	통구12호분	王承禮 · 韓淑華 1964; 조선유적유물도감편찬위원회 1990b: 도97; 耿鐵華 2008: 48
	6	삼실총	池内宏 · 梅原末治 1940b; 李殿福 1981; 耿鐵華 2008: 48
	7	통구사신총	池内宏 · 梅原末治 1940: 34; 梅原末治 · 藤田亮策 1966: 図20; 耿鐵華 2008: 49~50
	8	오회분4호묘	吉林省博物館(李殿福 · 方起東) 1964; 吉林省文物工作隊(方起東) 1984; 조선유적유물도감편찬위원회 1990c: 도302, 303; 耿鐵華 2008: 50
	9	오회분5호묘	吉林省博物館(李殿福 · 方起東) 1964; 梅原末治 · 藤田亮策 1966: 9, 図16(30, 31), 17(32); 조선유적유물도감편찬위원회 1990c: 도318, 326~329; 耿鐵華 2008: 51

사냥-매사냥

고구려 고분벽화에는 사냥장면이 자주 등장한다(그림 1, 2). 기마사냥, 도보사냥이 한 화면에 그려지기도 하고 몰이꾼들과 사냥꾼들이 역할을 나누어 사냥을 진행하는 모습이 파노라마처럼 묘사되기도 한다. 눈길을 끄는 것은 위에 언급한 일반적인 사냥과는 다른 방식의 사냥장면도 고분벽화에 보인다는 사실이다. 매사냥이다(전호태 1999: 201).

사냥에 데리고 가는 개는 직접 사냥에 나서기도 한다. 하지만 짐승을 찾아내거나 달아나는 짐승의 뒤를 쫓는 등으로 주인의 사냥을 돕는 것이 일반적이다. 반면 매는 주인을 대신해 새나 짐승을 잡는 사냥꾼 역할만 한다. 어디까지나 매사냥의 주인공은 매다.

매사냥은 대부분의 문명지역에서 행해졌다. 그러나 언제 어디서 매사냥이 시작되었는지는 확실하지 않다.[1] 다만 매사냥이 행해진 지역 사람들은 어디서나 신분과 지위 고하를 막론하고 이 사냥법의 독

1 현재까지 확인된 매사냥의 실물 증거로 가장 오래된 것은 기원전 13세기에 만들어진 아시리아 印章 및 히타이트의 은제 Rhyton이다(Osten-Sacken 1988: 63~81; Benecke 1994: Abb. 261; Dobiat 2014: 345~346).

❁ 그림 1. 사냥(무용총 벽화 모사도, 중국 집안)

❁ 그림 2. 사냥(장천1호분, 중국 집안)

특한 매력에 빠져들었다. 때문에 매사냥은 비용과 폐단 등으로 말미암아 사회적 논란거리가 되는 경우가 많았다.[2]

고구려에서 매사냥은 어떻게 시작되었고 사회적으로는 어떤 평가를 받았을까? 고구려의 매사냥 관련 유적유물 및 기록으로는 어떤 것이 남아 전하는가? 고구려에서 매사냥의 사회적·문화적 의미와 기능은 어떠한가?

1. 매사냥 자료

고구려의 안악1호분 벽화에는 매사냥 장면이 포함되어 있다(채병서 1958: 1~21; 문화보존연구소편집부 편 1983: 154; 朝鮮畵報社 1985: 35; 조선유적유물도감편찬위원회 1990b: 129,132). 무덤 널방 서벽 상단에는 기마사냥과 매사냥 장면이 한 화면에 좌우로 나뉘어 압축적으로 표현되었다. 매사냥하는 모습은 화면 오른쪽, 곧 벽면의 북쪽에 있다(그림 3). 벽화에는 매사냥을 진행하는 과정을 한 화면에 한 사건의 전개과정을 시간의 흐름에 관계없이 모두 묘사하는 이시동도법(異時同圖法)으로 묘사했다(전호태 2008: 78~81). 화면에서 머리에 챙이 넓은 패랭이를 쓴 기마인물은 창공으로 날려 보낸 매를 보느라 빠르게 달리는 말 위에서 허리를 굽혀 몸을 앞으로 내밀면서 오른손으로는 챙의 한쪽 끝을 잡고 있다. 사냥감이 된 까투리는 산봉우리 위의 창공을 향해 급히 날아가고 그 뒤를 쫓는 매는 활짝 폈던 두 날개의 폭을 순간적으로 오므려 더 빠른 속도를 내어 창공으로 치솟는다. 매가 몸 뒤로 빼낸 두 발은 깃털에 가려진 상태다. 매사냥의 긴박한 순간이 너무 생생하게 묘

2 고려, 조선시대 매사냥의 폐해를 둘러싼 왕과 신하들 사이의 논쟁에 대해서는 정연학(2011: 134~143) 참조.

그림 3. 매사냥(안악1호분, 북한 안악)

사되어 동영상의 한 장면을 보는 듯하다. 안악1호분은 4세기 말 유적이므로 벽화 속의 매사냥 역시 늦어도 이때쯤에는 고구려인에게 매우 익숙한 사냥방법의 하나였음을 미루어 짐작할 수 있다.

봉성리1호분에는 매 그림이 남아 있다(김사봉 1980: 47~48). 이 무덤은 널길과 널방으로 이루어진 외방무덤이다. 널방 벽에 흐릿하게 남은 벽화와 무덤칸 바닥에 떨어진 벽화조각 중에서 크고 작은 3개의 산봉우리, 산봉우리 위에 앉은 매, 산봉우리 위의 소나무 몇 그루 및 구름 등이 확인되었다. 안악1호분 벽화의 산봉우리 위를 날아가는 매와 까투리 그림을 감안하면 봉성리1호분 벽화에도 사냥을 위해 날아가는 상태의 매가 그려진 것일 수 있다.

감신총 벽화에도 매사냥이 묘사되었다고 한다(김혜숙 1993a: 21~24). 널방 서벽에 묘사된 사냥도의 한 부분이라고 하나 구체적으로 짚어지지는 않고 있다. 국립중앙박물관에 소장된 모사도로 볼 때 매사냥으로 볼 수 있는 장면은 서벽 북쪽 중간 부분에 있다. 한 인물이 오른손을 앞으로 내밀어 산자락에서 벌판으로 뛰쳐나온 여우 비슷한 짐승을 가리킨 채 앞으로 나아가려는 듯 보인다. 이 인물의 오른쪽 팔뚝 위에 그어진 혼란스럽게 얽힌 선들이 새를 연상시키기도 하나 확실하지 않다. 이 선들이 실제 사냥매를 그린 것이라면 감신총 벽화의 이 장면은 사냥매로 여우나 족제비 같은 길짐승을 잡는다는 옛 기록을 그림으로 보여 주는 유일한 사례에 해당한다. 이외에 서벽에 묘사된 사냥도에 매사냥과 관련지을 수 있는 부분은 보이지 않는다. 감신총은 5세기 전반 축조된 유적이다(關野貞 1915a: 231~233; 朝鮮總督府(關野貞 外) 1915b: 図479~498; 李王職 1916: 図69~83; 조선유적유물도감편찬위원회 1990c: 76~92).

고구려의 국내성 문화를 알게 하는 마선구1호분 벽화에도 매사냥 장면이 묘사되었다(吉林省博物館輯安考古隊(方起東)1964; 吉林省文物考古研究所·集安市博物館 2002: 146; 孫仁杰·遲勇 2007: 119~120; 耿鐵華 2008: 58). 무덤의 앞방 북쪽 곁방의 북벽과 동벽에는 사냥도가 표현되었는데, 매사냥 장면은 동벽 하단에 그려졌다. 벽화가 많이 탈락된 동벽 하단 화면 왼쪽에는 새 깃 꽂은 절풍을 머리에 쓴 인물의 머리 부분과 머리에 아무 장식이 없는 절풍을 쓰고 윗옷으로 좁은 소매 저고리를 걸친 인물의 무릎 윗부분이 남아 있다. 둘 중 민절풍을 머리에 쓴 인물은 왼쪽 팔뚝 위에 사냥매를 얹은 채 걸어가는 자세로 묘사되어 이가 매사냥꾼임을 알 수 있다. 화면의 다른 부분 벽화가 남아 있지 않아 더 이상 자세한 것은 알 수 없다. 그러나 다음에 살펴볼 장천1호분 벽화의 매사냥 장면을 고려할 때 매사냥꾼 앞쪽에 사냥매가 하늘로 날아올라 달아나는 꿩을 뒤쫓거나 덮치는 순간이 묘사되었을 가능성이 높다. 무덤구조와 벽화주제, 출토유물을 감안할 때 마선구1호분은 5세기 중엽을 전후한 시기에 축조되었을 가능성이 높다. 벽화의 매사냥 장면은 이 시기 국내성 지역에서 유행하던 사냥 방법을 구체적으로 잘 보여 주는 사례로 해석될 수 있다.

장천1호분 벽화에서도 매사냥 장면을 확인할 수 있다(吉林省文物

工作隊·集安縣文物保管所(陳相偉·方起東) 1982: 158~163; 吉林省文物志編委會 1984: 158~163; 조선유적유물도감편찬위원회 1990c: 91,99; 孫仁杰·遲勇 2007: 120~122; 耿鐵華 2008: 60). 무덤 앞방 북벽 하단 사냥도의 일부로 그려진 매사냥 장면은 앞방 북벽 상단 및 중단의 백희기악도와 하단 사냥도의 경계지점 동쪽에 묘사되었다. 백희기악도 동쪽의 커다란 과일나무 아래 누런 바탕 검은 점무늬의 소매 좁은 저고리와 녹색 바탕 검은 점무늬 통 좁은 바지 차림의 매사냥꾼이 왼쪽 방향으로 걸어간다. 그의 오른쪽 팔뚝에 두른 검은 바탕 홍선무늬 토시 위에 부리가 날카로운 사냥매가 앉았다(그림 4). 매사냥꾼 왼쪽에 서 있는 작은 나무 한 그루를 사이에 두고 그 왼쪽에 머리를 약간 숙인 채 급히 날아가는 까투리 한 마리를 뒤쫓는 사냥매가 보인다. 사냥매는 날개를 좌우로 크게 펼친 채 두 다리를 뒤로 가지런히 제킨 채 달아나는 까투리를 위에서 막 덮치려 하고 있다. 장천1호분은 5세기 중엽 축조된 것으로 추정된다. 장천1호분 벽화는 이 시기 국내성 지역에서 행해지던 매사냥 방법 가운데 도보사냥이 있었음을 알게 하는 유적이다.

삼실총 벽화에도 매사냥 장면이 묘사되었다(池內宏·梅原末治 1940b: 21~27, 図51; 李殿福 1981: 123~126,118; 吉林省文物志編委會 1984: 140~142; 조선유적유물도감편찬위원회 1990c: 77; 吉林省文物考古研究所·集安市博物館 2002: 38; 孫仁杰·遲勇 2007: 116~117; 耿鐵華 2008: 48). 무덤의 제1널방 동남벽 중간에는 네모진 전돌이 깔린 듯한 가로로 길게 뻗은 길을 묘사하여 화면을 위아래로 나누었다. 벽 상단에는 무덤주인부부를 포함한 11인의 행렬도를 묘사하고 하단에는 사냥장면을 그렸다. 사냥도는 화면 왼편의 매사냥, 오른편의 기마사냥 장면으로 구성되었다. 기마 상태로 매사냥을 시도하는 화면 왼편의 인물은 머리를 뒤로 길게 늘어뜨려 아직 장가들어 상투를 올리기 전임을 짐작하게 한다. 매사냥꾼은 왼쪽 팔뚝에 황색 바탕에 검은 줄무늬의 토시를 두르고 그 위에 사냥매를 앉혔다(그림 5). 사냥매의 목에는 세 줄 띠가 묘사되어 길들여

❁ 그림 4. 매사냥(장천1호분, 중국 집안)
❁ 그림 5. 매사냥(삼실총, 중국 집안)

사람과 함께 지내는 맹금임을 알게 한다. 말을 몰아 빠르게 달리는 매사냥꾼 앞에는 주인의 팔뚝에서 날아오른 사냥매가 두 날개를 크게 펼치고 두 다리는 나란히 뒤로 제킨 채 힘껏 날며 달아나는 까투리를 쫓고 있다. 날개를 크게 퍼덕이며 창공으로 급히 솟구치는 까투리에게 살아나려는 절박함이 묻어 나온다. 삼실총도 장천1호분처럼 5세기 중엽 축조 가능성이 높은 유적이다. 삼실총은 5세기 중엽을 전후한 시기 고구려 국내성 지역에서 기마 상태의 매사냥도 이루어졌음을 그림으로 남겨 전하는 사례라고 할 수 있다. 이상의 매사냥 장면이 그려진

❁ 표 1. 고분벽화 매사냥 장면 사례

<table>
<tr><th colspan="2" rowspan="2">문화권
고분명</th><th rowspan="2">편 년</th><th>무덤
구조</th><th>매사냥도의
위치와 내용</th><th colspan="3">앞방</th><th colspan="3">널방</th></tr>
<tr><th>벽화
주제</th><th>동반
제재</th><th>벽</th><th>천장고임</th><th>천정석</th><th>벽</th><th>천장고임</th><th>천정석</th></tr>
<tr><td rowspan="6">평양권</td><td rowspan="2">안악1호분</td><td rowspan="2">4세기말</td><td>외방무덤</td><td>널방서벽기마매사냥</td><td colspan="3" rowspan="2"></td><td rowspan="2">행렬, 생활, 수렵</td><td rowspan="2">상서동물, 연꽃, 일월성수</td><td rowspan="2">연꽃</td></tr>
<tr><td>생활풍속</td><td>기마사냥</td></tr>
<tr><td rowspan="2">봉성리1호분</td><td rowspan="2">4세기말</td><td>외방무덤</td><td>널방바닥벽화조각 매사냥</td><td colspan="3" rowspan="2"></td><td rowspan="2">널방바닥벽화조각생활</td><td rowspan="2">?</td><td rowspan="2">?</td></tr>
<tr><td>생활풍속</td><td>생활?</td></tr>
<tr><td rowspan="2">감신총</td><td rowspan="2">5세기전반</td><td>감결방두방무덤</td><td>널방서벽북쪽매사냥(?)</td><td rowspan="2">감결방: 신상, 묘주/앞방: 행렬, 배례, 공양</td><td rowspan="2">서왕모, 주작, 연꽃</td><td rowspan="2">연꽃</td><td rowspan="2">사냥, 묘주장방생활?</td><td rowspan="2">?</td><td rowspan="2">?</td></tr>
<tr><td>생활풍속</td><td>사냥장면의 일부(?)</td></tr>
<tr><td rowspan="7">집안권</td><td rowspan="2">마선구1호분</td><td rowspan="2">5세기중</td><td>두방무덤</td><td>앞방북쪽곁방동벽도보매사냥</td><td rowspan="2">생활, 사냥, 연꽃</td><td rowspan="2">연꽃</td><td rowspan="2">?</td><td rowspan="2">생활, 묘주부부</td><td rowspan="2">연꽃</td><td rowspan="2">?</td></tr>
<tr><td>생활풍속및장식무늬</td><td>?</td></tr>
<tr><td rowspan="2">장천1호분</td><td rowspan="2">5세기중</td><td>두방무덤</td><td>앞방북벽도보매사냥</td><td rowspan="2">생활, 사냥, 화생, 연꽃</td><td rowspan="2">四神, 化生연꽃, 禮佛, 보살, 飛天</td><td rowspan="2">?</td><td rowspan="2">연꽃</td><td rowspan="2">연꽃</td><td rowspan="2">일월성수</td></tr>
<tr><td>생활풍속및장식무늬</td><td>백희기악 및 무리사냥</td></tr>
<tr><td rowspan="3">삼실총</td><td rowspan="3">5세기중</td><td>세방무덤</td><td>제1널방동남벽기마매사냥</td><td colspan="3" rowspan="3">우주역사
상서동물, 사신, 화생, 연꽃</td><td>생활풍속</td><td>행렬, 사냥, 묘주부부</td><td>일월성수</td></tr>
<tr><td rowspan="2">생활풍속및사신</td><td rowspan="2">인물행렬 및 기마사냥</td><td>일월성수</td><td></td><td></td></tr>
<tr><td>일월성수</td><td></td><td></td></tr>
</table>

벽화고분의 구조, 벽화주제와 제재구성 등을 알기 쉽게 정리해 보면 표 1과 같다.

『삼국사기』에는 121년(고구려 태조왕 69년) 숙신의 사신이 와 자색

여우가죽과 흰 매, 흰 말을 바쳤다는 기사가 있다.[3] 흰 매는 보통의 매와 달리 깃털이 흰 것, 곧 상서로운 새라는 의미를 담아 보내온 것이라고 할 수 있다. 이 시기에 고구려에서 매사냥이 이루어졌음을 확인시켜 주는 기사로도 해석된다. 우리나라에서 사냥을 매우 잘하는 흰 매를 송골이라고도 불렀음을 감안하면 더욱 그렇다. 매사냥을 즐긴 아신왕(阿莘王)에 대한 기록이 있는 백제에서 신라의 눌지왕(訥祗王)에게 흰 매를 보냈다는 기사도 주목된다.[4] 상서로운 의미를 담은 선물로만 보기보다 사냥매로 훈련된 상서로운 새, 곧 송골매를 보낸 것으로 이해하는 것이 보다 자연스럽다고 하겠다.

2. 매사냥 문화

고구려에서 매사냥은 기마궁술에 주로 의존하는 기존의 몰이사냥과 다른 사냥방법으로 인식되었던 것으로 보인다. 마선구1호분 벽화에서 매사냥을 묘사한 화면의 중간 부분은 기마궁술사냥이 이루어지는 위 부분과 공간적으로 구분된다. 장천1호분 벽화에서도 열과 행을 이루어 조직적으로 진행되는 대규모 몰이사냥과 구분되는 공간에 매사냥 장면이 그려졌다.

매사냥이 기존의 사냥법과 다른 방식으로 이루어지는 사냥일 뿐 아니라 매우 중요시되는 사냥이었음도 벽화를 통해 확인할 수 있다. 안악1호분과 삼실총 벽화에서 매사냥과 기마궁술사냥 장면이 화면에서 지니는 비중은 크게 차이 나지 않는다. 기마궁술사냥이 많은 사람이 참가하는 무리사냥임을 감안하면 이와 같은 화면 구성은 매사냥에

3 『三國史記』 卷15, 「高句麗本紀」 3, 太祖大王 69年 10月.
4 『三國史記』 卷3, 「新羅本紀」 3, 訥祗麻立干 18年 2月.

부여된 의미와 무게로 말미암은 것으로 해석할 수 있다.

국가적 차원의 사냥대회를 정기적으로 열 정도로 사냥을 중시했던 고구려에서 매사냥에 전통적인 기마궁술사냥에 맞먹을 정도의 무게감을 부여한 이유는 무엇일까. 매사냥이 고구려에 소개된 새로운 사냥방법이었고 효과적인 사냥을 가능하게 했기 때문일까. 아니면 고구려의 귀족과 백성들이 매사냥이 지닌 독특한 매력에 빠졌던 까닭일까.

동물을 이용한 사냥은 사람의 수고를 덜 뿐 아니라 사냥대상을 거의 온전한 상태로 거둘 수 있게 한다. 특히 매를 이용한 사냥은 당시의 사냥도구로는 쉽게 잡을 수 없는 꿩이나 오리 같은 야생의 새를 식탁에 올릴 수 있게 한다는 점에서 매력적이었다.[5] 진평왕(眞平王)대의 인물 천진공(天眞公)이 종살이 하던 어린 혜공(惠空)이 매를 잘 다루는 것을 보고 보통 사람이 아님을 깨달았다는 기사는 매를 다루는 기술에 특별한 가치를 부여하던 당대의 분위기를 잘 전한다.[6]

백제를 멸망시킨 660년 이후에도 신라 태종무열왕(太宗武烈王)에게 매일 쌀 열 말, 술 여섯 말, 꿩 열 마리를 마련해 올렸다는 기사는 궁중이나 중앙정부 안에 둔 특정한 부서나 조직의 사람들이 매일 사냥매로 꿩 사냥에 나섰음을 암시한다.[7] 왕이 매사냥을 매우 즐겨 신하 김후직(金后稷)이 이를 그치게 하려 애썼다는 진평왕대에 이미 신라에 사냥매를 조련하고 관리하는 사람들이 있었고 이들이 속한 부서도 있었을 가능성이 높다.[8] 백제에서도 왕이 직접 매사냥에 나서고 고구려

5 진골귀족이던 慈藏이 청년시절 매를 놓아 꿩을 잡다가 눈물 흘리는 꿩을 보고 마음에 깨달음이 있어 출가했다는 기사는 신라의 귀족들이 사냥매로 꿩과 같은 새들을 사냥하는 것을 즐겼음을 알게 한다(『黃龍寺刹柱本記』).

6 『三國遺事』 卷4, 「義解」 第5, 二惠同塵.

7 『三國遺事』 卷1, 「紀異」 第2, 太宗春秋公.

8 『三國史記』 卷45, 「列傳」 5, 金后稷.

에서는 무리사냥에 버금 갈 정도로 매사냥이 중시되었다. 이로 보아 고구려와 백제에도 사냥매를 관리하는 전문인들과 이들이 속한 기관이나 조직이 있었다고 보아야 할 것이다.

매사냥이 효과적이고 매력적인 것은 사실이나 이것만으로 군사훈련과 제의용 희생동물을 마련하는 효과도 있는 무리사냥만큼 중요시된 이유를 설명하기는 어려울 듯하다.[9] 후대의 기록으로 볼 때 고구려에서도 매사냥은 제의에 올릴 희생을 마련하는 데에 큰 도움이 되었기에 중요시되었을 가능성이 매우 높다.[10] 고대 동아시아에서는 제의에 쓸 희생에 네 발 짐승들 외에 새도 포함시켰다.[11] 제의의 격에 따라 차이는 있으나 흰 고니를 비롯하여 여러 종류의 철새들이 신에게 바치는 제물로 쓰였다.

문제는 특정한 시기에만 모습을 보이는 철새들을 활과 그물로 잡는 데에는 한계가 있었다는 사실이다. 몸집이 크고 무리를 지어 다닌다 할지라도 위험을 잘 인지하고 창공에 높이 날아오르는 대형 철새들을 잡기는 쉽지 않았을 것이다. 대형 사냥매는 이런 어려움을 쉽게 넘어설 수 있게 한다. 사람의 손을 덜게 하는 정도가 아닌 것이다. 중세 일본에서 사냥매를 이용해 고니나 학을 잡은 사실을 자주 기록에

---

9 고대 동아시아에서 왕과 귀족이 주관하는 수렵이 지닌 정치·군사적 성격은 일찍부터 학자들의 주목을 받아 왔다(김영하 1985).

10 『三國史記』 卷32, 「志」 第1, 祭祀條에 고구려에서 3월 3일 낙랑회렵으로 사냥한 돼지와 사슴을 하늘과 산천에 제사지낸다는 기사가 실려 있는 데에서 잘 드러나듯이 고대사회에서 수렵은 제의와 밀접한 관련이 있었다.

11 경주에서 수습된 토우 및 토기에 부착된 토우 가운데에는 다양한 새와 짐승들이 등장한다. 토우가 제사에 쓰이는 제물을 대신하거나 무덤 껴묻거리로 쓰인다는 사실을 고려하면 제물이나 껴묻거리로 다양한 새들도 사용되었음을 알 수 있다. 『禮記』에 언급된 月令薦新을 고려하면 大祀, 中祀, 小祀의 祀典이 잘 정비되었던 신라를 포함한 삼국과 고대 일본에서 새들이 제물로 사용되었다고 보아야 할 것이다. 이와 관련하여 조선의 왕들이 매사냥은 기러기, 거위 등을 국가 제사에 薦新하기 위한 것임을 강조하면서 매사냥 반대 상소를 막았다는 사실도 참고할 필요가 있다(정연학 2011: 134).

남긴 것도 희생제물로서의 가치 때문이라 하겠다.[12]

고니, 학, 청둥오리와 같은 철새가 제의의 희생 제물로 가치 있게 여겨진 것은 이런 새들이 신과 사람 사이의 대화를 가능하게 하는 존재로 믿어진 까닭이다(그림 6). 새를 신의 사자로 여기는 관념은 동서고금의 많은 사회에서 확인된다. 삼한시대 변진(弁辰)사람들이 죽은 이의 관 위에 큰 새 깃을 올려놓는 풍습이 있었던 것도 이런 관념에서 비롯되었다.[13] 고구려의 건국시조 주몽(朱蒙)은 부여에서 탈출하여 남으로 내려오면서 어머니 유화(柳花)로부터 한 쌍의 비둘기를 통해 오곡의 종자를 건네받았다. 이 설화는 부여계 사회에 신적 존재들 사이의 교통은 새를 통해 이루어진다는 믿음이 있었음을 반영한다.[14] 오늘날 민속신앙 자료의 하나로 남아 있는 솟대의 새가 마한(馬韓) 소도(蘇塗)의 성스러운 나무 위의 새와 같은 것임은 전(傳) 대전 괴정동 출토 농경문 청동기의 같은 표현을 통해서도 확인할 수 있다(그림 7).[15]

고구려에서도 매사냥이 중시되었고 희생 제물로 쓰일 철새를 잡는 데에 도움이 되었기 때문에 중요시되었다면 사냥매로 철새를 잡기 시작한 것은 언제부터일까. 이와 관련하여 주목되는 것은 4세기 말 작품으로 추정되는 안악1호분 벽화다. 벽화의 매사냥꾼은 기마 상태에서 매를 날렸으며 이 매사냥 장면이 기마궁술사냥 장면과 화면을 반

12 1191년 일본 가마쿠라 막부에서 매사냥 금령을 내리면서 사냥매로 잡은 새를 신전에 바친다는 명목으로 諏訪神社의 매사냥을 허용한 것도 이런 관념 및 용도와의 밀접한 관련성을 짐작하게 한다(김광언 2007: 495).

13 『三國志』 卷30, 「魏書」 30, 烏丸鮮卑東夷傳 30, 弁辰.

14 『東國李相國集』 「東明王篇」 所引 『舊三國史』 「東明王本紀」; 「東明王篇」에 따르면 주몽은 또한 흰 사슴을 붙잡아 거꾸로 매달아 울게 하여 하늘로 하여금 비류국에 7일 동안 큰 비를 내리게 하고 있다. 이 경우 흰 사슴은 해모수의 아들인 주몽의 뜻을 하늘에 전하는 사자의 역할을 하고 있는 점에서 유화에게 되돌려 보낸 비둘기와 비슷한 일을 하고 있다.

15 솟대 위의 새는 형태상으로도 신라·가야지역에서 출토되는 오리형토기처럼 청둥오리와 같은 철새를 모티프로 한 것으로 해석되거나 이를 매를 나타낸 것으로 보는 견해도 있다(서정범 1972: 297).

그림 6. 오리형 토기(경주 일원, 국립경주박물관)

그림 7. 솟대(농경문 청동기, 국립중앙박물관)

분하고 있다. 이는 늦어도 4세기 말에는 고구려에서 기마매사냥이 가능했을 뿐 아니라 사냥법으로도 매우 중요시되었고 일반화되었다는 해석의 여지를 열어 준다(趙法鐘 1989: 58~59).[16]

기마매사냥은 도보매사냥보다 난이도가 높은 사냥법이다. 매가 기마 상태에 익숙해지는 시간도 필요하고 기마에 능하더라도 한쪽 팔뚝에 매를 올려놓은 채 질주하다가 적절한 순간 매를 날려 보내려면 매사냥꾼 역시 이런 사냥법을 잘 익혀야 하는 까닭이다. 4세기 말 고구려에서 도보매사냥이 아닌 기마매사냥도 중요한 사냥법으로 여겨질 정도였다면 매사냥이 시작된 시기는 이보다 상당 기간 거슬러 올라간다고 보아야 할 것이다. 일본은 5세기에 이르러 한반도 남부에서 이주해 온 가야사람에 의해 기마문화에 새롭게 눈떴다. 그럼에도 일본에서 기마매사냥이 시작된 시기가 백제로부터 매사냥을 전수받은 때로부터 대략 1세기 뒤였다는 사실이 주목된다.[17]

매사냥이 고분벽화 사냥도에서 높은 비중을 지닌 사냥법으로 묘사되는 것은 특정한 용도에 더하여 선호도가 매우 높았기 때문일 가능성이 높다. 백제의 아신왕이 장성하면서 매사냥을 좋아했다는 『삼국사기』 기사는 백제에 이미 이런 사냥법이 잘 알려져 있었으며 왕이 이를 선호했음을 시사한다.[18] 아신왕의 숙부 진사왕은 즉위 이래 자주 사냥을 다니다가 결국은 사냥을 위해 지은 것으로 보이는 구원행

16 백제의 법왕이 민가에서 기르는 매와 새매를 거두어 놓아 주게 하고 어렵도구를 불사르게 했다는 기사로 보아 삼국시대 민간에서는 도보매사냥이 널리 행해졌던 것으로 보인다(『三國史記』 卷27, 「백제本紀」 5, 法王 元年 12月).

17 일본의 매사냥 기록으로 가장 빠른 것은 『日本書紀』 卷11, 「仁德紀」 43年 秋9月 庚子朔(355) 기사이다. 仁德天皇 46年(358)에 백제 사절이 매와 개를 가져왔다는 기사는 『養鷹紀』과 『古今要覽』에 실려 있다. 기마매사냥은 이로부터 1세기 뒤인 雄略天皇(461~479) 때에 시작되었다고 한다(김광언 2007: 493).

18 『三國史記』 卷25, 『三國史記』 3, 阿莘王 元年.

궁(狗原行宮)에서 세상을 뜬다.[19] 진사왕(辰斯王)대의 일련의 사냥기사에 이어 아신왕의 매사냥이 언급된다. 이로 보아 기마궁술사냥을 즐긴 진사왕과 달리 조카인 아신왕은 기마매사냥을 즐겼다는 해석도 가능해진다. 이로 볼 때 고분벽화의 매사냥 역시 이 사냥법이 선호되었음을 나타낸 표현으로 보아도 무방할 듯하다.

동아시아에서 매 선물은 국가 간의 우호를 다지고 군민 간을 가깝게 하는 데에 적절한 매개체로 여겨졌다. 백제가 신라와 일본에 매를 보내고 통일신라시대에 주군(州郡)에서 왕에게 흰 매를 바쳤다는 기록이 잇달아 나온다. 통일신라와 발해에서 당에 진상품의 하나로 매를 보냈다는 기사가 사서에 여러 차례 기록이 남아 있는 것도 이런 관행을 반영한다.[20] 고구려가 숙신으로부터 흰 매를 진상받았듯이 고구려도 외교적 필요에 따라 이웃나라에 매를 보냈을 것으로 보인다.

사냥매는 크기와 종류가 다양하나 함경도와 평안도 일대에서 나는 해동청(해청), 송골을 가장 좋은 사냥매로 친다(김광언 2007: 298; 정연학 2011: 139). 매사냥을 알게 하는 기사는 백제 아신왕에 대한 것이 처음이다. 그러나 한반도 사냥매의 주산지가 함경도, 평안도 및 강원도 일원이며 매사냥이 북방 수렵사회 및 유목사회에서 비롯되었을 것이라는 견해, 숙신의 흰 매 진상 기사를 감안하면 한국 매사냥의 기원은 고구려에서 찾는 것이 합리적일 듯하다.

---

19 『三國史記』 卷25, 「百濟本紀」 3, 辰斯王 8年 11月; 진사왕의 잦은 사냥은 고구려의 경우와 같이 군사훈련적인 성격도 띤 것으로 보인다. 그러나 왕과 귀족이 참가하는 대규모 사냥은 때로 謀叛의 기회로 활용되기도 했다. 진사왕이 구원행궁에서 세상을 뜬 것도 자연스런 현상은 아닐 수 있다(『日本書紀』 卷10, 「應神紀」 3年 기사는 國人에 의한 弑害를 시사한다). 고구려 태조왕의 아우 수성은 왕을 대행한 사냥을 통해 자기 세력을 모으고 태조왕을 폐하는 모의 기회로 삼았다(『三國史記』 卷15, 「高句麗本紀」 3, 太祖大王 80年, 86年, 94年; 김영하 1985).

20 『三國史記』 卷3, 「新羅本紀」 3, 訥祇麻立干 18年 2月; 『三國史記』 卷7, 「新羅本紀」 第7, 文武王 17年 3月條; 『三國史記』 卷8, 「新羅本紀」 第8, 聖德王 8年 3月條; 『唐書』 卷7, 「本紀」 第7, 德宗 大曆14年 閏月丙子.

8

9

❁ 그림 8. 꽁지깃에 방울 단 매
❁ 그림 9. 시치미

사냥매는 매의 둥지에서 어린 매를 붙잡아 와 키우면서 훈련시키기도 하고 이미 성숙한 것을 붙잡아 길들여 쓰기도 한다(심승구 2011).[21] 매를 부리는 수할치(봉받이, 매받이꾼)는 매를 쉽게 부리기 위해 두 다리에 손톱 길이 가죽을 서너 번 감고 구멍을 뚫어 잇는 젓갈끈(젓가치, 젓가래끈)을 만들며 매의 행방을 알리는 방울을 꽁지깃에 단다(그림 8). 또한 꽁지에 달린 얇은 뼈(시치미)에 주소나 주인 이름을 새겨 매가 멀리 날아가 잃어버렸을 때에 대비한다(그림 9). 사냥매를 얻은 주인 아닌 사람이 시치미를 떼는 일도 잦은 까닭에 평안도에서는 매 허벅지에 문신을 하기도 했다(김광언 2007: 344).

고구려에서도 매사냥꾼은 젓갈끈, 시치미, 매방울 등으로 매를 관

21 『靑莊館全書』(1795)에는 조선 매의 종류와 특징이 잘 분류되어 설명되고 있는데, 산에서 오래 지낸 매를 山陣(산진이), 집에서 오래 길든 매를 手陳(수진이)라 불렀다고 하였다.

리했을 것으로 보인다. 백제 출신으로 백제의 사냥매에 대해 잘 알고 있던 주군(酒君)이 매의 다리에 가죽 끈을 매고 꼬리에 작은 방울을 달아 팔뚝에 앉혀서 천황에게 바쳤다는 『일본서기(日本書紀)』의 기사는 이와 관련하여 참고가 된다.[22] 통일신라의 신문왕(神文王)대에 재상 충원(忠元)이 기르던 매에 매 방울을 달았음을 알게 하는 기사가 있다.[23] 성덕왕(聖德王)대에 여러 가지 무늬를 새긴 매방울을 당에 보냈다는 기사도 이를 간접 확인시켜 준다.[24] 경문왕(景文王)이 당에 보낸 매 관련 선물 16종 가운데 금꽃과 매를 새겨 물린 방울 200개, 금꽃과 새매를 새겨 물린 방울 200개, 매에 잡아매는 아롱진 붉은 가죽 백 쌍, 새매에 잡아매는 아롱진 붉은 가죽 백 쌍이 포함되어 있어 통일신라에서는 매에 쓰이는 도구들이 매우 다양하게 만들어졌음을 알 수 있다.[25] 이런 기사들로 보아 백제뿐 아니라 고구려에서도 매의 다리에 가죽끈을 매고 꽁지깃이나 발목에 매방울을 달아 매의 움직임을 통제하고 매가 날아간 방향을 가늠했나고 보아야 할 듯하다. 심실총 벽화에 그려진 사냥매의 목에 세 줄 띠가 묘사된 것도 매를 관리하는 데 사용된 여러 가지 보조물과 관련이 있을 것이다.

고구려에서 왕이나 귀족이 매사냥을 했다는 기록은 전하지 않는다. 그러나 고분벽화는 고구려에서 몰이꾼들이 대거 동원되는 대규모 몰이사냥과 함께 도보 및 기마매사냥도 널리 행해졌음을 알게 한다. 신라와 백제의 매사냥에 대한 기사를 염두에 두며 고분벽화의 매사냥 장면을 살펴보면 고구려에서 기마매사냥이 매우 성행하였으며 꿩이 주로 사냥되었음을 알 수 있다. 숙신이 흰 매를 진상한 2세기 초에는

22 『日本書紀』「仁德紀」43年 9月條.
23 『三國遺事』卷3,「塔像」第4, 靈鷲寺條.
24 『三國史記』卷8,「新羅本紀」8, 聖德王 22年 4月.
25 『三國史記』卷11,「新羅本紀」11, 景文王 9年 7月.

고구려에서도 매사냥이 이루어지고 있었을 것이다. 고구려처럼 부여계가 나라를 세운 백제의 매사냥 역시 북방으로부터 영향을 받아 시작되었을 것이다.

백제로부터 매사냥을 전수받은 일본의 사례나 왕이 직접 매사냥에 나서고 당에 매와 매에 쓰이는 도구를 보냈던 신라의 예로 보아 고구려에서도 사냥매를 훈련시키고 관리하는 부서가 설치되어 매사냥꾼이 매를 먹이고 훈련시켰을 가능성이 높다. 매방울이나 젓갈끈 같은 매를 관리하기 위한 보조물 역시 고구려에서 만들어져 사용된 것으로 보인다.

고구려에서 사냥 중의 매사냥 비중이 매우 높고 선호되었던 것은 사실이다. 그러나 매사냥이 고구려 사회와 문화에 어떤 영향을 끼쳤는지는 확실치 않다. 후대의 사례로 보아 많은 무리를 동원하는 일반 사냥처럼 왕과 귀족이 나서는 매사냥 역시 민간에 폐해가 되었을 수 있다. 그러나 국가 차원의 사냥대회를 정기적으로 열 정도로 사냥에 적극적이었던 고구려에서는 사정이 조금 다를 수도 있다.

5부

동서교류와 생활문화

7세기 중반 제작된 사마르칸드 아프라시압 궁전지 벽화에는 두 사람의 고구려 사절이 등장한다(그림 1).[1] 5세기 이래 고구려와 내륙아시아 유목제국은 지속적으로 교류하였다. 6세기 중엽 돌궐제국이 역사의 무대에 등장한 이후, 고구려 사절이 여러 차례 돌궐 가한의 아장(牙帳)에 파견된 것도 이런 교류의 연장선에서 이루어진 일이다. 저간의 이런 사정을 감안할 때 7세기 중앙아시아 소그드국의 아프라시압 궁전에 고구려 사절이 나타난 것은 극히 자연스러운 일이다(노태돈 1984; 朴元吉 2002).

5세기 고구려 미술에는 중앙아시아 및 인도·서아시아에서 기원한 문화요소들이 회화적 제재로 자주 등장한다(金元龍 1984; 權寧弼

1 1965년부터 3년간 이루어진 우즈베키스탄 사마르칸드 교외 아프라시압 도성 내성지 23호 발굴지점의 조사 결과 1호실 서벽에서 42명의 인물상이 확인되었다(Alibaum 1975의 주요 내용은 金元龍(1976)을 통해 국내학계에 소개되었다.). 이 가운데 12인의 외국사절단 행렬 끝머리의 鳥羽插冠을 머리에 쓴 채 나란히 선 두 인물을 학자에 따라서 신라사절로 보기도 하고(金元龍 1976, 1984), 고구려사절로 판정하기도 하였다(穴澤和光·馬目順一 1976; 高柄翊 1984; 박진욱 1988). 최근에는 고구려사절로 보는 견해가 통설이 되고 있다(鄭守一 1992; 노태돈 1999). 이 논란에 대한 근래의 정리는 鄭守一(2002) 참조.

❁ 그림 1. 고구려 사신(아프라시압 궁전지 벽화 모사도, 우즈베키스탄 사마르칸드)

1984, 1993; 임영애 1998; 전호태 2004a; 전덕재 2006b; 박아림 2007a). 우주역사와 같은 신화적 존재, 비파나 장고로 대표되는 중앙아시아계 악기, 단축법(短縮法)이나 명암법(明暗法) 등의 서역계 회화기법을 고구려 고분벽화에서 확인할 수 있다. 6세기 고분벽화에 빈번하게 등장하는 팔메트계 장식무늬나 같은 무늬를 사방연속으로 배치하는 기법 등도 그 기원은 서아시아와 중앙아시아에서 찾을 수 있다.

고구려와 중앙아시아 및 인도·서아시아 지역과의 교류는 북중국을 경유지로 하는 실크로드의 내륙길 외에도 유목지대의 초원길도 적극 활용되었다(鄭守一 2002). 고구려의 사절이 5~6세기 북중국을 지배한 중국 북조(北朝) 영역으로 파견되는 일은 자주 있었다. 동시에 고구려 사절단은 몽골고원의 패자이던 유연이나 돌궐제국으로도 여러 차례 보내졌다. 고구려 고분벽화의 서역계 문화요소 가운데 북중국을 거치지 않은 것으로 추정되는 제재나 기법이 보이는 것도 이 때문이다.

1. 고구려 유적에 보이는 서역문화 요소

고구려 사회에 존재하던 서역문화 요소는 주로 고분벽화에서 발견된다.[2] 안악3호분 벽화의 수박희(手搏戱) 장면의 서역계 역사, 부엌 부뚜막 한쪽에 묘사된 투명한 그릇, 심목고비(深目高鼻)의 얼굴인 무용수와 춤, 악사가 연주하는 퉁소와 비파, 대행렬 고취악대의 뿔나팔과 담고(擔鼓) 등은 비교적 이른 시기의 유적에서 확인되는 경우에 해당한다.

안악3호분 앞방 남벽의 동쪽 벽에는 수박희 중인 두 역사가 묘사되었다(그림 2). 한 사람은 전형적인 동아시아인의 얼굴이나 다른 한

그림 2. 수박희(안악3호분, 북한 안악)

2 이하 살펴보는 벽화고분별 참고문헌은 별표 1로 정리하여 본장 말미에 소개하고 본문에서는 제시하지 않는다.

❁ 그림 3. 투명한 그릇(안악3호분 벽화 부엌, 북한 안악)

사람은 코가 유난히 높고 눈도 커 화가에 의해 의도적으로 서역계 인물로 그려졌다. 고구려인과 서역인의 수박희 장면인 셈이다.

안악3호분 앞방 동쪽곁방 동벽 북쪽 부엌 그림에는 부뚜막의 확에 올린 시루 옆에 속이 훤히 들여다보이는 투명그릇이 놓여 있다(그림 3). 부뚜막 뒤에 선 채 긴 막대주걱 같은 것으로 시루 속을 휘젓는 자세의 여인은 이름이 아비(阿婢)이다. 그의 옷자락이 그릇에 온전히 비추이는 것으로 보아 이 그릇의 정체를 유리그릇으로 보는 것도 가능할 듯싶다. 다만 당시로서는 귀중품에 속하는 유리그릇이 부엌에서 음식을 담는 그릇으로 사용될 수 있었는지는 회의적이다.

안악3호분 회랑 대행렬도에는 64인으로 이루어진 고취악대가 다양한 악기를 연주하는 모습이 묘사되어 있다. 악사들이 연주하는 악

❁ 그림 4. 고취악대(안악3호분 벽화 대행렬, 북한 안악)

기 가운데 주목되는 것이 뿔나팔과 담고이다(그림 4). 뿔나팔은 유라시아 초원의 유목지대에서 널리 사용된 것으로 서역에서도 주요한 악기로 취급되었다. 손으로 들고 두드릴 수 있는 작은 북들도 서역에서 널리 쓰인 악기 가운데 하나다.

안악3호분 널방 벽화에도 악사들이 등장한다. 널방 북벽에는 거문고와 퉁소, 비파를 연주하는 세 인물과 연주에 맞추어 춤추는 인물이 그려졌다. 세 사람의 악사가 연주하는 악기 가운데 비파와 퉁소는 서역에서 비롯된 악기다. 벽화의 무용수는 두 다리를 옆으로 벌렸다 오므려 'X'자로 보이게 하며 손뼉을 치는 듯한 자세로 춤을 춘다. 이목구비가 영락없는 서역인이다. 코가 유달리 높은 이 무용수는 언뜻 가면을 쓴 것처럼 보이기도 한다. 무용수의 춤사위는 서역인의 춤으로 잘 알려진 호선무(胡旋舞)를 연상시킨다.[3] 이런 춤사위는 동아시아 무용에서는 볼 수 없다. 고구려와 중국의 서쪽세계에서 유행하던 춤의 일종일 가능성이 매우 높다.

안악3호분 앞방 서쪽 곁방 입구 북쪽 벽의 장하독(帳下督) 머리 위에는 357년에 쓰인 묵서(墨書) 묘지(墓誌)가 있다. 장하독의 묘지라는 주장과 서쪽 곁방 안의 서벽에 그려진 무덤주인의 묘지라는 설이 서로 대립하고 있다(전호태 2003b: 112~117). 묘지 내용은 이 무덤이 357년경 완성된 뒤 무덤주인의 시신이 안치되고 밀봉되었음을 알게 한다. 따라서 안악3호분이 축조된 4세기 중반에는 고구려에도 여러 형태로 서역문화가 전해져 고분벽화 제작 초기 단계부터 제재 구성에 영향을 끼쳤음을 알 수 있다.

고구려의 영역이 크게 확대되고 대외적 교류도 매우 활발해지는 5세기의 고분벽화에는 서역문화 요소가 이전보다 자주 제재로 선택되어 표현된다(전호태 2004a: 180). 평양권 벽화고분인 성총에는 연화화생(蓮花化生) 과정이 표현되고 약수리벽화분에는 서역인 형상의 문지기가 묘사된다. 대안리1호분 벽화에는 서역계 역사가 보이고 수산리벽화분에는 서역계 문지기 장수뿐 아니라 서역계 우주역사도 등장한다. 안악2호분에는 서역계 인물의 이목구비를 지닌 문지기 장수가 표현되며 쌍영총에는 불교의 천왕형 문지기가 그려진다.

국내성 지역인 집안의 각저총 벽화에는 씨름 중인 서역인이 등장하며 무용총 벽화에는 서역계 인물의 형상을 한 승려들과 수박희 중인 서역계 인물, 뿔나팔을 부는 선인, 화생과정을 보여 주는 연꽃 등이 보인다. 삼실총 벽화에는 서역인의 모습을 한 문지기와 우주역사,

---

3 전경욱은 안악3호분 벽화의 춤사위를 서역·인도계 춤으로 보면서도 어떤 종류의 춤인지는 언급하지 않았다. 대신 고산리10호분 벽화에 묘사된 남녀 3인의 춤추는 모습이 호선무로 보인다는 견해를 피력하였다(田耕旭 2004: 150).

서역 전래의 물품인 비파, 서역식 조형의 산물인 쌍(雙)사신 등이 묘사된다. 장천1호분 벽화에는 각종 놀이와 직업 활동에 열중하고 있는 서역인 형상의 인물들, 서역인 모습의 우주역사, 여래와 보살, 천인이 등장하고 연화화생, 쌍기린, 쌍주작 등이 그려진다.

이하 평양권 고분벽화의 서역문화적 요소부터 살펴보기로 하자. 성총의 널방 벽에는 시계방향 방위, 곧 동남서북의 차례로 연꽃이 피어나 그 속에서 사람이 출생하는 과정이 단계적으로 그려졌다. 불교에서 말하는 정토왕생(淨土往生)한 존재의 탄생법인 연화화생 과정이 체계적으로 표현된 것이다(전호태 2000a: 169~170). 연화화생은 동아시아에 낯신 관념이자 조형개념이다.

약수리벽화분 앞방 남벽 동쪽에는 상투를 튼 머리를 드러내고, 소매와 바지를 걷어 올린 문지기 역사가 그려졌다. 역사는 눈이 크고 구레나룻이 무성하며 굵고 짧은 팔과 다리가 근육으로 불룩거린다(그림 5). 이국적 용모가 뚜렷하지는 않으나 고분 벽화의 다른 인물과는 이목구비에 차이가 있어 서역계 인물로 분류가 가능하다.

대안리1호분 널방 벽 네 모서리에는 이전의 자색 나무기둥을 대신하는 존재로 역사가 그려졌다. 이목구비로 볼 때 이 역사는 서역계 인물이다. 큰 북상투를 그대로 드러내고 웃통은 벗어 제꼈으며 아래에 짧은 잠방이만 걸쳤다. 역사들은 정면을 향해 엉거주춤 선 자세로 두공의 활기 좌우로 뻗어 나온 제궁을 받쳐 들었다. 이들 역사 가운데 동북모서리의 역사는 눈이 매우 크고 둥글며 구레나룻도 뚜렷하다. 평양지역 특유의 부드러운 선으로 묘사되었으나 역사들의 팔과 다리의 근육이 의도적으로 강조되었다.

수산리벽화분 널길 동벽과 서벽에 그려진 문지기 장수 두 사람도 이목구비가 이국적이다. 동벽의 문지기 장수는 상투를 그대로 드러내고 팔소매를 걷어 부친 채 크고 둥근 눈을 부릅뜨고 이빨과 잇몸이 다 보이도록 이를 악물었다(그림 6). 얼굴 생김만으로 볼 때 수산리벽화분

❁ 그림 5. 문지기역사(약수리벽화분, 북한 남포)
❁ 그림 6. 문지기장수(수산리벽화분, 북한 남포)

의 문지기 장수 역시 서역계 인물로 분류해야 할 듯하다.

수산리벽화분 널방 벽 상부의 '人'자 소슬 밑의 세모꼴 공간에 그려진 하늘세계를 받쳐 든 역사도 서역문화의 동방 전래와 관련되어 주목된다(전호태 2011a: 64~65). 서벽 상부의 역사는 전면을 향해 두 다리를 좌우로 넓게 벌리며 엉덩이를 낮추고 무릎을 구부린 자세로 몸을 세우고 두 팔을 좌우로 벌려 비스듬하게 뻗어 올라간 소슬의 한쪽 면을 손으로 받쳐 들었다. 북벽 도리층 역사는 머리와 몸을 한쪽 방향으로 튼 채 한쪽 다리는 얼굴 방향으로 내뻗으며 무릎을 구부리고, 다른 쪽 다리는 뒤로 빼 무릎을 바닥에 대다시피 하면서 두 팔로 소슬 좌우의 면을 받쳐 들었다. 벽화의 훼손이 심해 얼굴 생김이 이국적인

❁ 그림 7. 문지기장수(안악2호분, 북한 안악)
❁ 그림 8. 문지기역사(쌍영총 벽화 모사도, 북한 남포)

지 여부는 명확하지 않다. 그러나 벽화의 역사가 우주역사의 전형적인 자세를 취하고 있는 것으로 볼 때 이들도 서역계 문화에서 유래된 관념과 조형의 결과물로 보아야 할 듯하다.

안악2호분 널방 남벽 동쪽 벽과 서쪽 벽에는 두 사람의 문지기 장수가 그려졌다. 둘 가운데 서쪽 벽의 크고 둥근 눈을 부릅뜨고 이를 악문 험한 표정의 문지기는 얼굴 생김이 서역계 인물에 가깝다(그림 7). 화가가 얼굴을 그린 뒤 눈을 다시 손 보아 더 크게 그리고 얼굴빛에 붉은 색조를 더하는 과정에 전체 균형이 흐트러진 때문인지 서쪽 벽 문지기 장수의 얼굴은 가면을 쓴 듯이 보인다. 화가가 서역계 인물 표현에 익숙하지 않은 까닭에 일어난 현상일 수 있다.

쌍영총 앞방 남벽의 동쪽 벽과 서쪽 벽에 묘사된 문지기 역사는 얼굴 생김새부터 전형적인 고구려인과 뚜렷이 구분된다. 실물 크기로 묘사된 동쪽 벽의 역사는 두 눈이 튀어 나올 듯하고 붉은 입술 밑으로 드러낸 이빨로 아래 입술을 깨물고 있다(그림 8). 커다란 눈, 우뚝한 코, 귀와 턱밑의 구레나룻, 건장한 체격 등 서역계 역사의 여러 가지 특징을 모두 갖추고 있다. 서쪽 벽의 역사도 눈이 크고 코는 우뚝하며 귀와 턱 밑의 구레나룻이 짙다. 서역계 인물의 이목구비 그대로다. 이 역사는 상투를 틀지 않고 머리를 뒤로 내려 묶은 점에서 다른 고분벽화의 문지기 역사와 구분된다.

집안지역 고분벽화의 서역 문화 요소를 살펴보기로 하자. 각저총 널방 동남벽에는 커다란 나무 밑에서 씨름에 열중하는 두 역사가 등장한다. 두 역사는 웃통을 드러내고 짧은 바지에 샅바를 걸고 씨름 중이다. 두 사람 가운데 왼편의 인물은 얼굴 생김에서 전형적인 고구려인으로 보이는 오른쪽 역사와 뚜렷한 차이를 보인다(그림 9). 화가가 왼편의 역사가 서역 출신임을 나타내려 눈이 크고 코가 두드러지게 그렸음을 한 눈에 알 수 있다(전호태 1996: 15~16).

무용총 널방 동북벽에는 무덤주인과 두 사람의 승려가 대화하는 장면이 표현되었다. 눈길을 끄는 것은 승려로 보이는 두 인물이다(그림 10). 두 사람은 머리를 밀었고 이목구비가 뚜렷하며 얼굴빛이 검붉다. 이들은 자신들의 이야기를 듣는 무덤주인과 얼굴 생김과 피부빛에서 완연히 구별된다. 고구려에서 신라로 내려간 호승(胡僧)이 피부빛으로 말미암아 묵호자(墨胡子)라는 이름으로 불렸음을 감안하면 이 벽화의 두 인물 역시 서역에서 온 전법승(傳法僧)일 것이다.

무용총 널방 천장고임에 그려진 것은 당시 사람들이 상상하고 믿던 하늘세계다. 연꽃과 사신, 선인, 별자리, 구름 등으로 채워진 하늘세계에서 우선 눈에 띄는 것은 수박희에 열중하는 두 역사다. 웃통을 벗고 짧은 바지만 걸친 두 사람 가운데 한 역사는 이목구비가 더 뚜렷

❁ 그림 9. 씨름 중인 서역계 역사(각저총, 중국 집안)
❁ 그림 10. 주인과 대화하는 서역계 승려(무용총, 중국 집안)

❁ 그림 11. 수박희(무용총, 중국 집안)
❁ 그림 12. 뿔나팔 부는 선인(무용총 벽화 모사도, 중국 집안)

하고 팔과 다리의 근육이 불룩거린다(그림 11). 화가가 이 역사를 서역계 인물로 그려 냈음을 알 수 있다.

무용총 널방 천장고임에 그려진 뿔나팔을 부는 선인도 주목된다(그림 12). 뿔나팔은 초원의 유목세계에서 애용되던 악기다. 이 뿔나팔 역시 넓은 의미의 서역계 악기 가운데 하나라고 하겠다. 하늘로 떠오르는 연봉오리와 연꽃은 연화화생이라는 불교적 정토화생관념을 형

❁ 그림 13. 문지기장수(삼실총, 중국 집안)
❁ 그림 14. 우주역사(삼실총, 중국 집안)

상화한 것이다. 평양지역 벽화고분인 성총 벽화와 달리 무용총 벽화에는 천장고임의 낮은 곳에서 높은 곳으로 올라가며 연화화생이 진행되는 것처럼 묘사되었다(전호태 1990: 56).

삼실총 제1실 서벽 북쪽 벽과 남쪽 벽에는 실물크기의 문지기 두 사람이 묘사되었다. 남쪽 벽 인물은 머리에 장식띠가 나부끼는 연화관(蓮花冠)을 썼다. 이마가 넓고 눈이 크며 수염이 짧다. 북쪽 벽의 인물도 장식 띠가 나부끼는 연화관을 머리에 썼다. 얼굴빛이 검보라빛이고 눈이 크고 둥글다(그림 13). 북쪽 벽 문지기처럼 검붉은 얼굴, 붉은빛 살결, 크고 둥근 눈, 뾰족한 코를 지닌 인물은 전형적인 고구려인의 얼굴생김과 다르다. 이 문지기 역시 화가가 서역계 인물로 묘사한 사례라 하겠다.

삼실총 제2실과 제3실의 세 벽에는 벽면 가득 한 사람씩 천장 위의 세계를 받치는 기마 자세의 역사가 그려졌다(그림 14). 역사들은 피부가 검붉고 눈이 크며 코가 오뚝하다. 우주적인 무게를 받쳐 들었음을 나타내려는 듯 역사들은 모두 두 눈을 부릅뜨고 이를 드러내 아래

❁ 그림 15. 뿔나팔 부는 선인(삼실총, 중국 집안)
❁ 그림 16. 완함을 연주하는 선인(삼실총, 중국 집안)

입술을 깨문 상태다. 팔과 다리의 근육은 튀어나올 듯이 불룩거리지만 허리는 가늘다. 일부 역사들의 팔과 다리에는 뱀이 감겼다. 역사들의 이런 생김에서 화가가 그려 내려던 서역인의 특징이 잘 드러난다.

삼실총 제2실 천장고임에 뿔나팔을 부는 선인과 완함을 연주하는 선인이 묘사되었다. 이들도 이목구비에서 서역인 특유의 이미지가 드러난다(그림 15, 16). 뿔나팔과 완함은 고구려의 북방과 서역에서 기원한 외래의 문화요소다(전호태 2001: 14). 제2실과 제3실의 천장고임에 그려진 쌍(雙)사신 역시 서역문화 요소에 해당한다. 한 쌍의 동물

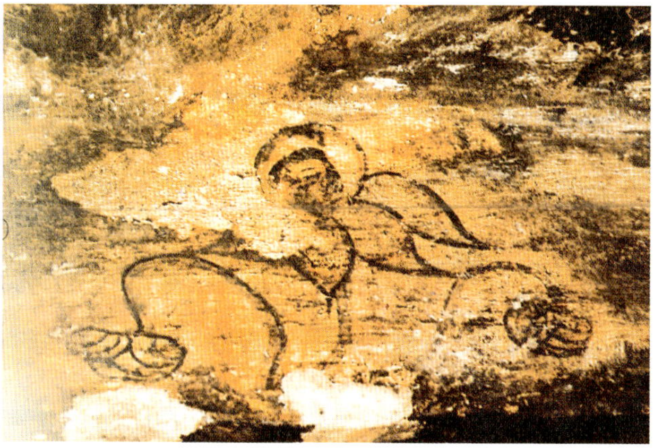

❁ 그림 17. 연화화생(삼실총, 중국 집안)

이 서로 마주 보며 달려오는 모습은 중앙아시아 및 서아시아 예술에서 유래한 조형양식이기 때문이다. 제2실 천장고임에 묘사된 연화화생은 서역의 석굴사원 벽화 및 조소작품을 통해 확인되는 연화화생상과 다르지 않다(그림 17). 불교의 동방전파과정을 통해 자연스레 고구려에 전해지고 수용된 서역문화 요소임을 알 수 있다.

장천1호분 벽화에는 서역 문화 제재가 삼실총 벽화보다 많이 등장한다. 앞방 북벽 백희기악도(百戱伎樂圖)에는 씨름 중인 서역계 역사를 포함하여 다수의 서역계 인물들이 묘사되었다. 말을 달래는 사람들, 말에게 놀란 노인, 수레를 끄는 사람, 주인에게 쫓겨 달아나는 사람들이 모두 심목고비의 서역계 인물들이다. 말 다루는 일이나 짐꾼 같은 하층 사람들의 일을 맡은 이 사람들은 5호16국시대라는 혼란기에 북중국에서 흘러든 심목고비의 갈족(羯族) 후예일 수 있다(전호태 1993: 36~37). 초원길이나 북중국 비단교역로를 통해 고구려에 흘러든 서역인일 가능성도 배제할 수 없다(전덕재 2006a: 238~240).

장천1호분 앞방 천장고임 각 모서리의 1, 3, 5층 삼각석 측면에 그려진 12인의 우주역사는 전형적인 서역계 인물 형상이다(그림 18). 벽화의 역사들은 두 다리를 좌우로 벌리고 엉덩이가 땅에 닿을 정도

❁ 그림 18. 우주역사(장천1호분, 중국 집안)

로 무릎을 굽혀 버틴 자세로 두 팔로 힘껏 위를 받친다. 사력을 다하는 듯 부릅뜬 두 눈은 왕방울처럼 튀어 나왔고 아랫입술을 힘껏 악물었다. 두 다리와 두 팔의 근육은 크게 부풀어 올랐고 발꿈치는 바닥에 깊숙이 박히다시피 내려갔으며 발가락은 위로 들렸다. 기본적인 형상에서 벽화의 우주역사들은 삼실총 벽화의 우주역사와 같다. 하지만 윗몸을 완전히 드러냈고 이목구비가 보다 뚜렷하여 이국적 느낌을 더 강하게 자아낸다.

장천1호분 앞방 천장고임 동쪽에 그려진 쌍주작과 쌍기린은 한 쌍의 동물들이 서로 마주 보는 모습이다. 서역식 조형에서 영향 받은 결과라고 할 수 있다. 앞방 천장고임 2단과 3단에 걸쳐 그려진 여래, 보살, 비천들은 서역문화의 동방 전래를 생생히 보여 주는 존재들이다. 예불 장면의 여래는 정면을 향해 가부좌를 틀고 선정인(禪定印)을 한 상태인데, 얼굴 생김과 세부 표현에 간다라 미술 요소가 남아 있다(그림 19). 여래의 바로 위에 묘사된 천인은 정면을 바라보며 날아 내려오는 모습으로 그려졌다. 동아시아에 낯선 단축법(短縮法)으로 그려진 매우 드문 예다(전호태 1998: 189).

예불 장면 좌우에 묘사된 4구씩의 보살은 서역인 특유의 심목고비형 얼굴이다. 보살들의 몸을 감싼 천의(天衣), 천의 위로 그려진 영

❁ 그림 19. 예불(장천1호분, 중국 집안)
❁ 그림 20. 남녀쌍인연화화생(장천1호분, 중국 집안)

락(瓔珞)이나 다른 장엄구에서도 서역미술적 분위기가 물씬 풍겨난다. 예불도 및 보살도와 함께 그려진 연화화생도 주목된다(그림 20). 벽화의 남녀쌍인연화화생은 고구려의 다른 고분벽화나 중국 불교미술, 서역 불교미술에서도 유례를 찾을 수 없다(전호태 2004b: 119~121). 앞방 천장고임 5단의 기악천들이 나투는 뿔나발이나 완함이 서역문화 요소임은 앞에서 이미 지적하였다.

6~7세기 고분벽화에서도 서역문화 요소를 찾기는 그리 어렵지 않다. 진파리1호분과 통구사신총, 오회분5호묘 벽화에는 서역계 문지

기 신장(神將)들이 등장한다. 오회분4호묘 벽화에는 요고를 연주하는 서역계 이목구비의 천인이 보인다. 오회분4호묘와 오회분5호묘, 강서중묘 벽화에는 팔메트문이 배경장식무늬로 표현되며 오회분4호묘와 오회분5호묘, 진파리4호분, 강서대묘 벽화에는 연화화생의 세계가 묘사된다.

평양권 진파리1호분 널길 동벽과 서벽에 그려진 두 사람의 천왕형 신장은 머리에 두광(頭光)이 있다. 이런 표현으로 보아 두 신장은 불교의 천왕이 벽화고분의 문지기로 옮겨져 묘사되었음이 확실하다(전호태 1997b: 21). 진파리4호분 널방 벽에는 연화화생, 혹은 천기화생(天氣化生)의 과정이 다양한 방식으로 형상화되었다. 연화화생은 강서대묘 널방 천장고임 1층의 인동연꽃 장식문에도 표현되었다. 띠를 이루는 인동연꽃문을 하나씩 나누어 재배열하면 연화화생의 과정이 확인된다(그림 21, 22). 벽화에서 연화화생을 통해 정토에서 탄생되는 것은 금강석이다. 강서중묘 널방 천장고임 1층은 팔메트문으로 장식되었다.

집안권 통구사신총 널길 동벽과 서벽의 실물 크기 문지기 신장들도 불교문화의 동방 전래를 계기로 고구려에 받아들여진 서역문화 요소라고 할 수 있다. 동벽과 서벽의 두 신장 모두 머리의 상투를 그대로 드러내고 윗몸에는 아무것도 걸치지 않았다. 얼굴과 피부가 검붉으며 눈이 크고 팔과 다리는 근육질이다. 생김새나 자세로 볼 때 두 신장은 불교의 사천왕(四天王) 관념에서 비롯된 존재로 보아도 될 듯하다(전호태 2011b: 119).

오회분4호묘 널방 벽 배경장식무늬로 그려진 사방연속변형귀갑문 안에는 연화화생의 각 과정이 나누어 그려졌다. 펼쳐진 팔메트 안의 삼엽꽃이 수련을 연상시키는 연꽃으로 바뀌고 그 안에서 천인이 화생하는 과정이 잘 정리된 한 편의 이야기처럼 자연스럽게 표현되었다(그림 23). 널방 천장고임에 그려진 요고(腰鼓)를 연주하는 천인도 악

21

22

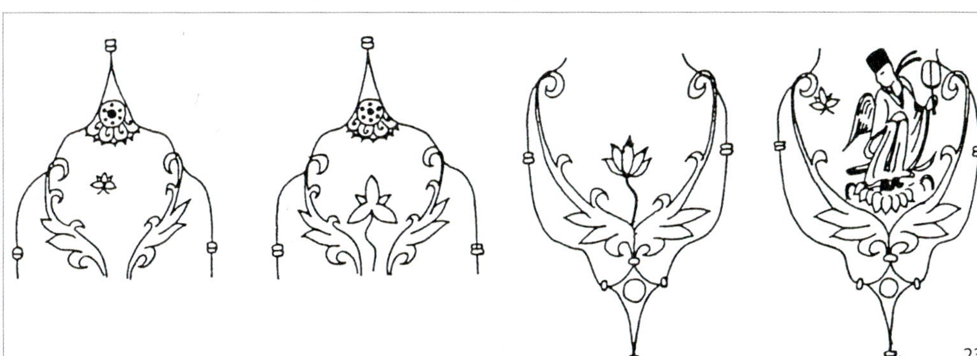

23

❁ 그림 21. 장식무늬(강서대묘, 북한 남포)

❁ 그림 22. 연화화생 장식무늬(강서대묘 벽화 모사선화, 북한 남포)

❁ 그림 23. 연화화생 천인(오회분4호묘 벽화 모사선화, 중국 집안)

그림 24. 요고 치는 천인(오회분4호묘, 중국 집안)

그림 25. 문지기 신장(오회분5호묘 벽화 모사도, 중국 집안)

기와 함께 주목된다(그림 24). 요고는 전형적인 서역계 악기의 하나이다. 더욱이 이 악기를 연주하는 천인도 서역계 인물의 이목구비를 지녔다.

오회분5호묘 널길 동벽과 서벽에 그려진 천왕형 역사 역시 불교미술에서 유래된 벽화 제재다. 동벽의 역사는 커다란 연화좌 위에 반가좌한 상태에서 활시위를 당기려 한다(그림 25). 이 역사는 사천왕(四天王) 가운데 인왕(仁王)을 연상시킨다. 극(戟)을 쥔 채 연화좌 위에 서 있는 서벽의 역사도 사천왕 가운데 하나를 본뜬 존재일 것이다(전호태 1997b: 5). 널방 벽 사방연속변형귀갑문 안에 그려진 부채꼴 형상의 팔메트문은 지중해 연안과 서아시아 고대문명 지역에서 오랜 기간 유행했던 것이다. 이상에서 살펴본 고구려 고분벽화 제재로서의 서역 문화 요소의 종류와 내용을 고분별로 나누어 알기 쉽게 정리하면 표 1과 같다.

표 1에서 잘 드러나듯이 고구려 고분벽화의 제재로 선택되어 묘사된 서역문화 요소는 인물이나 기물, 장식무늬에 그치지 않고 관념과 조형, 기법에 이르기까지 매우 다양하다. 이처럼 다양하게 모습을 드러내는 고구려 고분벽화의 서역문화 요소는 어떤 과정을 통해 고구려에 전해지고 수용되었으며 벽화의 제재로 선택되는 데에 이르렀을까. 이들 서역문화 요소 가운데 북중국을 거치면서 다듬어지거나 변형되어 고구려에 소개된 것은 어떤 것이며 북중국길을 거치지 않고 고구려에 전해지고 받아들여진 것은 어떤 것일까? 고구려 문화에 서역문화 요소들이 받아들여지고 고분벽화에 서역문화 요소가 제재로 선택되어 그려진 이유는 무엇일까? 먼저 서역문화 요소 가운데 어떤 것이 어떤 과정을 거쳐 고구려에 전해지고 수용되었는지를 살펴보자.

❁ 표 1. 고구려 유적의 서역문화 요소

문화권	고분명	편년	서역계 문화요소
평양권	안악3호분	357	앞방 남벽 동쪽 벽: 수박희 중인 역사 앞방 동쪽 곁방 동벽 북쪽 부엌 부뚜막 위 투명그릇 회랑 대행렬도 고취악대의 뿔나팔, 담고 널방 북벽 가무연주장면의 비파, 퉁소, 서역인 형상 무용수와 호선무와 유사한 춤사위
	성총	5세기 초	널방 벽 연화화생
	약수리벽화분	5세기 초	앞방 남벽 동쪽 서역계 문지기 역사
	대안리1호분	5세기 전반	널방 벽 네 모서리 서역계 우주역사
	수산리벽화분	5세기 후반	널길 동벽, 서벽 서역계 문지기장수 2인 널방 벽 상부 소슬 밑의 서역계 우주역사
	안악2호분	5세기 후반	널방 남벽 동쪽벽과 서쪽벽의 문지기장수 2인
	쌍영총	5세기 후반	앞방 남벽 동쪽벽과 서쪽벽의 문지기역사 2인
	진파리1호분	6세기 전반	널길 동벽과 서벽 서역계 천왕형 신장
	진파리4호분	6세기 전반	널방 벽 연화화생
	강서대묘	6세기 후반	널방 천장고임 1층 장식무늬 연화화생
	강서중묘	7세기 전반	널방 천장고임 1층 장식무늬 팔메트문
집안권	각저총	5세기 전반	널방 동남벽 씨름 중인 서역계 역사
	무용총	5세기 중엽	널방 동남벽 서역계 승려 2인 널방 천장고임 수박희 중인 서역계 역사, 뿔나팔, 연화화생
	삼실총	5세기 중엽	제1실 서벽 서역계 문지기 2인 제2실 및 제3실 벽 서역계 우주역사 3인 제2실 천장고임 연화화생
	장천1호분	5세기 중엽	앞방 벽 백희기악도 서역계 인물들(씨름 중인 역사, 말 다루는 사람들, 수레 끄는 사람, 달아나는 사람, 말 앞에서 놀란 노인) 앞방 천장고임 각 모서리 1, 3, 5층 삼각석 측면 서역계 우주역사, 천장고임 1단 동쪽 쌍주작과 쌍기린, 천장고임 2단과 3단 동쪽 예불도의 여래, 비천, 남쪽과 북쪽의 보살도의 보살들과 비천, 예불도 및 보살도의 쌍인연화화생, 예불도 비천의 단축법, 천장고임 5단의 기악천이 다루는 뿔나팔, 완함
	통구사신총	6세기 전반	널길 동벽과 서벽의 문지기신장 2인
	오회분4호묘	6세기 전반	널방 벽 배경장식무늬 팔메트문, 연화화생 널방 천장고임 서역계 천인과 요고
	오회분5호묘	6세기 후반	널길 동벽과 서벽의 서역계 천왕형 역사 2인 널방 벽 배경장식무늬 팔메트문

2. 서역문화 요소의 성격과 갈래

표 1에서 확인되듯이 고구려가 받아들여 고분벽화의 제재로 선택한 서역문화 요소는 다양하다. 이 가운데 일부는 북중국이라는 중간 기착지에 머물렀다가 동방으로 전파되었을 것이다. 다른 일부는 내륙아시아 초원길이라는 직행로를 따라 곧바로 고구려까지 전해졌을 수 있다. 시기에 따라, 종류에 따라 서역문화 요소가 동방의 고구려로 전해지고 수용되는 방식과 내용은 달랐을 것이다. 이런 여러 가지 변수도 어느 정도 감안하면서 고분벽화에 보이는 서역문화 요소의 성격과 갈래에 대한 분석을 진행해 보자.

고구려 고분벽화에 자주 등장하는 서역문화 요소는 서역계 인물이다. 357년 묵서묘지명이 있는 안악3호분을 비롯하여 5세기 및 6세기에 제작된 평양과 집안지역 벽화고분에는 다양한 역할을 하는 서역계 인물들이 묘사되었다. 이 가운데 수레꾼이나 말 다루는 사람으로 묘사된 경우는 현실세계의 모습을 그대로 그려 냈다고 하겠다. 장천1호분 백희기악도에 등장하는 여러 명의 서역계 인물들이 이런 사례에 해당한다(전호태 1993). 이들은 북중국의 혼란기에 동방으로 흘러든 갈족의 후예일 수도 있고 5세기의 빈번한 동서교류 과정에 다양한 방식으로 초원지대에서 고구려로 삶터를 옮길 수밖에 없었던 유목세계의 사람들일 가능성도 있다. 이들에게는 고구려 고분벽화의 다른 장면에서 빈번히 확인되는 힘 센 서역사람, 곧 역사로서의 서역인 이미지가 전혀 덧씌워 있지 않다.

씨름과 수박희에 열중하는 서역계 인물도 현실 세계의 존재처럼 그려진 경우다. 안악3호분, 각저총, 무용총, 장천1호분 벽화의 씨름과 수박희는 현실에서 행해졌던 힘겨루기 놀이를 재현한 것이다. 또한 죽은 이의 내세여행과 관련된 장례 절차의 하나로 강한 상징성을 띤 행사를 묘사한 것일 수도 있다(전호태 1996: 17). 씨름과 수박희에 나선

고구려인의 상대자로 거의 예외 없이 서역계 인물을 묘사한 것 자체가 상징적 표현으로 해석될 여지가 있다. 관행화된 표현이라 할지라도 강한 힘을 지닌 존재로 서역계 인물을 묘사하여 고구려에도 서역계 인물에 대한 특정한 인식이 성립해 있었음을 알게 한다.

불교의 승려가 서역계 인물로 묘사되는 경우는 서역으로부터 이국적인 종교문화가 동방으로 전래되는 과정을 구체적으로 보여 준다. 무용총 벽화의 두 승려는 얼굴 생김이나 피부색, 옷차림 등으로 보아 서역에서 온 호승이 확실하다. 이 전법승들이 북중국길로 동방에 왔는지 초원길로 고구려에 왔는지는 확실치 않다.

서역계 인물 형상인 고분벽화의 문지기는 불교의 신앙대상인 사천왕 및 금강역사 관념과 조형에서 비롯된 존재일 가능성이 높다. 약수리벽화분, 수산리벽화분, 쌍영총, 진파리1호분, 삼실총, 통구사신총, 오회분5호묘 등 5~6세기 고분벽화의 문지기들 가운데 상당수가 서역인의 이목구비를 지닌 존재로 그려졌다. 이런 현상은 서역의 불교미술이 고구려에 전해진 뒤 불교사원의 장엄에만 쓰이지 않고 고구려 문화 전반에 광범위한 영향을 끼치며 자리 잡은 데에 비롯되었을 수 있다. 특히 진파리1호분과 오회분5호묘 벽화의 문지기 신장들은 불교사원의 천왕상이나 금강역사상이 고분벽화에 그대로 옮겨졌다고 해도 과언이 아니다.

고분벽화에 하늘세계를 떠받치는 우주역사로 그려진 경우는 서역계 인물이 상상세계의 존재로 인식되고 표현된 대표적인 사례다. 수산리벽화분, 삼실총, 장천1호분 벽화의 우주역사는 이름 그대로 하늘세계를 받쳐 든 존재로 그려졌다(전호태 2011a: 64~67). 이들과 달리 대안리1호분 벽화에 묘사된 역사는 무덤칸 벽 모서리의 나무기둥을 대신한 존재다. 그러나 대안리1호분 벽화의 역사 역시 나무기둥이 상징하는 하늘세계를 받치는 축의 역할을 한다는 점에서 우주역사라고 할 수 있다.

주목되는 것은 집안의 후기 고분벽화에 삼실총이나 장천1호분 벽화와 같은 우주역사가 보이지 않는다는 사실이다. 대신 무덤칸 벽 모서리 나무기둥을 대체하는 존재로 귀면괴수형 역사가 등장한다. 이들 고분벽화에 평양권의 대안리1호분 벽화에 투영되었던 나무기둥을 대체하는 우주역사로서 서역계 인물에 대한 인식과 조형은 계승되지 않고 있다. 집안지역과 달리 평양일대에는 6세기에 대안리1호분 벽화에 보이는 우주역사에 대한 인식뿐 아니라 수산리벽화분 식의 우주역사 표현도 전혀 나타나지 않는다. 우주역사에 대한 시대적 인식 및 조형의지는 지역문화권의 흐름과도 밀접한 관련을 지니고 진행되었음을 짐작할 수 있다.

천인과 보살, 여래와 같은 불교의 신앙대상이 서역계 인물로 그려진 것은 불교미술과 문화의 동방 전파로와 관련하여 주의 깊게 살펴볼 부분이다. 삼실총 벽화의 기악천이나 장천1호분 벽화의 여래, 보살, 천인들의 얼굴은 이국적인 이미지가 뚜렷하다. 옷차림이나 장식물들에서는 간다라 미술의 흔적이 읽혀진다. 특히 장천1호분 벽화에 등장하는 불교의 신앙대상들은 같은 시기 북중국의 불교사원을 장엄하던 여래, 보살, 비천들과 구별된다. 이들이 초원길을 통해 곧바로 고구려에 전해진 서역 불교미술의 영향 아래 그려졌을 가능성도 고려해 볼 만하다. 6세기 벽화고분인 오회분4호묘 벽화의 요고를 연주하는 천인 역시 서역계 인물로 그려졌으나 5세기 고분벽화의 천인들만큼 강하고 뚜렷한 인상을 주지는 않는다. 오회분 4호묘 벽화의 천인이 어떤 경로로 고구려에 전해진 서역문화 요소인지를 짐작하기 쉽지 않다.

고구려 고분벽화에 자주 보이는 또 다른 서역문화 요소로 주목할 것은 악기를 포함한 여러 가지 기물이다. 뿔나팔, 완함, 담고, 요고와 같은 악기들은 당의 구부기(九部伎)에서도 서량기(西涼伎)에 사용되는 악기로 분류되는 것들이다(宋芳松 1984). 더욱이 이런 악기를 연주하는 인물이 서역인의 용모를 지녔다면 서역문화가 고구려에 직접 전해졌음을 알게 하는 전거로도 사용될 수 있다. 실제 삼실총과 장천1호분 벽화의 기악천들은 이목구비가 서역인을 연상케 한다. 이런 점에서 서역으로부터 악기와 악사가 직접 고구려에 왔음을 시사하는 좋은 자료로 해석될 수 있다.

유리그릇과 같은 사치품이 서역에서 어떤 경로로 고구려에 전해졌는지는 파악하기 매우 어렵다. 안악3호분 벽화의 투명한 그릇은 부뚜막에 놓여 있어 일상생활에 사용되는 기물로 해석될 수밖에 없다. 사치품인 유리그릇으로 판정하기가 애매하다. 5세기와 6세기에 제작된 다른 고구려 고분벽화에는 유리그릇이 보이지 않는다. 신라의 예로 보아 고구려에도 동서교역을 통해 유리그릇이나 유리공예품이 들어왔을 가능성은 매우 높다. 현재로서는 이를 가능성의 영역에 남겨두는 수밖에 없을 듯하다.[4]

서역에서 고구려로 전해진 미술 제재 가운데 장식무늬로 주목되는 것은 팔메트문이다. 집안의 후기 고분벽화에 집중적으로 출현하는 팔메트문은 고대 지중해 연안과 서아시아 일원에서 오랜 기간 유행하던 장식문이다. 팔메트문은 내륙아시아 초원지대를 지배하던 유목민족들에게도 전해졌으며 헬레니즘 문화의 동방전파 물결을 타고 이란과 인도로도 흘러들었다. 간다라 미술의 한 요소로 유행한 팔메트문은 7세기를 전후한 시기까지 중앙아시아 불교미술 장식무늬의 하나로 사용되었다.

불교미술의 일부가 된 팔메트문이 동아시아에 전해져 유행하게

---

4 로마형 유리용기들이 지중해 연안에서 흑해 북안, 남러시아 초원지대, 북중국을 거쳐 신라에 유입되었거나(由水常雄 1985; 鄭守一 1992) 초원길을 포함한 실크로드 교역로를 통해 신라에 전해졌을 것으로 본다(李仁淑 1997). 고구려에 서방의 유리용기가 전해졌을 가능성은 매우 높다.

되는 과정은 아직 명확하게 밝혀지지 않은 상태다. 5호16국시대 북중국의 장식기물에는 제대로 된 팔메트문 장식 사례가 잘 확인되지 않는다. 북조의 장식미술에는 지금까지 '귀갑형 당초문'으로 불리는 변형팔메트문 형상의 사방연속문 장식 유물, 유적만 몇 차례 발견되었다.

이로 보아 부채꼴로 펼쳐진 전형적인 팔메트문이 오회분5호묘와 오회분4호묘 벽화에 묘사되었음은 주목할 만한 현상이다. 오회분5호묘와 오회분4호묘 벽화의 팔메트문이 어떤 경로로 고구려에 전해지고 벽화 제재로 자리 잡게 되었는지는 아직 명확치 않다. 이런 유형의 팔메트문이 남북조시대 북조미술의 한 요소로 고구려에 전해졌을 수 있다(金鎭順 1997). 유연제국이 지배하던 초원지대를 매개로 고구려에 직접 전해진 서역문화의 한 요소로 볼 수도 있다.

강서중묘 벽화의 넝쿨형 팔메트문은 중앙아시아에서 유행했던 불교 장의미술과 깊은 관련이 있다(그림 26). 프랑스의 동양학자 펠리오가 중국 신강 위구르자치구 쿠차의 수바시 서쪽에서 수집한 6~7세기 편년 중앙아시아 불교유물 가운데에 강서중묘 벽화 장식무늬의 기원이 된 것으로 보이는 팔메트문 장식 회골용기가 포함되어 있다는 사실에 눈길이 가는 것도 이 때문이다(그림 27). 사신도무덤인 강서중묘 벽화에 불교적 색채가 비교적 강한 것도 이와 관련하여 주목할 필요가 있을 듯하다.

서역에서 개발되거나 유행한 회화 기법이 고구려에 전래되어 수용되었음이 고분벽화를 통해 확인된다. 서역 전래 회화기법과 관련하여 먼저 거론할 수 있는 것은 장천1호분 벽화의 비천(飛天) 묘사에 적용된 단축법이다(그림 28). 5세기까지 동아시아 회화에서 거의 사례가 보이지 않는 단축법이 장천1호분 벽화에는 비천의 정면하강상을 묘사하는 데에 사용되었다. 장천1호분 벽화와 같이 노골적으로 단축법이 적용된 다른 사례를 돈황 막고굴 초기 벽화 외의 동아시아 불교미

✿ 그림 26. 장식무늬(강서중묘, 북한 남포)
✿ 그림 27. 사리용기(중국 신강 쿠차 수바시, 프랑스 파리 기메미술관)

술 작품에서는 찾아보기 어렵다(전호태 2004a: 204~205)(그림 29). 이런 점에서 장천1호분의 주인공과 서역 불교미술 문화의 고구려 전래 사이에 어떤 함수관계가 성립하는지 눈길을 모아 볼 필요가 있다.

5세기 중엽 제작 고분벽화에 초보적인 명암법을 바탕으로 한 입체적 표현이 여러 차례 시도되는 점도 주목된다.[5] 묵필의 농담(濃淡)보

5 여기서 언급되는 명암법이 5세기 전반부터 돈황 막고굴 벽화에 보이기 시작하는 하이라이트 기법을 가리키는 것은 아니다. 얼굴 윤곽을 드러내는 주요 부분을 흰색 안료로 처

❁ 그림 28. 비천의 하강(장천1호분, 중국 집안)
❁ 그림 29. 비천의 하강(막고굴, 중국 돈황)

다는 필선의 강약태세(强弱太細)에 주로 의존한 고구려 고분벽화의 명암법은 우주역사들을 묘사한 부분에서 주로 확인된다. 벽화의 명암법은 문화권별, 혹은 시기별로 화공의 필력과 기법 소화력에 따라 차이

리해 입체적으로 보이게 하는 돈황식 하이라이트 기법이 고구려 고분벽화에서는 아직 발견되지 않는다. 그러나 고구려 화가가 서역계통의 인물을 표현하는 과정에 필선의 강약과 태세를 조절함으로써 대상의 입체성을 드러내려 했다는 사실은 매우 중요하다. 이런 시도는 명암법과 같은 새로운 표현기법이 외부에서 전해지면서 이루어졌을 가능성이 높은 까닭이다. 돈황 막고굴 벽화에 보이는 명암법에 대해서는 권영필(1992) 참조.

를 드러낸다. 평양권의 대안리1호분이나 수산리벽화분의 우주역사 표현에는 이런 기법이 제대로 구사되지 못하거나 거의 시도되지 못하였다. 반면 집안권의 삼실총과 장천1호분 벽화의 문지기 역사 묘사에서는 익숙하다고 할 정도로 잘 구사되고 충분한 효과를 거두고 있다. 명암법은 평양권의 쌍영총 벽화 문지기 역사 표현에서는 비교적 잘 구사된다. 이러한 차이는 서역식 명암법의 전래 경로 및 수용 시기가 달라서 발생한 현상인 듯하다.

서역을 거쳤거나 서역에서 기원하여 고구려에 들어온 신화적, 종교적 관념 역시 동서교류의 과정 및 경로와 관련하여 검토되어야 한다. 연화화생은 불교와 함께 고구려에 전해진 새로운 종교적 관념 가운데 하나다. 숙세(宿世)와 현세(現世)의 모든 인연에서 자유로워져 더 이상 육도윤회(六道輪廻)를 겪지 않아도 되는 생명이 내세에는 정토에서 불교적 깨달음의 상징인 연꽃을 자궁으로 삼아 온전히 새로운 존재로 태어난다고 한다. 연화화생은 서역과 중국에서 크게 유행한 종교 관념이자 불교미술의 조형소재였다. 고구려 고분벽화에 연화화생이 제재의 하나로 등장하는 것은 극히 자연스러운 현상이다.

흥미로운 것은 고구려 고분벽화에는 연화화생을 통해 정토에서 태어나는 존재가 상대적으로 다양하게 그려졌다는 사실이다. 특히 장천1호분 벽화에 묘사된 남녀쌍인연화화생은 고구려의 다른 고분벽화뿐 아니라 연화화생을 주요 모티프로 삼았던 남북조시대 중국의 석굴사원 불교미술에서도 확인되지 않는 사례여서 주목된다. 장천1호분 벽화의 남녀쌍인연화화생은 북중국이나 초원지대를 거쳐 불교의 화생 관념 및 조형이 고구려에 전해지면서 곧바로 고구려식으로 소화, 변형된 결과물로 해석할 수밖에 없다.

우주역사라는 신화적 관념도 고구려에 새롭게 소개된 서역문화요소이다. 땅과 하늘세계를 받치는 거대한 거북이나 우강(禺疆)과 같은 거인에 대한 신화전설은 선진(先秦)시기부터 중원지역에서 인구에 회

자되었다(商志譚 1972; 李成九 2001: 199). 그러나 고구려 고분벽화의 우주역사는 조형적인 측면에서 보아도 이와 관련이 있을 가능성이 그리 높지 않다.

평양권 중기 고분벽화의 우주역사 가운데 일부는 북중국 석굴사원을 장엄한 불교문화의 소재 가운데 하나인 주유(侏儒)와 관념 및 조형상의 맥락이 닿을 수도 있다. 그러나 고분벽화 속 서역인의 용모를 지닌 우주역사의 경우 서역문화의 고구려 전래와 직접 관련이 있다고 보아야 할 것이다. 이상에서 살펴본 고구려 고분벽화에 보이는 서역문화 요소를 내용과 문화권, 고분별로 나누어 알기 쉽게 정리하면 아래 표 2와 같다.

표 2를 통해 알 수 있듯이 고구려 고분벽화의 서역문화 요소 가운데 상당수는 평양권과 집안권 벽화고분 모두에 표현되었다. 그러나 서역계 인물의 평범한 일상생활모습, 불교와 관련된 존재인 승려, 천인, 보살, 여래 등은 집안권 고분에만 묘사되었다. 이외 회화기법인 단축법 같은 것도 집안권 고분에만 보인다. 반면 유리그릇으로 보이는 투명한 그릇은 평양권의 안악3호분에만 표현되었다. 안악3호분 벽화의 투명그릇이 유리그릇인지 여부를 여전히 확정하기 어려운 점, 허드렛일에 종사하는 사람으로 그려진 장천1호분 벽화 백희기악도의 서역계 인물들이 서역 출신이 아닐 가능성이 제기되는 점을 감안하면 불교의 신앙대상과 사제들, 이들을 묘사하는 데에 적용된 회화기법은 집안권 고분, 특히 장천1호분 벽화에만 보인다. 고구려가 동서교류를 위해 사용한 교통로와 관련하여 주목된다.

고구려 고분벽화에 보이는 서역문화 요소 가운데에는 북중국이라는 중간 기착지에 일시 머물다가 다시 동방으로 전래되었을 것으로 보이는 것도 있다. 하지만 초원길로 곧바로 고구려에 전해져 수용되었음을 시사하는 것도 있다. 고구려에 전해진 뒤에도 원형을 비교적 잘 간직한 채 고분벽화의 제재로 남게 된 서역문화 요소도 있으나 그

표 2. 고구려 고분벽화의 서역문화 요소

유형		문화권	
		평양권	집안권
인물	일반백성		장천1호분 앞방 북벽
	씨름꾼, 수박희꾼	안악3호분 앞방 남벽 동쪽벽	각저총 널방 동남벽, 무용총 널방 천장고임, 장천1호분 앞방 북벽
	승려		무용총 널방 동벽
	문지기역사, 장수	약수리벽화분 앞방 남벽 동쪽, 수산리벽화분 널길 동벽, 서벽, 안악2호분 널길 남벽, 쌍영총 앞방 남벽, 진파리1호분 널길 동벽, 서벽	삼실총 제1실 서벽, 통구사신총 널길 동벽, 서벽, 오회분5호묘 널길 동벽, 서벽
	우주역사	대안리1호분 널방 벽 모서리, 수산리벽화분 널방 벽 상부 소슬 밑	삼실총 널방 벽, 장천1호분 앞방 천장고임 모서리 삼각석 1, 3, 5층
	천인		장천1호분 앞방 천장고임, 오회분4호묘 널방 천장고임
	여래, 보살		장천1호분 앞방 천장고임 동쪽, 남쪽, 북쪽
기물	악기	안악3호분 회랑 뿔나팔, 담고, 널방 북벽 비파, 퉁소	무용총 널방 천장고임 뿔나팔, 장천1호분 앞방 천장고임 뿔나팔, 완함, 오회분4호묘 널방 천장고임 요고
	그릇	안악3호분 앞방 동쪽곁방 북벽	
장식	팔메트문	강서중묘	오회분5호묘 널방 벽, 오회분4호묘 널방 벽
기법	단축법		장천1호분 앞방 천장고임 동쪽 비천
	명암법	대안리1호분 널방 벽 모서리 우주역사, 수산리벽화분 널방 벽 상부 우주역사, 쌍영총 앞방 남벽 문지기 역사	삼실총 제2실 벽, 제3실 벽 우주역사, 장천1호분 앞방 천장고임 우주역사
관념	연화화생	성총 널방 벽, 진파리4호분 널방 벽, 강서대묘 널방 천장고임	무용총 널방 천장고임, 삼실총 제2실 천장고임, 장천1호분 앞방 천장고임, 오회분4호묘 널방 벽
	우주역사	대안리1호분 널방 벽 모서리, 수산리벽화분 널방 벽 상부	삼실총 널방 벽, 장천1호분 앞방 천장고임 모서리 삼각석 1, 3, 5층

렇지 못한 것도 있다. 이하에서는 각각의 서역문화 요소들이 어떤 역사문화적 환경에서 고구려 문화의 구성요소로 자리 잡게 되었으며 그 과정과 결과를 가져오게 한 정치사회적 배경은 어떠한 것인지를 살펴보기로 하자.

3. 동서교류의 두 길과 고구려 문화

고구려가 중앙아시아지역과 언제 어떻게 정치외교적, 혹은 사회문화적 접촉을 시도했는지를 구체적으로 전하는 문헌사료는 아직 발견되지 않았다. 651년경 제작된 현 우즈베키스탄 사마르칸드 아프라시압 궁전지 벽화에 고구려인으로 추정되는 두 사람의 동방사절이 거의 유일한 고구려-중앙아시아 교류의 유적 증거로 거론될 뿐이다. 고구려는 북중국 외에도 내륙아시아 유목제국들과 오랜 기간 여러 가지 방식으로 접촉하였다. 중앙아시아 지역이 중국 왕조들이나 유목제국들의 영향력 아래 놓여 있는 경우가 많았음을 감안하면 중국 및 유목제국을 매개로 한 고구려와 중앙아시아 지역과의 직·간접적인 교류는 충분히 상정할 수 있다. 위에서 살펴본 고구려 고분벽화 속의 서역문화 요소 가운데 일부가 매개자, 전달자의 변형을 거치지 않은 것으로 보인다는 사실은 고구려와 중앙아시아 지역이 생각보다는 밀접한 교류관계를 유지하였을 가능성에 눈길을 주게 한다(그림 30).

고구려 사절이 소그드왕국의 땅 사마르칸드로 가기 위해 택한 길은 당의 영토를 통과해야 하는 북중국길이 아니라 돌궐제국의 영역 안을 지나는 초원길이었을 것이다(鄭守一 2002). 평양-국내성-부여성-영주, 혹은 평양-박작성-요동성-영주를 잇는 두 교통로를 따라 움직이던 사절단은 영주에서 곧바로 북쪽으로 거슬러 올라 송경령-황수석교-구륜박으로 이어지는 해·실위로(奚·室偉路)를 선택한다. 이 길로 몽골고원 동부에 이른 뒤 초원지대를 동서로 가로지르며 사마르칸드 쪽으로 나아갔을 가능성이 매우 높다. 이외에 영주에서 백랑성-삼장구-이어진-평성을 잇는 길로 나아가 평성에서 장성을 넘는다. 여기서 몽골초원의 오르콘강까지 북상하는 중국과 북방 유목세계와의 말교역로를 택하여 초원길을 접어들 수도 있다. 그러나 이 길은 고구려와 중국 왕조 사이에 정치·군사적 긴장이 유지될 경우에는 선택하기

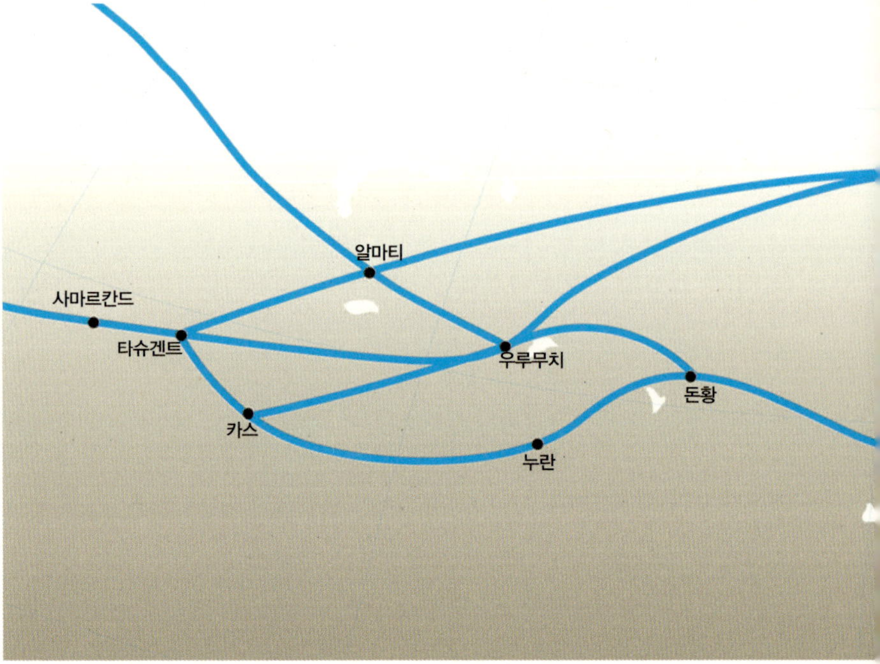

그림 30. 고구려시대의 동서교통로

어렵다. 영주-유주-낙양-장안-하서회랑-서역남북로-파미르고원-사마르칸드로 이어지는 북중국길은 동서교류의 교역을 담당하던 대상들이 선호하던 길이다. 하지만 고구려가 정치·외교적 목적으로 중앙아시아 세력과 접촉하고자 할 때 사용하기는 어려운 교통로다.

316년 서진이 멸망하고 5호16국시대라는 대분열기에 접어든 뒤 고구려는 주로 중국의 하남, 하북, 산동 일원을 주 무대로 삼아 명멸한 왕조들과 교류하게 되었다. 자연 5량으로 대표되는 서북지역 왕조들과 직접 맞닥뜨릴 일은 거의 없었다. 이러한 상황은 북중국을 일시 통일한 전진(前秦)의 사절이 고구려에 온 372년까지 계속되었다. 따라서 357년 묵서묘지명으로 잘 알려진 안악3호분 벽화의 서역문화 요소들은 선비 모용씨가 세운 전연(前燕)과의 접촉을 통해 고구려에 흘러든 것으로 보는 것이 타당할 듯하다.

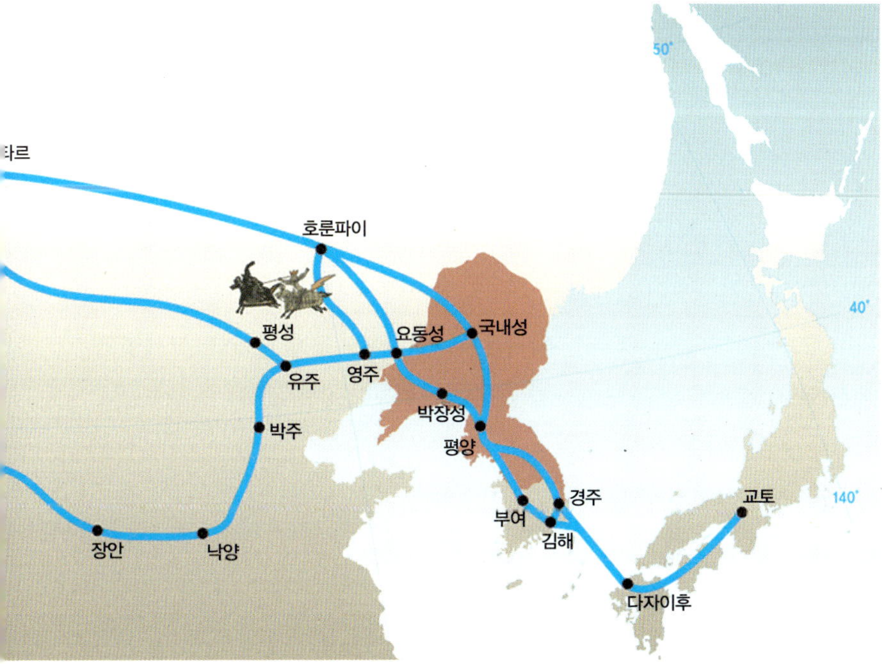

372년 전진왕 부견(符堅)이 고구려에 승려 순도(順道), 아도(阿道)와 함께 불상, 경문을 보냈다. 소수림왕은 왕명으로 국내성에 초불란사와 이불란사를 지어 두 승려가 머물면서 불도를 닦을 수 있게 한다.[6] 서방으로부터 전래된 새로운 종교 불교가 고구려에 공식적으로 자리 잡을 수 있게 한 것이다. 북중국 왕조를 거쳐 동방에 전해졌으나 불교의 수용은 인도·서아시아 및 중앙아시아 문화가 고구려에 들어와 고구려 문화의 일부가 될 수 있는 길이 열렸음을 뜻했다. 불교는 중국문화와는 성격이 다른 서아시아의 문화가 고구려 문화의 새로운 구성요소로 자리 잡는 데에 매우 주요한 매개자, 전달자였다. 불교는

6 『三國史記』 卷18 「高句麗本紀」 6, 小獸林王 2年 6月.

그 자체가 새롭고 이국적인 관념체계요 문화집합체이기도 했다.

비수 패전을 계기로 전진이 정치적 혼란에 빠지자 북중국은 다시 군웅의 할거지로 변모했다. 그러나 불교를 통해 서아시아 및 중앙아시아 문화가 동아시아로 흘러드는 현상은 계속되었다. 오히려 북중국의 재분열이 불교가 더 빠른 속도로 확산되는 데에 기여한 면도 있다. 전연의 후신인 후연(後燕)을 비롯하여 선비족 탁발부의 북위(北魏), 서북의 후량(後凉) 등이 다투어 사원을 세우고 유명한 승려를 모셔가 불경 번역에 힘쓰거나 불교신앙을 확산시키려는 모습을 보여 주기 때문이다(塚本善隆 1979; 吉村怜 1983).

5세기에 접어들어 북위가 북중국을 통일할 것이 확실해지면서 동아시아의 국제질서는 4강 중심의 세력균형체제로 접어들었다. 고구려는 북연(北燕)의 패망을 둘러싼 북위와의 정치적·군사적 줄다리기를 성공적으로 마무리 하면서 동아시아 4강의 한 축으로서의 지위를 확보하는 데에 성공하였다. 436년 고구려는 북연 왕가와 귀족, 유력 백성들의 고구려 망명을 성사시켜 동북아시아에 독자적 세력을 구축한 강국으로서 지위를 내외에 과시하였다.[7] 이후 고구려는 중국의 남북조 및 내륙아시아의 유연과 지나치게 가깝지도 않고 너무 멀지도 않은 외교관계를 유지하였다. 이것은 동아시아의 다른 강국들이 요하(遼河) 동쪽 세계를 고구려의 천하로 인정하는 한 고구려 역시 그 너머의 서쪽 세계에서 진행되는 여러 세력 사이의 갈등이나 충돌에 개입하지 않겠다는 의지의 표현이기도 했다.

5세기 전반 동아시아 4강 체제가 성립하면서 고구려와 유연, 북위, 송 사이의 인적·물적 교류는 매우 활발해졌던 것으로 보인다. 4강 시대가 열린 후에도 북연 왕족의 송환 여부를 둘러싼 고구려와 북위,

7 北燕王 馮弘 일가의 고구려 망명을 둘러싼 사건의 전말은 『十六國春秋』「北燕錄」 大興 6年; 『宋書』 卷97 「高句麗傳」; 『三國史記』 卷18 「高句麗本紀」 6, 長壽王 26年 참조.

송 사이의 갈등이 고구려와 송 사이의 군사적 충돌로까지 증폭되고, 북위 왕가와의 혼사 문제로 고구려와 북위 사이에 외교적 갈등이 빚어지기도 한다. 그러나 6세기 전반까지 고구려와 동아시아의 다른 강국들 사이는 대체적으로 원만한 상태를 유지하였다(노태돈 1984; 이성제 2005).[8] 이러한 국제관계는 고구려와 이들 강국들 사이의 사회문화적 교류를 위한 토양을 마련해 주었다고 할 수 있다. 따라서 이 시기 고구려가 이들 강국과 주고받은 외교사절들은 정치·외교적 현안을 다루는 것 이상으로 동아시아 주요 국가들 사이의 사회문화적 교류의 장을 마련하고 이를 위한 활동에 적극적으로 나서거나 후원하는 역할도 담당했다고 볼 필요가 있다.

5세기 중엽 이후 고구려는 빈번히 북위에 사절을 보냈으며 북위 사절 역시 여러 차례 고구려에 왔다. 고구려가 유연에 사절을 보낸 횟수는 북위에 비할 바 아니다. 그러나 479년 대흥안령산맥 남변의 유목민족 '시두우(地豆于)' 분할을 논의한 사건을 통해서도 확인할 수 있듯이[9] 두 나라는 정치·외교적 현안에 대해 충돌보다는 협의를 택할 정도로 상호 호의적인 관계를 유지하였다. 동아시아에 4강체제가 들어섰지만 고구려, 유연, 송에 비해 국력이 강대한 북위를 견제하기 위해서라도 고구려와 유연 사이는 우호적일 필요가 있었다. 두 나라가 외교적 호의를 상대에게 보이는 것은 어쩌면 당연한 일이기도 했다.

유연은 5세기 초 내륙아시아 유목세계를 제패하여 동으로는 대흥안령산맥, 서로는 준가르분지에 이르는 넓은 지역을 지배하게 되었다. 유연은 중앙아시아 일대에도 영향력을 행사하였으며 이러한 상태는 6세기 중엽까지 계속되었다. 내륙아시아 패자로서의 유연의 이러한 입

8 고구려와 북위 왕실 사이의 혼사를 둘러싼 갈등은 『魏書』 卷100 「高句麗」; 『三國史記』 卷18 「高句麗本紀」 6, 長壽王 54年 참조.

9 『魏書』 卷100 「列傳」 88, 契丹傳.

지가 6세기 전반까지 고구려와 우호적인 외교관계를 맺는 기반이 되었다. 유연이 새로 일어난 돌궐에 의해 패퇴하여 유목세계의 전면에서 퇴장하는 550년대까지 중앙아시아의 동부와 서부는 북위와 유연의 세력이 서로 맞닿아 군사적 긴장과 갈등이 잦아들지 않았다(노태돈 1984). 그러나 중앙아시아 일대는 불교문화가 융성하고 인도와 서아시아로부터 새로운 문화가 계속 유입되어 다양한 문화의 혼합과 절충이 계속 이루어지는 곳이기도 했다. 이 지역은 기원전 2세기 이래 오랜 기간 동서 비단무역의 중개지로 번영을 누리고 있었으며 각종 이국적 문화에 대한 개방적인 자세로 말미암아 문화적 용광로이자 호수로서의 역할도 담당하고 있었다. 때문에 북위와 유연은 이 지역에 대한 영향력이나 지배권을 놓고도 지속적으로 정치군사적 갈등과 충돌을 반복하였다.

5세기 중엽 제작된 고구려 고분벽화에 서역문화 제재가 빈번히 모습을 드러내는 것도 고구려와 북위, 고구려와 유연 사이의 교류를 통해 서역문화의 수용이 이루어진 때문이다. 특히 집안의 삼실총이나 장천1호분 벽화에 보이는 전형적인 서역인 형상의 우주역사, 장천1호분 벽화의 여래와 보살, 비천, 회화기법으로서의 단축법과 명암법 등은 고구려와 유연 사이의 교통로를 거쳐 동방에 전해진 서역문화 요소임이 거의 확실하다.

평양권 고분벽화에서 발견되는 서역인 형상의 역사형 문지기나 하늘세계를 받치는 우주역사 표현에도 명암법 등이 구사되고 있다. 그러나 어설픈 수준에 머물고 있어 이런 기법이 어떤 경로로 고분벽화 묘사에 적용되었는지를 추정하기 어렵게 한다. 같은 시기 북위 미술에서 5세기 고분벽화에서와 같은 형상의 역사상을 찾기는 쉽지 않다. 어쩌면 5세기 평양권 고분벽화의 서역인 형상 역사는 평양지역 화가들이 외래의 새로운 제재를 소화하는 과정을 보여 주는 것일 수 있다.

6세기 전반에도 고구려와 유연 사이의 우호적 교류에 큰 변화를 줄 사건은 발생하지 않았다. 그러나 고구려와 북위 사이의 교류는 523

년 일어난 북위 6진의 반란을 전후하여 상당한 기간 중단되거나 불안하게 진행되었다. 한화(漢化) 추세와 호풍(胡風) 유지를 둘러싼 북위 지배세력 내의 오랜 갈등이 6진의 반란으로 일거에 폭발하면서 유사한 반란이 잇따르게 되었다. 마침내 534년 북위는 동위(東魏)와 서위(西魏)로 두 쪽이 났다. 고구려는 이제 북중국 방면에서 동위와 서위라는 두 세력과 별도로 교섭할 수밖에 없게 되었다. 동위와 서위 사이에 군사적 충돌이 계속되었으므로 북중국 비단길을 통한 고구려의 동서교류는 상당한 제약을 받게 되었다.

6세기 중엽을 전후하여 고구려를 둘러싼 국제 환경은 급속한 변화를 겪기 시작했다. 고구려 세력권으로 여겨지던 동북아시아 지역의 국제질서도 요동치게 되었다. 6세기 전반부터 균열의 징후를 보이던 고구려의 내정도 심각한 분열과 갈등에 휩싸이게 되었다. 552년 돌궐과 유연 사이에 내륙아시아 유목세계의 패권을 둘러싼 큰 충돌이 일어나 유연이 패퇴하면서 그 파고가 고구려에까지 미쳤다. 동위와 서위에서는 선비 탁발씨의 왕실이 차례로 몰락하였다. 그로 말미암아 두 나라를 대체하는 새로운 왕조들, 곧 북제(北齊)와 북주(北周)가 차례로 등장하였다.

새로이 동아시아 국제무대에 모습을 드러낸 돌궐, 북제, 북주는 동북아시아를 세력권으로 삼던 고구려의 패자적 지위를 그대로 인정하지 않으려 했다. 동북아시아 내에서 백제와 신라가 연합군을 일으켜 고구려의 남쪽 국경으로 밀고 들어왔다. 고구려 내에서는 왕위계승과 국정주도권을 둘러싼 신구귀족세력 사이의 권력투쟁이 본격화하여 유혈충돌까지 일어났다. 이처럼 고구려를 둘러싼 내외의 정치적, 사회적 환경 전반에 큰 변화가 일어나면서 5세기 전반 이래 안정과 번영을 구가했던 고구려의 사회와 문화도 커다란 변화와 변혁의 물결에 휩쓸릴 수밖에 없게 되었다.

6세기 전반에도 그대로 유지되었던 고구려와 유연의 우호적 외교관계는 초원길을 통한 동서교류를 계속할 수 있게 해 준 것으로 보인다. 6세기 집안지역 고분벽화에 등장하는 팔메트문은 이 시기 동서교류의 산물 가운데 하나일 것이다. 북위의 내정 혼란으로 말미암아 북중국 비단길을 통한 고구려의 동서교류는 상당한 지장을 받았을지라도 낙양 천도 이전 북위문화의 중심으로 기능하고 번영했던 평성지역은 여전히 고구려에 동서교류의 무대를 제공해 주었을 수 있다(李松蘭 1998; 朴雅林 2006). 평성일대는 고구려로 이어지는 초원길의 동방 거점 가운데 하나였음을 유의할 필요가 있다. 6세기 고분벽화의 연화화생이나 사방연속변형귀갑문 등은 평성지역에서 번성하던 문화의 고구려식 변형일 수 있다.

6세기 중엽 내륙아시아 유목세계의 패권이 돌궐에게로 넘어간 뒤에도 초원길을 통한 고구려의 동서교류는 계속된 것으로 보인다. 고구려와 돌궐 사이의 일시적인 충돌 이후, 두 나라 사이에는 곧바로 우호적인 외교관계가 성립하여 사절을 주고받았음을 돌궐비문들이 전하기 때문이다(노태돈 1999: 534~539). 오히려 6세기 후반 고구려와 북제, 혹은 북주 사이에는 일시적이나마 긴장관계가 유지되거나 군사적 충돌이 빚어지고 있다. 이는 북중국의 불안정한 정세로 말미암은 면이 크다.

6세기 중엽 이후, 고구려의 동서교류가 고분벽화 제재 구성에 어떤 영향을 주는지는 명확히 드러나지 않는다. 이 시기에 축조되는 벽화고분의 수가 급격히 줄어들어 분석 대상이 거의 없게 되었고 벽화 구성이 단순화하면서 제재 분석이 어려워진 때문이기도 하다. 607년 돌궐 계민가한(啓民可汗)의 아장에서 수(隋) 양제(煬帝)에게 발견되어 곤욕스런 처지에 빠졌던 고구려 사절이나,[10] 651년경 사마르칸드의 소그드왕 와르후만을 방문했던 고구려 사절의 존재로 보아 초원길을 통한 고구려의 동서교류는 7세기 이후에도 계속되었음이 확실하다.

10 『隋書』 卷67 「列傳」 32, 裵矩傳; 『三國史記』 卷20, 「高句麗本紀」 8, 嬰陽王 18年.

그러나 고구려 사절단의 이러한 활동이 고구려 사회·문화에 구체적으로 어떤 영향을 끼쳤는지는 미지의 상태로 남겨둘 수밖에 없다.

고구려 고분벽화에 보이는 서역문화 요소는 인물, 기물에서 회화 기법, 종교 관념에 이르기까지 매우 다양하다. 평양권 및 집안권 고분벽화에서 고르게 발견되는 서역문화 요소도 있으나 평양권이나 집안권 고분벽화에서만 확인되는 것도 있다. 특히 주목되는 것은 집안권 고분벽화에서 집중적으로 발견되는 불교 관련 서역문화 요소다. 서역인의 형상을 한 승려, 여래, 보살과 천인 등은 고구려가 불교신앙과 문화를 받아들이는 통로로 기존의 북중국길 외에 초원길도 사용했음을 확인시켜 준다.

초원길과 북중국-오아시스길을 이용한 고구려의 동서교류는 동북아시아에서 고구려의 패권적 지위가 확립된 5세기 전반부터 본격화 한 것으로 보인다. 1세기 이상 지속된 동아시아 4강 체제는 고구려가 동서교류를 통하여 보다 다양한 문화를 수용하고 소화하면서 보편성 높은 문화를 발전시키는 데에 좋은 토양을 제공해 주었다. 7세기 중반에 이르기까지 초원길과 북중국길을 이용한 고구려의 동서교류는 지속적으로 이루어졌다. 그러나 이로 말미암아 6세기 중반 이후 고구려 문화에 어떤 변화가 있었는지는 파악하기 어렵다. 이 시기에는 분석대상이 되는 고구려 벽화고분의 숫자도 크게 줄어들고 고분벽화의 제재 구성 역시 단순해지기 때문이다.

고구려의 평양성을 거쳐 신라의 서라벌, 백제의 부여, 일본의 나라까지 이어지던 동서교류 두 길의 중간 기착지가 어느 곳이며 어느 정도 빈번히 사용되었고, 두 길을 통해 어떤 문물이 얼마만큼 오갔는지를 구체적으로 알기 쉽지 않다. 그러나 고구려의 국내성이나 평양성 같은 주요한 기착지에 남겨진 문물에 대한 보다 정교한 분석과 정리를 통해 아직 밝혀지지 않은 역사·문화적 정보에 한 걸음씩 접근해 가는 것이 전혀 불가능하지는 않을 듯하다.

별표 1. 서역문화 요소가 확인되는 벽화고분 참고문헌

문화권	연번	고분명	참고문헌
평양권	1	안악3호분	황욱 1958: 1~32, 도1~79; 朝鮮畵報社編輯部 編 1985: 図1~33; 조선유적유물도감편찬위원회 1990b: 도11~75
	2	성총	朝鮮總督府 1915b: 図499~509; 李王職 1916: 図84~90; 조선유적유물도감편찬위원회 1990c: 도113~118
	3	약수리벽화분	주영헌 1963: 136~152, 도64~76; 조선유적유물도감편찬위원회 1990c: 도1~26
	4	대안리1호분	과학원고고학및민속학연구소 1959: 1~10, 도1~35; 조선유적유물도감편찬위원회 1990c: 도137~160
	5	수산리벽화분	김종혁 1974: 228~236; 조선유적유물도감편찬위원회 1990c: 도232~247
	6	안악2호분	채병서 1958: 1~21; 朝鮮畵報社編輯部 編 1985: 図135~143; 조선유적유물도감편찬위원회 1990c: 도194~204
	7	쌍영총	朝鮮總督府 1915b: 図527~581; 李王職 1916: 図91~103; 조선유적유물도감편찬위원회 1990c: 도161~184
	8	진파리1호분	전주농 1963: 171~179, 도97~103; 梅原末治·藤田亮策 編 1966: 14~15, 図53~66; 朝鮮畵報社編輯部 編 1985: 166~176; 조선유적유물도감편찬위원회 1990c: 도247~268
	9	진파리4호분	전주농 1963: 171~172, 179~188, 도90~96; 梅原末治·藤田亮策 編 1966; 朝鮮畵報社編輯部 編 1985: 図152~159; 조선유적유물도감편찬위원회 1990c: 도214~231
	10	강서대묘	朝鮮總督府 1915b: 図601~629; 조선유적유물도감편찬위원회 1990c: 도354~368
	11	강서중묘	朝鮮總督府 1915b: 図630~645; 조선유적유물도감편찬위원회 1990c: 도341~353
집안권	1	각저총	池内宏·梅原末治 1940b: 15~20, 図35~46; 조선유적유물도감편찬위원회 1990b: 도110~125; 耿鐵華 2008: 47
	2	무용총	池内宏·梅原末治 1940b: 5~14, 図1~34; 조선유적유물도감편찬위원회 1990c: 도27~50; 耿鐵華 2008: 47
	3	삼실총	池内宏·梅原末治 1940b: 21~27, 図47~68; 조선유적유물도감편찬위원회 1990c: 도75~90; 耿鐵華 2008: 48
	4	장천1호분	吉林省文物工作隊·集安縣文物保管所(陳相偉·方起東) 1982; 조선유적유물도감편찬위원회 1990c: 도91~112; 耿鐵華 2008: 60
	5	통구사신총	池内宏·梅原末治 1940b: 29~36, 図69~92; 梅原末治·藤田亮策 編 1966: 10, 図19~20; 조선유적유물도감편찬위원회 1990c: 도269~286; 耿鐵華 2008: 49~50
	6	오회분4호묘	吉林省博物館(李殿福·方起東) 1964; 吉林省文物工作隊(李殿福) 1984; 조선유적유물도감편찬위원회 1990c: 도287~307; 耿鐵華 2008: 50
	7	오회분5호묘	吉林省博物館(李殿福·方起東) 1964; 조선유적유물도감편찬위원회 1990c: 도308~330; 耿鐵華 2008: 51

보론

고구려는 현재의 한국 문화에 무엇을 남겼는가

기록으로 확인되는 한국사 첫 장의 주인공은 고조선이다. 그러나 현재 남아 전하는 자료만으로는 고조선 문화에 어떤 성격과 내용이 담겨 있는지 잘 드러나지 않는다. 한국사에서 해당 사회와 문화의 성격을 이해할 수 있을 정도로 기록이나 유적·유물이 남아 전하는 시기는 삼국시대부터라고 해야 할 것이다.

삼국시대의 여러 주인공 가운데 문화적 흐름을 주도한 나라는 고구려와 백제다. 특히 고구려는 건국 및 성장과정, 지정학적 입지 등에서 사회문화적 기반이 넓었고 외래문화의 수용과 소화에도 유리했다. 이런 까닭에 고구려 문화는 국제성, 보편성이 풍부하면서도 독자성이 뚜렷한 문화를 성립, 발전시킬 수 있었다. 삼국시대의 고구려 문화가 동북아시아 여러 나라에 직간접적으로 영향을 미치는 한편 후대에도 전해질 수 있었던 것도 이런 까닭이다.

삼국시대 고구려 문화는 후대의 한국 문화와 어떤 관련이 있을까? 고구려 문화에서 비롯되어 오늘날의 한국 문화로 이어지는 기질적 요소가 존재하는가? 고구려 유적·유물로 읽어 내는 고구려 문화의 성격, 곧 유적·유물을 관통하는 문화적 기질은 무엇인가?

1. 고분벽화

고구려 사회와 문화를 거의 그대로 보여 주는 것 가운데 하나가 고분벽화다. 중국 길림성의 집안과 환인, 북한의 평양과 안악일대에 주로 남아 있는 고분벽화는 고구려인의 모습, 생활상을 구체적으로 알게 한다. 뿐만 아니라 관념세계와 미의식에 대한 이해도 가능하게 한다(전호태 2003: 76~81).

고분벽화라는 장르는 고구려에서 기원하지 않았다. 고분벽화는 고구려가 이웃 중국에서 받아들인 것이다. 고구려인은 무덤 속을 벽화로 장식한다는 개념을 받아들이는 데에 그치지 않았다. 벽화 기법과 내용도 수용했다. 이는 표현기법 및 내용구성과 관련된 경험과 관념도 같이 받아들였음을 뜻한다. 이미 공유되고 있는 것, 혹은 익숙한 것이 있어 수용이 가능했거나 쉽게 이루어졌음을 의미하기도 한다. 그 어느 쪽이든 고분벽화가 받아들여질 때 외래문화가 고구려에 대거 수용되었음도 확실하다.

주목되는 것은 고분벽화라는 장르가 고구려에 들어오는 과정에는 무덤의 축조방식, 벽화의 표현기법, 심지어 벽화의 제재와 주제까지도 거의 그대로 옮겨지지만 오래지 않아 이런 요소들이 각각 선택적 변화를 겪으며 궁극적으로는 특유의 색채를 담은 것으로 재구성, 재창조 된다는 사실이다. 물론 어떤 사회에 새로운 문화가 수용된 뒤 시간의 흐름에 따라 지역화, 혹은 자기화가 이루어지는 것은 일반적인 현상이다. 그러나 고구려 고분벽화에 보이는 '고구려화' 과정과 결과는 눈여겨보아야 한다.

고분벽화의 고구려화는 여러 측면에서 검토하고 확인할 수 있다. 357년 묵서명이 있는 안악3호분은 무덤의 구조, 무덤 축조 재료, 벽화의 구성과 기법 등에서 고구려에 벽화고분이 받아들여 축조되던 초기 단계의 특징이 잘 드러낸다. 안악3호분은 널방이 열린 공간으로

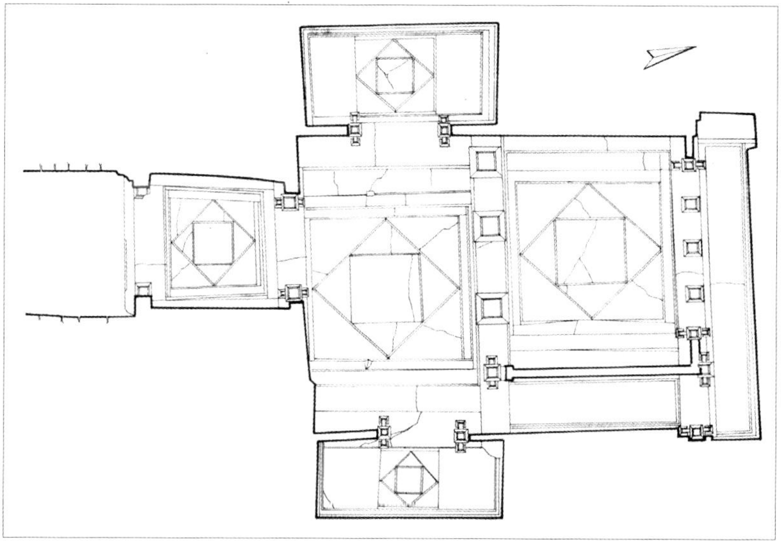

❁ 그림 1. 돌방무덤의 구조(안악3호분 평면도, 북한 안악)

처리되며 널방의 두 벽 부분에 잇대어 회랑이 설치되있다(그림 1). 이런 구조적인 면뿐 아니라 대리석이라는 무덤 축조 재료, 무덤칸 천장부의 장식무늬까지 여러 측면에서 한, 위·진, 삼국으로 이어지는 중국 화상석과 고분벽화의 전통을 잇고 있다. 안악3호분에서는 중국 산동 기남 북채1호한묘와 비교되는 요소가 다수 발견된다(전호태 2006: 140~150).

그러나 이러한 안악3호분 벽화에도 문화요소의 선택적 수용 및 자기화 과정을 보여 주는 부분이 있다. 안악3호분 동쪽 곁방 벽에 묘사된 부엌 그림의 부뚜막은 아궁이의 위치, 확의 수와 형태로 볼 때 고구려 고유의 것이다. 고분벽화라는 장르를 외부에서 받아들이면서 구성, 제재, 기법까지 그대로 들어오나 토착적인 것으로 대체할 수 있는 제재는 그대로 두지 않았음을 확인시켜 준다. 벽화 속 용두레우물에서 물 긷는 장면이나 디딜방아로 곡식을 찧는 모습은 당시 사회의 일상을 그대로 반영한 것이다.

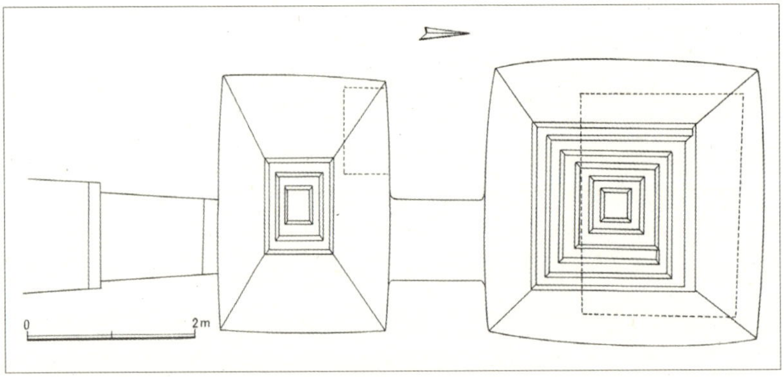

그림 2. 돌방무덤의 구조(덕흥리벽화분 평면도, 북한 남포)

408년 기년묘지명으로 잘 알려진 덕흥리벽화분은 안악3호분 보다 50년 뒤에 축조되었다. 벽화의 주제도 안악3호분과 같은 생활풍속이다. 덕흥리벽화분은 앞방과 널방만으로 이루어진 2실분으로 회랑과 곁방, 널길방이 없다(그림 2). 때문에 무덤주인의 위세를 과시하는 대행렬도는 앞방 벽에 배치되었고 귀족부부의 일상을 담은 세세한 장면들은 널방 벽으로 옮겨졌다(그림 3, 4).

인물들이 겹치게 묘사된 안악3호분 대행렬도와 달리 덕흥리벽화분에서는 행렬의 인물들이 각각 별도로 그려졌다. 안악3호분에 비해 덕흥리벽화분에서는 인물들의 세부적 묘사도 매우 평면적이 되어 어떤 인물들은 가면을 쓴 것처럼 보일 정도다. 의식주 표현과 관련하여 50년이라는 시간이 흐른 뒤의 작품인 덕흥리벽화분에 나타난 가장 두드러진 변화는 복식이다. 벽화의 등장인물 가운데 특히 여성들은 긴 저고리와 주름치마라는 고구려적 색채가 매우 뚜렷한 옷차림을 하고 있다. 이처럼 덕흥리벽화고분에서 화법은 후퇴하고 인물 각각은 독립적 존재로 형상화되며 복식은 고구려식으로 바뀌는 고구려화 현상이 잘 나타난다.

덕흥리벽화분에는 연못이 등장하지만 무용총에는 무덤칸 천장에 그려진 하늘세계의 구성요소로 연꽃이 표현된다. 천왕지신총과 같이

❁ 그림 3. 대행렬(안악3호분 벽화 모사도, 북한 안악)
❁ 그림 4. 행렬(덕흥리벽화분, 북한 남포)

널방 벽화가 연꽃무늬로 장식되는 사례가 보일 즈음이면 평양의 동명왕릉과 같이 무덤칸 내부 전체가 연꽃무늬로 장식되는 새로운 유형의 벽화고분이 등장한다(전호태 2000: 145~207)(그림 5).

요동을 거쳐 동방으로 전해진 불교의 영향을 일찍 받은 환인, 집안지역에서는 5세기 중엽 즈음 순수한 연꽃장식 벽화고분이 유행처

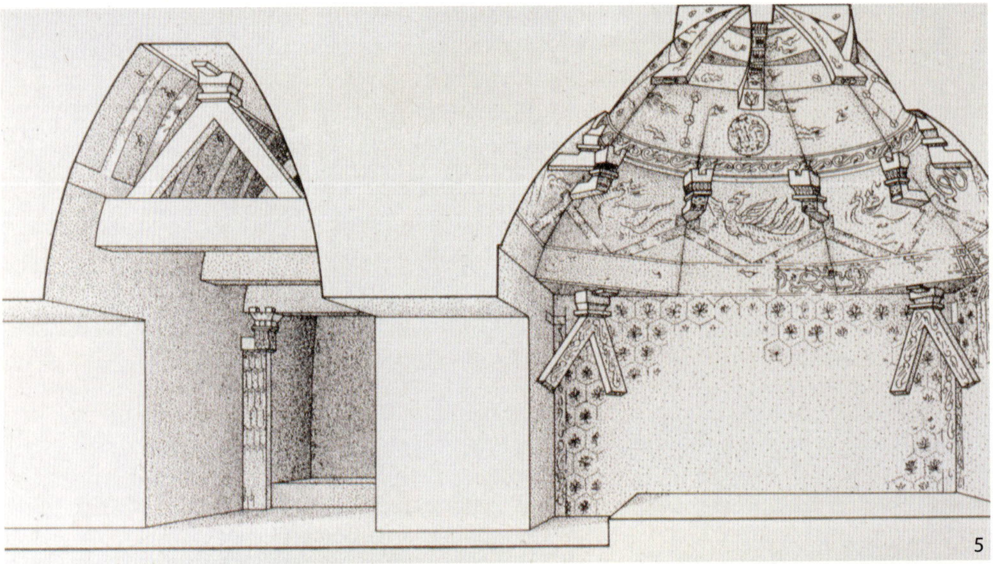

❁ 그림 5. 연꽃장식 벽화고분 내부(천왕지신총 투시도, 북한 순천)

❁ 그림 6. 연꽃장식 벽화고분 내부(미창구장군묘 모형 내부, 중국 환인)

럼 번진다(그림 6). 환인 미창구장군묘, 집안 산성하983호분과 같은 사례에서 알 수 있다. 벽과 천장이 온통 연꽃으로만 장식된 벽화고분의 무덤칸은 그 자체로 연화정토다. 내세정토왕생에 대한 강한 소망과 의지가 연꽃장식 벽화고분이라는 새로운 유형의 고분벽화를 출현시켰다. 이런 사례가 동아시아의 다른 지역에서는 확인되지 않는다. 연꽃이 벽화 제재로 고구려에 수용된 뒤 나타난 고구려적 현상이다.

사신도 벽화의 제재 구성 및 비중의 변화과정도 연꽃의 경우와 유사하다. 사신은 황도상의 28개 별자리가 7개씩 나뉘어 형상화된 뒤 방위신으로 믿어지게 된 상상의 존재다. 음양오행론이 체계화되고 풍수지리설이 논리화되어 널리 퍼지면서 중국에서는 종교적 신앙의 대상까지 되었다.

사신은 종교 관념이자 신앙의 대상, 회화 제재로 낙랑을 통해 한에서 수용되었다. 고구려 고분벽화에서 처음 묘사되던 시기에 사신은 화공의 어색하고 서투른 필선이 그대로 드러나는 제재였다(그림 7). 그러나 무용총, 삼실총 단계를 지나 쌍영총, 덕화리1호분 벽화의 단계에 이르면 사신의 모습에 실재감이 뚜렷해지고 벽화 제재로서 비중도 이전에 비해 높아진다. 시간이 흐르면서 벽화의 사신이 무덤칸이라는 죽은 자의 세계를 지키는 신수로서의 힘과 위용을 보이게 된 것이다. 결국 6세기 후반의 벽화고분에 이르면 사신은 벽화의 주제가 되고 무덤칸 벽면의 유일한 제재가 된다.

후기 벽화고분인 강서대묘와 강서중묘에서 사신은 고구려 고유의 조형 의지가 관철된 방위신의 모습으로 재탄생되어 무덤칸 벽면의 주인공 자리를 차지하는 존재로 모습을 드러낸다(그림 8). 고분벽화의 주제이자 사실상 유일한 제재로 등장하는 사신의 사례 역시 동아시아의 다른 지역에서는 찾아볼 수 없다. 특정 문화요소가 고구려화되는 또 하나의 구체적 사례이자 고구려적 현상이다.

그림 7. 현무(삼실총, 중국 집안)

그림 8. 현무(강서대묘 널방: 남→북, 북한 남포)

2. 유적 · 유물

고구려화란 고구려적인 것을 전제로 하는 개념이다. 고구려적인 것, 곧 고구려 문화로 규정지을 수 있는 특징적 요소가 있어 새로운 문화 요소가 고구려적인 것으로 바뀐다는 뜻을 담은 용어이다. 고분벽화에서 고구려화의 사례를 찾아낼 수 있다면 그 외의 유적 · 유물에서도 고구려적인 것이 되는 과정이나 고구려 문화의 특징적 측면을 드러내는 부분을 짚어 낼 수 있을까?

415년 세워진 광개토왕릉비는 비문에 고구려인의 역사의식과 천하관(天下觀)을 구체적으로 표명하고 있어 재발견 당시부터 연구자들의 관심을 끌었다. 높이만 6.24m에 이르는 이 비석은 응회암 덩어리를 다듬은 것이다. 고구려 석공은 비면이 형태를 갖출 수 있는 정도로만 치석하였다(그림 9). 때문에 비문이 새겨지는 면의 요철(凹凸)에 거의 손을 대지 않아 탁본하기가 대단히 까다롭다. 위대한 왕의 업적을 기리기 위해 만든 왕릉비도 세심하게 치석을 하지 않은 점에서 이웃 중국이나 일본의 비석과 비교된다. 가능한 한 손을 적게 댄 인공물인 셈이다. 이는 고구려인들이 인위적으로 무엇을 만들 때에 손을 적게 대 원형을 살리려는 경향이 있었음을 짐작하게 하는 사례다.

고구려의 성은 고구려인이 원형을 중시하고 되도록 그대로 두려 했음을 확인시켜 주는 또 다른 사례다. 고구려인이 성을 축조할 때 성돌의 기능을 고려하면서 쐐기꼴과 북꼴로 가공하며 자연 암벽의 굴곡을 최대한 활용하는 등 지형조건에 맞는 공법으로 작업을 진척시켰음은 잘 알려진 사실이다(최희림 1978: 57~72; 양시은 2013: 178~197). 건축기법의 하나로 그랭이법으로 일컫기도 하는 기법을 성벽 쌓기에 적용시킬 경우, 성벽을 쌓아 나가다가 굴곡이 있는 바위나 높은 암벽을 만나면 성돌의 형태를 다듬어 이런 바위나 암벽에 잘 잇대게 쌓아 자연지형을 살리면서 이 부분이 성벽의 일부가 될 수 있도록 축조하게 된

그림 9. 광개토왕릉비(1920년대, 중국 집안)
그림 10. 오녀산성 성벽에 보이는 그랭이법(중국 환인)

다(그림 10). 이런 방식으로 쌓은 성벽이 암벽이나 바위를 깨내고 그 자리에 성돌을 쌓는 것보다 튼튼하여 적군의 공격을 방어하는 데에 더 유리함은 두말할 필요가 없다.

고구려 주거문화를 결정지은 요소 가운데 하나인 온돌은 난방시설에 속하지만 온돌 난방을 위해 설치되는 부뚜막은 난방과 취사를 겸하는 시설이다. 고구려식 부뚜막은 아궁이 방향을 연기와 열이 빠지는 굴뚝 구멍과 직각으로 어긋나게 냄으로써 땔감의 연소 시간을 늦추고 연소열이 부뚜막 안에 오래 머무를 수 있도록 고안되었다(그림 11, 12). 적은 땔감으로도 난방과 취사가 동시에 이루어질 수 있게 한다. 이런 점에서 고구려식 부뚜막은 효율적이고 다목적적이다. 산림

❁ 그림 11. 부엌(안악3호분, 북한 안악)
❁ 그림 12. 철제 부뚜막 모형(운산 용호동1호분, 국립중앙박물관)
❁ 그림 13. 온돌(구리 아차산4보루)

자원의 소비도 최소화하는 장치인 셈이다. 자연친화적이면서도 용도와 목적에 대한 통합적 접근의 결과다. 이런 효율적이고 통합적인 접근 또한 고구려적 특성의 하나로 지적할 수 있다.

북옥저에서 시작되어 고구려에서 크게 유행한 온돌은 바닥 난방 시설이어서 방바닥에서 올라온 따뜻한 공기가 방 전체를 고르게 데울 수 있다(송기호 2006: 5~56). 벽난로와 같은 벽 난방시설이 방의 공기 일부만 따뜻하게 하는 것과는 의도와 효과에서 뚜렷한 차이가 난다. 실제 벽난로를 통한 난방은 효과가 제한적이며 부분적이다. 공간 전체에 따뜻한 공기를 보낼 수 있는 온돌과 구분될 수밖에 없다(그림 13). 온돌 역시 난방 효과라는 측면에서는 대단히 효율적이고 통합적

❁ 그림 14. 여인(삼실총, 중국 집안)
❁ 그림 15. 여인(수산리벽화분, 북한 남포)

이다.

고구려인의 복식은 저고리와 바지를 기본으로 하는 상의·하의 체계이다. 신분이나 지위에 따라 통이 넓고 좁은 차이는 있으나 저고리나 바지 모두 소매나 통이 몸에 붙지 않도록 여유 있게 제작되었다. 때문에 고구려인의 옷 선은 자연스럽게 흘러내리는 맛이 있다. 더욱이 옷자락 안에 따뜻한 공기층이 형성되어 보온의 효과도 낼 수 있다. 소맷부리, 옷깃, 바짓자락 끝에 덧띠에 해당하는 선(襈)을 대 마감하여 잘 닳지 않게 하는 실용적인 측면에 더해 심미적인 효과도 자아낼 수 있도록 하였다(그림 14, 15). 이런 측면에서 실용성과 심미성의 조화, 이로 말미암은 통합적 효과는 고구려 복식의 특징이라고 할 수 있다.

유물 및 기록, 고분벽화로 확인되는 고구려의 악기는 무려 37종에 이른다. 이 가운데에 중국 외에 서역에서 들어온 악기도 상당수에 이른다. 새로운 악기가 받아들여지는 과정에 악곡, 춤, 노래도 함께 들어와 고구려 음악과 무용의 일부가 되었다. 흥미로운 것은 고구려의 춤이나 노래, 악곡 가운데에는 외래의 것이 확실함에도 이웃나라에 고구려의 것으로 소개된 노래나 춤도 여럿 있다는 사실이다(전덕재 2008: 309~316). 물론 고구려로부터 소개되었으므로 고구려의 것으로 분류된다. 하지만 발생한 지역의 것과 구분될 수 있을 정도로 변형되고 재창조된 까닭에 고구려 작품으로 이름 붙게 된 사례도 보인다.

3. 문화원형론

고분벽화와 다수의 유적·유물에 대한 이상의 검토를 바탕으로 고구려 문화의 다양한 산물에 관철되는 기본적인 태도와 원리를 짚어 본다면 외래문화에 대한 열린 자세, 선택적 수용과 소화, 독자성과 보편성을 동시에 담은 고구려화된 산물로 재창조라고 할 수 있다. 열려 있지 않다면 외래문화의 수용이 어려울 수밖에 없다. 수용 가능하고 적합하다고 판단되는 문화요소를 선택적으로 소화하지 않는다면 문화적 혼란 상태에 빠지기 쉽다. 더욱이 새로운 문화요소는 문화적 재창조 과정에 고구려인에게 익숙한 관념, 가치, 기호가 배어들어 고구려적이라는 평가를 받을 수 있는 산물로 재탄생되어 기존의 고구려 문화의 일부로 녹아들어 어우러져야 한다. 만약 그와 같은 결과를 불러오기 어려운 방식으로 재창조된다면 새로운 문화 산물은 고구려인으로서 정체성을 확립하고 강화시키는 데에 오히려 방해 요소가 될 수 있다.

2013년의 문화유전자 인식에 대한 설문조사 결과에 따르면 한국인은 1970년대부터 2010년대까지의 일상문화 활동의 바탕에 조화·

어울림, 공동체문화, 신명·흥, 정과 사랑, 여유, 끈기, 열정·도전·진취성, 소통·열림·공유, 자연스러움, 담금질·수련·단련 등의 기질적 태도나 정서가 깔려 있다는 생각을 지니고 있다(전호태 2013c: 4~9). 크게 10가지로 나뉜 이들 정서, 기질 가운데 위에서 살펴본 고구려의 문화 전통과과 관련하여 주목되는 것은 소통·열림·공유, 신명·흥, 조화·어울림 등이다.

소통·열림·공유에서 중심 개념은 열림이다. 열림을 통해 소통도 되고 공유도 가능해지는 까닭이다. 외부세계의 문화 및 국가와 사회 안의 다양한 문화를 대하는 고구려인의 자세에서 두드러지는 특징 가운데 하나는 열림이다. 잘 알려진 것처럼 고구려는 예맥이 중심적 역할을 하였지만 여러 민족과 사회가 힘을 모아 나라를 세웠다. 국가의 성장과정에도 새로운 민족과 사회가 계속 합류했다. 이런 까닭에 사회·문화적으로 열려 있지 않으면 민족이나 사회 단위로 국가에서 떨어져 나가려는 원심력이 커질 수밖에 없는 나라였다. 고구려의 문화 전통에서 외래문화에 대한 열린 자세를 읽을 수 있는 것도 이 때문이다.

고구려의 문화전통 안에 내재한 열린 자세는 고분벽화라는 새로운 장의미술 장르의 수용을 용이하게 했다. 고분벽화에 새로운 제재가 지속적으로 등장하는 것도 외래의 문화와 관념에 대한 고구려인의 열린 자세로 말미암아 가능한 현상이었다. 고분벽화는 불교라는 이방의 종교·신앙과 함께 서아시아·인도·중앙아시아의 문화가 대거 고구려에 수용되었음을 알게 한다. 이 과정에 새로운 음악, 악기, 무용, 노래 등이 고구려에 들어와 고구려 예술의 한 부분이 되었고 고구려 문화를 풍부하게 만들었음을 기록과 유물을 통해 알 수 있다. 이 모든 것이 열림으로 시작하여 소통과 공유로 이어지게 하는 고구려 문화 특유의 전통에서 비롯된 현상으로 보아야 할 것이다.

설문조사를 통해 추출된 신명·흥 또한 고구려 문화의 성격과 전통을 설명하는 개념의 하나로 받아들일 수 있을 듯하다. 신명이나 흥은 특정한 관념이나 행위에 깊이 빠져드는 상태인 '몰입'의 통로라고도 할 수 있다. 그러나 실제 두 개념 사이의 경계를 긋기는 그리 쉽지 않다. 신명으로 말미암아 몰입이 가능하고 흥이 깨지는 순간 몰입 상태에서 빠져나오게 되는 까닭이다. 신명 · 흥 · 몰입은 한 덩어리로 얽혀 있는 개념이라고 해도 과언이 아니다.

연꽃무늬 장식 고분벽화나 순수한 사신도 고분벽화는 현재까지 고구려에서만 발견된다. 연꽃에 투사된 종교적 관념이나 방위신수로서의 사신에 대한 인식은 외래적인 면이 강하다. 그러나 고분의 무덤칸이라는 특정한 공간을 연꽃으로만 채우거나 사신의 세계로 바꾼 것은 말 그대로 고구려적이라고 할 수 있다.

연꽃무늬 장식 고분벽화가 등장하는 과정은 고구려인이 불교신앙에 깊이 빠져드는 과정이기도 하다. 5세기를 전후하여 동아시아의 다른 나라와 사회에서도 불교신앙이 크게 유행하였음을 감안하면 연꽃무늬 장식 고분벽화는 고구려식 문화 소화와 재창조의 결과라고 할 수밖에 없다. 동아시아의 다른 나라와 달리 고구려에서는 불교적 깨달음, 정토의 상징인 연꽃에 대한 인식과 표현에 몰입하는 정도가 매우 심했음이 고분벽화를 통해 확인된다고 하겠다. 신명 · 흥이 전제되고 몰입이 뒤따르지 않았으면 나타나기 어려운 유형의 고분벽화인 셈이다. 사신도 고분벽화에 대해서도 마찬가지의 해석이 적용될 수 있을 것이다.

조화 · 어울림은 크던 작던 공동체의 통합을 가능하게 하고 유지시키는 데에 전제되어야 할 태도이자 현상이다. 여러 민족과 사회로 구성된 국가가 사회적 통합력을 확보하기 위해 반드시 갖추어야 할 사회적 미덕 가운데 하나도 조화 · 어울림이다. 고구려의 문화 산물에서 외래문화를 고구려적 이미지, 관념을 담은 문화로 재창조하려는 의지를 읽게 될 때에 함께 읽혀지는 것 가운데 하나가 조화 · 어울림 · 통합성 등인 것도 이 때문일 것이다.

이미 살펴보았듯이 광개토왕릉비는 자연석에 가장 가까운 상태로 치석되어 말끔하게 다듬어져 자연 상태를 전혀 짐작할 수 없게 하는 중국이나 일본의 비와 구분된다. 자연에서 발견되는 괴석을 세운 것처럼 보인다는 점에서 광개토왕릉비는 선사시대의 선돌을 연상시킨다. 아마도 고구려의 석공은 이 비석을 자연석에 가까워 자연의 일부처럼 보이도록 다듬었을 것이다. 광개토왕릉비는 당시 고구려에 통용되던 비석에 대한 관념, 곧 자연과 잘 조화되고 주변과 어울리는 기념물을 더 높게 평가하는 분위기에 조응된 행위의 결과물로 보아야 한다.

고구려의 성도 조화·어울림을 중시하는 고구려인의 의식과 태도를 잘 보여 주는 건축물이다. 자연지형을 성벽의 일부로 포함시키는 그랭이식 축조기법은 자연을 활용하고 축조과정을 효율화한다는 측면에서뿐 아니라 성벽의 방어 능력도 높인다는 점에서 눈길을 모은다. 그랭이법 성벽은 자연과의 조화와 어울림을 중시하는 고구려인의 태도에서 나온 가장 효과적이고 효율적인 성벽 축조기법이자 결과다.

이외에 고구려인의 의복이나 예술에서도 조화와 어울림이라는 고구려 문화의 덕목을 읽을 수 있다. 심미성과 실용성을 동시에 담아내는 고구려인의 저고리와 바지, 치마와 두루마기는 자연의 선을 잘 살리면서 솔기가 쉽게 닳지 못하도록 깃 마감 된 뛰어난 작품이다. 물론 삼국시대의 고구려, 백제, 신라인 모두 거의 동일한 형태의 저고리와 바지를 입었다는 점에서 조화와 어울림이라는 문화적 기질 역시 기본적으로는 삼국인이 공유하였다고 할 수 있다. 다만, 색상과 무늬, 주름 등의 디자인적 요소들에서 고구려 의복이 보여 주는 빼어난 아름다움은 별도로 언급되어야 할 것이다.

조화와 어울림의 최종 목적이자 효과는 통일적 이미지이며 통합된 상태다. 위에서 살펴본 열림·소통·공유라는 기질, 혹은 태도가 신명·흥·몰입을 통해 조화와 어울림의 세계로 나갔다 하더라도 통일되고 통합된 이미지를 담은 결과물들을 낳는 데에 이르지 못한다면 이런 일련의 생활·문화 활동은 진행 상태에 머무른 상태로 평가받을 수밖에 없다. 단계별로는 완성 상태에 이르렀다 해도 지향하던 세계의 최종점에는 이르지 못했다고도 할 수 있다. 고구려에서 발전하여 널리 확산된 온돌난방과 한옥, 고구려 후기의 벽화고분 가운데 가장 높은 완성도를 자랑하는 강서대묘는 이런 논의와 관련하여 주의 깊게 살펴보아야 할 유적이다.

온돌은 고구려 평민의 가옥에서는 일반화된 난방 방식이다. 평상이나 낮은 침대생활에 익숙했던 귀족들과 달리 평민들은 취사와 난방을 겸하도록 고안된 부뚜막의 열을 이용할 수 있도록 고래를 놓고 구들돌을 올려 방바다을 데우는 온돌로 겨울 추위를 견뎌냈다. 구들돌의 온기로 방바닥의 찬 공기를 데워 위로 올라가게 하면 결과적으로 방안 공기 전체가 따뜻해지게 하는 효율적인 난방법은 난방에 대한 접근 방식에서 부분적 효과에 그치는 벽 난방법 채택지역과 뚜렷한 차이를 보인다. 고구려의 난방법에서는 난방 대상이 되는 공간 전체가 염두에 두어지며 열의 효과적 이용, 난방 효과의 지속성까지 고려되는 까닭이다. 각 부분이 담당하는 기능이 하나로 모였을 때 자아내는 통합적 효과가 어떠한지를 고구려의 온돌난방이 잘 보여 준다.

6세기 말 축조된 강서대묘는 가장 늦은 시기에 축조된 벽화고분이다. 사신이 무덤칸 널방 각 벽의 유일한 제재이자 주제인 전형적인 사신도 벽화고분이다. 강서대묘 벽화는 사신이라는 제재 겸 관념이 고구려에 수용되어 일련의 문화요소 소화과정을 거친 뒤 마지막으로 어떠한 모습으로 재탄생 되는지를 잘 보여 준다. 화가는 배경을 일체 생략한 채 사신만 묘사하여 보는 이로 하여금 푸른 하늘 한가운데서 포효하는 신수의 위용을 실감하게 한다(전호태 2004a: 262~268) 실재하지 않는 사신이 실재하는 것처럼 느끼게 그려 냈다. 화가의 능력은 사신관념과 조형의 수용 이래 고구려에서 진행된 신앙적 몰입의 정도를 짐작하게 한다.

강서대묘는 고구려식으로 재창조되고 완성된 사신의 모습을 보여준다. 뿐만 아니라 깔끔하게 잘 다듬은 대형 화강암 판석으로 짜임새 있게 조합된 돌방 건축으로도 눈길을 끄는 유적이다. 무덤의 구조와 석재의 형태, 흙더미 구성 성분 등을 상세히 검토하고 그 결과를 종합하면 무덤의 설계자와 축조 작업 및 벽화 제작을 담당한 사람들이 무덤이 조성된 곳의 사계절 온습도의 변화, 연교차와 일교차의 정도가 돌방 내부에 미치는 영향, 돌방 바깥을 덮은 흙더미의 무게로 말미암아 석재 각각이 받는 하중까지 고려하였음을 확인할 수 있다. 이런 점에서 강서대묘는 벽화부터 무덤 축조 재료와 무덤구조까지 하나하나 다듬어지고 전체가 조합된 상태에서 이루어 내는 효과에 대한 검토도 마친 상태에서 축조, 완성된 작품이라고 하겠다. 열림, 몰입, 어울림을 지나 통일되고 통합된 데까지 나간 경우다.

고구려 문화에서는 외래문화 수용에 대한 열린 자세, 새로운 문화요소를 고구려적 관념과 가치에 어우러지도록 만들어 가는 고구려식 소화과정, 기존 문화와 조화되어 통합적 기능을 발휘하는 데에 적합한 문화 산물로의 재창조 의지 등을 모두 읽을 수 있다. 이런 요소들은 궁극적으로 고구려적 정체성을 확립, 확산시키는 데에도 큰 도움이 되었을 것이다. 오늘날 한국인의 기질, 정서상의 특징으로 언급되는 요소들 가운데에서도 중심 개념인 소통·열림·공유, 신명·흥, 조화·어울림 등이 고구려의 문화전통 속에서도 발견된다는 것은 이런 기질, 정서가 고구려 때부터 존재했음을 반증한다. 열림, 흥, 어울림 등의 용어로도 뭉뚱그릴 수 있는 개념, 혹은 정서가 한국인에게는 문화원형적 성격을 지닌 것임을 시사한다고 할 수 있다. 이는 고구려 문화에 내재한 요소들에 대한 보다 적극적이고 정밀한 접근을 통해 한국 문화의 정체성에 대한 이해도 심화될 수 있다는 의미이기도 하다.

고구려 유적·유물에 담긴 문화적 성격과 전통에 대한 분석은 한국 고대문화의 중심 줄기에 대한 이해의 한 방편이다. 동시에 현대 한국문화의 뿌리를 찾는 과정이다. 고구려 유적 · 유물 가운데 특별한 위치에 있는 고분벽화에는 고구려 문화의 성격을 알게 하는 여러 가지 정보가 담겨 있다. 고구려가 외래문화의 수용에 개방적이었지만 새로운 문화요소에 대해 고구려식 소화방식을 적용시키려 하였음을 알려준다. 고구려적 가치와 관념을 담은 문화로 재창조하여 기존의 고구려 문화에 잘 어울려 들어갈 수 있게 하려 하였음도 고분벽화에 잘 나타난다.

현대 한국인의 기질, 정서적 특징으로 거론되는 여러 요소 가운데 소통 · 열림 · 공유, 신명 · 흥, 조화 · 어울림은 고구려 문화에서도 읽힌다. 고구려의 고분벽화, 성, 온돌난방, 음악 등의 주요한 문화 산물들은 열림, 흥, 어울림의 과정을 거쳐 고구려 특유의 통합된 이미지와 기능을 갖추게 되었다. 고구려의 온돌난방과 강서대묘는 그러한 유적 · 유물 가운데 대표적인 사례에 해당한다.

참고문헌

국문

姜賢淑, 2000,『高句麗 古墳硏究』, 서울대학교 박사학위논문.

_____, 2006,「유적 · 유물로 본 고구려의 식생활」,『고고자료에서 찾은 고구려인의 삶과 문화』, 고구려연구재단.

_____, 2013,『고구려 고분 연구』, 진인진.

고고학및민속학연구소, 1958,「평양역전 2실분 발굴보고」,『대동강류역고분발굴보고』(고고학자료집 1), 과학원출판사.

고고학및민속학연구소 고고학연구실, 1959,『태성리고분군 발굴보고』(유적발굴보고 5), 과학원출판사.

고고학및민속학연구소 자료편찬실, 1958,「평안남도 대동군 화성리 쌍곽분 보고」, 고고학 및 민속학연구소,『대동강유역 고분 발굴 보고』(고고학자료집 1), 과학원출판사.

고구려연구재단 편, 2005,『남북공동유적조사보고서 평양일대고구려유적』.

고려대학교박물관, 2005,『한국 고대의 Global Pride, 고구려』.

高柄翊, 1984,『東아시아 傳統과 近代史』, 三知院.

_____, 1988,『東亞交涉史의 硏究』, 서울대학교출판부.

고승길, 1993,「삼국시대 춤에 끼친 인도춤의 영향」,『창론』 11, 중앙대학교예술대학.

공석구, 1998,「安岳3號墳 主人公의 冠帽에 대하여」,『고구려연구』 5.

_____, 2001,「安岳3號墳 主人公의 節에 대하여」,『고구려연구』 11.

_____, 2003,「4~5세기 고구려에 유입된 중국계 인물의 동향: 문헌자료를 중심으로」,『한국고대사연구』 32.

과학원고고학및민속학연구소, 1958a,「평안남도순천군룡봉리료동성총조사보고」,『대동강류역고분발굴보고』(고고학자료집 1), 과학원출판사(道生 中譯, 1960

『考古』 1960年 1期).
_____, 1958b, 「평양역전이실분발굴보고」, 『대동강류역고분발굴보고』(『고고학자료집』 1, 과학원출판사)
_____, 1959, 「평안남도룡강군대안리제1호묘발굴보고」, 『대동강및재령강류역고분발굴보고』(고고학자료집 2), 과학원출판사.
곽종철, 2003, 「가야의 생업」, 『가야고고학의 새로운 조명』, 부산대학교 한국민족문화연구소.
國立慶州博物館, 2001, 『特別展 新羅黃金』.
국립중앙박물관, 2006, 『고구려무덤벽화: 국립중앙박물관모사도』, 주자소.
국립춘천박물관, 2002, 『국립춘천박물관』.
궁성희, 1990, 「고구려무덤들에 보이는 부뚜막에 대하여」, 『조선고고연구』 1990년 1호.
權寧弼, 1984, 「고구려 벽화의 伏犧女媧圖: 輯安4호분 日·月像을 중심으로」, 『空間』 207.
_____, 1992, 「돈황 벽화 연구방법 試探」, 『美術史學』 Ⅳ, 미술사학연구회.
_____, 1993, 「고구려 회화에 나타난 대외교섭」, 『한국 미술의 대외교섭 Ⅰ: 고구려』, 제4회 전국미술사학대회발표요지(한국미술사학회 편, 1996, 『高句麗 美術의 對外交涉』, 藝耕).
권오영, 1992, 「고대 영남지방의 殉葬」, 韓國古代社會研究所 編, 『韓國古代史論叢』 4, 駕洛國史蹟開發研究院.
김경복, 2010, 「고분벽화에 나타난 고구려의 부엌과 식사풍습」, 『韓國史學報』 39.
김광언, 2007, 『韓·日·東시베리아의 사냥: 狩獵文化 比較誌』, 민속원.
김기섭, 2003, 「百濟人의 食生活 試論: 재료와 조리를 중심으로」, 『百濟研究』 37.
金東賢, 1996, 「高句麗 建築의 對中交涉」, 『高句麗美術의 對外交涉』, 藝耕.
김두진, 1999, 『한국고대의 건국신화와 제의』, 일조각.
金美子, 1997, 「高句麗 古墳壁畵를 통해 본 高句麗 服飾에 관한 研究」, 『高句麗研究』 4, 고구려연구회.
김사봉, 1980, 「학계소식: 봉성리벽화무덤에 대하여」, 『력사과학』 1980년 2기.
_____, 1990, 「고산동20호 벽화무덤에 대하여」, 『조선고고연구』 1990년 2호.
김상보, 2007, 「통일신라시대의 식생활문화」, 『신라문화제학술논문집: 신라 왕경인의 삶』 28, 경주시·신라문화선양회.
金相鉉, 2003, 「日本에 傳해진 高句麗樂과 그 衣服: 정창원의 狛樂用具와 西大寺資財帳의 高麗樂을 中心으로」, 『高句麗研究』 15.

김성구, 2005,「고구려의 기와와 전돌」, 고려대학교박물관,『한국고대의 Global Pride 고구려』.

김성혜, 2009,『삼국시대음악사연구』, 민속원.

김영숙, 1988,「고구려무덤벽화에 그려진 기둥과 두공 장식에 대하여」,『조선고고연구』1988년 4호.

김영심, 2009,「6~7세기 삼국의 관료제 운영과 신분제: 衣冠制에 대한 검토를 기반으로」,『한국고대사연구』54.

김영재, 2002,「고구려 고분벽화에 나타난 우리나라 고대 장식(裝飾)에 관한 연구」,『한국의상디자인학회지』제4권 3호.

김영하, 1985,「高句麗의 巡狩制」,『歷史學報』106.

金容文, 2004,「壁畵에 나타난 高句麗의 머리모양과 化粧文化」,『高句麗硏究』17.

金元龍, 1976,「사마르칸드 아프라시압 宮殿壁畵 使節圖」,『考古美術』129 · 130.

_____, 1984,「고대한국과 西域」,『美術資料』34, 국립중앙박물관.

金元龍 외, 1989,『夢村土城: 西南地區發掘調査報告』, 서울대학교박물관.

金理那, 1996,「高句麗 佛敎彫刻樣式의 展開와 中國 佛敎彫刻」,『高句麗美術의 對外交涉』, 도서출판 예경.

김일성종합대학, 1976,『동명왕릉과 그 부근의 고구려 유적』, 김일성종합대학출판사(呂南喆 · 金洪圭 日譯, 1985,『5世紀の高句麗文化』, 雄山閣).

김일성종합대학 고고학 및 민속학강좌, 1973,『대성산의 고구려유적』, 김일성종합대학출판사.

김재홍, 2005,「高句麗의 鐵製 農器具와 農業技術의 발전」,『北方史論叢』8.

金正基, 1969,「高句麗壁畵古墳에서 보는 木造建物」,『金載元博士回甲紀念論叢』.

_____, 1971,「高句麗 壁畵古墳에서 보는 木造建物」,『金載元博士回甲祈念論叢』, 乙酉文化社(1980,『韓國木造建築』Ⅳ-1, 一志社 수정수록).

_____, 1996,「高句麗 建築의 對日交涉」,『高句麗美術의 對外交涉』, 藝耕.

김정문, 1964,「세죽리유적 발굴 중간보고(1)」,『고고민속』1964년 2기.

김정배 · 유재신 엮음 · 엄성흠 한역, 1991,『중국학계의 고구려사 인식』, 대륙연구소 출판부.

金正柱 編著, 1962, 『韓來文化の後榮』上, 韓國資料硏究所.

金貞鎬, 1989,『高句麗古墳壁畵服飾과 社會階層』, 숙명여자대학교 박사학위논문.

김종혁, 1974,「수산리고구려벽화무덤 발굴중간보고」, 과학원고고학및민속학연구소,『고고학자료집』4, 사회과학출판사.

金鎭順, 1997,「集安五盔墳4 · 5號墓壁畵硏究」, 홍익대학교 석사학위논문.

김혜숙, 1993a, 「고구려벽화무덤에 그려진 수렵도의 유형에 대하여」, 『조선고고연구』 1993년 2호.
_____, 1993b, 「고구려 무덤벽화의 수렵도에 반영된 사냥도구에 대하여」, 『조선고고연구』 1993년 4호.
나희라, 2008, 『고대 한국인의 생사관』, 지식산업사.
盧重國, 1979, 「高句麗 律令에 關한 一試論」, 『東方學志』 21.
_____, 2006, 「『삼국사기』 초기기록과 『삼국지』 동이전」, 한국고대사학회, 『한국고대사연구의 새동향』, 서경문화사.
노태돈, 1983, 「高句麗 초기의 娶嫂婚에 관한 一考察」, 『金哲埈博士華甲紀念史學論叢』, 知識産業社.
_____, 1984, 「5~6世紀 東아시아의 國際情勢와 高句麗의 對外關係」, 『東方學志』 44(1999, 『고구려사연구』, 사계절).
_____, 1989, 「高句麗·渤海人과 內陸아시아 住民과의 交涉에 관한 일고찰」, 『大東文化研究』 23, 성균관대학교 대동문화연구소.
_____, 1999, 『고구려사연구』, 사계절.
_____, 2003, 『예빈도에 보인 고구려: 당 이현묘 예빈도의 조우관을 쓴 사절에 대하여』, 서울대학교출판부.
단국대학교매장문화재연구소, 2004, 『연천 은대리성 지표 및 시·발굴조사보고서』.
동북아역사재단 편, 2011, 『옥도리고구려벽화무덤』.
라명관, 1986, 「평양시 상원군 일대의 고구려무덤 조사발굴보고」, 『조선고고연구』 1986년 3호.
력사과학연구소, 1975, 『고구려문화』, 사회과학출판사.
리광희, 2005, 『고구려유물연구』, 과학백과사전출판사.
리일남, 1991, 「고구려 귀걸이의 형태와 기법」, 『조선고고연구』 1991년 3호.
리준걸, 1993, 「룡흥리 고구려무덤 발굴보고」, 『조선고고연구』 1993년 1호.
리창언, 1988, 「동암리벽화무덤발굴보고」, 『조선고고연구』 1988년 2호.
문화보존연구소편집부 편, 1983, 『우리나라역사유적』, 과학백과사전출판사.
민덕식, 2005, 「고구려의 도성」, 『한국 고대의 Global Pride 고구려』, 고려대학교박물관·서울특별시.
박경신, 2006, 「高句麗의 炊暖施設 및 煮沸容器에 대한 一研究」, 『崇實史學』 19.
朴京子, 1968, 「古墳壁畵에서 본 高句麗服飾小考」, 『又堂趙坼甚先生華甲記念家庭學論文集』.
박선희, 2003, 『한국 고대복식: 그 원형과 정체』, 지식산업사.

______, 2004, 「壁畵를 通해서 본 高句麗의 옷차림 文化: 中國 및 北方地域과의 比較를 中心으로」, 『高句麗硏究』 17, 고구려연구회.

朴性鳳, 1981, 『東夷傳高句麗關係記事의 整理』, 慶熙大學校附設韓國傳統文化硏究所.

박순발, 2010, 「2009년도 한국고고학, 무엇이 새로운 자료인가」, 『2009 한국고고학 저널』, 국립문화재연구소.

朴雅林, 2006, 「북위 평성시기 고분미술 연구」, 『역사교육논집』 36.

______, 2007a, 「高句麗 集安地域 中期 壁畵古墳의 西域的 要素 硏究: 中國 北朝 古墳美術과의 비교를 중심으로」, 『중국사연구』 50, 중국사학회.

______, 2007b, 「高句麗 古墳壁畵와 同時代 中國 北方民族 古墳美術과의 比較硏究」, 『高句麗硏究』 28.

박영복 · 김성명, 1990, 「중부지역 발견 고구려계 귀걸이」, 『창산김정기화갑기념논총』.

朴元吉, 2002, 「高句麗와 柔然 · 突厥의 關係」, 『高句麗硏究』 14.

박유미, 2013, 「貊炙의 요리법과 연원」, 『선사와 고대』 38.

______, 2014, 『高句麗 飮食文化史 硏究』, 인하대학교 박사학위논문.

______, 2015, 「고구려 육류음식문화의 실제와 양상」, 『고조선단군학』 33.

박진욱, 1974, 「함경남도일대의 고대유적 조사보고」, 『고고학자료집』 4, 사회과학출판사.

______, 1988, 「아흐라샤브 궁전지 벽화의 고구려 사절도에 대하여」, 『조선고고연구』 1988년 3호.

박진욱 · 김종혁 · 주영헌 · 장상렬 · 정찬영, 1981, 『덕흥리고구려벽화무덤』, 과학백과사전출판사(朝鮮畵報社 編, 高寬敏 日譯, 1986, 『德興里高句麗壁畵古墳』講談社).

朴贊興, 1995, 「高句麗尺에 대한 硏究」, 『史叢』 44, 고대사학회.

박창수, 1986, 「평성 지경동 고구려무덤 발굴보고」, 『조선고고연구』 1986년 4호.

박태식, 2007, 「탄화곡물분석」(심광주 · 정나리 · 이형호, 2007, 『漣川 瓠蘆古壘Ⅲ: 第2次發掘調査報告書』, 한국토지공사 토지박물관 · 연천군.

발굴보고, 2002, 「새로 발굴된 태성리3호 고구려벽화무덤」, 『조선고고연구』 2002년 1호.

백련행, 1967, 「봉화리 무덤떼의 조사보고」, 『고고민속』 1967년 1호.

백제문화개발연구원, 1992, 『百濟彫刻 · 工藝圖錄』.

백종오, 2005, 「남한지역의 고구려 성곽」, 『한국 고대의 Global Pride 고구려』, 고려대학교박물관 · 서울특별시.

_____, 2006, 『고구려기와의 성립과 왕권』, 주류성.
복천박물관·서울대학교박물관, 2012, 『고구려 한반도를 품다』.
사공정길, 2013, 「高句麗 食生活 硏究」, 고려대학교 석사학위논문.
_____, 2014, 「고구려의 취사용기와 취사방식」, 『高句麗渤海硏究』 49.
사회과학원 고고학연구소, 1977, 『조선고고학개요』, 과학백과사전출판사.
사회과학원 고고학연구소, 1986, 「발굴 및 답사소식(1)」, 『조선고고연구』 1986년 1호.
사회과학원 력사연구소·김일성종합대학 력사학부, 1996, 『조선기술발전사』 2(삼국시기, 발해, 후기신라 편), 과학백과사전종합출판사.
사회과학원고고학연구실 편, 1966, 『미천왕무덤』, 과학원출판사.
徐吉洙, 1999, 「高句麗 築城法 硏究(2)」, 『문화사학』 11.
_____, 2004, 「高句麗 壁畵에 나타난 高句麗의 城과 築城術」, 『고구려연구』 17.
_____, 2015, 「외국 高句麗 인물화에 나타난 닭깃털관(鷄羽冠)과 高句麗의 위상」, 『고구려발해연구』 51.
서영대, 2003, 「고구려의 국가제사: 동맹을 중심으로」, 『한국사연구』 120.
_____, 2009, 「한국 고대의 제천의례」, 『한국사시민강좌』, 일조각.
서정범, 1972, 「'새다니'語攷」, 『국어국문학』 55·56·57合輯.
徐廷昊, 2004, 「壁畵를 통해서 본 高句麗의 집문화(住居文化)」, 『고구려연구』 17.
손수호, 2001, 『고구려고분연구』, 사회과학출판사.
송기호, 2006, 『한국 고대의 온돌: 북옥저, 고구려, 발해』, 서울대학교출판부.
宋芳松, 1984, 「長川1號墳의 音樂史學的 點檢」, 『韓國學報』 35, 일조각.
宋錫夏, 1941, 「集安高句麗古墳과 樂器」, 『春秋』 2-1, 朝鮮春秋社.
송지원, 2006, 「고구려의 국가전례와 음악」, 『東洋音樂』 28.
송혜진, 2006, 「고구려 고분벽화에 표현된 북(鼓)의 유형: 행렬악의 연주형태에 기하여」, 『東洋音樂』 28.
신광철, 2010, 「고구려 남부전선 주둔부대의 생활상: 한강유역의 고구려보루를 통해서」, 『高句麗渤海硏究』 38.
申大坤, 1991, 「高句麗 金屬製 一括遺物의 일례」, 『考古學誌』 3.
_____, 1997, 「羽毛附冠飾의 始末」, 『考古學誌』 8.
신영훈, 1992, 「고구려부경고」, 『이광로교수정년기념논총』.
신형식, 2003, 『高句麗史』, 이화여자대학교출판부.
_____, 2009, 『한국 고대사의 새로운 이해』, 주류성.
심광주·김주홍·정나리, 1999, 『漣川 瓠蘆古壘: 精密地表調査報告書』, 한국토지공

사 토지박물관 · 연천군.

심광주 · 정나리 · 이형호, 2007,『漣川 瓠蘆古壘Ⅲ: 第2次發掘調查報告書』, 한국토지공사 토지박물관 · 연천군.

심승구, 2011, 「포수와 썰매꾼」,『사냥으로 본 삶과 문화』(한국문화사 40), 국사편찬위원회.

안병찬, 1978,「새로 발굴한 보산리와 우산리 고구려벽화무덤」,『력사과학』1978년 2기.

_____, 1987,「보산리 및 우산리 고구려벽화무덤의 년대에 대하여」,『조선고고연구』1987년 2기.

안정준, 2013,「高句麗의 樂浪 · 帶方 고지 영역화 과정과 지배방식」,『한국고대사연구』69.

梁慶愛, 1997,『三國時代 支配階層 服飾研究』, 숙명여자대학교 박사학위논문.

梁時恩, 2003,「한강유역 출토 고구려토기의 제작기법 검토」,『韓國考古學報』49, 韓國考古學會.

양시은, 2013,『高句麗 城 研究』, 서울대학교 박사학위논문.

양시은 · 김진경 · 조가영 · 이정은 · 이선복, 2009,『龍馬山 第2堡壘: 發掘調查報告書』, 서울대학교박물관 · 서울특별시.

余昊奎, 1999a,『高句麗城 Ⅰ: 鴨綠江中上流編』, 國防軍史研究所.

_____, 1999b,『高句麗城 Ⅱ: 遼河流域編』, 國防軍史研究所.

_____, 2009,「4세기 高句麗의 樂浪 · 帶方 經營과 中國系 亡命人의 정체성 인식」,『한국고대사연구』53.

_____, 2014,『고구려 초기정치사 연구』, 신서원.

오승환, 2008,「우리나라의 移動用부뚜막 연구」,『漢江考古』2.

오후배, 2003,「시루의 形式分類와 變遷過程에 關한 試論」,『湖南考古學報』17.

魏存成, 2001,「高句麗 馬具의 發展과 周邊 民族 및 地域과의 關係」,『高句麗研究』12.

유나리, 2015,「高句麗 金製 耳飾 研究」, 고려대학교 석사학위논문.

유송옥, 1993,「벽화에 나타난 고구려 복식」, 조선일보사,『집안고구려고분벽화』.

유태용, 2001,『35.6의 고구려자』, 서문문화사.

윤서석, 1987,「신라의 음식」,『신라사회의 신연구』, 서경문화사.

_____, 1997,「한국 식생활문화의 역사」,『한국음식대관』제1권, 한국문화재보호재단.

尹善泰, 2002,「韓國 古代의 尺度와 그 變化: 高句麗尺의 誕生과 관련하여」,『국사관

논총』 98.
윤장섭, 1996, 『韓國의 建築』, 서울대학교출판부.
음식고고연구회, 2011, 『炊事實驗의 考古學』, 서경문화사.
이경희, 2012, 『4~5세기 고구려 官服 연구』, 인하대학교 박사학위논문.
이명희, 2005, 「부여 · 고구려의 식문화는 오늘날 한국 음식문화의 기반」, 『땅과 사람』(웹진).
李丙燾, 1976, 『韓國古代史研究』, 博英社.
李炳魯, 2002, 「高句麗와 倭의 文化交流: 日本의 남아 있는 遺蹟遺物을 中心으로」, 『高句麗研究』 14, 고구려연구회.
李成九, 2001, 「中國 古代의 鳥魚紋과 二元世界觀」, 『울산사학』 10.
李盛雨, 1978, 『高麗以前의 韓國食生活研究』, 鄕文社
이성제, 2005, 『高句麗의 西方政策 研究: 北朝와의 對立과 共存의 관계를 중심으로』, 국학자료원.
李松蘭, 1998, 「高句麗 古墳壁畫의 天上表現에 나타난 火焰文의 意味와 展開」, 『美術史學研究』 220.
李新全, 2005, 「五女山山城과 주변의 고구려 초기유적」, 『고구려 문화의 역사적 의의』, 고구려연구재단.
李愛珠, 1997, 「高句麗 古墳壁畫에 나타난 춤사위의 되살림」, 『高句麗研究』 4.
李仁淑, 1997, 「金과 琉璃: 4~5世紀 古代 韓國과 실크로드의 遺寶」, 『中央아시아研究』 2.
이재운 · 이상균, 2005, 『백제의 음식과 주거문화』, 주류성.
李殿福, 1994, 『中國內의 高句麗遺蹟』, 학연문화사.
이정빈, 2006, 「고구려 東盟의 정치 의례적 성격과 기능」, 『韓國古代史研究』 39.
이준성, 2012, 「고구려 국중대회(國中大會) 동맹(東盟)의 구성과 축제성」, 『역사와 현실』 87.
李晋源, 2004, 「壁畵를 통해서 본 高句麗 音樂과 樂器」, 『高句麗研究』 17.
______, 2006, 「고구려 음악연구 난제(難題)」, 『東洋音樂』 28.
李漢祥, 2004, 『황금의 나라 신라』, 김영사.
______, 2006, 「高句麗 金屬容器文化의 特色: 七星山, 禹山下 銅器分析을 중심으로」, 『고고자료에서 찾은 고구려인의 삶과 문화』, 고구려연구재단.
______, 2011, 『東아시아 古代 金屬製 裝身具文化』, 도서출판 考古.
李惠求, 1955, 「高句麗樂과 西域樂」, 『서울大學校論文集』 2, 서울대학교.
______, 1957, 「高句麗樂과 西域樂」, 『韓國音樂研究』, 國民音樂研究會(한국예술종합

학교 종합예술원, 2000, 『한국고대음악의 전개양상』, 민속원 재수록).
_____, 1962, 「安岳第三號墳壁畵의 奏樂圖」, 『震檀學報』 23(한국예술종합학교 종합예술원, 2000, 『한국고대음악의 전개양상』, 민속원 재수록).
李弘稙, 1971, 『韓國古代史의 硏究』, 新丘文化社.
임기환, 1998, 「고구려 전기 산성연구: 고구려산성의 기초적 검토(1)」, 『국사관논총』 82.
임기환, 2004, 『고구려 정치사 연구』, 한나래.
임영애, 1998, 「고구려 고분벽화와 고대 중국의 서왕모신앙: 씨름그림에 나타난 '서역인'을 중심으로」, 『강좌 미술사』 10.
임효재 · 최종택 · 양성혁 · 윤상덕 · 장은정, 2000, 『아차산 제4보루: 발굴조사종합보고서』, 서울대학교박물관 · 서울대학교인문학연구소 · 구리시 · 구리문화원.
임효재 · 최종택 · 임상택 · 윤상덕 · 양시은 · 장은정, 2002, 『아차산 시루봉보루: 발굴조사종합보고서』, 서울대학교박물관 · 서울대학교인문학연구소 · 구리시 · 구리문화원.
張慶浩, 2002, 「우리나라 古代人의 住居生活과 建築: 木架構와 구들 등 建築施設을 中心으로」, 『강좌 한국고대사』 6, 가락국사적개발연구원.
張雪岩, 2001, 「集安市 發掘 高句麗 허리띠꾸미개(帶飾) 硏究」, 『高句麗硏究』 12.
田耕旭, 2004, 「壁畵를 通해서 본 高句麗 놀이문화(演戲文化)」, 『高句麗硏究』 17.
전덕재, 2006a, 「고구려의 놀이문화: 百戲雜技를 중심으로」, 『고고자료에서 찾은 고구려인의 삶과 문화』, 고구려연구재단.
_____, 2006b, 「한국 고대 서역문화의 수용에 대한 고찰: 백희잡기의 수용을 중심으로」, 『역사와경계』 58.
_____, 2008, 「고대 일본의 高麗樂에 대한 기초 연구」, 『동북아역사논총』 20.
_____, 2012, 「古代의 百戲雜技와 舞樂」, 『韓國古代史硏究』 65.
전미선, 2006, 「고구려 고분벽화의 놀이문화」, 『韓國古代史硏究』 43.
전제헌, 1994, 『동명왕릉에 대한 연구』, 사회과학출판사.
전제헌 · 손량구, 1985, 『고구려력사연구: 안학궁유적과 일본에 있는 고구려관계 유적, 유물』, 김일성종합대학출판사.
전주농, 1957, 「고구려 고분벽화에 나타난 악기에 대한 연구(1, 2)」, 『문화유산』 1957년 1, 2(中譯, 1959, 「關于高句麗古墳壁畵上樂器的硏究」, 『音樂硏究』 1959年 3 · 4期).
_____, 1963a, 「강서군 태성저수지 내부지대의 고구려 무덤」, 과학원고고학및민속학연구소 고고학연구실, 『각지유적정리보고』(고고학자료집 3), 과학원출판사.

______, 1963b, 「대동군팔청리벽화무덤」, 과학원고고학및민속학연구소, 『각지유적정리보고』(고고학자료집 3), 과학원출판사.
______, 1963c, 「전동명왕릉부근벽화무덤」, 『각지유적정리보고』(과학원고고학및민속학연구소, 『고고학자료집』 3, 과학원출판사.
______, 1963d, 「황해남도 안악군 복사리벽화무덤」, 과학원고고학및민속학연구소, 『각지유적정리보고』(고고학자료집 3), 과학원출판사.
全虎兌, 1989, 「5세기 高句麗古墳壁畵에 나타난 佛敎的 來世觀」, 『韓國史論』 21, 서울대학교 국사학과.
______, 1990, 「고구려고분벽화에 나타난 하늘연꽃」, 『美術資料』 46, 국립중앙박물관.
______, 1993, 「고구려 장천1호분벽화의 서역계 인물」, 『울산사학』 6.
______, 1996, 「고구려 각저총벽화 연구」, 『美術資料』 57.
______, 1997a, 「고구려 龕神塚壁畫의 西王母」, 『한국고대사연구』 11.
______, 1997b, 「高句麗 後期 四神系 古墳壁畵에 보이는 仙·佛 混合的 來世觀」, 『蔚山史學』 7.
______, 1998, 「회화」, 『한국사』 8(삼국의 문화), 국사편찬위원회.
______, 1999, 『고분벽화로 본 고구려이야기』, 풀빛.
______, 2000a, 『고구려고분벽화연구』, 사계절.
______, 2000b, 「고구려 고분벽화의 직녀도」, 『역사와 현실』 38.
______, 2000c, 「고분벽화에 나타난 고구려인의 신분관: 5세기 집안지역 고분벽화의 인물도를 중심으로」, 『한국 고대의 신분제와 관등제』, 아카넷.
______, 2001, 「고구려 삼실총벽화 연구」, 『역사와 현실』 44.
______, 2003a, 「고구려 고분벽화의 起源」, 『강좌 한국고대사』 9, 가락국사적개발연구원.
______, 2003b, 「역사의 블랙홀, 동수묘지」, 한국역사연구회 고대사분과 엮음, 『고대로부터의 통신』, 푸른역사.
______, 2004a, 『고구려고분벽화의 세계』, 서울대학교출판부.
______, 2004b, 『벽화여, 고구려를 말하라』, 사계절.
______, 2006, 「고구려 안악3호분 재론」, 『한국고대사연구』 44.
______, 2007a, 「고분벽화」, 한국고대사학회, 『한국고대사연구의 새동향』, 서경문화사.
______, 2007b, 『중국 화상석과 고분벽화 연구』, 솔.
______, 2008a, 『고구려 고분벽화 읽기』, 서울대학교출판부.

______, 2008b, 「한국 고대 생활문화의 재발견」, 한국사연구회 편, 『새로운 한국사 길잡이: 제3판 한국사연구입문』, 지식산업사.
______, 2009a, 「고구려 집안권 벽화고분의 현황과 과제」, 『울산사학』 14.
______, 2009b, 「고구려 안악2호분벽화 연구」, 『한국고대사연구』 54.
______, 2011a, 「고구려 수산리벽화분 연구」, 『역사문화연구』 40.
______, 2011b, 「고구려 통구사신총 연구」, 『고구려발해연구』 41.
______, 2011c, 「일본 고송총 · 키토라고분벽화와 고구려문화」, 『지역과경계』 81, 부산경남사학회.
______, 2011d, 「고구려 평양권 벽화고분의 현황과 과제」, 『울산사학』 15.
______, 2012a, 「고구려 생활문화사 연구론」, 『역사와현실』 83.
______, 2012b, 「고분벽화로 본 고구려와 중앙아시아의 교류」, 『한국고대사연구』 68.
______, 2013a, 「고구려 쌍영총 연구」, 『고구려발해연구』 46.
______, 2013b, 「고구려의 음악과 놀이문화」, 『역사와 경계』 88.
______, 2013c, 「2010년대 한국인의 일상과 문화유전자」, 『울산사학』 17.
______, 2014, 「고구려 개마총 연구」, 『고구려발해연구』 49.
______, 2015a, 「고구려 장천1호분 연구」, 『고구려발해연구』 51.
______, 2015b, 「고구려 덕흥리벽화분 연구」, 『역사와 경계』 95.
전호태 외, 2006a, 『고구려 무덤벽화: 국립중앙박물관 모사도』, 국립중앙박물관.
鄭守一, 1992, 『신라 · 西域交流史』, 단국대학교출판부.
______, 2002, 「高句麗와 西域 關係 試考」, 『高句麗研究』 14, 고구려연구회.
정연학, 2011, 「왕조의 중요한 국책사업 사냥」, 『사냥으로 본 삶과 문화』(한국문화사 40), 국사편찬위원회.
정완진, 2003, 『고구려 고분벽화 복식의 지역적 특성과 변천』, 서울대학교 박사학위논문.
______, 2004, 「고구려 복식의 형태복원」, 『고분벽화로 본 고구려문화』, 고구려연구재단.
정완진 · 이순원, 1994, 「고구려 官帽 연구」, 『服飾』 23.
정재서, 2011, 『앙띠 오이디푸스의 신화학』, 창비.
鄭鍾兌, 2005, 「三國~高麗時代 솥(釜)의 展開樣相」, 『錦江考古』 2.
정찬영, 1963, 「자성군 조아리, 서해리, 법동리, 송암리 고구려 고분 발굴 보고」, 과학원고고학및민속학연구소 고고학연구실, 『각지유적정리보고』(고고학자료집 3), 과학원출판사.

______, 1973, 「기원 4세기까지의 고구려묘제에 관한 연구」, 『고고민속논문집』 5, 사회과학출판사.

______, 1974, 「북창군 대평리유적 발굴보고」, 『고고학자료집』 4, 사회과학출판사.

______, 1983, 『압록강, 독로강 유역 고구려유적 발굴보고』(유적발굴보고 13), 과학,백과사전출판사.

정호섭, 2011, 『高句麗 古墳의 조영과 제의』, 서경문화사.

趙法鐘, 1989, 「百濟 別稱 鷹準考」, 『韓國史研究』 66.

조선기술발전사편찬위원회, 1996, 『조선기술발전사』 1, 원시, 고대편, 과학백과사전종합출판사.

조선유적유물도감편집위원회 편, 1990a, 『조선유적유물도감』 4(고구려편 2), 외국문종합출판사.

______, 1990b, 『조선유적유물도감』 5(고구려편 3), 외국문종합출판사(2000, 『북한의 문화재와 문화유적』 I, 서울대학교출판부 재출간).

______, 1990c, 『조선유적유물도감』 6(고구려편 4), 외국문종합출판사(2000, 『북한의 문화재와 문화유적』 II, 서울대학교출판부 재출간).

趙容煥, 2015, 「高句麗 建物址 研究」, 고려대학교 석사학위논문.

조유전 외, 1997, 『한강유역의 고구려요새: 구의동유적발굴조사종합보고서』, 구의동보고서간행위원회, 소화.

趙珍琡, 2004, 「壁畵에 나타난 高句麗 裝身具에 關한 研究」, 『高句麗研究』 17.

______, 2006, 『高句麗 壁畵에 나타난 裝身具의 造形性 研究: 圖像的 意味를 中心으로』, 한양대학교 박사학위논문.

朱南哲, 1994, 「桴京考」, 『民族文化研究』 27.

周永河, 2002, 「짠지, 장아찌, 침채, 그리고 김치」, 『문헌과 해석』 통권 18호, 태학사.

______, 2004, 「壁畵를 通해서 본 高句麗의 飮食風俗」, 『高句麗研究』 17.

주영헌, 1962, 「장산동 제1호무덤 및 제2호무덤에 관하여」, 『문화유산』 1962년 6호.

______, 1963, 「약수리벽화무덤발굴보고」, 과학원고고학및민속학연구소, 『각지유적정리보고』(고고학자료집 3), 과학원출판사.

주용립, 1988, 「한국 고대의 순장연구」, 『손보기박사정년기념한국사학논총』.

주재걸, 1982, 「고구려에서의 군악대활동에 관한 연구」, 『력사과학』 1982년 2기.

______, 1983, 「고구려사람들의 예술활동에 대한 연구: 음악·무용을 중심으로」, 『고고민속론문집』 8, 과학백과사전출판사.

주재근, 2006, 「고구려의 현악기에 대한 연구: 『삼국사기』 악지의 고구려 음악을 중심으로」, 『東洋音樂』 28.

채병서, 1958, 『안악 제1호분 및 제2호분 발굴보고』(과학원고고학및민속학연구소, 유적발굴보고 Ⅳ), 과학원출판사.

채희국, 1959a, 『태성리고분군발굴보고』(유적발굴보고 5, 과학원고고학및민속학연구소), 과학출판사.

_____, 1959b, 「평안남도 증산군 가장리벽화고분 정리간략보고」, 『문화유산』 1959년 2호.

_____, 1964, 「대성산성무덤떼」, 『대성산일대의 고구려유적에 대한 연구』(유적발굴보고 9집), 사회과학원출판사.

채희국·김용간, 1964, 『대성산 일대의 고구려유적에 관한 연구』(유적발굴보고 9), 사회과학원출판사.

천석근, 1981a, 「고구려 옷의 기본 형태와 일본 고분시대 옷의 변천」, 『력사과학』 1981년 1기.

_____, 1981b, 「고구려 옷에 반영된 계급신분관계의 고찰」, 『력사과학』 1981년 3기.

최광식, 1994, 『고대한국의 국가와 제사』, 한길사.

崔南善, 1943, 『故事通』.

최맹식, 2005, 「고구려 기와의 특징」, 고려대학교박물관, 『한국고대의 Global Pride 고구려』.

최원희, 1962, 「고구려 녀자 옷에 관한 연구」, 『문화유산』 1962년 2호.

최응선, 2002, 「금옥리 벽화무덤」, 『조선고고연구』 2002년 2호.

崔鐘澤, 1999a, 『高句麗土器 硏究』, 서울대학교 박사학위논문.

_____, 1999b, 「京畿北部地域의 高句麗關防體系」, 『고구려연구』 8.

_____, 2003, 「고구려 토기의 편년에 대하여」, 『고구려고고학의 제문제』, 한국고고학전국대회.

_____, 2006, 「南韓地域 高句麗土器 編年研究」, 『先史와 古代』 24, 韓國古代學會.

_____, 2007, 「南韓地域 高句麗土器의 性格」, 『경기도의 고구려문화유산』, 경기도박물관.

崔鍾澤·吳珍錫·趙晟允·李廷範, 2007, 『峨嵯山 第3堡壘: 1次 發掘調査報告』, 高麗大學校 考古環境研究所·구리시.

崔鍾澤·李秀珍·吳恩姃·吳珍錫·李廷範·趙晟允, 2007, 『紅蓮峰 第1堡壘: 發掘調査報告書』, 高麗大學校 考古環境研究所·서울특별시.

崔鍾澤·李秀珍·吳恩姃·趙晟允, 2007, 『紅蓮峰 第2堡壘: 1次 發掘調査報告書』, 高麗大學校 考古環境研究所·서울특별시.

최희림, 1978,『고구려 평양성』, 과학백과사전출판사.

충북대학교박물관, 2002,「忠北 淸原 芙江里 南城골 遺蹟 발굴조사 현장설명회 자료」2002.5.25.

하일식, 2007,「생활사 연구의 현황과 전망」, 한국고대사학회 편,『한국고대사연구의 새동향』, 서경문화사.

학계소식, 1978,「새로 발굴 정리한 고구려 동명왕릉」,『력사과학』1978년 4기(高寬敏 日譯, 1978,「高句麗東明王陵の發掘調査」,『考古學ジャーナル』148: 堀田啓一 日譯, 1980,『古代學硏究』93).

한국토지공사 토지박물관·연천군, 2009,『漣川 瓠蘆古壘: 제3차 발굴조사 현장설명회 자료』.

한국토지공사 토지박물관, 2001,『연천 호로고루 1차발굴조사약보고서』.

한인호, 1984,「고구려 건축의 력사적 지위」,『고고민속론문집』9, 과학백과사전출판사.

_____, 1995,『조선중세건축유적연구(삼국편)』, 사회과학출판사.

_____, 1997,「고구려 고분벽화를 통해 본 고구려의 건축에 관한 연구」,『高句麗硏究』4.

허 명, 1977,「덕화리에서 발굴된 고구려벽화무덤」,『력사과학』1977년 2기.

홍보식, 2005,「삼한·삼국시대의 조리시스템」,『선사·고대의 요리』, 복천박물관.

황 욱, 1958,「안악제3호분발굴보고」, 과학원고고학및민속학연구소,『유적발굴보고』3, 과학원출판사.

중문

耿鐵華, 2008,『高句麗古墓壁畵硏究』, 吉林大學出版社.

吉林省文物考古硏究所·集安市文物保管所(孫仁杰·遲勇·張雪岩), 1993,「集安洞溝古墓群禹山墓區集錫公路墓葬發掘」,『高句麗硏究文集』, 延邊大學出版社.

吉林省文物考古硏究所·集安市文物保管所, 2004,『丸都山城』, 文物出版社.

吉林省文物考古硏究所·集安市博物館 編著, 2002,『洞溝古墓群: 1997年調査測繪報告』, 科學出版社.

_____, 2004,『國內城: 2001~2003年集安國內城與民主遺址試掘報告』, 文物出版社.

_____, 2004,『丸都山城: 2001~2003年集安丸都山城調査試掘報告』, 文物出版社.

吉林省文物考古硏究所·集安市博物館, 2004,『集安高句麗王陵』, 文物出版社.

_____, 2010,『集安出土高句麗文物集萃』, 科學出版社.

吉林省文物考古研究所 編, 2009,『吉林集安高句麗墓葬報告集』, 科學出版社.
吉林省文物工作隊(李殿福), 1984,「吉林集安五塊墳四號墓」,『考古學報』1984年 1期.
吉林省文物工作隊(陳相偉), 1983,「吉林集安長川二號封土墓發掘紀要」,『考古與文物』1983年 4期.
吉林省文物工作隊 · 集安文管所(柳嵐 · 張雪岩), 1984,「1976集安洞沟高句麗墓清理」,『考古』1984年 1期.
吉林省文物工作隊 · 集安縣文物保管所(陳相偉 · 方起東), 1982,「集安長川一號壁畫墓」,『東北考古與歷史』1輯.
吉林省文物志編委會, 1984,『集安縣文物志』.
吉林省博物館(李殿福 · 方起東), 1964,「吉林輯安五塊墳四號和五號墓清理略記」,『考古』1964年 2期.
吉林省博物館, 1961,「吉林輯安高句麗建築遺址的清理」,『考古』1961年 1期.
吉林省博物館文物工作隊(方起東 · 林至德), 1977,「吉林集安兩座高句麗墓」,『考古』1977年 2期(崔茂藏 韓譯, 1979,『文化財』12; 1985,『增補 高句麗 · 渤海文化: 中國考古學者의 發掘報告書』, 集文堂).
吉林省博物館輯安考古隊(方起東), 1964,「吉林輯安麻線溝一號壁畫墓」,『考古』1964年 10期(姜仁求 韓譯, 1980,『百濟文化』1).
吉林集安縣文管所(越書勤 · 周雲台), 1982,「集安万宝汀242古墓清理簡報」,『考古与文物』1982年 6期.
燉煌文物研究所, 1999,『中國石窟 燉煌莫高窟』三, 文物出版社.
董書業, 1948,「中國古代史籍中的高句麗服飾與通溝出土墓壁畫中的高句麗服飾」,『文物週刊』72.
撫順市博物館 · 新賓縣文化局, 1985,「遼寧省新賓縣黑溝高句麗早期山城」,『文物』1985年 2期.
方起東, 1962,「吉林輯安高句麗霸王朝山城」,『考古』1962年 11期.
______, 1980,「集安高句麗壁畫中的舞踊」,『文物』1980年 7期.
______, 1982,「集安東臺子高句麗建築遺址的性質和年代」,『東北考古與歷史』1.
______, 1985,「高句麗石墓研究」,『博物館研究』1985年 2期.
______, 2003,「高句麗壁畫古墓的建築」,『高句麗研究』16, 고구려연구회.
方起東 · 林至德, 1983, 「集安洞沟兩座樹立石碑的高句麗古墓」,『考古与文物』1983年 2期.
商志譚, 1972,「馬王堆一號漢墓非衣試探」,『文物』1972年 9期.
徐家國 · 孫力, 1987,「遼寧撫順高爾山城發掘簡報」,『遼海文物學刊』1987年 2期.

徐　暐, 1997,「淺談古代高句麗民族服飾」,『長春文物』1997年 2期.

孫仁杰 · 遲勇, 2007,『集安高句麗墓葬』, 香港亞洲出版社.

孫進己 · 孫海 主編, 1997,『高句麗渤海硏究集成』, 高句麗 卷一~五, 哈尒濱出版社.

沈白文, 1984,「遼寧本溪晋墓」,『考古』1984年 8期.

沈陽市文物考古工作隊(李晓鐘 · 李龍彬 · 越曉剛 · 張克擧 · 儉峻岩 · 越菊梅 · 孫繼艶), 2001,「遼寧沈陽市石台子高句麗山城第二次發掘簡報」,『考古』2001年 3期.

梁志龍 · 王俊輝, 1994,「遼寧桓仁出土靑銅遺物墓葬及相關問題」,『博物館硏究』1994年 2期.

呂學明, 2002,「無順發掘施家高句麗墓群」,『中國文物報』2002年 3月 15日.

吳廣孝, 2006,『集安高句麗壁畵』, 山東畵報出版社.

王綿厚, 2002,『高句麗古城硏究』, 文物出版社.

王承禮 · 韓淑華, 1964,「吉林輯安通溝第十二號高句麗墓」,『考古』1964年 2期(崔茂藏 韓譯, 1985,『增補 高句麗 · 渤海文化: 中國考古學者의 發掘報告書』, 集文堂).

王增新, 1964,「遼寧撫順市前屯,洼渾木高句麗墓發掘簡報」,『考古』1964年 10期.

遼寧省文物考古硏究所 編著, 2004,『五女山城: 1996~1999, 2003年桓仁五女山城調査發掘報告』, 文物出版社.

遼寧省文物考古硏究所 · 撫順市博物館(呂學明 · 李新全 · 肖景全 · 張波), 2007,「遼寧撫順施家高句麗墓地發掘簡報」,『考古』2007年 10期.

遼寧省文物考古硏究所 · 瀋陽市文物考古工作隊, 1998,「遼寧瀋陽石臺子高句麗山城第一次發掘簡報」,『考古』1998年 10期.

遼寧省博物館 · 遼寧省文物考古硏究所, 2006,『遼河文明展 文物集萃』.

韋　川, 2003,「唐代金銀器之珍品: "都管七个國"六瓣銀盒」,『收藏界』2003年 7期.

尹國有, 2003,『高句麗壁畵硏究』, 吉林文學出版社.

尹國有 · 耿鐵華, 2001,『高句麗瓦當硏究』, 吉林人民出版社.

李文信, 1955,「遼陽發見的三座壁畫古墓」,『文物參考資料』, 1955年 5期.

李　新, 2013,「敦煌石窟壁畵古代朝鮮半島人物圖像調査硏究」,『또 하나의 실크로드 북방초원의 길』, 제2회 경주 실크로드 국제학술회의 자료집.

李新全, 2005,「近年高句麗考古發現與硏究」, 하버드대학한국학연구소 고구려학술회의 발표문, 2005.4.5.~4.7(미국, 매사추세츠주 켐브리지).

李殿福, 1962,「1962年春香吉林輯安考古調査簡報」,『考古』1962年 11期.

______, 1980,「集安高句麗墓硏究」,『考古學報』1980年 2期.

______, 1981,「集安洞溝三室墓壁畵著錄補正」,『考古與文物』1981年 3期(崔茂藏 韓譯, 1985,『增補 高句麗 · 渤海文化: 中國考古學者의 發掘報告書』, 集文堂).

______, 1983,「集安洞溝三座壁畫墓」,『考古』1983年 4期.

______, 1997,「通過高句麗古墓壁畫看高句麗社會生活習俗的研究」,『高句麗研究』4, 고구려연구회.

李曉鐘 · 劉長江 · 佡俊岩, 1993,「瀋陽石臺子高句麗山城試掘簡報」,『遼海文物學刊』1993年 1期.

臨潼縣博物館, 1985,「臨潼縣慶山寺舍利塔基精室淸理記」,『文博』1985年 5期.

林至德, 1998「集安高句麗壁畫墓的演進及分期」,『東北亞歷史與考古信息』1998年 第2期.

張達宏 · 王長啓, 1984,「西安市文管會收藏的幾件珍貴文物」,『考古与文物』1984年 4期.

張福有 · 孫仁杰 · 遲勇, 2009,「五年間高句麗遺蹟調查與文獻研究中心的新收穫」,『東北史地』2009年 2期.

張雪岩, 1988,「集安兩座高句麗封土墓」『博物館研究』1988年 1期.

______, 1991,「吉林集安東大坡高句麗墓葬發掘簡報」,『考古』1991年 7期.

張　馭, 1958,「輯安附近高句麗的建築」,『文物參考資料』1958年 4期.

郑春穎, 2015,『高句麗 服饰研究』, 中國社會科學出版社.

趙世騫, 1997,『絲條之路樂舞大觀』, 新疆美術撮影出版社.

中國畵像石全集編輯委員會 編, 2000,『中國畵像石全集』7(四川漢畵像石), 河南美術出版社.

陳相偉, 1981,「集安長川二號封土墓發掘簡記」,『文物考古彙編』1981年 1期.

集安縣文物管保所(張雪岩), 1979,「集安縣兩座高句麗積石墓的淸理」,『考古』1979年 1期.

集安縣文物保管所(林至德 · 閻毅之 · 越書勤), 1983,「集安高句麗墓葬發掘簡報」,『考古』1983年 4期.

集安縣文物保管所(越書勤), 1984,「集安縣老虎哨古墓」,『文物』1984年 1期.

일문

共同通信社, 2005,『高句麗古墳壁畵』.

關口欣也, 1976,「朝鮮三國時代建築と法隆寺金堂の様式的系統」,『日本建築の特質』, 太田博太郎博士還曆記念論文集, 中央公論美術出版.

關野貞, 1913,「朝鮮江西に於ける高句麗時代の古墳」,『考古學雜誌』3卷 8號.

______, 1914a,「高句麗時代の壁畵」(一),『國華』294號.

_____ , 1914b, 「滿洲輯安縣及び平壤附近に於ける高句麗時代の遺蹟」(一), 『考古學雜誌』 5卷 3號.
_____ , 1914c, 「朝鮮平壤附近の樂浪高句麗及ひ支那輯安縣附近の高句麗遺蹟」, 『朝鮮及滿洲』 78.
_____, 1914d, 「平壤附近に於ける高句麗時代の墳墓」, 『建築雜誌』 326號.
_____, 1915a, 「高句麗時代の壁畵」(二), 『國華』 297號.
_____, 1915b, 「高句麗時代の壁畵」(三), 『國華』 298號.
_____, 1917, 「新に發見せられたる高句麗時代の繪畵」, 『國華』 327號.
_____, 1941, 『朝鮮の建築と藝術』, 岩波書店.
吉村怜, 1983, 『中國佛教圖像の研究』, 東方書店.
內藤湖南(內藤虎次郎), 1919, 「高句麗古墳の壁畵」, 『審美』 8卷 9號(朝日新聞 강연 원고).
_____, 1938, 「高句麗古墳壁畵に就て」, 『支那繪畵史』, 弘文堂書房.
東 潮, 1997a, 『高句麗考古學研究』, 吉川弘文館.
_____, 1997b, 「高句麗壁畵古墳の石室構造に關する研究」, 『高句麗研究』 4.
東朝·田中俊明, 1995, 『高句麗の歷史と遺蹟』, 中央公論社.
梅原末治·藤田亮策 編, 1966, 『朝鮮古文化綜鑑』 卷Ⅵ, 養德社.
百橋明穗, 2010, 『古代壁畵の世界: 高松塚·キトラ·法隆寺金堂』, 吉川弘文館.
杉本正年, 1985, 「三國時代の服裝文化 Ⅰ: 高句麗壁畵とその服裝」, 『韓國文化』 7卷 3號(65).
杉山信三, 1992, 「高句麗の建築」, 『高句麗の都城遺跡と古墳』, 同朋舍.
三上次男·田村晃一, 1993, 『北關山城』, 中央公論美術出版.
深津行德, 1999, 「臺灣古宮博物院所藏 '梁職貢圖'模本について」, 『朝鮮半島に流入した諸文化要素の研究』, 學習院大學 東洋文化研究所調査研究報告 44.
永島暉臣愼, 2002, 「北韓考古學の最新成果」(2002.10.8. 釜山大學校).
外山潔, 1992, 「館藏舍利容器について(上)」, 『泉玉博古館紀要』 8.
由水常雄, 1985, 『カラス工藝』, フレン美術選書.
劉永增, 1990, 「泉玉博古藏乾元銘石函の研究」, 『泉玉博古館紀要』 6.
李成市, 1986, 「梁職貢圖の高句麗使圖について」, 『東アジア史上の國際關係と文化交流』, 文部省科學研究費補助金研究成果報告書.
_____ , 1994, 「法隆寺金堂阿彌陀如來坐像臺座から發見された人物畵像の出自をめぐって」, 『アジアにおける國際交流と地域文化』.
李王職發行, 1916, 『朝鮮古墳壁畵集』.

朝鮮古蹟研究會(小場恒吉·有光教一·田窪眞吾), 1938, 『昭和十二年度古蹟調査報告』, 朝鮮總督府.
朝鮮古蹟研究會(小場恒吉·有光教一·澤俊一), 1937, 『昭和十一年度古蹟調査報告』, 朝鮮總督府.
朝鮮總督府, 1914, 「大正元年朝鮮古蹟調査略報告」, 『大正三年九月朝鮮古蹟調査略報告』.
______, 1920, 『大正六年度古蹟調査報告』.
______, 1925, 『大正十一年度古蹟調査報告』 一.
______, 1930, 『高句麗時代之遺蹟』 圖版下卷(古蹟調査特別報告第五册).
______, 1937, 『昭和七年度古蹟調査報告』 一.
朝鮮總督府(關野貞 外), 1915a, 『朝鮮古蹟圖譜』 一, 名著出版社.
______, 1915b, 『朝鮮古蹟圖譜』 二, 名著出版社.
______, 1917, 『大正五年度古蹟調査報告』.
朝鮮畵報社編輯部 編, 1985, 『高句麗古墳壁畵』, 講談社(東京).
池內宏·梅原末治, 1940a, 「滿洲國通化省輯安縣に於ける高句麗の壁畵墳」, 『考古學雜誌』 30卷 9號.
______, 1940b, 『通溝』 卷下(日滿文化協會).
塚本善隆, 1979, 『中國佛教通史』, 春秋社.
穴澤和光·馬目順一, 1976, 「アフラシアフ都城址出土の壁畵に見られる朝鮮人使節について」, 『朝鮮學報』 80.
黑田源次, 1938, 「輯安古墳發掘に關する調査」, 『滿洲史學』 1卷 2號.

영문

Dobiat, Claus, 2014, *Early Falconry in Centural Europe on the Basis of Grave Finds, with a Disscussion of the Origin of Falconry*, Schlesbig.
Osten-Sacken, E. von der, 1988, "Der kleinasiatsche Gott der Wildflur," *Istanbuler Mitt*, 38.
Alibaum, L. I., 1975, *Zivopisi Afraciaba*, Tashikent.
Benecke, N., 1994, *Der Mensch und seine Haustiere*, Stuttgart.

❁ 그림목록

서장: 생활문화사, 어떻게 연구할 것인가

1부 옷과 문화

옷

그림 1. 고분벽화에 보이는 관과 책을 쓴 남자 40~44

1. 무덤주인(안악3호분, 북한 안악), 2. 무덤주인(덕흥리벽화분, 북한 남포), 3. 무덤주인(쌍영총, 북한 남포), 4. 무덤주인(감신총 벽화 모사도, 북한 남포), 5. 무덤주인(팔청리벽화분 벽화 모사선화, 북한 대동), 6. 무덤주인(수산리벽화분, 북한 남포), 7~8. 귀족남자(삼실총, 중국 집안), 9. 귀족남자(동암리벽화분, 북한 순천), 10~11. 행렬 인물(안악3호분, 북한 안악), 12. 의장기수(안악3호분, 북한 안악), 13. 관리(덕흥리벽화분, 북한 남포), 14. 장하독(안악3호분, 북한 안악), 15. 시종(수산리벽화분, 북한 남포), 16. 부월수(안악3호분, 북한 안악), 17. 부월수(안악3호분, 북한 안악), 18. 행렬 기수(덕흥리벽화분, 북한 남포), 19. 궁수(안악3호분, 북한 안악), 20. 악사(안악3호분, 북한 안악)

그림 2. 고분벽화에 보이는 절풍과 흑건을 쓴 남자 45~48

1. 귀족남자(개마총 벽화 모사도, 북한 평양), 2. 사냥꾼(무용총, 중국 집안), 3. 행렬 인물(개마총 벽화 모사도, 북한 평양), 4. 기마인물(쌍영총 벽화 모사도, 북한 남포), 5. 사냥꾼(마선구1호분 벽화 모사선화, 중국 집안), 6~7. 무용수(옥도리벽화분, 북한 남포), 8. 귀족남자(동암리벽화분, 북한 순천), 9. 귀족남자(동암리벽화분, 북한 순천), 10. 행렬 기수(개마총 벽화 모사도, 북한 평양), 11. 마부(개마총 벽화 모사도, 북한 평양), 12. 행렬 인물(삼실총, 중국 집안), 13. 시종(무용총 벽화 모사도, 중국 집안), 14. 악사(안악3호분, 북한 안악), 15. 시종(덕흥리벽화분, 북한 남포), 16. 사냥꾼(무용총 벽화 모사도, 중국 집안)

그림 3. 고분벽화에 보이는 각종 모자 쓴 남자 49~52

1. 견우(덕흥리벽화분, 북한 남포), 2. 악사(평양역전벽화분 벽화 모사선화, 북한 평양), 3. 남자(동암리벽화분, 북한 순천), 4. 사냥꾼(감신총 벽화 모사도, 북한 남포), 5. 악사(감신총 벽화 모사도, 북한 남포), 6~8. 선인(무용총 벽화 모사도, 중국 집안), 9~11. 문지기 신장(삼실총, 중국 집안), 12. 천왕(천왕지신총 벽화 모사도, 북한 순천), 13. 행렬 인물(쌍영총 벽화 모사도, 북한 남포), 14~15. 선인(오회분4호묘, 중국 집안), 16. 선인(통구사신총 벽화 모사도, 중국 집안)

그림 4. 고분벽화에 보이는 투구 쓴 인물과 유적 출토 유물 53~55

1. 갑주기사(안악3호분, 북한 안악), 2. 병사(안악3호분, 북한 안악), 3. 갑주기사(덕흥리벽화분, 북한 남포), 4. 병사(감신총 벽화 모사도, 북한 남포), 5. 문지기 장수(삼실총, 중국 집안), 6~7. 갑주기사(삼실총, 중국 집안), 8. 갑주기사(통구12호분, 중국 집안), 9. 문지기 장수(안악2호분, 북한 안악), 10. 갑주기사(쌍영총 벽화 모사도, 북한 남포), 11. 철제 투구(구리 아차산4보루, 서울대학

화장과 장신구

2부 음식과 생활

3부 집과 사회

4부 놀이와 예술, 운동

음악과 놀이문화

사냥–매사냥

5부 동서교류와 생활문화

보론: 고구려는 한국 문화에 무엇을 남겼는가

표목록

1부 옷과 문화

옷

화장과 장신구

2부 음식과 생활

3부 집과 사회

4부 놀이와 예술, 운동

음악과 놀이문화

사냥–매사냥

5부 동서교류와 생활문화

❁ 찾아보기

ㅁ

ㅊ

ㅌ

ㅍ

Abstract

Prologue. How to Study the Life and Culture of Koguryo

The amount of research materials such as those from recent archaeological excavations, written documents relating to the study of life and culture of Koguryo, or art historical materials such as tomb murals is little. It is even more so considering that besides existing documents or sites, the majority of research material collected from recent archaeological excavations is related to history and culture of Silla, Paekjae, and Gaya. Thus, to resolve various tasks at hand today, it is necessary that the research materials for Koguryo life and culture be collected, organized and analyzed in a new way. Such effort by itself would be helpful in vitalizing Korean ancient life and culture studies and extending the field.

One of the ways to supplement research materials for life and culture studies is broadening regional boundaries. This means using materials related to life and culture of neighboring countries that came to share a lot of cultural elements with Koguryo as a result of close contact or long term social and cultural exchange. This has already been done by some researchers but if done intensively considering more variables and connections between the materials, it may be possible to draw each aspect of Koguryo life and culture in greater detail.

Broadening the time frame is also an useful way to increase available materials. We can find out how some aspects of Koguryo life and culture passed on to later inhabitants of Koguryo territory by examining the traditions, concepts, and lifestyle of the area. Some traces of Koguryo can be found through traditions, customs, folktales and legends in regions where Koguryo immigrants or refugees settled and it may not be impossible to find some of the surviving elements.

Taking different approaches to analyzing the materials or finding hidden or unused life and culture information could also be another way of adding sources. In addition, there is a way of retracing the production and the spread of certain source or contrasting two different sources, for example, sources that are directly related to Koguryo life and culture and another source relating to life and culture of completely different society or region. Considering that historical and cultural research materials may have been modified in their very stage of production, it is also a historian's responsibility to verify and critically analyze any sources.

1-1. Clothing Culture

The basic research materials for Koguryo clothing culture are related articles in Korea and China, Koguryo tomb murals, Chinese grottoes, murals, paintings, murals of Koguryo people in Central Asian palace, line etchings on artifacts, and excavated remains of fabrics. To understand the periodic changes in Koguryo clothing and the surrounding socio-cultural elements, one needs to look at both documents and paintings from the murals. Of 46 figurative depictions in mural tombs, 411 persons are found in fourteen Jian tombs and 1,014 persons are found in 32 Pyeongyang and Anak tombs, totalling 1,425 persons.

Romance of Three Kingdoms show that characteristic fashion element of Jian region including Jeolpung, straight left-hand collar, circular patterns, and lined and plaited dresses were cultural tradition of Koguryo people in Jian and Hwanin regions from before the late third century. Chaek (a type of headgear) and patternless clothes with fastenings either ways are characteristic Pyeongyang clothes and is the result of the fusion between Pyeongyang indigenous culture and Han culture with Nangrang and Jian Koguryo influence.

In Nampo tomb murals from 4 to 5th century, both figures in chaek and jeolpung with robes fastened right or left with or without circular patters are found. Such mingling of Jian and Pyeongyang style can be called Nampo style. Nampo style is the result of Nampo's functioning as the middle ground between two cultures. The coexistence of chaek and left fastening, circular patterns and patternless clothes can be found in Anak region and may be named Anak style. Anak style shows the process in Anak in which replacement rather than fusion took place.

As Koguryo's international status became more established and people grew more national pride, twelve official ranks with Koguryo characteristics are established. The organization of official uniforms and headgear per rank was likely made at this time. Official headgear differentiated each rank by material and ornament of jeolpung and came to be called golso or sogol. The example can be seen in the procession scene in Gaemachong. The mural also shows that Pyeongyang style patternless robes with free fastenings came to settle as basic garments around this period.

1-2. Cosmetics and Jewelery

We can study Koguryo people's jewelery and cosmetics through portraitures in tomb murals and excavated artifacts. Tomb murals suggest that women used white powder to brighten the face and put red on cheeks and forehead for accents. Dancers or musicians also wear makeup and it is likely that such stage makeup applied to acrobatics performers also.

Jewelery used by the Koguryo people are found mainly among excavated artifacts and we can find its purpose, types, and change throughout the time. The most general headgear decoration was two or three plume-shaped ones. The basic decoration was further elaborated with Boyo[步搖] and such. Earrings are typically of gold or copper. The early earrings did not use rings but the later ones from the 4th century and on had rings. The thick earrings and thin earrings of Koguryo influenced Silla and developed in various ways until the early 6th century.

Decorative belt buckles or belt charms were made from Chinese Chin[晉] and Three Yan Kingdoms[三燕] influence. Belt charms with different patterns are produced from the early 4th century and the late 6th century and some are comparable to those of Silla and Baekjae.

Of Koguryo's gold and copper jewelery, earrings show no new type since the early period. This is understood as the result of Buddhist influence. As Buddhist metalworks including statues began to be produced from the 6th century, gold began to be used in different products. Earrings that were less important as status symbol began to be produced in fewer number. In Silla also people offered gold and copper earrings to Buddhist temples from the seventh century.

2. Culinary Culture

In the most regions of Koguryo, agriculture was the most basic method of food production and hunting, gathering, and fishing the secondary means. Until the 4th century, the majority of agricultural production were what was called the five grains; millet, peas, sorghum, yellow rice and barley. From the 4th century, as its territories reached farther west and south, more rice was produced and consumed. Salt that was crucial in cooking and preserving food was produced in the coastline and distributed to aristocrats in the center by the means of a tribute and to the public by moving merchants. Salt was also used as a currency in the market.

As diverse ethnic groups were accepted as part of the society from the 4th century, Koguryo's culinary culture became very diverse. The diversified forms of clay containers suggest that from the early 5th century, as agricultural land expanded and productivity increased, the methods of cooking and types of food diversified as well. Around 6th century, table manners according to social status seem to have undergone some change, which can be partly seen in tomb murals.

The difference between northern and southern regions in general Koguryo cultures seem to have existed in culinary culture as well. This is related to the fact that the types of food ingredients that were produced in Gungnaesung region and Pyeongyang region differed. The characteristics and the differences between culinary cultures of various cultural regional spheres of Koguryo cannot be specified without finding more resources.

3. Architecture and Dwelling Culture

Research sources on Koguryo's architecture and dwelling culture can be collected through excavations of major architectural sites and studies of tomb murals.

Aspects of Koguryo architecture and dwelling culture were partly revealed through the researches of village sites, city walls, temple sites, and palace sites. The pictures of buildings on tomb murals, actual tomb structures, materials used for tomb construction, and building miniatures found at those sites are also major sources of information.

From early years of Koguryo, partial floor heating systems were used for winter heating. For watch towers and other buildings attached to city walls, *ondol* were built on the corners of the rooms. The floor heating system, however, was not readily adopted to aristocratic houses and palaces. It was only limitedly used in temples. This suggests that floor seating and chair seating were both used in Koguryo for a long period of time, but the pattern of their mixed use changed according to the social class of the dwellers.

Commoners of Koguryo mostly lived in thatch-roofed houses. Aristocratic houses, temples, and palaces, however, all had tiled roofs. According to the representations of tomb murals, aristocratic dwelling spaces were divided into *sarangchae* (male space) and *anchae* (female space), and kitchens and other facilities were located in *anchae*. Buildings and halls of aristocratic houses and temples were connected by brick roads, and the their pillars were decorated with various patterns and designs. Tomb murals also reveal that not only palaces and temples but also aristocratic houses had two storied buildings.

As the *ondol* heating system expanded and day beds were commonly used, Koguryo people became more comfortable with floor seating. With the extended use of *buddumak* ovens, for both floor heating and cooking, Koguryo cuisines started to adopt "main meal and side dishes" system. Cooking methods were also influenced by this change. Although floor seating became popular, the clothing maintained the top-bottom system, indicating the ethnic origin of Koguryo people as hunters and ranchers.

4-1. Music and Entertainment

A festival for all Koguryo people, Dongmaeng[東盟] was where music and entertainment took place at the same time. However, the exact details of the festival are yet to be known. It is certain that the music in Dongmaeng, a national ceremony where drums and trumpets were played, worked along with Han Chinese musicians to form the basis of the early Koguryo music.

In the early 4th century, as Koguryo annexed Nangrang[樂浪] to its south, its characteristic music that consists of drums and wind instruments was added to Koguryo music. The fact that the procession of drum and trumpet music is often represented in Pyeongyang region tomb mural can be seen as a regional cultural phenomenon. The mid 4th century Koguryo music can be imagined through the procession scene in Anak tomb No. 3.

Wanham[阮咸] that was introduced to Koguryo as exchange with Chinese Wei-Chin[魏 · 晋] flourished played a big part in establishing an independent Koguryo style in string music. As north China entered the Period of Sixteen Kingdoms[5胡16國時代], Buddhism was introduced, adding Central Asian instruments, dance, song, and entertainment to Koguryo. It may be through such process that Hosunmu[胡旋舞] which originates from Kang[康國, Samarkand] was modified and beknown as Koguryo dance.

Koguryo added Chinese Han and Central Asian cultural elements to its original culture and had a fair success in creating a unique and cosmopolitan culture in the 5th century. Koguryo music and entertainment that shows high universality is also part of such culture.

4-2. Hunting-Falconry

No record of Koguryo kings or nobles participating in falconry survives. However, the tomb murals communicate that within the kingdom both large scale group hunt with number of chasers and falconry on foot or horseback enjoyed popularity. While considering falconry in Silla and Baekjae, looking at falconry scenes in

Koguryo tomb murals confirm that horseback falconry was widely practiced and the main game was pheasant.

It is likely that by early second century when Suksin[肅愼] presented white hawk to the king, falconry was practiced in Koguryo. Falconry in Baekjae, which like Koguryo, was founded by people of Buyeo origin, likely began from a northern influence. Such hypothesis is even more plausible considering the general academic consensus that falconry originated from nomadic peoples of northern steppes or from hunter-gatherers of the forest.

Taking into account that Japan adopted falconry from Baekjae and that king of Silla himself practiced falconry and sent hawks and falconry gear to Tang China, it is reasonable to assume that Koguryo likely also had a division devoted to feeding and training the hawks. Gears such as bells and straps to control the birds of prey also were produced and used in Koguryo. From examining the tomb murals, it is a fact that among different types of hunting in Koguryo, falconry took significant percentage and was preferred over other methods. However, it is difficult to determine what specific effects falconry had on overall society and culture of Koguryo.

5. Interaction with Central Asia

Central Asian elements seen in Koguryo tomb murals range from figures and instruments to painting techniques and religious concepts. Some are distributed evenly to both Pyeongyang and Jian region tomb murals but others are only found in Jian tomb murals. What catches our eyes is Central Asian elements related to Buddhism that are found in significant number in Jian region tomb murals. Monks, Buddha, and Bodhisattvas with Central Asian physiques confirm that Koguryo used steppe road as well as the north China route for adopting Buddhist religion and culture.

Koguryo's exchange with the west via the steppe road or north China seem to have took spur from the first half of 5th century when Koguryo's power in northeast Asia was secured. The balance of power that was maintained for more than a century in East Asia seem to have made a good ground for Koguryo's adopting and digesting foreign culture to recreate a cosmopolitan culture through its exchange with the west.

It is not clear how Koguryo's exchange with Central Asia affected tomb mural compositions after mid-6th century. On the one hand, the number of mural tomb significantly decrease during this period, limiting sources, but on the other hand, the mural composition became more simple, making it harder to analyze themes and motifs. Looking at Koguryo delegate who visited Sogdian King Warhuman in Samarkand in 651 shows that Koguryo's exchange with the west via steppe road continued after 7th century. However, the effects of such foreign affairs on Koguryo's society and culture are yet to be known.

Epilogue. What is Koguryo's Legacy in the Contemporary Korean Culture?

The cultural characteristics and the tradition that remain in the Koguryo artifacts and sites form the main flow of the ancient Korean culture. Understanding and analyzing such properties is the way to finding the root of the contemporary Korean culture. Tomb murals that take a special place among the Koguryo artifacts and sites contain many pieces of information that illuminate the details of Koguryo culture. It shows that although Koguryo was open towards foreign culture, it tried to apply its own perception to the new cultural element. The tomb murals show how the artists recreated new cultural elements as reflective of existing value and concepts.

Koguryo culture is that of communication, openness, and harmony that are often found in contemporary Koreans. Koguryo's tomb murals, castles, ondol system, music and other major cultural elements took unified image and function of Koguryo through such characteristics. Koguryo's *ondol* and Gangseodaemyo are such primary examples.

지은이 소개

전호태(全虎兌)

현재 울산대학교 역사문화학과 교수로 있으며 반구대암각화유적보존연구소장을 겸하고 있다. 서울대학교 국사학과 졸업 후 같은 대학 대학원에서 한국 고대문화사를 전공으로 문학박사를 받았다. 국립중앙박물관 학예연구사, 울산대학교 박물관장 및 대학기록관장, 미국 U.C. 버클리대학교 및 하버드대학교 방문교수, 문화재청 문화재 감정위원과 전문위원, 한국암각화학회장을 역임하였다. 고구려 고분벽화 및 중국 고대미술에 관한 연구서를 다수 발간하였다. 고구려 고분벽화를 주제로 한 특별전을 국내외 미술관 및 박물관에서 여러 차례 기획, 감독하였다.

전문연구서로 『고구려 벽화고분』(돌베개, 2016), 『울산 반구대암각화 연구』(한림출판사, 2013), 『The Dreams of the Living & Hopes of the Dead-Goguryo Tomb Murals』(Seoul National University Press, 2007), 『중국의 화상석과 고분벽화 연구』(솔, 2007), 『고구려고분벽화의 세계』(서울대학교출판부, 2004), 『살아있는 우리역사, 문화유산의 세계』(울산대학교출판부, 2004), 『고구려고분벽화연구』(사계절, 2000) 등이 있다. 청소년 및 일반인을 위한 고구려 안내서인 『고구려에서 만난 우리 역사』(한림출판사, 2015), 『비밀의 문 환문총』(김영사, 2014), 『고구려 고분벽화 연구여행』(푸른역사, 2012), 『글로벌 한국사1-문명의 성장과 한국고대사』(풀빛, 2011), 『화상석 속의 신화와 역사』(소와당, 2009), 『고구려 고분벽화 읽기』(서울대학교출판부, 2008), 『벽화여, 고구려를 말하라』(사계절, 2004), 『고분벽화로 본 고구려 이야기』(풀빛, 1999) 등을 잇달아 펴냈다. 어린이를 위한 우리 역사 이야기책도 여러 권 출간하였다. 『고구려 고분벽화 이야기』(사계절, 2007), 『고구려 사람들은 왜 벽화를 그렸나요?』(다섯수레, 1998), 『신라를 왜 황금의 나라라고 했나요?』(다섯수레, 1999), 『고구려 나들이』(보림, 1995) 등이 있다.

근래에 기획, 감독한 주요 전시로 『고구려 미술전』(국제교류재단·독일베를린국립동아시아미술관, 2005.9, 베를린국립동아시아미술관), 『인류의 문화유산, 고구려』(연합뉴스·일본교도통신, 2006.9, 서울역사박물관), 『한국의 힘과 자부심의 원천, 고구려』(동북아역사재단·LA한국문화원, 2007.5, LA한국문화원), 『고대 동북아 문화의 중심, 고구려고분벽화 특별선』(동북아역사재단·일본벳부대학, 2007.11, 일본벳부대학역사문화종합센터), 『고대 동아시아 문화의 빛, 고구려』(동북아역사재단, 2009.6~10, 몽골 국립중앙박물관, 카자흐스탄 대통령문화관, 키르기스스탄 국립미술관), 『고구려』(유네스코, 2012.10.11.~26, 파리 유네스코 본부) 등이 있다.